みる よむ あるく 東京の歴史 10

地帯編7 多摩II・島嶼

池　享
櫻井良樹
陣内秀信
西木浩一
吉田伸之 編

吉川弘文館

刊行のことば

シリーズ『みる・よむ・あるく 東京の歴史』は、世界でも有数の巨大な都市（メガロポリス）である東京の歴史を多様に描く試みです。この東京という都市はどこにいつ造られ、またいかなる歴史の時を刻み、現在に至ったのでしょうか。これらを考えるため、具体的な史料――古文書や、絵図、地図、写真など――を素材とし、「みる」ことを入口に、これを深く「よむ」ことを基礎として過去の事実に迫り、さらに、明らかになった歴史の痕跡を「あるく」ために、その手がかりを用意しました。

東京の歴史は、支配者や自治体の歩みを辿り、政治や制度の変遷を追うだけでは把握できません。それぞれの時代の日本列島全体や世界の動きとも連動しながら、時を刻んできました。そこで過去や現在の時代を生きてきた人びとの営みのすべてが、東京の歴史を形作っています。大切にしたいのは、歴史の歩みの基盤には、つねにふつうの人びとの営みが存在する、という見方です。いつでもどこにいても、誠実に働き、ふつうに暮らし、生きた証としてかけがえのない遺産を今に伝える人びとの無数の歩みに共感し、これに寄りそうことが大事だと思います。

このシリーズは、東京の「歴史概説」や、政治の動きを辿るだけの「通史」ではありません。現在の東京都を構成する基礎自治体の区分に応じ、豊かに積み重ねられてきた個性溢れる歴史の具体的なすがたを、部分的にではあれ、ていねいに叙述することをめざしました。

私たちが働き、暮らし、楽しむかけがえのない場である東京の歴史の実像に触れ、ここかしこに埋もれる過去の痕跡を再発見し、「東京」が歩んできた道を振り返りながら、未来を見通すきっかけが得られることを心から願っています。

二〇一七年八月

『みる・よむ・あるく 東京の歴史』編者一同

目次

シリーズの読み方

このシリーズは、三冊の「通史編」と七冊の「地帯編」で構成されています。

「通史編」一〜三巻では、現在の東京都の範囲を対象に、舞台となる空間の地形や地盤、また領域の枠組みに触れたあと、歴史時代を、原始・古代、中世、近世、近現代に区分し、それぞれ各時代から選ばれた史料などの素材を窓口に、時代の流れに沿って叙述します。

「地帯編」四〜一〇巻では、現在の二三の特別区、二六の市、五つの町、八つの村からなる、全部で六二の基礎自治体を枠組みとし、四〜八巻で区部を、九〜一〇巻で多摩地区の市町村や島嶼の町村を取り上げます。ここで「地帯」というのは、人びとの生活世界である村や町のような「地域」よりは大きくて広く、国や都道府県のような支配や行政の枠組みである「領域」よりは小さな、まとまりのある社会・空間の中間的な枠組みを意味します。そして、それぞれの地帯に固有な歴史を、具体的な素材を通じて描きます。

各巻は、冒頭の序章と四つの章から構成されています。各章では、章の主題についての解説（章の「はじめに」）が置かれ、選ばれた五つのテーマが節としておかれています。これらの節は各巻の本文に相当し、「みる・よむ・あるく」という三つの見開き六頁で構成します。こうして各巻の本文は四章二〇節からなり、シリーズ全体では二〇〇の節があります。これら二〇〇の節によって、東京の歴史のすべてが隅々まで記されるものではありません。しかし個々の素材から、領域や地帯の特性や歴史の流れをできるだけ深く広くわかりやすく叙述するように努めました。

「みる」は、領域・地帯・地域や時代の特徴を示す素材を掲げる導入部です。ここでは、古文書や記録、絵図・地図や写真など（「基本史料」）を一点取り上げて解説します。古文書・記録を基本史料とする場合、その釈文、現代語訳を付し、読み下しや語釈を添えたものもあり、古文書を学ぶテキストとしても活用できるように工夫しています。釈文は原史料の表記のままではなく、常用漢字やひらがな表記を用いています。また絵図・地図を基本史料とするときは、原則として図版の読み取り図を掲げ、図中の文字情報の読み取りも部分的に行っています。

「よむ」では、「みる」で取り上げた基本史料の内容をさらに細かく読み解き、そこから過去の事実に迫ります。また、関連する史料や事項にも触れながら、取り上げたトピックの歴史的な意味やその背景を考えます。

「あるく」は、「みる」・「よむ」を前提に、関係する史跡や現状を辿るための案内をしたり、過去の事実に向かってさらに「あるく」ための道筋を記したりします。こうして読者のみなさんが、身近にある史跡や歴史的景観に触れ、博物館、資料館、図書館などを利用し、新たな史料に出会い、自分で調べ考えるきっかけがここから得られることをめざします。

なお年代の表記は、「西暦（年号）」を原則としました。また、一八七三（明治六）年一月一日の太陽暦施行以前は、和暦の年月日を用いました。

序章

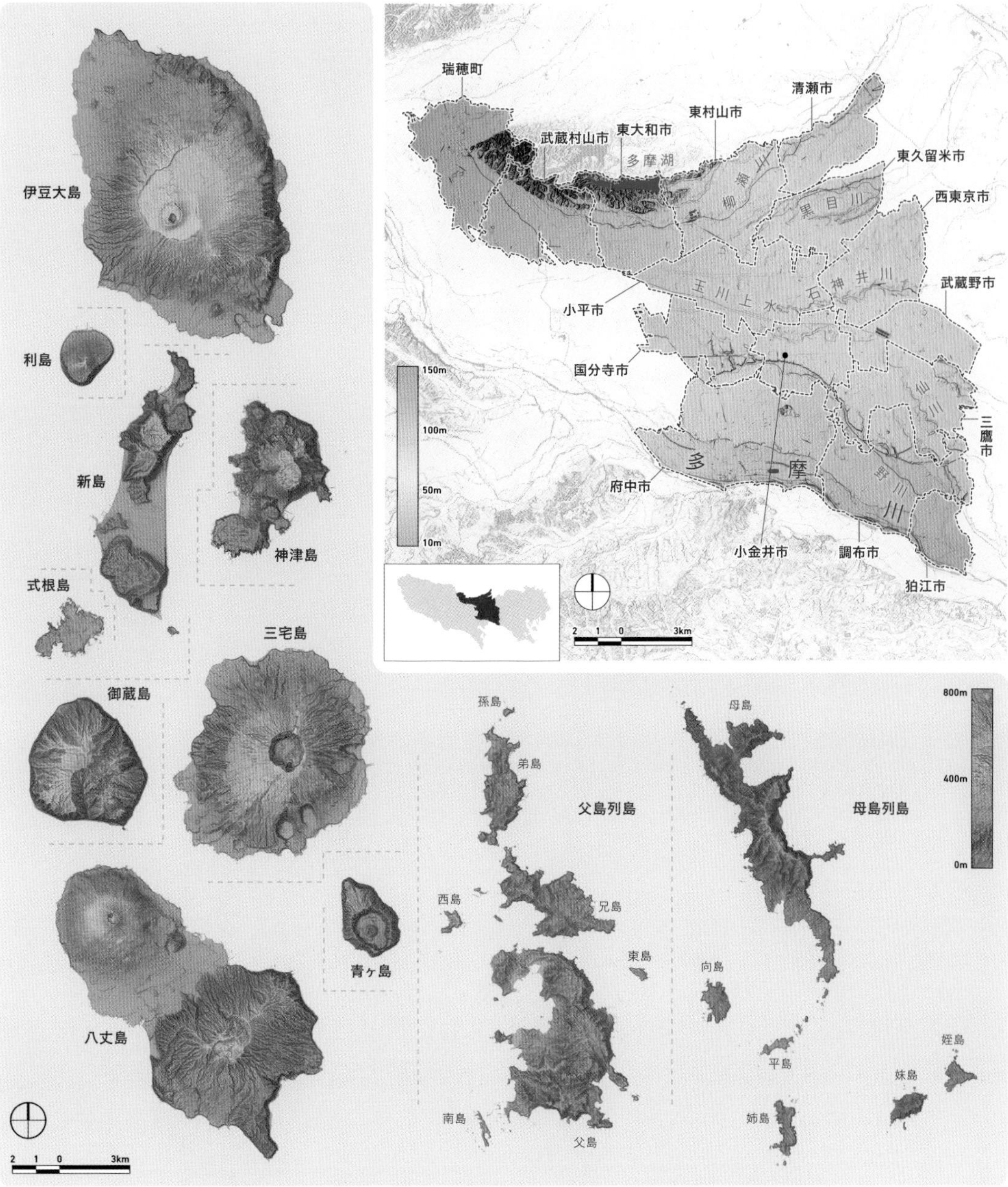

多摩東部および島嶼部の地形（国土地理院発行の基盤地図情報を使用）

島嶼《とうしょ》および二三区の隣接地域として

池　享

1　本巻の対象

本シリーズの最終巻である第一〇巻では、多摩《たま》東部（西東京・東久留米《ひがしくるめ》・清瀬《きよせ》・小平《こだいら》・東村山《ひがしむらやま》・東大和《ひがしやまと》・武蔵村山《むさしむらやま》・三鷹《みたか》・武蔵野《むさしの》・小金井《こがねい》・国分寺《こくぶんじ》・調布《ちょうふ》・狛江《こまえ》・府中《ふちゅう》市と瑞穂町《みずほまち》）および島嶼部（大島《おおしま》・八丈町《はちじょうまち》と利島《としま》・新島《にいじま》・神津島《こうづしま》・三宅《みやけ》・御蔵島《みくらじま》・青ヶ島《あおがしま》・小笠原村《おがさわらむら》）が取り上げられます。

多摩東部の総面積は約二三〇㎢・総人口は約二一〇万人で、それぞれ東京都全体（二一九四㎢・一三八四万人）の一〇％余りと一五％余りにあたります。島嶼部の総面積は約四〇〇㎢・総人口は約二万五〇〇〇人で、それぞれ東京都全体の一八％余りと約〇・二％となります（二〇一八〈平成三十〉年十月一日時点）。

2　島嶼部のなりたちと現在

島嶼部は、北は大島から南は青ヶ島までの九つの有人島などからなる伊豆《いず》諸島と、その南に広く展開する父島《ちちじま》・母島《ははじま》・硫《い》黄島《おうとう》などの小笠原諸島から構成されています。

伊豆諸島は古代から「伊豆嶋」と呼ばれ、律令《りつりょう》国家が成立すると伊豆国に属しました。中世には伊豆守護の支配下にあり、近世に入ると徳川幕府《とくがわばくふ》領とされ韮山《にらやま》（静岡県伊豆の国市）代官が支配を担当しました。明治維新《めいじいしん》後は韮山県の管轄《かんかつ》下に入りましたが、府県の統廃合が続くなかで一八七八（明治十一）年に東京府に移管され、今日まで続いています。

小笠原諸島は長く無人島でしたが、江戸時代に入ると、難破船《なんぱせん》が漂着したり幕府が調査を実施することにより、存在が知られるようになり、最初の調査者とされる人物の名字をとって「小笠原島」と命名されました。十九世紀に入ると欧米の捕《ほ》鯨船《げいせん》などが寄港するようになり、幕府は開国以後アメリカ・イギリスに日本の領有権を承認させ、開拓を進めようとしました。しかし、開拓が軌道に乗らないうちに幕府は倒壊し、後を受けた明治政府が再度英米に領有権を承認させ、内務省の管轄下に置き、一八八〇年には内務省から東京府に移管しました。第二次世界大戦では本土防衛の最前線となり、戦後は沖縄と同じく長くアメリカの施政権下に置かれましたが、一九六八（昭和四十三）年六月二十六日に本土復帰が実現しました。

伊豆諸島は、近世以来海産物の売買などを通じて江戸・東京とのつながりが強く、近代に入ると観光地として注目され、多くの人が訪れるようになりました。現在も東京発着便が本土と結ぶ交通機関の主要な位置を占め、定期航路としては港区の竹芝桟橋《たけしばさんばし》（竹芝客船ターミナル）―大島・利島・新島・式根島・神津島・三宅島・御蔵島・八丈島間に、大型客船やジェット高速船が就航しています。定期航空路としては、調布飛行場―大島・新島・神津島・三宅島間が定員十数名の小型機、羽田空港―八丈島間が定員一〇〇～二〇〇名の中型機により運航されています。

小笠原諸島は、二〇一一（平成二十三）年にユネスコ世界自然遺産に登録され、豊かな自然の魅力で観光客を集めるようになり、大型客船おがさわら丸が竹芝桟橋―父島間を週一・二往復の間隔で結んでいます。

3 多摩東部の地勢

多摩東部は、地勢的には大きく四つに区分されます。

まず、北西部の瑞穂町から東村山市にかけて、埼玉県境をまたぎ東西一一km・南北四kmにわたって広がる狭山《さやま》丘陵《きゅうりょう》です。最高点でも標高二〇〇m未満で、雑木林《ぞうきばやし》と谷戸《やと》が育む山野・水の資源を利用して、旧石器時代から人びとが暮らしてきました。一九二〇～三〇年代には、地形を生かして、都民の水瓶《みずがめ》である村山貯水池（多摩湖）と山口《やまぐち》貯水池（狭山湖）が建設されまし

図 島嶼へのアクセス

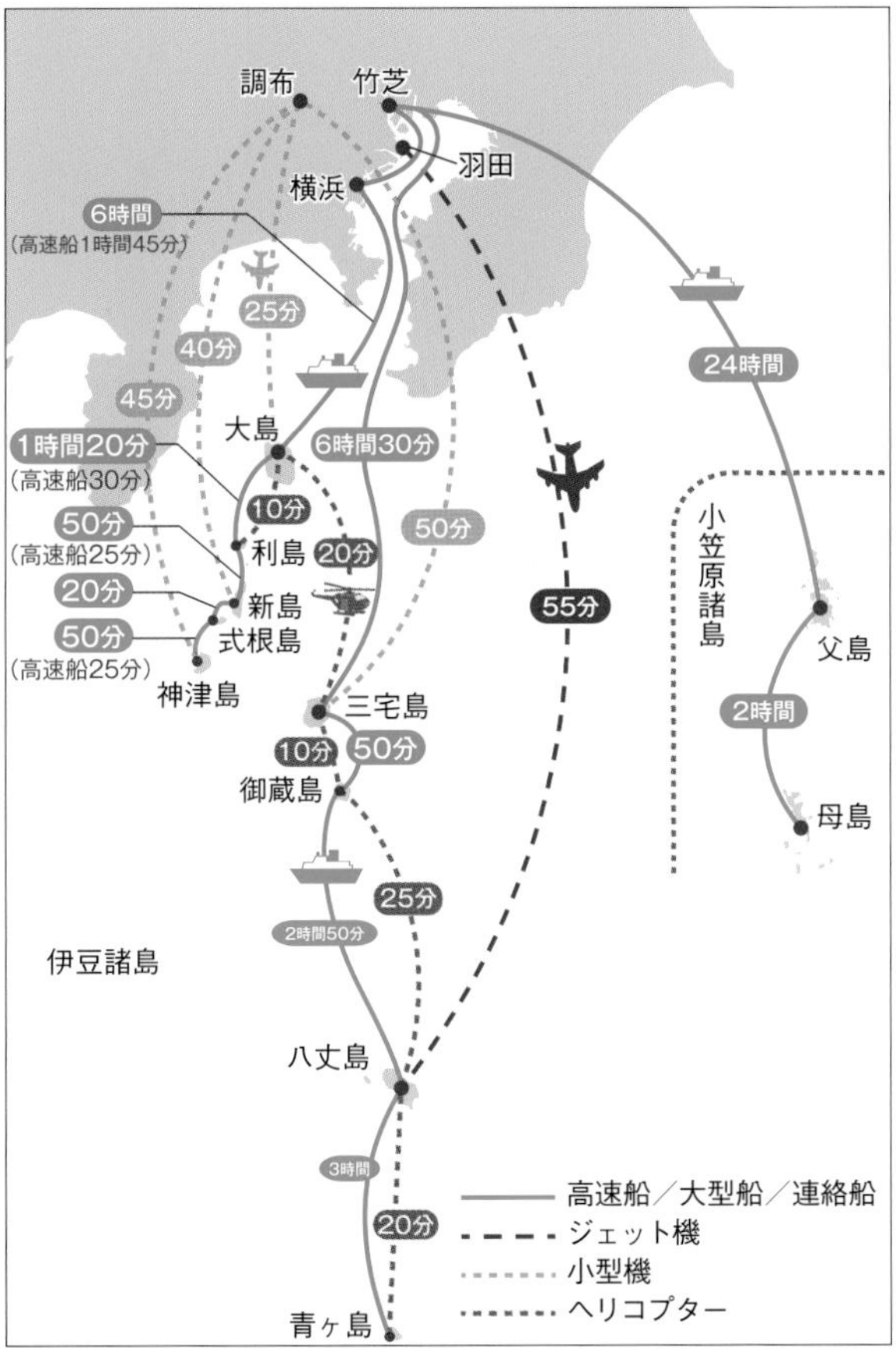

た。今も里山の景観が残っており、都立狭山公園（東村山・東大和市）、野山北《のやまきた》・六道山《ろくどうやま》公園（武蔵村山市・瑞穂町）など、公園として整備されている場所も多くあります。

狭山丘陵の南には、武蔵野台地の武蔵野面（武蔵野段丘）が、瑞穂町から武蔵野市まで広がっています。武蔵野段丘には、狭山丘陵に源流を持つ空堀川《からぼりがわ》・柳瀬川《やなせがわ》などが東流し荒川《あらかわ》に注いでいますが、武蔵野台地は分厚い関東ローム層が堆積しており、保水力が弱いために耕地開発が遅れました。

武蔵野段丘の南辺は、武蔵村山市から世田谷《せたがや》区まで三〇kmにわたり続く国分寺崖線《がいせん》です。その下には、立川面《たちかわめん》（立川段丘）が主として西の府中市から東の狛江市まで広がっています。崖線（ハケ）に沿っては湧水が多くみられ、これを水源とする野川《のがわ》流域（国分寺・小金井・三鷹・調布・狛江市）には、旧石器時代から人びとが生活していました。

立川段丘の南辺は、青梅《おうめ》市から狛江市まで四〇kmにわたり続く府中（立川）崖線です。その下は、西の府中市から東の狛江市まで続く多摩川低地です。多摩川の水は府中用水（府中・調布市）として水田などの灌漑《かんがい》に使われ、近代に入ると川原で建設資材の砂利《じゃり》採取が盛んに行われました。

4 近代以前の多摩東部

右で述べたように、多摩東部では旧石器時代から人びとが谷戸やハケ下などで生活していました。特に野川流域には、多くの遺跡群が残っています。また、狛江市域には高句麗《コグリヨ》系渡来人《とらいじん》の墳墓《ふんぼ》とみられる古墳が群集しており、彼らがこの地の開発を進め、古代の辞書『和名 抄《わみようしよう》』に出てくる「狛江郷」をつくったと考えられています。律令国家が成立すると大半は武蔵国多摩郡に属し、府中市域には国府が置かれ、国分寺市域には国分寺・国分尼寺《こくぶんにじ》が建設されました。官道である東山道《とうさんどう》武蔵路《むさしみち》が、国府から府中・国分寺・小平・東村山市域を抜けて、上野《こうずけ》（現群馬県）・下野《しもつけ》（現栃木県）に通じていました。

律令国家支配の揺らぎとともに、「武蔵七党」と呼ばれる武士団の動きが活発化し、この地域では、国府の役人である在庁官人の系譜を引く日奉《ひまつりし》 氏や、狭山丘陵周辺を基盤とする村山党の一員で、入間郡金子郷《いるまぐんかねこのごう》（現埼玉県入間市）を本拠とする金子氏の名前が知られています。鎌倉《かまくら》幕府が成立すると、国府は府中と名前を変えつつ政治的中心としての地位を維持し、鎌倉から府中を通って北関東に通じる鎌倉街道が、東山道武蔵路に替わって整備されました。そのため、鎌倉幕府の滅亡から続く戦乱では、久米川《くめがわ》合戦や二度の分倍河原《ぶばいがわら》合戦をはじめ、いく度も合戦の舞台となりました。一方で、これらの都市や道の周辺には、『更級日記《さらしなにつき》』や『とはずがたり』に記述された、葦《あし》やススキの高く生える荒野が広がっていました。

徳川氏が東海から関東に移り、江戸を本拠に幕府を開くと、こうした状況は大きく変化しました。九巻でもふれたように、巨大都市江戸が誕生することで、その機能を近郊地帯として支える役割が与えられたのです。住民たちは、将軍家や尾張《おわり》徳川家の鷹場《たかば》の人足役《にんそくやく》や、江戸と周辺地域を結ぶ街道の助郷役《すけごうやく》を勤めさせられました。一方で、一六五四（承応《じょうおう》三）年に完成した、江戸に飲料水を送る玉川上水《たまがわじょうすい》や分水の野火止用水《のびどめようすい》などを利用して、小川新田《おがわしんでん》（小平市）の開発が進められました。享《きょう》保《ほう》改革の時には、武蔵野新田と総称される多くの新田が開発されました。

一六五七（明暦《めいれき》三）年に江戸で起きた明暦の大火後、防災用の火除地《ひよけち》として居住地を接収された被災民が、代替地を与えられ入植してきました。武蔵野市域の吉祥寺《きちじょうじ》村《むら》や三鷹市域の下連雀《しもれんじゃく》村《むら》などはこうして誕生しましたが、名前は彼らが江戸で住んでいた場所にちなんでつけられました。玉川上水に沿って植えられた小金井桜（小金井・武蔵野市）、や、神田上水《かんだじょうすい》の水源である井《い》の頭《かしら》池に浮かぶ島にある井の頭弁財天《べんざいてん》（武蔵野市）など、江戸の人びとが訪れる名所も生まれました。江戸が巨大化するにつれ、街道は江戸への物資輸送ルートとしての役割が増しました。そこで、拠点となる府中・田無《たなし》などの宿市が発展をみますが、周辺の村々でも蔬菜《そさい》・蕎麦《そば》・麦などの畑作物や薪炭《しんたん》が商品として生産されました。それにともない、製粉のための水車が各地で稼働するようになりました。十九世紀に入ると関東取締出役《かんとうとりしまりしゅつやく》の管轄下に入り、領主の区別なく地域単位で秩序維持にあたる改革組合が結成されました。幕末《ばくまつ》には、沿岸防備のために改革組合を基礎として農兵隊が組織されましたが、実際には武州一揆《ぶしゅういっき》鎮圧の役割を果たすことになりました。

5 鉄道網の整備

明治維新後、この地域の大半は北多摩郡となり、神奈川県の管轄下に置かれました。開国後、生糸《きいと》の輸出などを通じて横浜《よこはま》とのつながりが強くなったためでした。しかし、近世以来の江戸・東京とのつながりは変わらず、一八八九年に甲武《こうぶ》鉄道（現JR中央線）の新宿《しんじゅく》—八王子《はちおうじ》間が開通し、境駅《さかい》（現武蔵境駅）・国分寺駅が開業することにより、結びつきはいっそう強まりました。そのため、一八九三年には北多摩郡を含む多摩地域は、東京府に移管されることになりました。

一八九五年になると、国分寺から小平・東村山市域を通って埼玉県の川越《かわごえ》にいたる川越鉄道（現西武《せいぶ》国分寺線・新宿線）が開通しました。これは、埼玉県西北部でつくられる生糸や茶などの物資を、甲武鉄道を通じて東京へ送ることを主な目的にしていました。その後も鉄道建設は進められ、一九一〇年には国分寺—下河原《しもがわら》（府中市）間の東京砂利鉄道（のちのJR下河原線、現在は廃線）が、一九一三（大正二）年には京王《けいおう》電気鉄道の笹塚《ささづか》（渋谷《しぶや》区）—調布間（現京王線）が、一九一六年には調布—多摩川原（調布市）間の多摩川支線（現京王相模原《さがみはら》線）が開通しました。東京砂利鉄道と京王電気鉄道多摩川支線は、多摩川で採取した砂利運搬を目的にしていました。境と是政《これまさ》（府中市）を結び、やはり砂利運搬を主目的にしていた多摩鉄道（現西武多摩川線）も、一九二一年に全通しています。これらは、二十世紀に入って鉄筋コンクリート建築が普及し、原料となる砂利の需要が急増したことと関わっていました。

またＪＲ中央線の北側では、東村山・清瀬・東久留米・西東京市域を通って、埼玉県の飯能《はんのう》と日本鉄道（現ＪＲ東日本）山手線《やまのてせん》の池袋《いけぶくろ》駅（豊島区）を結ぶ武蔵野鉄道（現西武池袋線）が一九一五年に開通し、埼玉県西部が鉄道で東京と直結するようになりました。これに打撃を受けた川越鉄道の後継会社西武鉄道は、東村山から小平・西東京市域を通って山手線の高田馬場《たかだのばば》に至る路線（現西武新宿線）を一九二七年に開通させて対抗し、さらに、同年に完成した村山貯水池への観光客向けに、一九三〇年に東村山―村山貯水池前（現西武園駅）間を開通させました。一方で一九三二年には、箱根《はこね》土地会社（現コクド）の小平地域での宅地開発に合わせて、国分寺と村山貯水池（現多摩湖駅）を結ぶ多摩湖鉄道（現西武多摩湖線）が開通しました。

ＪＲ中央線の南側では、狛江市域を通って新宿と小田原《おだわら》（神奈川県）を結ぶ小田原急行鉄道（現小田急小田原線）が一九二七年に開通し、吉祥寺と山手線の渋谷を結ぶ帝都電鉄（現京王井の頭線）が一九三四年に開通しました。

6 首都近郊化の進展

こうした鉄道網の整備と平行して、この地域には、巨大・稠密化する都心では担いきれない機能を果たす施設が移転したり新設したりし、特徴ある地域の姿がつくられていきました。一九二三年の関東大震災は、その傾向を加速しました。

当初は、別荘地・行楽地として注目されていました。国分寺駅の近くにある都立殿ヶ谷戸《とのがやと》庭園は、実業家江口定条《えぐちさだえ》の別荘として一九一五年につくられ、のちに三菱財閥《みつびしざいばつ》の岩崎家《いわさきけ》に売られて整備されたものです。武蔵小金井駅付近にある滄浪泉園《そうろうせんえん》も、実業家波多野《はたの》承五郎《しょうごろう》の別荘として一九一四年につくられたもので、どちらも国分寺崖線上に位置し、豊かな湧水を生かした庭園として有名です。江戸時代以来の行楽地だった井の頭池周辺は、一九一七年に井の頭恩賜《おんし》公園として一般に公開されました。小金井桜も名が知られ、ＪＲ中央線の武蔵小金井駅の前身武蔵小金井仮乗降場は、訪れる観光客を当て込んで一九二四年に開業しました。西武新宿線の花小金井駅も、小平市にありながら小金井桜にちなんでこの名前がつけられています。前述の村山貯水池（東大和市）や、同じ一九二七年に多摩川原駅前につくられた京王閣《けいおうかく》（調布市）、一九三三年に目黒《めぐろ》から移転してきた東京競馬場（府中市）など新しい行楽地も生まれ、鉄道で都心と結ばれました。多摩川原駅周辺には、のちに大きな映画撮影所が建設され、調布市は「映画のまち」として知られるようになりました。

一九〇九年にハンセン病患者の療養施設である公立療養所第一区全生《ぜんしょう》病院（現国立療養所多磨全生園、東村山市）が開設され、一九三〇年代には府立結核《けっかく》療養所清瀬病院や傷病軍人東京療養所（現独立行政法人病院機構東京病院、清瀬市）が開所するなど、北部には良好な環境を生かした医療施設も数多くつくられました。公共的施設としてはほかにも、日本初の公園墓地である東京市立の多磨《たま》墓地（現多磨霊園、府中市）が一九二三年に開園し、関東大震災で倒壊した巣鴨《すがも》刑務所が府中町に移転して府中刑務所と名づけられました。都立小平霊園が開園するのは、戦後になった一九四八年のことです。

都心から移転してくる研究・教育施設も多く、麻布《あざぶ》にあった東京天文台《てんもんだい》（現国立天文台）は、灯火の影響を避けるため一九二四年に三鷹村に移転してきました。池袋にあった成蹊《せいけい》大学は一九二四年に武蔵野町に移転し、神田一橋《ひとつばし》にあった東京商科大学予科（現一橋大学）と麹町にあった津田英学塾《つだえいがくじゅく》（現津田塾大学）は関東大震災で被災してそれぞれ一九二七年と一九三一年に小平村に移転しました。東京高等農林学校（現東京農工大学農学部）は一九三五年に駒場《こまば》から府中町に移転し、東京高等蚕糸《さんし》学校（現東京農工大学工学部）は一九四〇年に北区から小金井町に移転してきました。

一九二二年に陸軍立川飛行場が建設されると、それに関わる軍事施設や工場が周辺につくられました。一九三八年には村山村・瑞穂村を含む地域に飛行実験用として多磨飛行場（現米軍横田《よこた》基地）が、府中町には一九四〇年に陸軍の燃料廠《ねんりょうしょう》が建設され、翌一九四一年には首都圏の防空にあたる調布飛行場が調布町を中心に竣工しました。一九四二年には陸軍関係の兵器の調査・研究にあたる陸軍技術研究所が、小金井町に建設されました。電気計測器メーカーの横河《よこがわ》電機製作所は、一九三〇年に武蔵野町に移転を開始し、軍需《ぐんじゅ》により事業を拡大しました。また航空機メーカー中島《なかじま》飛行機は、一九三八年に武蔵野製作所を開設し、陸軍戦闘機「隼《はやぶさ》」などの生産にあたりました。航空機用発動機の生産を行っていた東京瓦斯《ガス》電気工業（のちの日立《ひたち》航空機）は、一九三八年に大和村（現東大和市）に立川工場を建設しました。このように軍事関連施設が数多くあったため、第二次世界大戦中は連合軍の激しい空襲にさらされました。その時の機銃掃射の弾痕を壁面に残す旧日立航空機立川工場変電所が、都立東大和南公園（元米軍大和基地）のなかに、東大和市指定の史跡として保存されています。

7 戦後復興から高度成長のなかで

軍事施設は終戦後、占領軍に接収され米軍の施設として利用されたり、他の施設に転用されました。府中燃料廠や調布飛行場は、米軍の通信施設・飛行場などとして使われていましたが、一九七〇年代に返還され、現在は東京都調布飛行場・府中の森公園・航空自衛隊府中基地などとなっています。また調布飛行場の一部は、東京スタジアム（味《あじ》の素《もと》スタジアム）などのスポーツ施設や、北区西ヶ原から移転してきた東京外国語大学のキャンパスとなっています。陸軍技術研究所の跡地には、東京学芸大学や郵政省電波研究所（現情報通信研究機構）などが入っています。中島飛行機は軍隊ではありませんが、終戦とともに解体し、三鷹にあった中島飛行機三鷹研究所の跡地には、国際基督教《キリスト》大学のキャンパスや、中島飛行機の後身である富士重工業の三鷹製作所（現株式会社SUBARU東京事業所）ができました。

一九五〇年代後半からの高度経済成長期になると、新たな工場が進出してきました。花形産業だった電機・自動車関連では、一九五八年小平町に日立製作所武蔵工場が進出し、一九六〇年にはブリジストンタイヤ東京工場が陸軍兵器補給廠跡に建設されました。一九六二年にはプリンス自動車工業（現日産自動車）村山工場（二〇〇四年完全閉鎖）が開業し、グロリア・スカイラインなどを生産しました。

工場の進出だけでなく、都心で働く人口の増加もあり、その需要に応じた宅地化が、大規模住宅団地の建設などとして大きく進展しました。以下に、代表的団地名と所在地・入居開始年を掲げます。緑町《みどりちょう》団地（武蔵野市、一九五八年）、桜堤《さくらづつみ》団地（武蔵野市、一九五九年）、新川《しんかわ》団地（三鷹市、一九五九年）・ひばりが丘《おか》団地（西東京・東久留米市、一九六〇年）、滝山《たきやま》団地（東久留米市、一九六八年）、旭《あさひ》が丘《おか》団地（清瀬市、一九六七年）、久米川団地（東村山市、一九六六年）、村山団地（武蔵村山市、一九六四年）。また、一九五〇年に小平—玉川上水間が開通した西武鉄道上水線は、一九六八年に拝島《はいじま》まで延伸し名前も拝島線と改め、沿線の宅地化を促進しました。こうしたことにより、一九五五年から一九七五年の間に、ほとんどの自治体で人口が数倍に急増しました（各章の「はじめに」にある各市・町の人口推移表参照）。そのため、「通勤地獄」と呼ばれる交通機関の混雑や、「三多摩《さんたま》格差」と呼ばれる二三区と比べた生活基盤整備の遅れが生じました。

＊　＊

その後、一九八〇年代後半のバブル景気を経て、一九九〇年代の「失われた一〇年」から今日まで、経済成長率一％前後で時にはマイナス成長ともなる、経済の長期停滞が続いています。そのなかで、「少子高齢社会」への移行は確実に進み、人口は頭打ちとなり減少に転じる自治体も出ています。都心とのつながりだけでなく、それぞれの特性を生かしたまち作りが、ますます求められる時代に入ったといえるでしょう。

第一章

西東京市・東久留米市・清瀬市・小平市・東村山市・東大和市・武蔵村山市・瑞穂町

村山貯水池（東大和市）

はじめに

1　この地域のなりたち

本章では、東京都の中北部にあたる西東京・東久留米《ひがしくるめ》・清瀬《きよせ》・小平《こだいら》・東《ひがし》村山《むらやま》・東大和《ひがしやまと》・武蔵村山《むさしむらやま》の七市と西多摩郡瑞穂町《にしたまぐんみずほまち》が対象となります。この地域は、武蔵野台地に位置し、律令制《りつりょうせい》の制定以来、その多くが武蔵国多摩郡に、一部が武蔵国新座郡《にいざぐん》に位置づけられていました。江戸時代には、この地域の多くの村は幕府《ばくふ》領でしたが、部分的または一時的に藩領になった村、旗本《はたもと》領や寺社領、あるいはそれらが混在して相給《あいきゅう》となった村、開発者が領主となった新田など、支配のあり方は多様でした。

幕末から明治初年をむかえると、目まぐるしい地域行政の仕組みの変更のなかで、韮山県《にらやまけん》、武蔵知県事《ちけんじ》、品川県《しながわけん》、川越藩《かわごえはん》、龍ケ崎藩《りゅうがさきはん》、入間県《いるまけん》などに属したのち、一八七二（明治五）年までには、武蔵村山・小平・清瀬・東久留米・東大和の全域、および一部を除く西東京・東村山・瑞穂が、順次神奈川県の管轄《かんかつ》下に入りました。その後、東村山の一部（大岱村《おんたむら》）は、入間県から熊谷県《くまがやけん》、埼玉県をへて、一八八〇年に神奈川県に入ります。一方で、西東京の一部（旧保谷《ほうや》市域）は一九〇七年まで、瑞穂の一部（北部）はじつに一九五八（昭和三十三）年まで、埼玉県の管轄下にあり続けました。

一八七二年までに神奈川県の管轄下に入った村々は、明治初期の区番組《くばんぐみ》制《せい》や大区《だいく》小区《しょうく》制《せい》では第一一・一二区ないし一一・一二大区に割りあてられました。さらに、一八七八年の「郡区町村編制法」によって、多摩郡は

0-1　西東京市・東久留米市・清瀬市・小平市・東村山市・東大和市・東村山市・瑞穂町の行政区域図

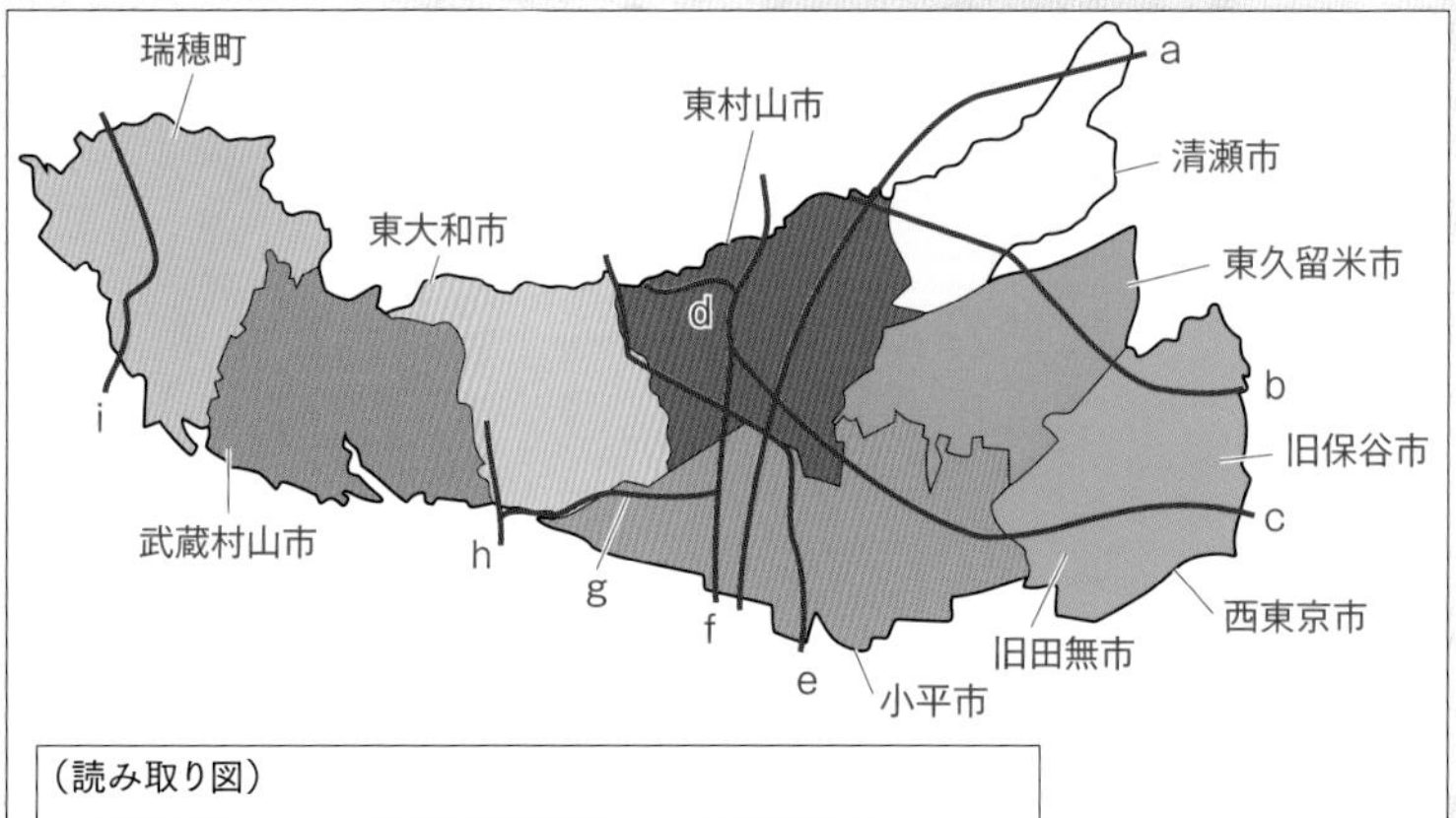

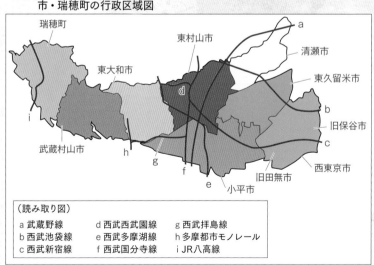

東西南北の四郡へと分割されます。これに先だって、多摩郡はすでに神奈川県と東京府にまたがっていたため、西多摩・南多摩・北多摩の三郡（三多摩《さんたま》）が神奈川県の管轄下となり、小平・清瀬・東久留米・東大和・武蔵村山の全域、および西東京・東村山の一部が北多摩郡に、瑞穂の一部が西多摩郡になりました。一八八〇年に埼玉県から移管された東村山の一部（大岱村）は、北多摩郡に組みこまれます。

郡のなかに目をむけてみましょう。北多摩郡では、現在の西東京市域の一部で、青梅《おうめ》街道の要衝《ようしょう》だった田無村《たなしむら》が、一八七九年にいちはやく田無町となりました。そのほかの地域では、江戸時代以来の村（自然村）が健在でしたが、「明治の大合併」などとも称される、一八八九年の大規模な地方制度改革（「市制」「町村制」の施行）によって、複数の自然村がとりまとめられて、より規模の大きな町村（行政村）が誕生します。この改革によって、小平では小川村《おがわむら》と六つの新田が合併して小平村が、東村山では五つの自然村が合併して東村山村が、清瀬では六つの自然村と飛地が合併して清瀬村が、東久留米では一〇の自然村と飛地が合併して久留米村が、それぞれ現市域に匹敵する規模で成立しました。一方、東大和・武蔵村山・瑞穂では、行政村の成立にはいたらず、自然村の連合体である組合村が行政の基本単位でした。

一八九三年、三多摩の東京府移管によって、この地域の町村は、大半が東京府の管轄下に入りました。一九〇七年には、埼玉県新座郡下にあった保谷村が、北足立《きたあだち》郡《ぐん》をへて、東京府北多摩郡に編入されます。二十世紀初頭の段階で、多くが現市町域に相当する規模となっていたこの地域の組合村・町・村は、次第に再編されてゆきます。組合村からは、武蔵村山で一九一七（大正六）年に村山村が、東大和で一九一九年に大和村が成立し、瑞穂では一九四〇年に瑞穂町が一足飛びに誕生しました。また、村からは、西東京で一九四〇年に保谷町が成立し、さらに一九四二年に東村山町が、一九四四年に小平町が、一九五四年に清瀬町・大和町・村山町が、一九五六年に久留米町が、それぞれ町制を施行しました。瑞穂町では一九五八年に、埼玉県入間郡元狭山村《もとさやまむら》の一部を組みこんで、現在の町域が画定されました。

ここまでに成立した九つの町のうち、瑞穂以外の八つが、一九六〇～七〇年に市制を施行します。先頭をきった小平は一

0-2 西東京市・東久留米市・清瀬市・小平市・東村山市・東大和市・武蔵村山市・瑞穂町の人口推移

年次	西東京市人口	東久留米市人口	清瀬市人口	小平市人口	東村山市人口	東大和市人口	武蔵村山市人口	瑞穂町人口
1925年	7,671	4,815	3,344	6,054	8,470	5,048	7,127	5,204
1935年	9,848	5,345	4,257	7,041	9,934	5,780	8,325	6,341
1945年	18,175	7,803	6,857	13,568	15,076	11,190	10,829	8,449
1955年	42,777	10,319	14,544	29,175	24,102	12,975	11,799	9,607
1965年	120,416	47,251	36,448	105,353	74,857	31,709	14,029	15,465
1975年	158,979	100,821	60,574	156,181	112,649	58,464	50,842	20,739
1985年	162,899	110,079	65,066	158,673	123,798	69,881	60,930	27,033
1995年	175,073	111,097	67,386	172,946	135,112	76,355	67,015	32,714
2005年	189,735	115,330	73,529	183,796	144,929	79,353	66,553	33,691
2015年	200,012	116,632	74,864	190,005	149,956	85,157	71,229	33,445
2018年	203,258	116,309	75,400	194,757	150,101	84,480	71,804	32,867
2015年昼夜間人口比率	78.6%	79.5%	86.1%	87.8%	80.0%	80.4%	94.9%	109.9%
2019年外国人人口総数	4,702人	2,092人	1,262人	5,204人	2,826人	1,157人	1,640人	782人

※各年次の人口は10月の国勢調査による数値（1945年のみ11月人口調査）。

九六二年、次いで東村山が一九六四年、田無と保谷が一九六七年、清瀬・東久留米・東大和・武蔵村山は一九七〇年でした。このうち、東久留米・東大和・武蔵村山の三市は、「東」や「武蔵」を冠する名称変更をともないました。それから三〇年、二〇〇一（平成十三）年に「平成の大合併」の一環で田無市と保谷市が合併し、西東京市が成立したことで、この地域の現行の市町域が画定されました。この地域では、十九世紀末から二十世紀初頭にかけて、多くの市町で、現行の市町域に近似した町村域（行政村）が画定され、以降は規模を固定したまま町制や市制を施行していった点に特徴があります。

2 歴史的沿革

この地域は、古代の律令制下の国郡割で、大半が武蔵国多摩郡に、一部が武蔵国新座郡に、位置づけられました。現在の埼玉県域と島嶼《とうしょ》を除く東京都域、および神奈川県の川崎《かわさき》市域と横浜《よこはま》市域の一部を含む広大な土地に広がった武蔵国は、国府《こくふ》を多摩郡の府中《ふちゅう》に置いており、重心は南に寄っていました。一方で、武蔵国は行政区画上は、信濃《しなの》・上野《こうずけ》・下野国《しもつけのくに》とおなじ東山道《とうさんどう》に位置づけられ、甲斐国《かいのくに》や相模国《さがみのくに》（いずれも東海道）とは異なっていました。それゆえ、国府の府中からは、国分寺《こくぶんじ》などを通って上野国へといたる「東山道武蔵路」などと呼ばれる道が存在したと考えられています。こうした幹線道付近はともかく、武蔵野台地上に位置し、水利が決してよいわけではないこの地域の多くは、原野だったと考えられます。

平安時代末期頃より、武蔵国では、武蔵七党《むさししちとう》などと呼ばれる同族的武士集団が形成されました。そのうちの一つである村《むら》山党《やまとう》が拠点としたのがこの地域でした。鎌倉《かまくら》に武士の政権が誕生すると、村山党を含む武蔵国の武士団は、御家人《ごけにん》として将軍と主従関係を結び、鎌倉の有事には馳せ参じることとなります。鎌倉を起点に形成された「鎌倉道」などと称される道は、幕府と御家人の所領とを結ぶ道といえます。一方、鎌倉へと通ずる道は、鎌倉を攻めようとする者たちにとっても重要でした。この地域を通っていたとされる、「上ノ道」の経路上には、いくつもの戦跡（古戦場）があります。鎌倉幕府滅亡後は、小田原北条氏《ほうじょうし》に対抗する扇谷上杉氏《おうぎがやつうえすぎし》などがこの地域に拠点を構えましたが、十六世紀なかば以降、北条氏照《うじてる》らが八王子《はちおうじ》城《じょう》・滝山城《たきやまじょう》を拠点に、十七世紀末の小田原北条氏の滅亡まで、武蔵国を支配下におきました。

かわって徳川氏《とくがわし》が武蔵国に入り、幕府をおいたことで、この地域に変化が生じます。たとえば、御三家の一つ、尾張《おわり》徳川氏の鷹場《たかば》となり、鷹狩の際に使う御殿などが設けられました。また、江戸の人びとの飲用水脈として十七世紀なかばに整備された玉川上水《たまがわじょうすい》が武蔵野台地を流れ下ることになり、そこから野火止用水《のびどめようすい》をはじめとした分水がひかれたことで、水利に乏しかったこの地域の生活条件が改善されました。これにより、地域の人びとによる土地の開墾や、幕府の働きかけによる大規模な新田開発が進み、人びとの生活圏が広がります。開発によって、地域の人びとが共用してきた入会地《いりあいち》が失われ、争論が生じたり、青梅や五日市《いつかいち》の産物を江戸に運ぶための街道や、その中継点となる宿が整備されたりするなど、多くの人の営みが、この地域でも展開されるようになりました。幕末になると、沿岸防備の必要から、農民の一部を兵として鍛錬して組織する農兵隊が結成されました。この地域の農兵隊は、当初の目的だった沿岸防備に就くことはほとんどなく、結果的には村の治安維持、とりわけ武州《ぶしゅう》世直し一揆《いっき》の際に、村を一揆勢から守る役割を果たしています。

十九世紀末以降、この地域でも、川越鉄道（現西武《せいぶ》国分寺線・新宿線《しんじゅくせん》、一八九四・九五年）、武蔵野鉄道（現西武池袋線《いけぶくろせん》、一九一五年）、多摩湖鉄道（現西武多摩湖線、一九二八・三〇年）、旧西武鉄道（現西武新宿線・西武園線、一九二七・三〇年）、八高南線（現JR八高線、一九三一年）、西武鉄道（現西武拝島線《はいじません》、一九五〇・六八年）など、多くの鉄道が敷設されました。それらは、高田馬場《たかだのばば》（新宿）・池袋・国分寺・拝島・八王子などで他社線とも接続し、東京の中心部とこの地域とを結ぶ役割を果たしました。また、近代を通じて、それぞれの街に、東京との関係において、さまざまな役割や性格が備わってゆきました。一例をあげれば、水源とレジャーの街、教育の街、軍事関係施設の集まる街、医療の街、織物の街などです。それらのなかには、戦後に新たな展開をみせるものもあり、団地を中心としたベッドタウン化、基地の返還と宅地化・工場地化、大規模工場の進出と撤退、基地との共存といったように、今日にもつながる地域の様相があらわれ、その後も変化を続けています。一九九八年の多摩都市モノレール（上北台《かみきただい》－立川北《たちかわきた》）の開通もまた、一つの画期になったといえるでしょう。

3 本章の構成

一節「江戸近郊の農村だった西東京」では、田無村の豪農だった下田家《しもだけ》に着目して、江戸時代の江戸と近郊農村との関係をさぐります。また、青梅街道と所沢《ところざわ》街道の分岐点で、交通の要衝でもあった田無を、旅宿の田丸屋《たまるや》を起点にたずねます。

二節「武蔵野の開発と小川村」では、小平市域に着目して、江戸時代前期の開発と新田村の様子をみつめます。また、開発の原動力となった玉川上水の小川分水や青梅街道を中心に、短冊状に広がる小川村の新田開発の跡をたどります。

三節「東村山周辺の板碑《いたび》と信仰の世界」では、東村山市周辺に残された板碑（供養塔）に着目して、中世を生きた人びとの信仰世界の扉を開きます。また、板碑の残る北多摩郡の寺社とその代表的な存在である、各地の熊野《くまの》神社を訪ねあるきます。

四節「医療と「療養」の街」では、清瀬・東村山・東久留米市域に着目して、医療・療養施設が集まる街のなりたちや、「学園の街」と地域社会とのつながりを考えます。また、東京に生きる人びとの生を支えてきた街の歴史をたどります。

五節「村山織物」では、東大和・武蔵村山・瑞穂の市町域に着目して、織物の歴史をたずねます。また、近世以来の綿織物「村山紺絣《こんがすり》」と絹織物「武蔵太織縞《ふとおりしま》」、近代に開発された絹織物「村山大島紬《おおしまつむぎ》」のゆかりの地をめぐります。

（石居人也）

第一節

江戸近郊の農村だった西東京

小酒井大悟

みる

現在の西東京市にあたる地域はかつて、江戸で消費される農産物を生産する西郊の農村でした。ここでは、田無村《たなしむら》に居を構え、土地をはじめとする多くの資産を持った豪農《ごうのう》であり、周辺地域でも指導的役割を果たした下田家《しもだけ》に注目し、とくにその経済活動から、江戸と近郊農村との関係についてみていきます。

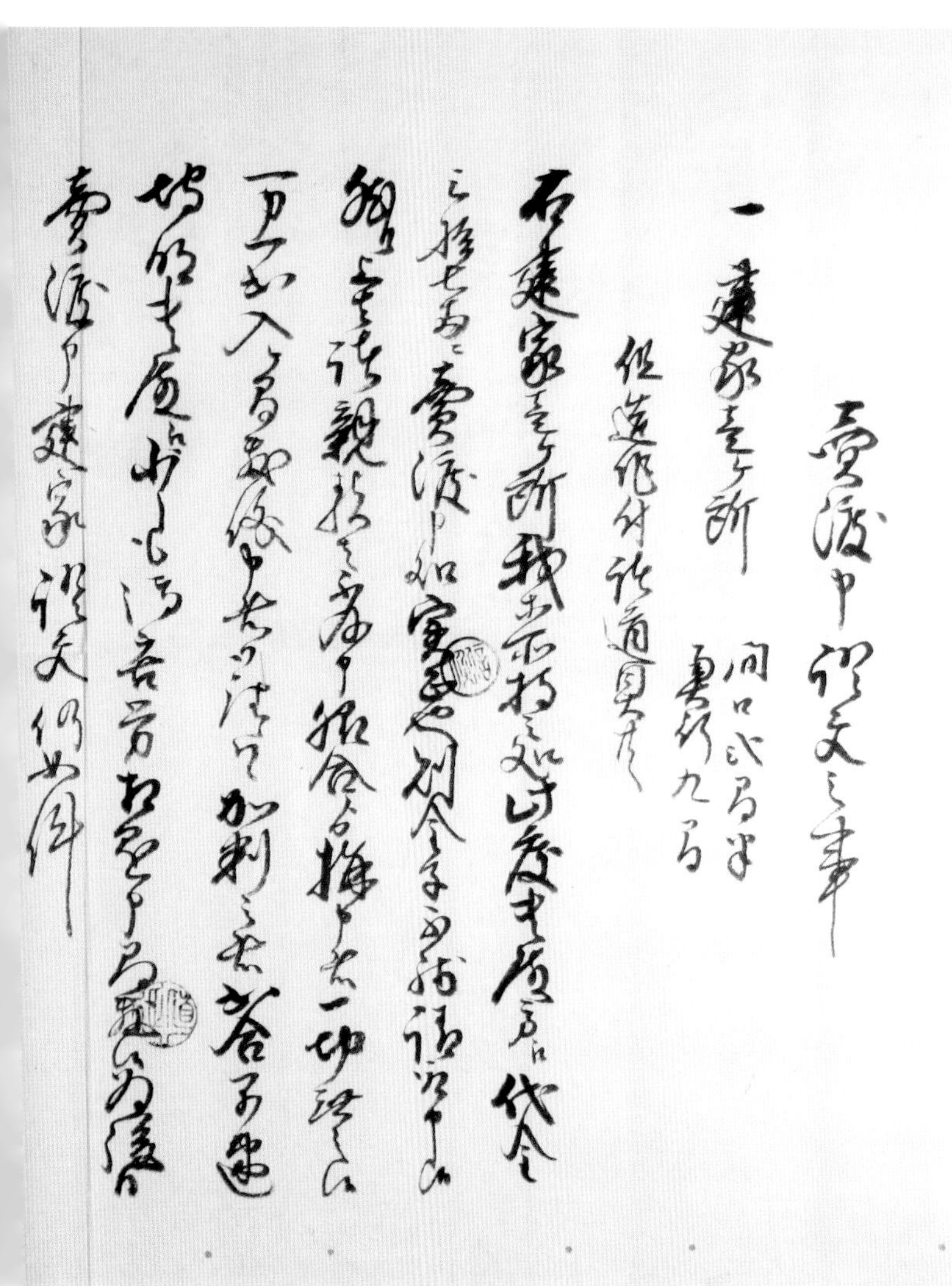

釈文　（／で改行）

売渡申証文之事

一　建家壱ケ所　間口弐間半　奥行九間

但、造作付、諸道具共

右建家壱ケ所我等所持之処、此度貴殿方江代金／三拾七両ニ売渡申処実正也、則金子不残請取申候／然ル上は諸親類は不及申脇合ゟ構申者一切無之候／万一出入ケ間敷儀申者御座候ハヽ、加判之者出合早速／埒明、貴殿江少しも御苦労相懸申間敷候、為後日／売渡申建家証文、仍如件

小舟町壱丁目家持　売主　太助　代　喜兵衛（印）

天保八年　酉十二月

本町三丁目家主　証人　七兵衛（印）

田無村　半兵衛殿

前書之通、我等立合相違無御座候付、則奥印致候、以上

1-1「売渡申証文之事」（「下田家文書」個人蔵）

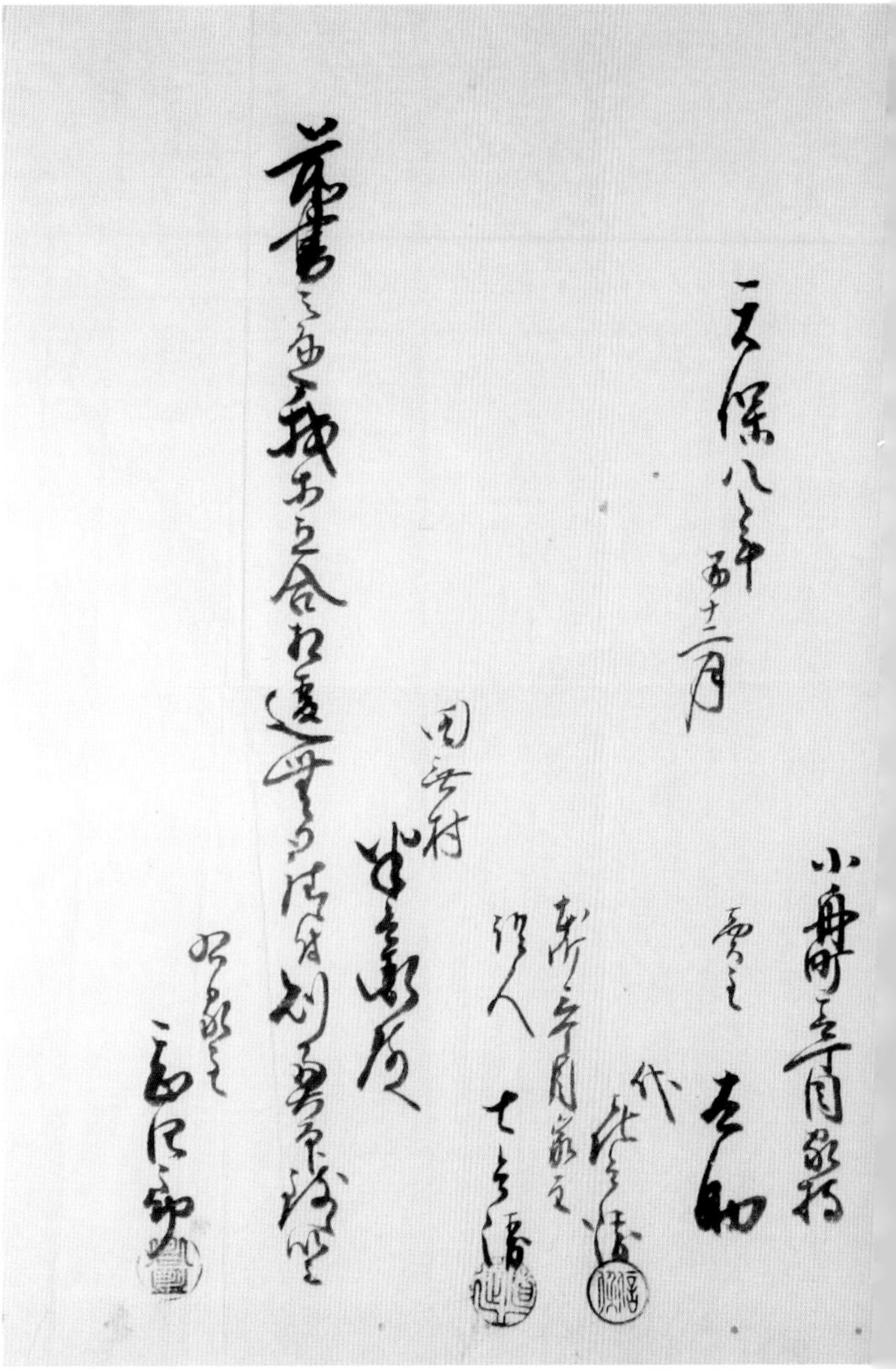

右家主
甚四郎（印）

*構《かまい》　さしつかえること。
*加判《かはん》　証文《しょうもん》に連帯保証人として署名・捺印すること。

現代語訳

売り渡しの証文です

一　建家一ヵ所　間口二間半
　　　　　　　　奥行九間

但《ただ》し、家の造作、諸道具とも

私（太助）が所持していた右の建家一ヵ所を、このたび、貴殿（半兵衛）に代金三七両で売り渡したことに間違いありません。すなわち、代金は残らず受け取りました。そうであるからには、諸親類はいうまでもなく、脇から異議を言い立てる者も一切ありません。万一、訴えてくるような者があれば、この証文の加判者が出ていって早急に対処し、貴殿に少しもご苦労をかけません。後日のため、建家を売り渡す証文をお渡しします。

（後略）

　図1-1は、田無村の名主《なぬし》で、「豪農」と呼ばれる上層農民の下田半兵衛が、一八三七（天《てん》保《ぽう》八）年十二月に、小舟町《こぶなちょう》一丁目（現中央区）の家持《いえもち》太助から、太助が所持する本町三丁目（現中央区）の間口《まぐち》二間半（約四・五m）、奥行九間（約一六・三m）の家屋を買い取った時の証文です。日本橋本町《にほんばしほんちょう》には当時、薬種問屋《やくしゅどいや》が軒を並べていました。この家屋でも、漢方薬を調合・販売する薬種店《やくしゅだな》が営まれており、下田半兵衛は田無村に居住しながらも江戸に店舗を取得し、薬種店の営業に乗り出していたことがわかります。

　実はこれより九ヵ月前の一八三七年三月、下田家は土蔵《どぞう》付きのこの家屋を借り、漢方薬を調合・販売する薬種店を開業しました。その際、和泉国《いずみのくに》堺《さかい》大鳥郡《おおとりぐん》甲斐町《かいのちょう》（現大阪府堺市）出身の治助という者を、店舗の営業を取り仕切る支配人として雇いました。彼は本町三丁目の長左衛門の店に勤め、薬種商売の経験を積んでいました。下田家は、商売に必要な元手金や諸々の道具を治助に預け、店舗の営業を委ねました。そして、日々の売り上げや必要経費の支出などを帳面に記録させ、毎月十四日と晦日に収支の報告を受けることとしました。

　そうして十二月、下田家は、図1-1の証文にみるように、借りていた店舗を持主の太助から、代金三七両で買い取ったのでした。

よむ

田無村の豪農下田家と江戸

田無村の地形や地理的条件もふまえて、江戸との関係をみていきます。

田無村と江戸

江戸時代の田無村は、江戸西郊の武蔵野《むさしの》台地《だいち》に拓かれた農村で、江戸から六里（約二四km）の所にありました。水源に恵まれなかったこともあり、江戸時代も後期になるまで水田は造成されず、耕地のほとんどは畑でした。

幕末の一八五七（安政《あんせい》四）年正月に、田無村の産物や産業を代官に報告した記録「産物《さんぶつ》并《ならびに》産業《さんぎょう》取調《とりしらべ》書上帳《かきあげちょう》」によれば、大麦・小麦・粟《あわ》・稗《ひえ》・蕎麦《そば》・大根・芋類がつくられていました。

また、これらの作物は、田無村で消費されたもの以外は村外（ほとんどは江戸）に売りに出され、売上高は金六〇〇両にのぼったとあります。この六〇〇両という数字がどれほど正確で、村内の収益のどの程度を占めるのかについては慎重に評価する必要がありますが、この記録から、雑穀などの農産物を江戸に向けて販売する江戸近郊農村としての田無村の姿を読み取ることができます。

田無村の豪農下田家

生産された農作物のうち小麦や蕎麦は、十八世紀半ば以降、水車の動力を利用して製粉したうえで江戸に売り出されました。このような水車稼《すいしゃかせ》ぎを担ったのは、豪農たちでした。彼らはまわりから麦や蕎麦を買い集め、所有する水車で大規模に製粉を行い、これを江戸へ出荷することで利益をあげました。田無村の下田家は、まさにそうした豪農の典型といえます。

下田家は、一七三一（享保《きょうほう》十六）年から村を統括する名主を務めた家で、当主は代々「半兵衛」という通り名を世襲しました。玉川上水《たまがわじょうすい》から分水した田無用水に（図1-2参照）、同家が水車を建造したのは一七八〇（安永《あんえい》九）年。一七八八（天明《てんめい》八）年に行われた調査によると、この水車には、穀物の表皮を取り除く精白用の杵《きね》一〇本、製粉用の臼《うす》一基が取りつけられていたようです。

水車稼ぎによって、下田家の経営は拡大していきました。一八二五（文政《ぶんせい》八）年時点の所持地は持高《もちだか》にして八〇石余、家内一八人（うち一二人は使用人）、一八六三（文久《ぶんきゅう》三）年時点では

1-2 「田無村引取分水口・水路其外麁絵図」（明治前期，「下田家文書」個人蔵）
□：田無村の水車（向かって右側，上流側の水車が下田家の水車と考えられる）
■：近隣村の水車　〈　〉：比定名称　----- 田無村の範囲

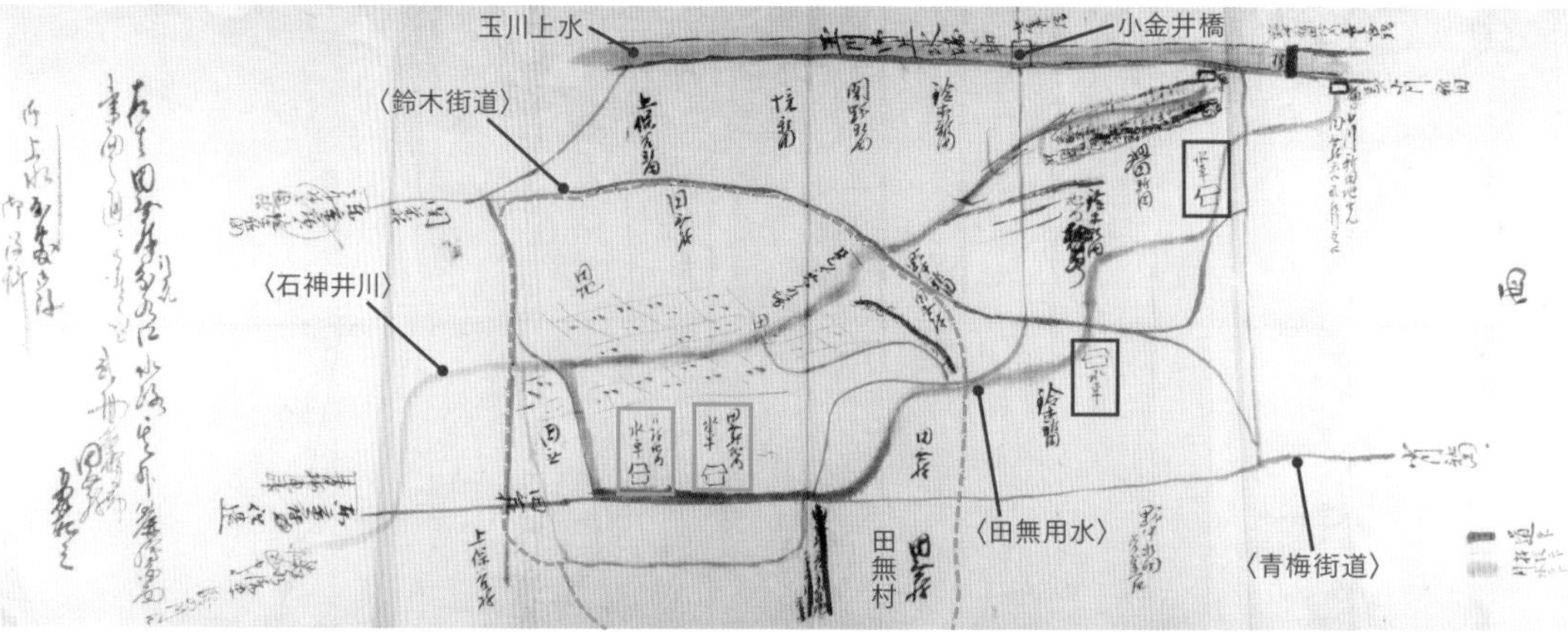

持高一九〇石余、家内二八人（多くは使用人と考えられます）という規模になっていました。これは、当時の標準的な百姓の経営規模を大きく上回るものであり、下田家が抜きんでた経済力を有していたことがわかります。

その一方で、下田家は、飢饉《ききん》の折りには田無村の困窮者のため多くの穀物・資金を供出したり、村独自の備荒貯蓄仕法《びこうちょちく》（凶作や飢饉に備え雑穀などを蓄える方法）の創設を主導したりするなど、百姓の救済にも尽力しました。

江戸での町屋敷取得と経営

下田家の経済活動でとくに注目されるのは、江戸で町屋敷を取得していったことです。一八三〇年を起点に、京橋雑穀店《きょうばしざつこくだな》（現中央区）、日本橋本町薬種店（同、図1－3）、南伝馬《みなみてんま》町《ちょう》蕎麦屋（同）、柏木《かしわぎ》淀橋町《よどばしまち》雑穀店（現新宿《しんじゅく》区）を開業していきました。それでは、これらの屋敷はどのように取得され、経営されていったのでしょうか。

「みる」で紹介したように、下田家は一八三七（天保八）年に、日本橋本町薬種店の家屋を買い取りました。ところが一八四〇年十月には、薬種店で奉公人として雇っていた万七（掘留町《ほりどめちょう》二丁目〈現中央区〉の店借《たながり》の子）に店舗を譲渡します。譲渡の条件は、下田家が店舗や諸道具、元手金、債権などをすべて万七に渡し、その代わりに万七は、毎年七月と十二月に金一〇両ずつ、年二〇両を下田家に上納していく、というものでした。なぜ下田家が店舗を譲渡したのか、詳細はわかりませんが、その後も上納金を受け取るという形で薬種店に関わりを持つことになります。

これは日本橋本町の薬種店の例ですが、下田家は他の店舗でも同じように、土地は借りるも店舗は自らの所有とし、店舗の営業は支配人に委ねて、定期的に収支報告を受け、毎年定額の収益を受け取るという経営方式をとっていました。

深まる江戸と近郊農村の関係

もっとも、江戸店経営には困難もともなったことは否めません。たとえば、江戸では火事が頻発していましたが、一八三四・四三年の二度にわたって京橋雑穀店が被災し、それまでの京《きょう》橋水谷町《ばしみずたにちょう》（現中央区）から京橋東《きょうばしひがし》白魚屋敷河岸《しらうおやしきかし》地《ち》（同）への店舗移転を余儀なくされました。こうした困難にみまわれながらも、下田家と各店舗の関わりは幕末《ばくまつ》まで維持されました。

以上のように、田無村の豪農下田家は、十九世紀以降、粉などの商品を江戸に出荷するのにとどまらず、江戸に店舗を取得し営業を始めるようになりました。

1-3 『江戸名所図会』に描かれた「本町薬種店」（国立国会図書館蔵）

日本橋本町には薬種店が集まっていた。図は薬種店「鰯屋」の店先。

ところで、下田家は江戸で町屋敷を取得する以外にも、江戸との関わりがありました。特筆されるのは、江戸の武家屋敷への出入りです。たとえば、下田家は、十八世紀中頃に成立した一橋徳川家《ひとつばしとくがわけ》の屋敷に出入りし、奥向きや台所など広敷《ひろしき》部分の便所から糞尿（肥料となる）を汲み取る下掃除御用をつとめています。また、一橋家の正月用の松飾りを調達・納入し、屋敷に飾りつける「松飾《まつかざり》 御用《ごよう》」を幕末まで勤めていたことも確認されています。

このような下田家の活動は、江戸近郊農村としての田無村の姿や、田無村と江戸との関係の深まりをよく示しています。

水《すい》車《しゃ》稼人《かせぎにん》が集まった旅宿をめぐって

一八五七（安政四）年正月、田無村やその周辺を含む五七ヵ村（北は埼玉県所沢《ところざわ》市から、南は東京都世田谷《せたがや》区におよぶ）、九五名もの水車稼人たちが田無村に集まり、同業組合をつくるべく会合が開かれました。場所は田無村内の柳沢《やぎさわ》にあった旅宿田丸屋《たまるや》です。かつて田丸屋があった場所を起点にあるいてみましょう。

田無町一丁目交差点付近

①は、現在の西東京市田無町一丁目交差点を撮影したものです。向かって左側に入る道が青《お》梅《うめ》街道、右側に伸びる道は、青梅街道から分岐する所沢街道で、いずれも江戸時代からあった道です。青梅街道は青梅の山間部で生産された石灰《せっかい》（白壁の漆喰《しっくい》の材料）を江戸に輸送するための道、一方の所沢街道は所沢・飯能《はんのう》をへて秩父《ちちぶ》にまで続く道で、秩父の観音霊場《かんのんれいじょう》をめぐる人びとでにぎわったといいます。これら両街道の分岐点に位置する建物（赤い矢印）の辺りが、かつて旅宿の田丸屋があった場所です。ここで、水車稼人の会合が行われました。

一八三四（天保五）年に刊行された『御嶽菅笠《みたけすげがさ》』に描かれた部分と比べてみましょう。『御嶽菅笠』とは、武蔵国御嶽山（武蔵御嶽神社、現青梅市）への道中案内記にあたります。そのなかの田無村柳沢のようすを描いた挿絵がAです。両街道の分岐点に田丸屋が建つ江戸時代の風景がよく描かれています。

柳沢庚申塔《こうしんとう》

田丸屋のあった青梅街道と所沢街道の分岐点のようすを伝える石像物が柳沢庚申塔②（西東京市指定文化財第二八号、西東京市田無町二丁目）です。塔に刻まれた文面によれば、この庚申塔は一七二三（享保八）年十月に付近の住民二三名によって建立されました。道標の役目も兼ねていたようで、庚申塔の左側面には「是より左り　あふめミち（青梅道）」、右側面には「是より右り　はんのふ道（飯能道）」という文字が確認できます。この庚申塔はもともと青梅街道と所沢街道の分岐点に建っていたようですが、所沢街道の拡幅工事のため、現在の場所に移転しました。江戸時代の田丸屋周辺のようすを現在に伝えてくれる貴重な歴史資料といえます。

稗倉

下田半兵衛は一八三八年に、備荒貯蓄のため、稗を蓄えておく稗倉《ひえぐら》を建てました。この稗倉③（西東京市指定文化財第四号、西東京市田無町二丁目）は、一八六三（文久三）年に建て替えられ、その一部が、旧下田名主役宅（西東京市指定文化財第二九号、在居中のため入れません）の近くに残っています。

総持《そうじ》寺《じ》と田無神社

下田家は、寺社の造営にも取り組みました。一八四〇〜五〇（天保十一〜嘉永《かえい》三）年には、総持寺④（西東京市田無町三丁目）の前身である西《さい》光寺《こうじ》再建の世話を引き受け、金や米を支出しました。また、一八四八年には大破した尉殿権現《じょうどのごんげん》社《しゃ》⑤（一八七二〈明治五〉年に田無神社と改称、西東京市田無町三丁目）の拝殿の修復にかかる費用の半分近くを負担し、一八五七年には同社本殿再建の願主となっています。

下田家や旧田無市・旧保谷《ほうや》市の歴史を知りたい方は、西東京市郷土資料室（西東京市西原町《にしはらちょう》四丁目、西原自然公園隣）を訪ねてみてください。

1-4 西東京市田無町周辺

③稗倉
干支にちなんで12室に分けられ，年に1室分を詰め替えて古穀を困窮者・罹災者に分配した。

②柳沢庚申塔

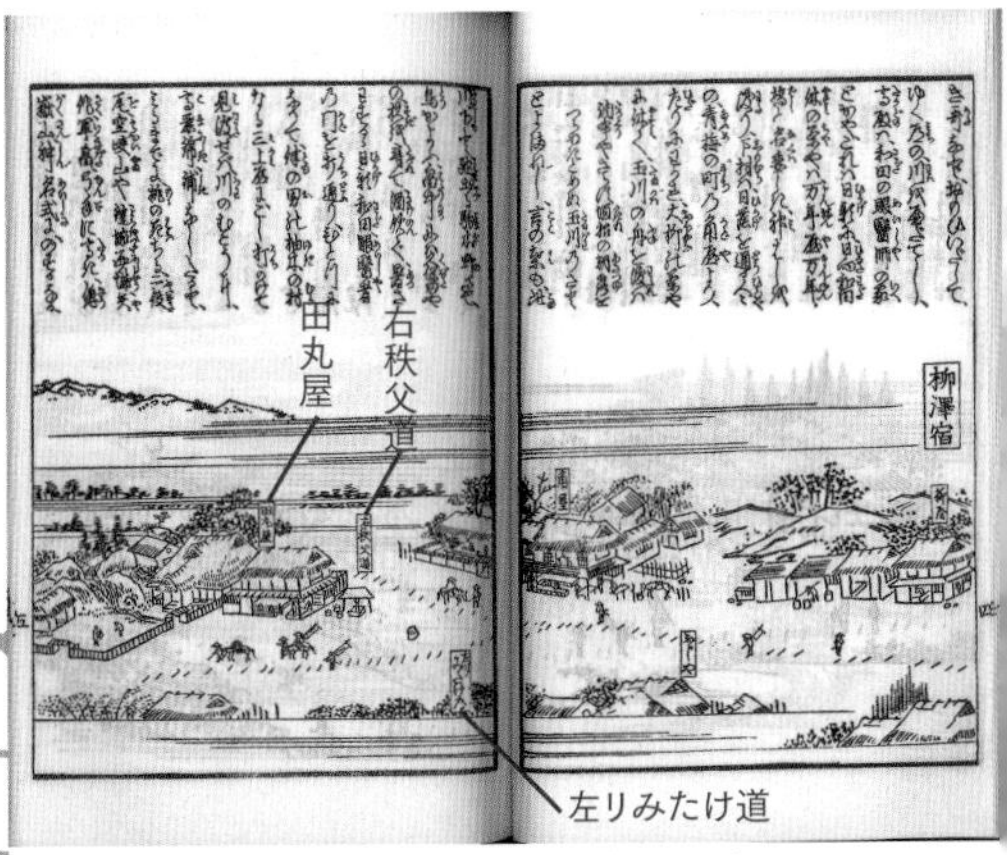

A『御嶽菅笠』のうち「柳沢宿」の図（個人蔵）
田丸屋の前面では道が分岐しており，田丸屋に向かって右側へ伸びる「秩父道」が所沢街道，左側へ伸びる「みたけ（御嶽）道」が青梅街道にあたる。

①西東京市田無町一丁目交差点

④総持寺

⑤田無神社

コラム

水車稼人の仲間組織と議定《ぎじょう》

一八五七（安政四）年の旅館田丸屋の会合で、水車稼人らの同業組合にあたる仲間が結成され、そのあり方を定める議定が取り結ばれました。

この仲間は、議定によると、水車で製粉した粉類を江戸で問屋を介さず直接販売する権利を守り、また、得意先の取り合いの禁止、水車による穀類の挽賃《ひきちん》・搗賃《つきちん》の取り決め、新規開業者のチェックなどによって、水車稼人同士の利害を調整しようとする団体でした。

「よむ」でふれましたが、田無村の下田家をはじめとする豪農らは、十八世紀半ば以降、水車で製粉した粉類を江戸に向けて販売していきます。当初は問屋を介さず、江戸市中の町人に直接粉類を販売する直売《じきう》りでしたが、流通量が拡大する十九世紀になると、問屋側がこの直売りを阻もうとして、水車稼人（豪農）らと対立しました。水車稼人らの粘り強い闘いの結果、一八五六年に粉類の江戸直売りが幕府によって認められました。田丸屋での水車稼人仲間の結成は、この決定を受けたもので、江戸近郊農村である田無村の歴史において特筆される出来事といえます。

第二節 武蔵野《むさしの》の開発と小川村《おがわむら》

小酒井大悟

みる

武蔵野の開発といえば、江戸時代中期の享保《きょうほう》改革で行われた武蔵野新田開発が知られていますが、実はそれよりも早くに開発された村々がありました。ここでは小川村（現小平《こだいら》市）の例から、江戸時代前期における武蔵野の開発の様子と、開発によってつくられた村（新田村《しんでんむら》）の姿をみていきましょう。

蔵）

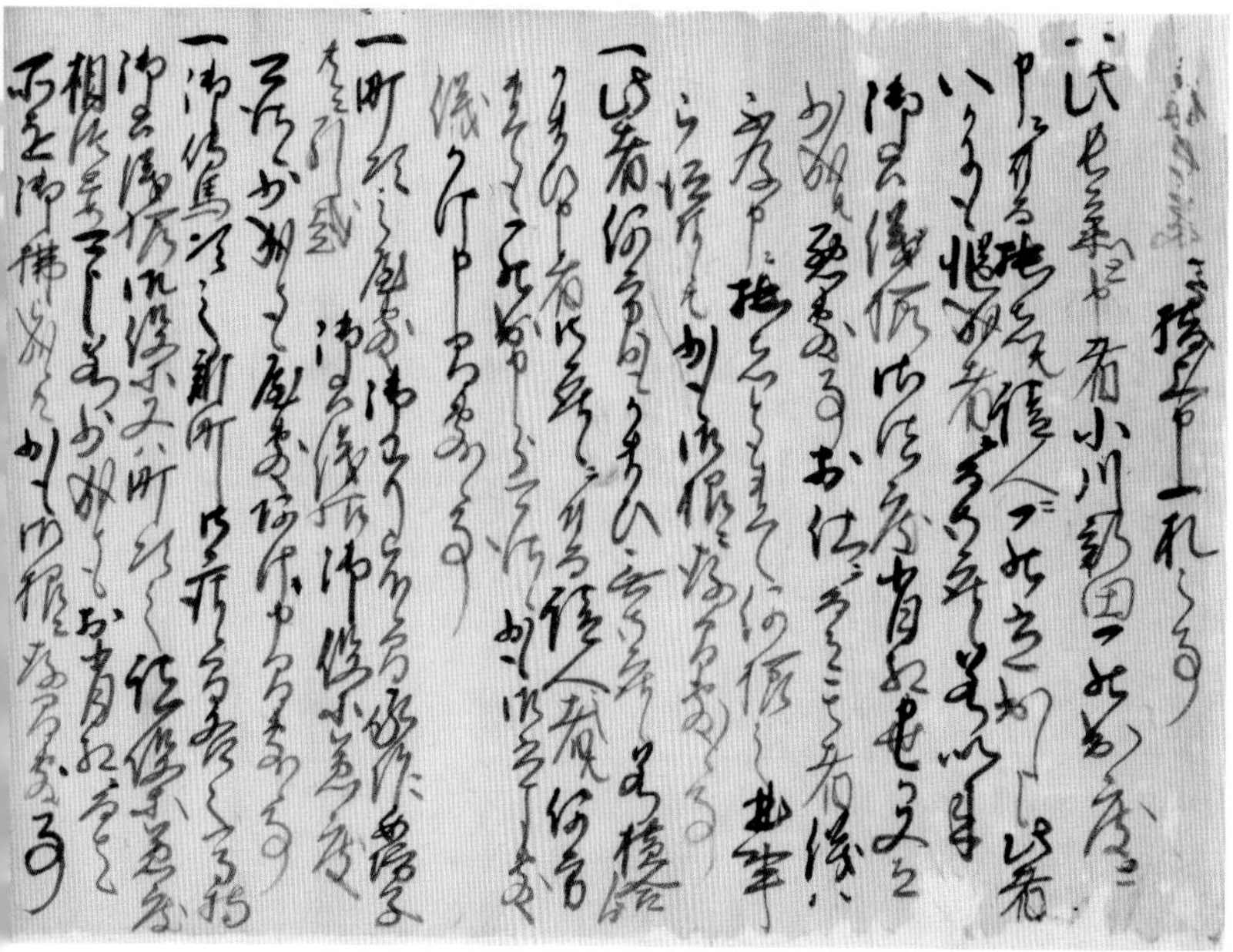

釈文

（／で改行）

指上申一札之事

一此長兵衛と申者小川新田罷出度と／申ニ付而、拙者共請人ニ罷立出し申候、此者／いかにも慥成者ニ而御座候、若以来　／御公儀様御法度背相申候か又は／少成共悪敷事於仕ニ而は、其者儀ハ／不及申ニ拙者ともまて何様之曲事／被仰付候共、少も御恨ニ存間敷候事

一此者何方ゟもかまひ無御座候、若横合ゟ／かまひ申者御座候ニ付而、請人之者共何方／までも罷出申分可仕候、少も御六ケ敷／儀かけ申間敷候事

一町次之屋敷御わり被下候間家作女坊子／共ニ引越　御公儀様御役等急度／可仕候、少成とも屋敷あけ申間敷候事

一御伝馬次之新町御座候間、各々馬持／御公儀様御役等又ハ町次之諸役等急度／相つとめ可申候、若少成とも於背相ニ而は／所を御払被成候共、少も御恨ニ存間敷事

一宗旨之義は代々ゟさいかに御座候、／御法度之きりしたん之宗門ニは／無御座候、御法度之宗旨と申者御座候は、／拙者とも何方までも罷出急度申分／可仕候、則寺請状我々取おき持申候事

（後略）

＊かまひ（構い）　支障、障りがあること。
＊さいか　臨済宗《りんざいしゅう》の檀徒《だんと》。

2-1 「指上申一札之事（小川九郎兵衛宛て入村請書）」（「小川家文書」小平市中央図書館

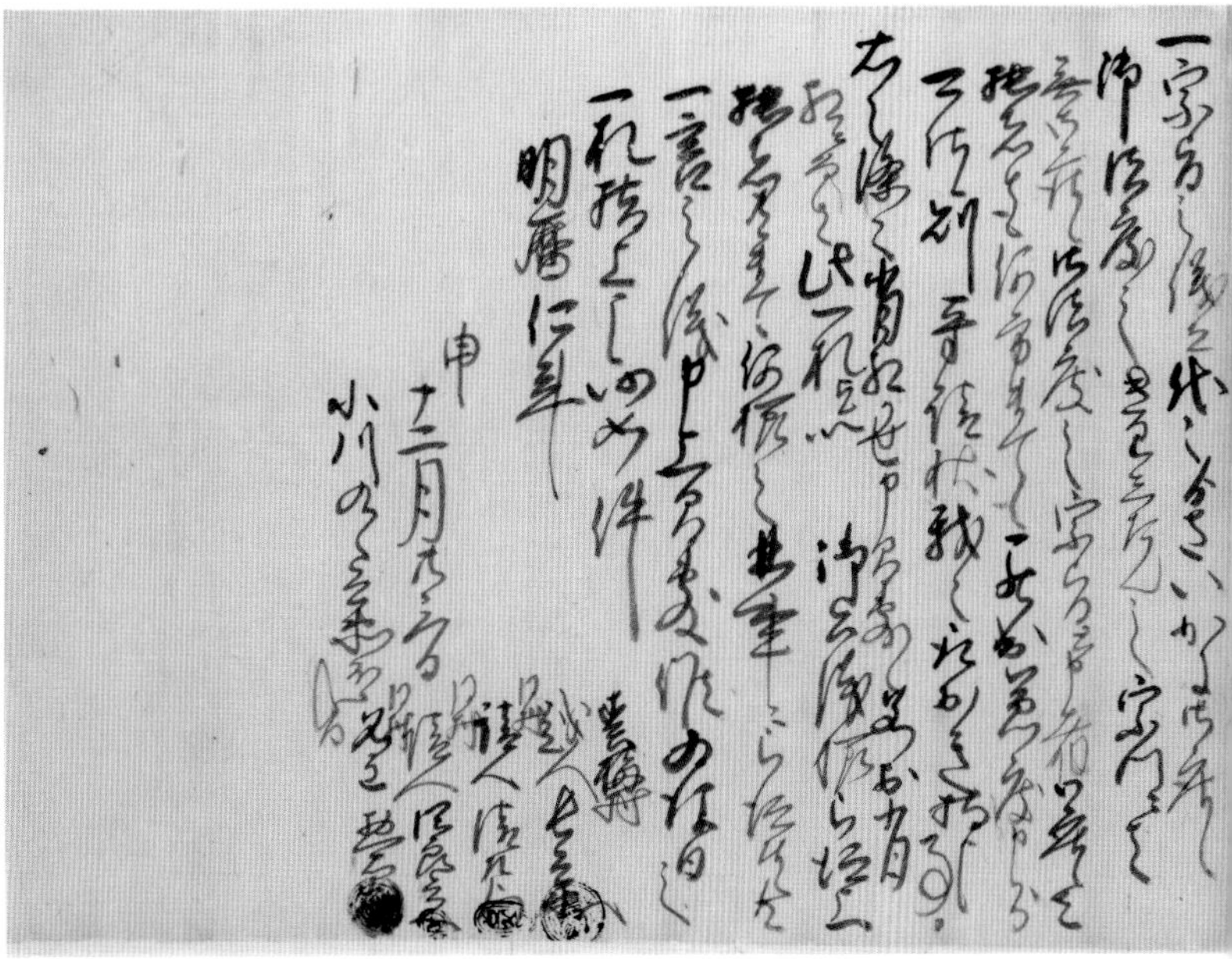

現代語訳

一札《いっさつ》を差し上げます。

一この長兵衛という者は（居村の青梅村《おうめむら》から）小川新田に出たいというので、我々が請負人となります。この長兵衛は（身元の）確かな者で、もし、このあと公儀《こうぎ》の御法《ごはっ》度《と》に背くか、少しでも悪事を働いたならば、長兵衛本人はもちろん、（請負人の）我々までどのような罪に処されようとも、（公儀を）少しも恨みに思いません。

一長兵衛（の小川新田への入村）について、どこからも支障が出ることはありません。もし横から支障があるという者があれば、請負人がどこへでも出て行き、説明します。（小川九郎兵衛《おがわくろべえ》には）少しも迷惑をかけません。

一町並に屋敷地を割渡して下さいましたので、家屋をはじめ、女房・子どもともに引っ越し、御公儀への役などをきちんと勤めます。少しでも、屋敷をあけることはしません。

一（小川新田は）伝馬《てんま》役《やく》を勤める新町ですので、（入村者の）それぞれで馬を持ち、御公儀や村への役をしっかり勤めます。もし、少しでも背いたならば、（村から）追放されても、少しも恨みに思いません。

一（長兵衛の）宗旨は代々臨済宗（「さいか」）です。御法度で禁じられているキリシタンではありません。（もし長兵衛が）御法度で禁じられている宗旨だという者があれば、我々請負人がどこまでも出て行き説明をします。長兵衛の寺請状《てらうけじょう》も我々で取っておいてあります。

（後略）

現在の小平市西部にかつてあった小川村（当初は小川新田といい、のちに改称）は、一六五六（明暦《めいれき》二）年から、小川九郎兵衛（実名は安次）という人物の主導により開発されました。当初より多くの入村者が各地からやって来ましたが、その際に入村希望者が小川九郎兵衛へ差し出したのが図２－１の文書で、「入村請書《にゅうそんうけしょ》」と呼ばれています。

この入村請書は、一六五六年十二月に、青梅村の長兵衛が身元引受人を立てて、小川九郎兵衛に差し出したものです。全五ヵ条からなり、長兵衛は身元確かな者で（一条目）、同人の入村にはどこからも異論が出ないこと（二条目）、割り渡された屋敷地に家を建て女房・子どもとともに引っ越し、公儀（幕府《ばくふ》）から課される役儀をきちんと果たすこと（三条目）、馬を持ち、公儀や町（村）が課す役儀をきちんと果たすこと（四条目）、長兵衛の宗旨は代々臨済宗で、キリシタンではないこと（五条目）を、小川九郎兵衛に誓約しています。ここから、小川村への入村条件を知ることができます。

この入村請書は、現在の小平市あたりに人が定住し始める様子を物語る、貴重な古文書なのです。

よむ

小川村の開発と景観

玉川上水《たまがわじょうすい》から小川分水を引いて、開発された小川村についてみていきます。

武蔵野開発の前提

武蔵野台地はもともと地下水位が低く、また付近に大きな川もなかったため、飲料水の確保が容易でなく、人が住むことは困難でした。その状況を大きく変えたのが、玉川上水の開削です。

玉川上水は、江戸に幕府が置かれたことによる急速な人口増加や、それにともなう江戸の水不足を解消するため、一六五三（承応《じょうおう》二）年に開削された上水道です（図2-3）。

さらに、玉川上水から分水を掘ることを幕府から許可されたことで、武蔵野でも飲料水を確保できるようになりました。こうして、武蔵野には多くの村が開かれていきました。

小川村の開発

現在の小平市の範囲では、七ヵ村が開かれました。このうち小川村は一六五六（明暦二）年に、残りの六ヵ村は十八世紀前半の享保期に、それぞれ開発に着手されました。

「みる」でもふれましたが、小川村は小川九郎兵衛の主導により開発されました。岸村《きしむら》（現武蔵村山市《むさしむらやま》）の郷士《ごうし》だった九郎兵衛は、青梅街道の宿駅田無《たなし》（現西東京市）・箱根ヶ崎《はこねがさき》（現瑞穂《みずほ》町《まち》）をはじめとする各所への人馬の継ぎ送りをする拠点として、小川村を開くことを支配代官に願い出ました。当時の青梅街道では、青梅の山間で生産された石灰《せっかい》が江戸へさかんに輸送されましたが、田無─箱根ヶ崎間の距離は長く、人馬が行き倒れてしまうこともありました。九郎兵衛の開発願いは、こうした状況に対応しようとするものでした。そして、開発とともに玉川上水から分水を引くことを認められ、九郎兵衛は私費を投じて小川分水の開削に尽力します。

集まる入村者

開発が始まった年の十一月には、早くも入村者が集まってきます。彼らは、入村にあたり小川家に入村請書を差し出しました。他の者から提出された請書も、「みる」で紹介した青梅村長兵衛のものと基本的な様式や内容は変わりません。

これら入村請書によれば、十七世紀末から十八世紀初頭までに、四四の村・地域からの入村者がありました。その出身地の多くは、丘陵《きゅうりょう》部ないし山間部に位置し、現行自治体でいえば、埼玉県入間《いるま》市・飯能市・所沢市、東京都あきる野市・青梅市・奥多摩町《おくたままち》・東村山《ひがしむらやま》市・東大和《ひがしやまと》市・武蔵村山市などにかつてあった村でした。

入村者には、小川家から開発用地が割り渡されました。それは、青梅街道に垂直に交わるように配置された細長い短冊状の土地割でした。「みる」で紹介した入村請書の三条目で、青梅村の長兵衛が家族とともに住む家屋を建てるとしている屋敷地が、この土地割《とちわり》です。長兵衛ら入村者は、小川家から割り渡された土地割のなかに家屋を建て、その背後に畑を開いていきました。

また、入村者は青梅街道の田無・箱根ヶ崎をはじめとする各所への人馬の継ぎ送りにあたらねばなりませんでした。長兵衛の入村請書の四条目からは、馬を持つことが入村条件の一つであったことがうかがえます。このことは、小川村が単なる農村としてではなく、宿駅として開かれたことを示しています。なお、馬が暮らしに欠かせないこの村には、農業のかたわら馬の売買や仲介にあたる馬喰《ばくろう》、病馬の治療にあたる馬医を営む者も住んでいたことがわかっています。

2-2 延宝2年頃の小川村地割図（「小川家文書」小平市中央図書館蔵）
※〈　〉は比定名称。

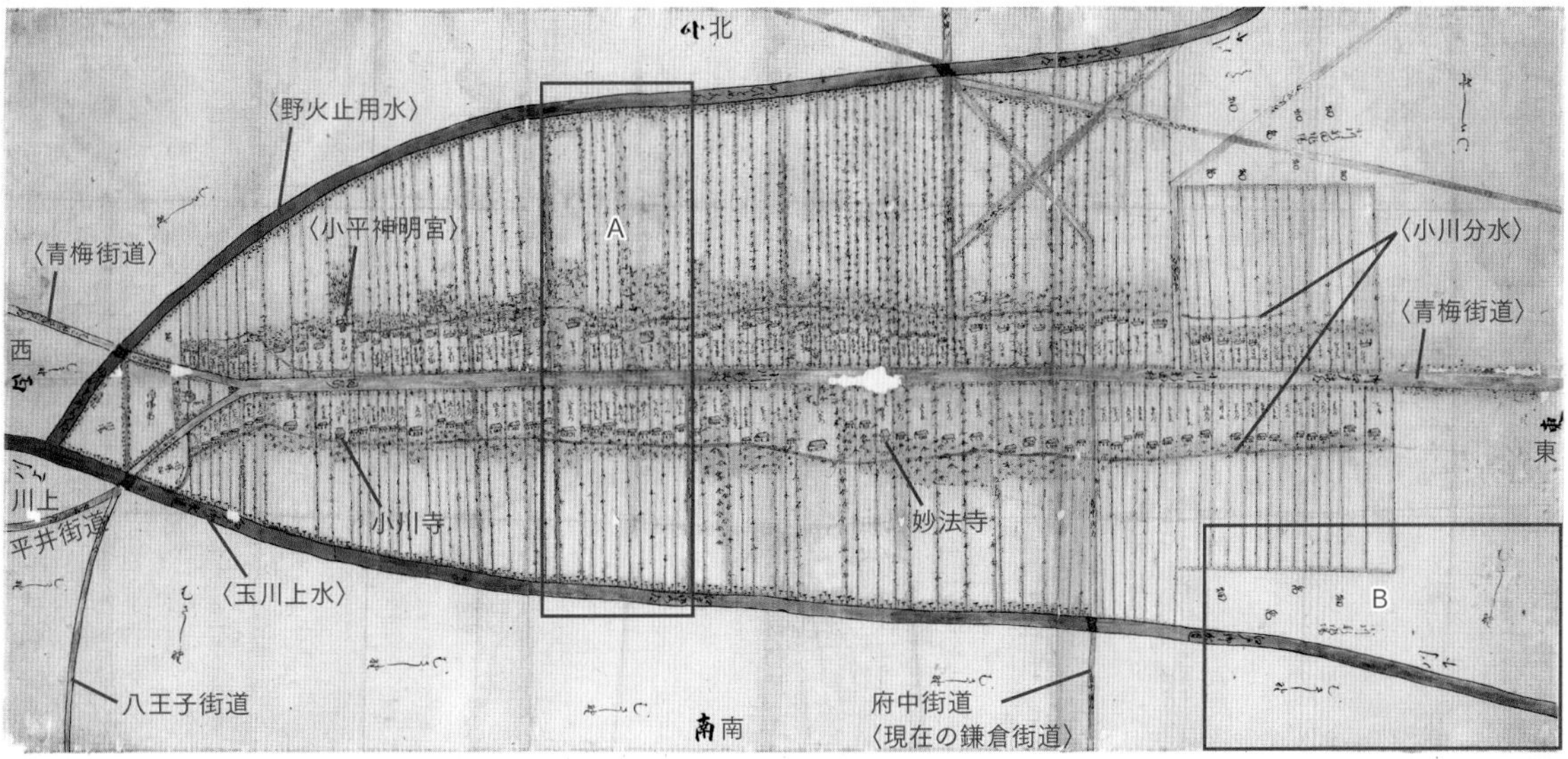

小川村の姿

開発された小川村の姿を、一六七四（延宝《えんぽう》二）年頃の作成と推定される小川村地割図《ちわりず》（図2－2）を手がかりにみていきましょう。

まず、村の中央部Aをみると、村を東西に走る青梅街道（朱色）に直交するように、短冊状の土地割が整然と並んでいます。街道沿いに並ぶ屋敷の周囲は緑色で着色され、樹木が描かれています。これは強風を防ぐ屋敷林《やしきりん》です。樹木はおもにケヤキと考えられ、落ち葉は肥料に用いられました。屋敷の背後を流れるのは小川分水（青色）で、玉川上水からの分水が村人に飲料水を供給していたことがうかがえます。

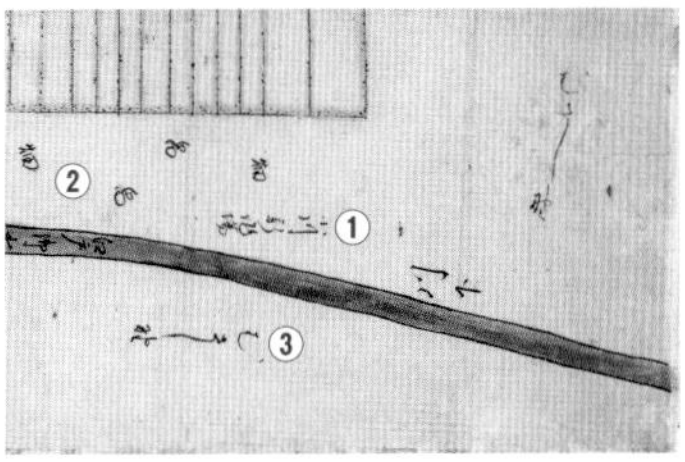

Bの拡大図

短冊状の土地割の周囲には作場《さくば》（耕作する場所）という場所がありました。Bは「小川新作場」①と書かれた場所に「畑」「畠」②の文字がみえます。ここは、入村者が土地割内に開いた耕地に加え、さらなる耕地を獲得しようと開いた場所です。そのため作場には畑だけしかなく、大きさも土地割内の畑と比べてまちまちでした。作場の畑は、土地割内の屋敷・畑とは明確に区別され、検地帳《けんちちょう》（土地台帳）も別に作成されました。

作場の外（小川村の外）には、武蔵野が広がっていました。Bをみると、「畑」「畠」の文字よりもさらに外側に「むさし野」③と記されていることがわかります。ここは、肥料や馬の飼料となる秣《まぐさ》を採取する入会地《いりあいち》でした。

このように、小川村の空間は、短冊状の土地割・作場・入会地の武蔵野の三つからなっていました。

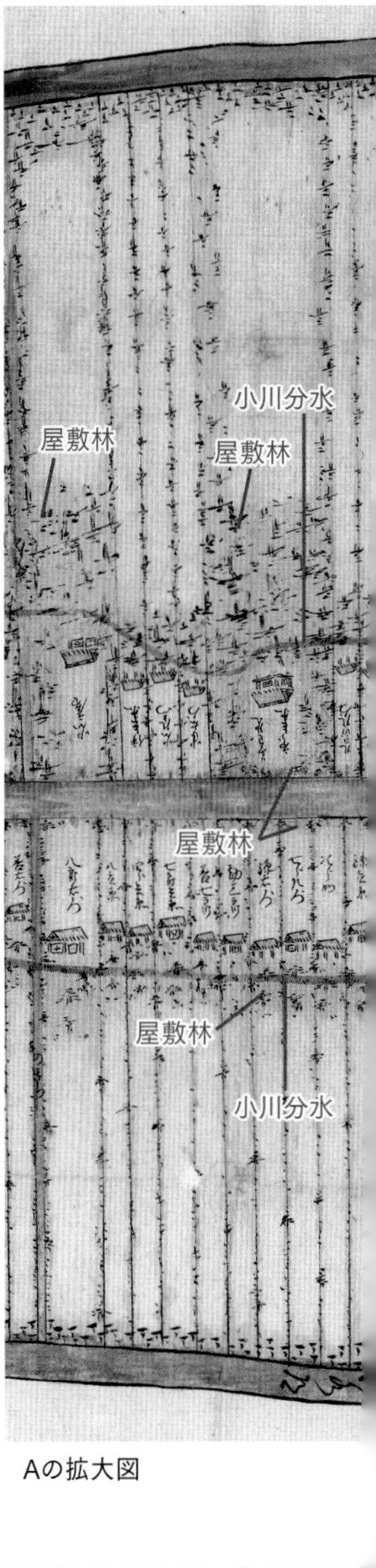

Aの拡大図

あるく

新田開発の跡をあるく

江戸時代の小川村の痕跡を、玉川上水や寺社・建築などから、探してみましょう。

玉川上水と分水

江戸時代に開削された玉川上水は、小平市の南を流れ、現在も往時の姿をうかがうことができます。①は、玉川上水に架かる西中島橋《にしなかじまばし》から上流方向に撮影した写真です。江戸時代には、玉川上水で船を運航して多摩《たま》地方と江戸を結び、物資を輸送する計画が持ち上がるほど、その水量は豊富でした。現在の水量はかなり少なくなっています。

また、玉川上水から取水し、小川村の住民に飲料水を供給した小川分水②も、青梅街道の南側・北側で現在もみることができます。

2-3 「玉川上水絵図」小川橋付近（東京都立中央図書館特別文庫室蔵）

a 作場橋　d 小川道
b 小川橋　e 是ヨリ小川村持場田無村境迄三千間（約5.5km）
c 山口道　f 是ヨリ小川村持場田鈴木新田境迄千五百間（約2.7km）

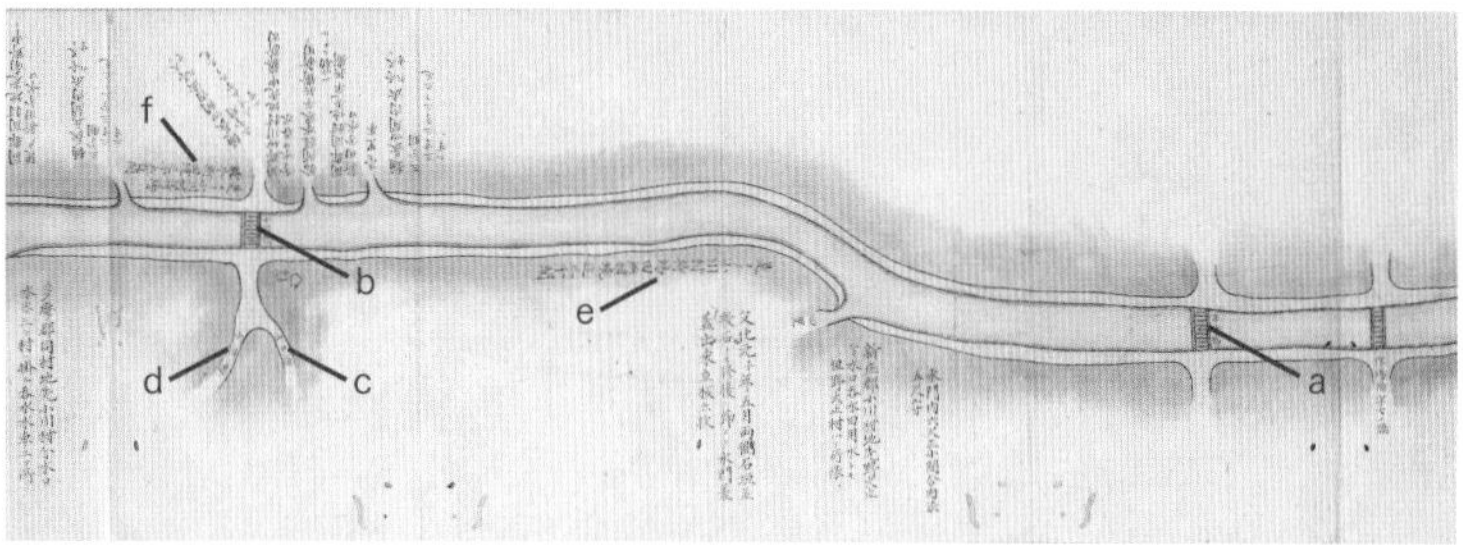

小川村の寺社と一本榎《えのき》

入村者が集まり、小川村の開発が進むなか、住民の信仰のより所となる寺社も招致されました。神明宮《しんめいぐう》③（小平神明宮、小平市小川町一丁目）は、一六六八（寛文《かんぶん》八）年の創建で、岸村（現武蔵村山市）の字神明ケ谷《しんめいがやと》にあった阿豆佐味天神《あずさみてんじん》社《じゃ》の摂社《せっしゃ》を小川九郎兵衛が勧請《かんじょう》し、小川村住民の氏神となりました。

小川寺《しょうせんじ》④（臨済宗円覚寺《えんがくじ》派、小平市小川町一丁目）も一六六八年の創建で、九郎兵衛が開基となった寺院です。当初、同時期に創建された妙《みょう》法寺《ほうじ》とともに、小川村の住民を均等に分ける形で檀家としていましたが、一六九二（元禄《げんろく》五）年以降は当村の全戸を檀家とするようになりました。小川寺の境内《けいだい》の一画には、一六八六（貞《じょう》享《きょう》三）年に、当村の檀家五七戸が寄進《きしん》した梵《ぼん》鐘《しょう》があります。その表面には、寄進者の苗字と名前が刻まれ、開発がおおよそ完了した頃の小川村の百姓の苗字がわかる貴重な資料となっています。

小川村に近接してあった熊野宮《くまのぐう》（小平市仲町）の境内に茂る一本榎⑤は、同村開発以前に、青梅街道を往来する人びとの目印や休息の場となっていた榎の大樹の孫木（三代目）と伝わります。一本榎は、小川村の開発予定範囲の東限であったとする記録もあります。

旧小川家住宅玄関棟

小川村の開発を主導した小川家の旧住宅の一部（玄関棟）⑥が、小平ふるさと村（小平市天神町三丁目）に移築復元されています。建物の創建は、一八〇五（文化《ぶんか》二）年。建物の正面には式台《しきだい》（玄関先の一段低くなった板敷きの部分）が取りつけられており、玄関を上がると、玄関の間、控えの間、納戸《なんど》といった部屋があります。この玄関は、母屋《おもや》の別棟として建てられ、一般的な名主《なぬし》の居宅の玄関のあり方とは異なっています。江戸時代後期に至るまで、小川家が相当の格式や実力を維持していたことがうかがい知れます。

2-4 小川駅周辺

④小川寺
上／山門，下／梵鐘

③小平神明宮

②小平神明宮あたりを流れる小川分水

①玉川上水

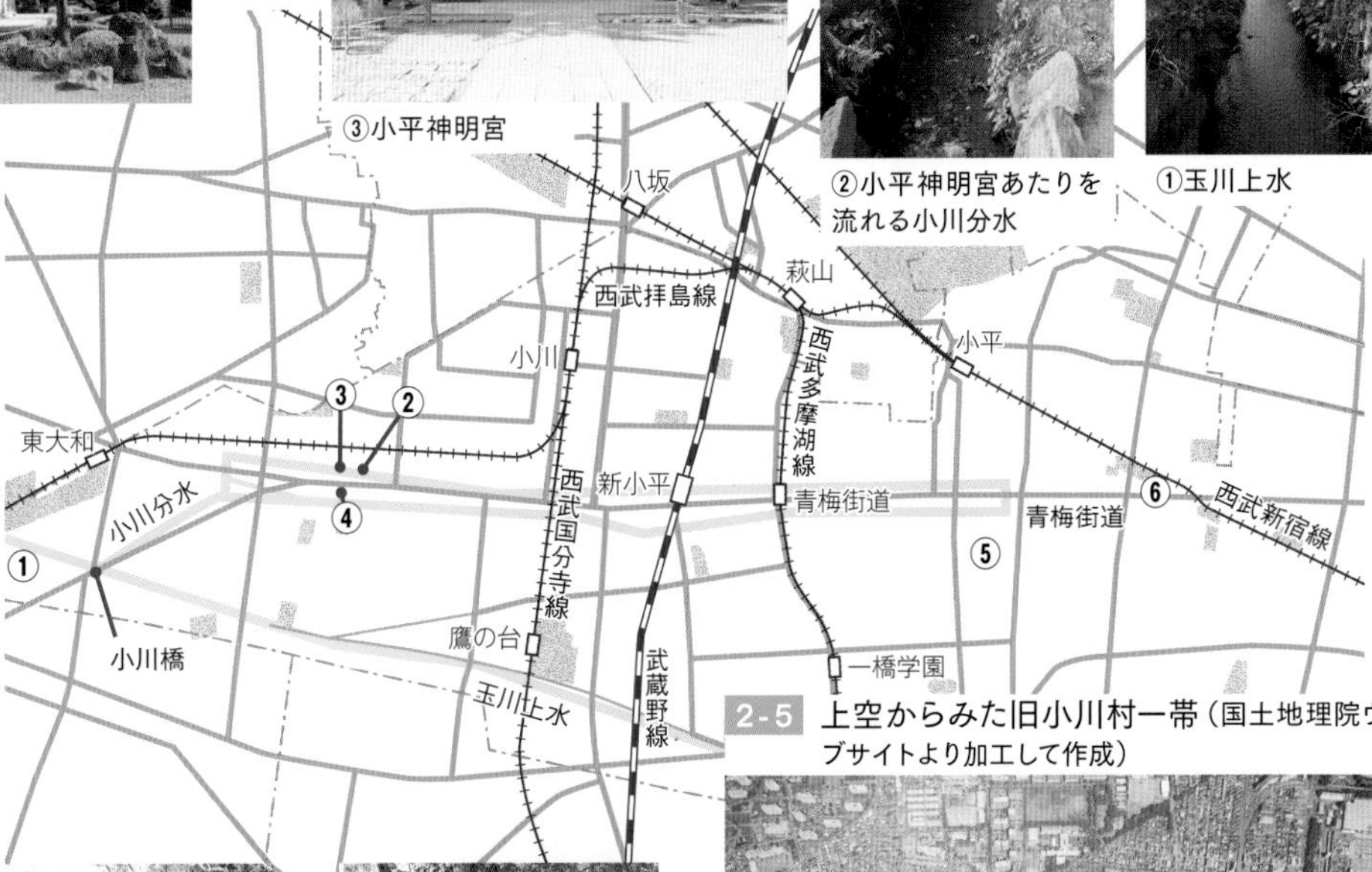

⑥旧小川家住宅玄関棟（小平ふるさと村）
小平ふるさと村には，江戸時代から明治時代までの４棟の建物が移築復元されている。

⑤熊野宮の一本榎

2-5 上空からみた旧小川村一帯（国土地理院ウェブサイトより加工して作成）

コラム 短冊状の土地割

江戸時代の小川村のような、街道沿いにつくられた新田村落の景観の特徴は、屋敷と畑がセットになった短冊状の土地割です（図２－２）。近代以降、宅地化が進み、農村の風景は大きく変化しましたが、短冊状の土地割は現在でもうかがうことができます。

図２－５は、二〇〇八（平成二十）年に撮影された、小平市西部（小川村にあたる地域）の空中写真です。写真の中央を東西（左右）に伸びるのが青梅街道です。とくに青梅街道の南側に細長い農地（緑や茶色の部分）がいくつもみられ、短冊状の土地割が残っていることがわかります。また、小さな四角のようにみえる住宅も、短冊状の土地割に沿って並んでいます。これは、土地割の農地が切り売り（分筆）されて住宅が建てられていったことを示します。住宅地化が進んだ現在でも、ある程度は短冊状の土地割が踏襲されているのです。

なお、江戸時代には、青梅街道沿いに並ぶ屋敷の周りに屋敷林がありました。現在でも、街道沿いの民家の敷地に大きなケヤキのある所がわずかながら残っており、かつての屋敷林の面影をかろうじて伝えています。

第三節

東《ひがし》村《むら》山《やま》周辺の板《いた》碑《び》と信仰の世界

池　享

みる

板碑は、親族の追善《ついぜん》や自身の極楽往生《ごくらくおうじょう》（逆修《ぎゃくしゅ》といいます）のために造立する供養塔《くようとう》です。東京都内だけでも、一万基を超える板碑が残されているといわれます。東村山および北多摩《たま》地域に残された板碑を通じて、中世の人びとの信仰の世界をみることにしましょう。

3-1　元弘の板碑（徳蔵寺板碑保存館蔵）

釈文

飽間斎藤三郎藤原盛貞生年廿六　勧進玖阿（弥）陀仏
於武州府中五月十五日令打死
光明真言
元弘三年癸酉五月十五日敬白
同孫七家行廿三同死飽間孫三郎
宗長卅五於相州村岡十八日討死　執筆遍阿弥陀仏

現代語訳

飽間《あきま》斎藤三郎盛貞《さいとうさぶろうもりさだ》という武士が、元弘《げんこう》三年五月十五日に武蔵府中《むさしふちゅう》で戦死しました。二六歳でした。
同じく孫七家行も、二三歳で戦死しました。
飽間孫三郎宗長は、五月十八日に相模村岡《さがみむらおか》で戦死しました。三五歳でした。
勧進《かんじん》　玖阿弥陀仏、執筆　遍阿弥陀仏《へんあみだぶつ》

図3-1は東村山市にある徳蔵寺《とくぞうじ》（諏訪町《すわちょう》一丁目）に所蔵されている、一三三三（元弘三）年の銘のある緑泥片岩《りょくでいへんがん》製の板碑（国指定重要文化財）です。上部が欠損している現況で、高さ一四七cm、幅四四cmです。

一三三三年は、鎌倉幕府《かまくらばくふ》が滅亡した年です。飽間斎藤氏は、上野国《こうずけのくに》（現群馬県）西部を本拠とする武士団であり、後醍醐《ごだいご》天皇側に立って挙兵した新田義貞《にったよしさだ》にしたがい、鎌倉の北条《ほうじょう》氏攻撃に参加しました。五月十五日には、鎌倉街道の多摩川《たまがわ》渡河点にあたる分倍河原《ぶばいがわら》（府中市）で、新田義貞軍と鎌倉幕府軍の間で合戦が行われています。これに勝利した新田義貞軍は、一気に鎌倉に攻め込み、五月二十二日、北条氏を滅ぼしたのです（一巻四章一節参照）。

この板碑は、その一連の合戦で討ち死にした若い武士たちの供養のために、両親などの一族が造立したものと思われます。江戸時代の地誌『新編武蔵風土記稿《しんぺんむさしふどきこう》』（巻十二、多磨郡之三十三）や『江戸名所図会《えどめいしょずえ》』（巻四、博文館版は十三冊）には、この板碑がそれぞれに描き込まれています。その解説によれば、もともとは近くの八国山《はちこくやま》に立てられていたそうです。

八国山は、分倍河原合戦の三日前に行われた久米川《くめがわ》（東村山市）合戦で、新田義貞が本陣を置いたとされるところで、それを記念して将軍塚が立てられています（所沢《ところざわ》市松が丘一丁目）。おそらく、彼らもこの合戦で活躍したため、この場所が造立地に選ばれたのでしょう。

「勧進」（寄付を募ること）・「執筆」（この場合は碑文の起草者）にあたった玖阿弥陀仏・遍阿弥陀仏は、名前の通り浄土《じょうど》系の宗派で、おそらく時《じ》宗《しゅう》の僧侶だったと思われます。中世の合戦には時宗の僧侶が従軍し、戦死者の供養などにあたっていたことはよく知られており、彼らもその役割を果たしたのだと思われます。

板碑の上部には、梵字《ぼんじ》で光明真言《こうみょうしんごん》が刻まれています。光明真言とは、「不空羂索毘盧遮那《ふくうけんさくびるしゃな》大灌頂光真言《だいかんじょうこうしんごん》」という密教《みっきょう》経典で説かれる呪文です。これで加持《かじ》した土砂を遺体に散ずれば離苦得楽《りくとくらく》できるといい、光明真言が書かれた板碑は、関東地方の十四世紀以降のものに多数みられます。

徳蔵寺は寺伝によると、一五六〇（永禄《えいろく》三）年創建、開山は「元和《げんな》年間」（一六一五～二四）とされています。江戸時代中期になって、八国山にあったこの板碑は、ほど近くにあった徳蔵寺境内《けいだい》に移されました。

よむ

中世北多摩の信仰世界

ここでは、中世にこの地域で多くつくられた板碑のなりたちと、当時の宗教・信仰について詳しくみてみましょう。

板碑について

「みる」で説明したように、板碑は追善供養や逆修（生前に仏事を行うこと）のためにつくられる石造物です。名前の通り板状の石が使われ、なにを材料とするかは各地方で特色があり、関東地方では秩父《ちちぶ》地方で産出される「秩父青石《あおいし》」（緑泥片岩）が使われました。形態上の特徴は、頭部が山型に削られ二条の線が刻まれていることです。その下には信仰の対象となる阿弥陀や大日如来《だいにちにょらい》が、蓮座《れんざ》の上に梵字（種字《しゅじ》といいます）や図像で表され、作製された年や趣旨を書いた銘文が刻まれています。このように板碑は、年代・関係する人名・目的などがわかり、当時の人びとの信仰のあり方について、私たちに多くの情報を伝えてくれる貴重な史料なのです。

こうした板碑は、十三世紀から十六世紀にかけて全国的につくられましたが、とりわけ多摩地域を含む関東地方で多くみられ、その数は四万基近いとされています。「元弘の板碑」のある東村山市でも、「貞和《じょうわ》の板碑」（正福寺《しょうふくじ》、図3－3）「応永《おうえい》の板碑」（光明院《こうみょういん》）をはじめ、膨大な数の板碑がみられます。起源は、卒塔婆《そとば》や五輪《ごりん》塔《とう》と考えられており、のちに「結衆《けっしゅう》」と呼ばれる集団（ある目的のもと集まった人びと）による月《つき》待《まち》や庚申待《こうしんまち》の行事の碑としてもつくられるようになります。そうすると、多くの名前が列記され、当時の人びとのつながりを語ってくれることになります。

また、板碑に記された年号のうち、「福徳《ふくとく》」「弥勒《みろく》」といった、実際には朝廷によって制定されたのでないものがあります。これを「私年《しねん》号《ごう》」と呼びます。もともと元号には縁起のよい字が選ばれますが、私年号をつくったり使ったりした人は、とりわけ年号に極楽往生や災異から逃れる願いを込めていたのではないかと思われます。

板碑をつくった人びと

それでは、板碑はどのような人びとによってつくられたのでしょうか。「元弘の板碑」の場合のように、当初は村山党《むらやまとう》など「武蔵七党《むさししちとう》」と呼ばれた武士（在地領主）たちだったと考えられます。彼らは一族としての結合が強く、先祖供養にも力を入れていたのでしょう。十五世紀に入ると、「結衆」による造立が増えてきます。一つの板碑に多くの人びとが名前を連ねる「交《きょう》名《みょう》」という形をとっているのが特徴です。そのなかには、名字を持たない人も多く、普通の民衆も板碑造立に参加するようになったことが知られます。

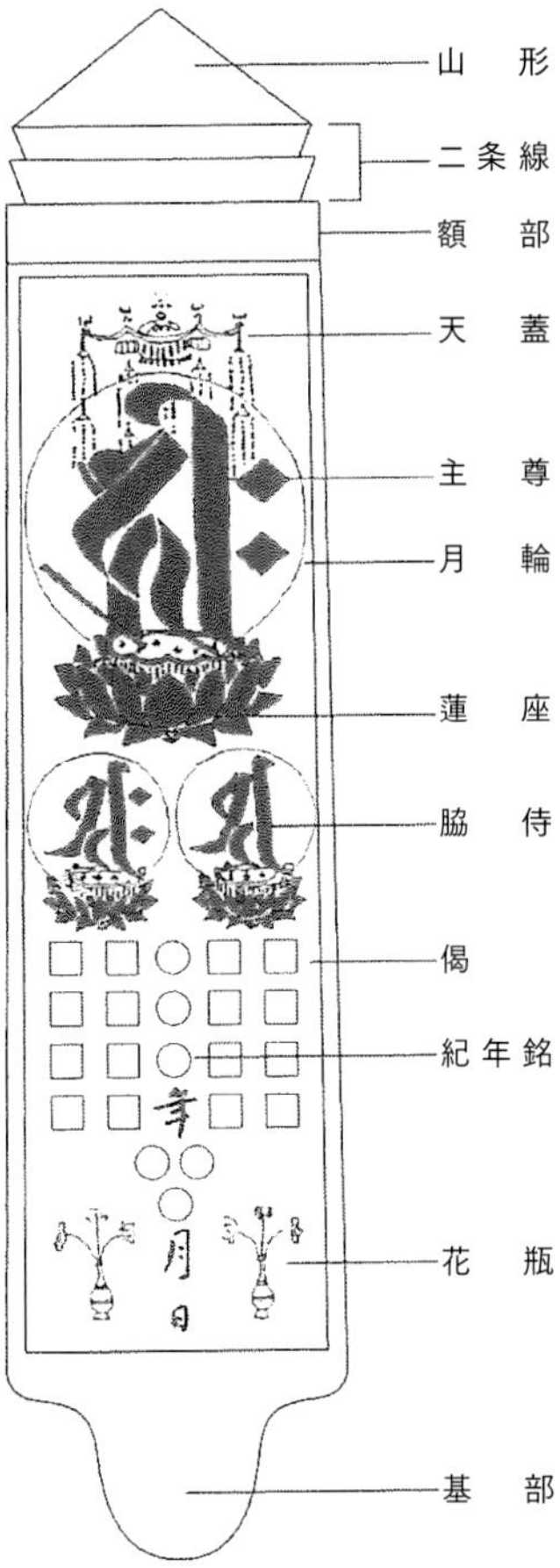

3-2 板碑の形態と構成する要素

それは、彼らが経済的に成長し、土地などの財産や自立した農業経営を代々継承する「家」を形成するようになり、先祖供養に関心を抱き始めたことと関わっていると思われます。と同時に、集団で行っていることも大事であり、彼らが村などを単位とする結びつきを強めてきたこととも関係があります。

　前述のように、結衆板碑は月待・庚申待という行事の碑としてつくられました。月待は、旧暦二十三日のような特定の日の夜に、月の出を待って集まり、みなで遊戯や飲食をする行事ですが、欠けていく月が再び満ちていくこと、すなわち漆黒の闇からの光明の復活を祈る、という宗教的意味があったとされています。

　庚申待は、六〇日に一度めぐってくる庚申の日に、人の身中にいる三尸《さんし》という虫が出てきて天帝にその人の罪を告げ、それによって寿命を縮めるという道教《どうきょう》の考えにもとづいて、三尸が出てこられないように徹夜するという風習から生まれたもので、やはり、みなで遊戯や飲食を行うものです。彼らは、こうした行事への参加を通じて、結衆としての仲間意識を強めたのでしょう。

3-3　貞和の板碑（正福寺蔵，東村山ふるさと歴史館提供）

熊野《くまの》信仰

　中世の人びとの間で流行した宗教的行事には、熊野詣もあります。「蟻《あり》の熊野詣」という言葉があるように、平安《へいあん》時代後期から多くの人びとが、観世音菩薩《かんぜおんぼさつ》・阿弥陀如来による救済を求めて紀伊国《きいのくに》（現和歌山県）の熊野三山（本宮大社《ほんぐうたいしゃ》・速《はや》玉大社《たまたいしゃ》・那智大社《なちたいしゃ》）に参詣《さんけい》するようになりました。二〇〇四（平成十六）年にユネスコの世界遺産（文化遺産）に登録された「紀伊山地の霊場と参詣道」の一部「熊野古道《こどう》」は、熊野詣のための参詣路です。参詣者（道者《どうしゃ》）の世話には、三山に宿坊を持つ祈禱師（御師《おし》）があたりました。御師は、全国に山伏《やまぶし》（先達《せんだつ》）を派遣して道者の案内にあたらせました。御師と道者の関係は、師匠と旦那（壇那《だんな》）間の契約という形で結ばれましたが、契約関係はだんだん固定化されていき、宿泊や祈禱の世話による利益獲得が、権利として財産化するようになりました。

　こうして旦那となった人びとは全国に広がっていますが、多摩地域にも多くの人が旦那になりました。「熊野那智大社文書」には、「くめ川の道者」（一四四七〈文安《ぶんあん》四〉年）「村山地下《じげ》一族」（一四八八〈長享《ちょうきょう》二〉年）「むら山　山口殿《やまぐち》」（年未詳）の名前がみられます。また、久米川には福泉坊《ふくせんぼう》という先達がいたことも知られています（一五〇三〈文亀《ぶんき》三〉年）。こうみますと、鎌倉街道の宿が置かれた久米川を中心として、村山氏・山口氏といった武士団一族を単位に、旦那が編成されていたようです。

　中世最末期の史料では、「やけへ（宅部）・山口・むら山（村山）・ほゝや（保谷）・たなし（田無）」（一五九九〈慶長《けいちょう》四〉年）が、旦那の居住地域として出てきます（「熊野那智大社文書」）。この頃になると武士団のまとまりが弱くなり、板碑のところでみたように民衆も経済力をつけてきたので、旦那を編成する単位が一族という人間集団から地域住民へと変わってきたことを示していると思われます。こうした路線転換をもっとうまく進めたのは伊勢神宮《いせじんぐう》（三重県）の御師で、熊野三山よりも交通の便がよいこともあって、近世になると伊勢参りの方が盛んになってしまいました。

あるく

板碑と熊野神社の現在

板碑が残っている北多摩地域の寺社と、代表的な熊野神社を実際にあるいてみましょう。

北多摩地域の板碑所在

板碑は本来ゆかりの場所に立てられますが、年月が経つとともに、子孫の断絶や移動などで放置される場合が出てきます。そうした時には、仏教関係の石造物ということで、付近のお寺や墓地に持ち込まれることがよくあります。それは集まるほどに加速度を増し、東村山市諏訪町の徳蔵寺iには、市外からのものも含めて約四〇〇基の板碑が並んで収蔵されています。こうした寺社は、北多摩地域にいくつかあるので紹介します。JR中央線の吉祥寺《きちじょうじ》駅付近には、井《い》の頭《かしら》公園内に井の頭弁財天《べんざいてん》a（三鷹《みたか》市井の頭四丁目）、駅の北側に武蔵野八幡宮《はちまんぐう》b（武蔵野市吉祥寺東町一丁目）があります。その北に位置する西東京市内では、田無総持寺《たなしそうじじ》c（西東京市田無町三丁目）・保谷如意輪寺《ほうやにょいりんじ》d（西東京市泉町《いずみちょう》二丁目）があげられます。また多聞寺《たもんじ》e（東久留米《ひがしくるめ》市本町《ほんちょう》四丁目）には、開発から三代までの住職の板碑が残されています。清瀬《きよせ》市では、円通寺《えんつうじ》f（清瀬市下宿《したじゅく》二丁目）・長命寺《ちょうめいじ》g（清瀬市下清戸《しもきよと》二丁目）・日枝《ひえ》神社h（清瀬市中清戸二丁目）などで収蔵されています。ほかに東大和《ひがしやまと》公園に隣接する円乗院《えんじょういん》j（東大和市狭山《さやま》三丁目）や真福寺《しんぷくじ》k

b武蔵野八幡宮
境内から7～8世紀作とみられる蕨手刀のほか，1335（建武2）年以降につくられた板碑数点（写真上，武蔵野ふるさと歴史館提供）が出土している。

e 多聞寺
開発（寺伝によると中興初代）から3代までの住職の板碑である，多聞寺3代住職逆修供養板碑（写真右，東久留米市郷土資料室提供）が納められている。室町時代の作。現存する寺院と関係する板碑は珍しい。

i 徳蔵寺
板碑保存館2階の展示場（写真左）は，まさに壮観。

3-4 発見された板碑の制作年代と数（それぞれの市史に載せられたデータによる）

場所	作製年代	基数
三鷹市	1295（永仁3）年～1498（明応7）年	37
武蔵野市	1316（正和5）年～1473（文明5）年	14
西東京市	1308年頃（延慶年間）～1544（天文3）年	33
東久留米市	1279（弘安2）年～1553（天文22）年	65
清瀬市	1283（弘安6）年～1547（天文16）年	129
東村山市	1358（延文3）年～1575（天正3）年	411
東大和市	1294（永仁2）年～1542（天文11）年	106
武蔵村山市	1288（弘安11）年～1465（寛正6）年	14

（武蔵村山市中藤一丁目《むさしむらやましなかとう》）があります。

北多摩各地の熊野神社

立派な社殿を持つものから小さな祠《ほこら》まで、神社はどこにでもみられます。名前も、狭山神社のように土地の名前をとったもの、八幡神社・天満宮《てんまんぐう》・八坂《やさか》神社・稲荷《いなり》神社など有名な神社と同じものなどさまざまです。後者は、本社から祭神を分けてもらった（「勧請《かんじょう》」といいます）末社《まっしゃ》となりますが、勧請の契機もさまざまです。中世では、荘園《しょうえん》をつくる時に領主が信仰する神が勧請されるのが普通です。たとえば、摂関家《せっかんけ》領や藤原氏《ふじわらし》の氏寺《うじでら》の興福寺《こうふくじ》領の荘園では、氏神である春日《かすが》神社が勧請されます。もちろん、祭神の信仰から勧請されることもあり、海の神様である住吉 大神《すみよしのおおかみ》は全国の港町で祀られています。近くにある神社の謂われを知ることで、その土地の歴史の一端を垣間見ることができるのです。

熊野神社も、熊野信仰によって全国各地に勧請されました。多摩地域に多くの熊野神社があるのも、その名残といえます。東京都では、西《にし》新宿《しんじゅく》にある熊野神社と北区王子《おうじ》にある若一王子《にゃくいちおうじ》社《しゃ》（王子神社）が古いとされていますが、若一王子社の方は武蔵野有力武士の豊島氏《としまし》が勧請したものです。その豊島氏が石神井川《しゃくじいがわ》をさかのぼる形で勢力を拡大していく過程で、北多摩地域にも熊野神社が勧請されたと考えられます。代表的な熊野神社の所在地を紹介しましょう。

田無村にあった熊野神社（西東京市谷戸町《やとちょう》一丁目）は、八幡神社とともに一八七二（明治五）年、田無神社①（西東京市田無町三丁目）に合祀されました。国分寺《こくぶんじ》市恋ヶ窪《こいがくぼ》の熊野神社②（国分寺市西恋ヶ窪一丁目）は、創建年代は不詳ですが、新田義貞と鎌倉勢との戦いで焼失したとの伝承があり、その後、いくたびかの焼失にあいながらも再建されています。東村山市久米川の熊野神社③（東村山市久米川町五丁目）は、「みる」で前述した久米川の合戦で、新田義貞が後詰《ごづめ》（先陣の控えとなる軍勢）を置いた場所といわれています。ほかに、東大和市蔵敷《ぞうしき》の熊野神社④（東大和市蔵敷一丁目）、武蔵村山市中藤の熊野神社⑤（武蔵村山市中藤三丁目）などがあります。

東村山ふるさと歴史館⑥（東村山市諏訪町一丁目）や東大和市立郷土博物館⑦（東大和市奈良橋《ならはし》一丁目）などの郷土館や博物館へ行って、地域の歴史を調べてみても面白いでしょう。

3-5 北多摩地域の板碑・熊野神社分布図

①田無神社（1872年に熊野神社は合祀された）

②国分寺市恋ヶ窪の熊野神社

③東村山市久米川の熊野神社

④東大和市蔵敷の熊野神社

⑤武蔵村山市中藤の熊野神社

第四節

医療と「療養」の街

——清瀬《きよせ》・東村山《ひがしむらやま》・東久留米《ひがしくるめ》——

石居人也

みる

清瀬駅南西の一帯には、複十字《ふくじゅうじ》病院・救世軍《きゅうせいぐん》清瀬病院・東京病院・清瀬リハビリテーション病院・国立療養所多磨《たま》全生園《ぜんしょうえん》・結核《けっかく》予防研究所・看護大学校などがひしめく、医療と「療養」の街がひろがっています。この街は、いつから、どのように形成されてきたのでしょうか。

4-1 「国立多磨全生園略図」(『昭和25年年報』国立療養所多磨全生園，1951年，国立ハンセン病資料館提供)

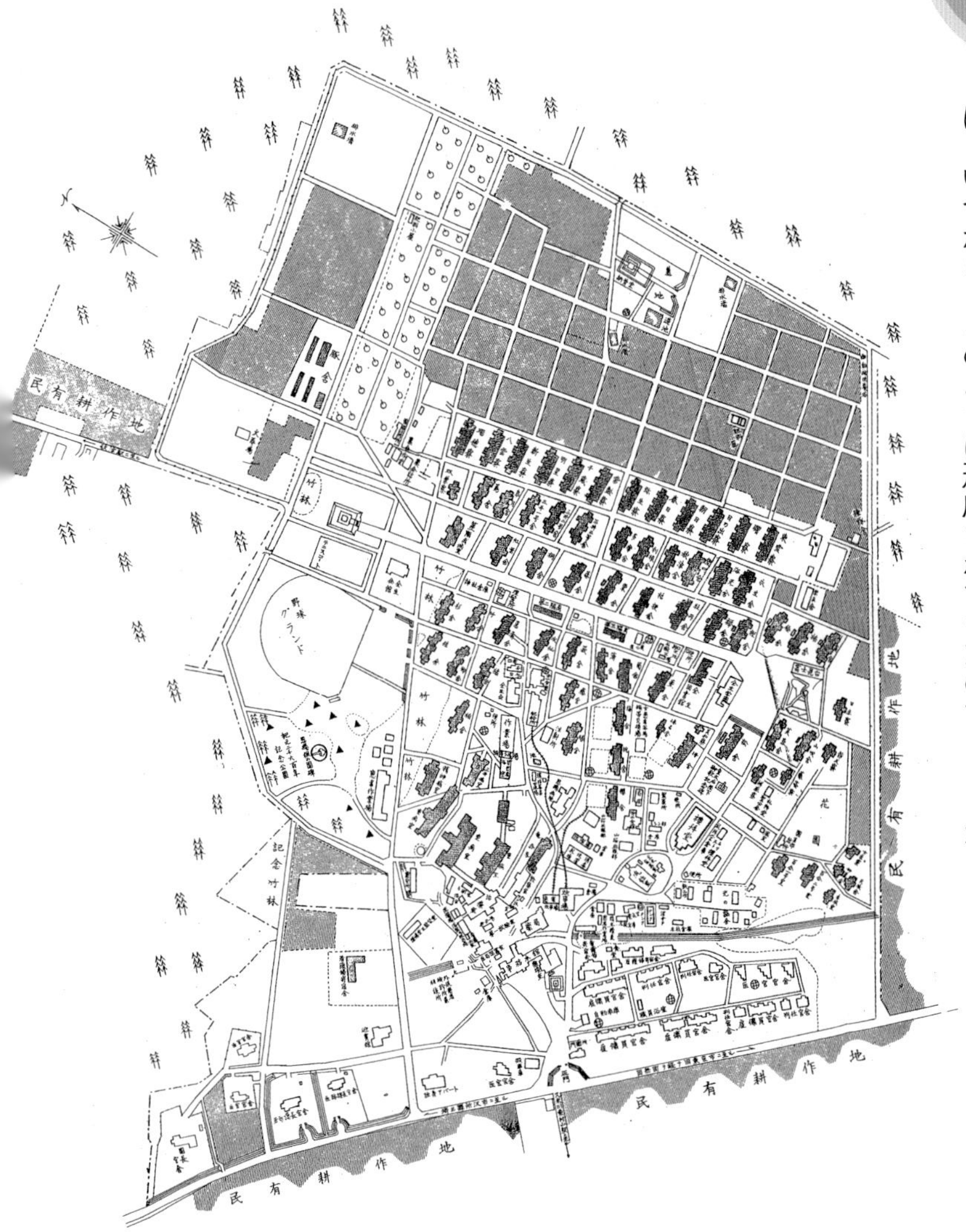

①正門
②埼玉県所沢市ニ至ル
③田無町ヲ経テ旧東京市ニ至ル
④久米川東村山駅ニ至ル
⑤事務本館
⑥官舎
⑦園長官舎
⑧医官官舎
⑨事務課長官舎・医務課長官舎
⑩迎賓館
⑪障壁（土塁）
⑫職員地区
⑬療養者地区
⑭治療室
⑮作業場
⑯炊事場・患者炊事場
⑰礼拝堂
⑱豚舎
⑲果樹園
⑳謹慎室及監禁室
㉑野球グランド
㉒火葬場
㉓墓地・納骨堂

図4－1は、ハンセン病の療養施設である国立療養所多磨全生園の、一九五一（昭和二十六）年の園内図です。左上方に方位が示されているとおり、おおむね図の左側が北です。清瀬駅は、上方二kmほど先にあります。ハンセン病は、癩《らい》菌《きん》が末梢《まっしょう》神経を冒すことで、身体に不自由をきたしたり、それが原因で身体の一部を失うことになったりして、影響が外見に現れることが少なくありません。実際には感染力は弱いのですが、かつてはおそろしい伝染病とされ、罹患《りかん》者《しゃ》を隔離する政策がとられました（後述）。

多磨全生園は、一九〇九（明治四十二）年、国内五ヵ所に設けられた最初の公立（連合府県立）の「癩」（差別的意味あいを含むハンセン病の旧称）療養施設の一つ、「全生《ぜんせい》病院」として北多摩郡東村山村に創設されました。五ヵ所の療養所は、あらかじめ管轄《かんかつ》区域が定められ、区域を構成する各府県が予算を負担することになっていました。全生病院は「第一区域」の療養所で、管轄は関東甲信越の全府県です。

当初は、この図の中央下の四分の一程度の面積だった療養所の敷地は、つぎつぎと収容される療養者でまたたく間に満床となり、敷地の拡張と、建物の増設がくり返されます。敷地の拡張は、一九三八年頃まで続き、おおむね現在とおなじ敷地となりました。一九四一年には、それまでの連合府県立から国立へと移管され、名称も「全生病院」から「多磨全生園」に改められました。

図の下方を左右に走っているのが所沢《ところざわ》街道で、下辺の中央付近に正門①がみえます。正門から三方にそれぞれ矢印が記され、左方「埼玉県所沢市ニ至ル」②、右方「田無町《たなしまち》ヲ経テ旧東京市ニ至ル」③、下方「久米川《くめがわ》東村山駅ニ至ル」④と示されています。敷地の外辺は、空堀とそこから掘り出した土を盛った土塁《どるい》とで囲まれ、垣根がはりめぐらされました。これは、療養者の逃走を防止するために設けられたものです。

正門から敷地内に入ってみましょう。正面に事務本館⑤、右手に官舎⑥が並んでいます。左手は幹部用の官舎で、奥から園長⑦、医官⑧、事務課長・医務課長⑨の順で、その手前は迎賓館⑩です。

問題はそのさきです。事務本館と官舎のすぐ奥に、数本の横線がならんでいるのがみえるでしょうか。これは正門付近や、幹部の官舎付近にもみられる表記で、障壁（土塁）を意味します。そしてこの横に長く続く障壁⑪は、職員の空間⑫と療養者の空間⑬とを隔てる物理的な境界として設けられました。この障壁の目的は、職員をハンセン病から守るという一点に尽きます。

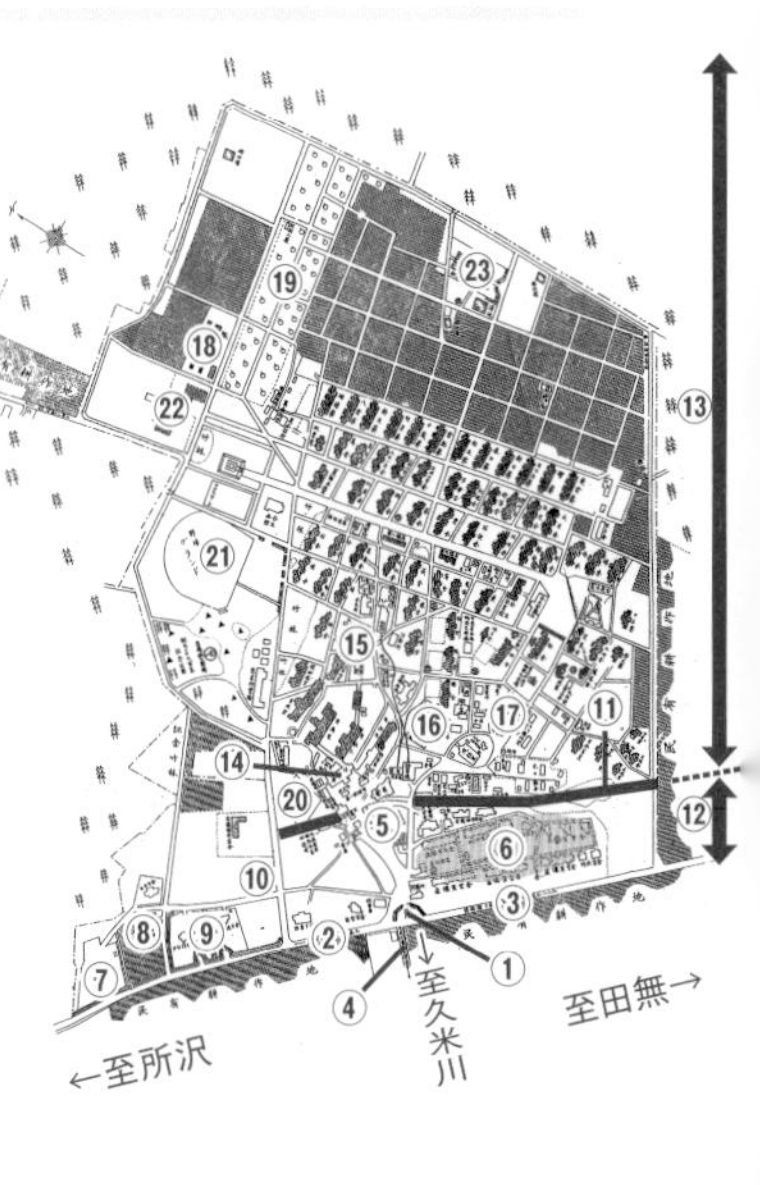

障壁を越えても、療養者の空間にはすぐにはいたりません。あいだには、医療施設（治療室⑭など）や作業施設（作業場⑮など）・調理施設（炊事場・患者炊事場⑯など）・宗教施設（礼拝堂⑰など）といった「公共」施設が設けられ、いわば緩衝地帯としての役割を果たしていました。作業施設といっても、不足する職員を補うため、療養者の収入源、生活の張りあいなどの名目で、多くの作業が療養者自身によって担われていました。左上方にみえる豚舎⑱や果樹園⑲なども、療養者自身の手によるものです。

障壁の左端のすぐ上には謹慎室及監禁室⑳、野球グランド㉑の先に火葬場㉒、中央上方には墓地㉓がみえます。「療養所」にもかかわらず、監禁室と火葬場と墓地がある——これこそが、ハンセン病の隔離がいかに異例だったかを示しています。なお、ハンセン病は、治療薬の開発が進み、現在では完治する病気になっています。

よむ

療養所と学園が地域社会にもたらしたもの

ここでは、清瀬・東村山・東久留米市域が、「療養所の街」「学園の街」となっていった過程をみてゆきます。

川越《かわごえ》鉄道敷設と全生病院

現在の清瀬・東村山・東久留米市域は、明治・大正期（一八六八〜一九二六）には、おおむね農村の様相を呈し、農地と屋敷と雑木林が、地域のおもな風景を構成していたといえるでしょう。農家では、農作物をつくるほか、副業として製茶や養蚕《ようさん》なども行われていました。

この風景に変化をもたらすきっかけとなったのは鉄道の敷設です。一八九〇（明治二十三）年、従来は川越から新河岸川《しんがしがわ》の舟運《しゅううん》を用いて東京へと運んでいた物資を、陸上輸送することを目的として、川越鉄道の敷設が請願され、一八九二年に許可がおります。これを受けて、一八九四年に国分寺―東村山間（現西武《せいぶ》国分寺《こくぶんじ》線《せん》）、翌九五年に東村山―川越間（現西武新宿《しんじゅく》線《せん》）が開通し、鉄道によって川越と国分寺が結ばれました。国分寺は、一八八九年に開通した多摩で最初の鉄道である甲武《こうぶ》鉄道（現JR中央本線）の駅があり、東京と結ばれていたのです。東村山は、汽車が石炭を補給する中継駅として、重要な役割を担うことになりました。一九二七（昭和二）年には東村山―高田馬場《たかだのばば》間、五二年に高田馬場―西武新宿間が開通して、今日の西武新宿線が全通することとなりました。鉄道の開通は、物資輸送の中継点とは異なる新たな役割を東村山の地にもたらすことになります。

一八九七年施行の「伝染病予防法」は、従来もっとも対策が急がれてきたコレラ・チフス・天然痘《てんねんとう》といった急性伝染病に一定の対処法を示し、二十世紀に入る頃から、それらの流行は少しずつ小規模になってゆきました。それによって、新たに脚光を浴びるようになったのが、結核やハンセン病などの慢性伝染病です。「文明国」を目指していた当時の日本において、ハンセン病は撲滅を急ぐべき病気と認識されました。

一九〇〇年にはじめて行われた患者の全国調査で、三万人を超える罹患者が確認されたハンセン病は、結核とならんで、二十世紀初頭の衛生行政がもっとも対策を急いだ病の一つでした。一八九七年に開かれた第一回国際癩会議で、ハンセン病が伝染病であり、治療法がわからない以上、罹患者の隔離がもっとも有効な対処法との情報を得ていたことで、一九〇七年に制定された法律では、全国五ヵ所に隔離施設としての公立療養所が設けられることとなりました。

そのうちの一つが設けられることになった東京府では、既存の私立療養所の所在地だった目《め》黒《ぐろ》、続いて一部町議による誘致の動きがあった田無に設立を試みるものの、反対運動により頓《とん》挫《ざ》します。つぎに白羽の矢を立てた清瀬村への視察の途中、関係者の眼にとまった東村山村に矛先を変え、府は設立を推し進めました。病気の蔓延《まんえん》や農産物価格の下落などを危《き》惧《ぐ》する村では、逮捕者を出すほどの反対運動が展開されますが、最終的には設立を受けいれました。

一九〇九年九月の全生病院の落成式に際しては、東村山の駅から療養所の正門まで見物人や露天商があふれたといいます。また、工事中や開院後に必要なさまざまな仕事のために、雇用が生まれ、地元の農産物を療養所が購入するなどして、療養所は地域に根づいてゆきました。

武蔵野《むさしの》鉄道と療養所の街

明治十年代（一八七七年〜）からすでに万単位の死者を記録していた結核は、二十世紀に入るとつねに死因のトップ三の一角を占めるようになり、時代を代表する「死に至る病」となります。人から人へと空気感染する結核に罹患した者には、空気のよい場所への転地療養などが推奨されましたが、それが可能だったのは、経済的な条件に恵まれた一部の人びとでした。

そうしたなか、一九一九（大正八）年に「結核予防法」が施行され、東京・大阪・神戸《こうべ》の各市には療養所の設置が命じられました。東京市では、地元住民の反対にあいながらも豊多摩郡《とよたまぐん》江古田《えごた》（現中野《なかの》区）に療養所を設立しますが、すぐに満床となり、待機患者を対象としたさまざまな施設が周辺に生じることとなりました。

江古田療養所は、東京市外に設けられながらも、市民のための施設であり、市外の府民には療養所がない状態が続きました。そのようななか、一九三一年に新たに府立の療養所が清瀬に設けられることになったのです。

4-2 傷痍軍人東京療養所

これにさきだって清瀬では、一九一五年に開通した武蔵野鉄道（現西武池袋線《いけぶくろせん》）に、清瀬駅が開業していました（一九二四年）。清瀬駅の開業と府立清瀬病院（療養所を併設）の設立をきっかけとして、結核予防会を母体とする複十字病院（一九四七年）など、結核をはじめとした疾病《しっぺい》の病者を対象とする医療施設がつぎつぎと設立され、「療養所の街」が形成されていったのです。

自由な学びの場として

日本初の女性記者とされる羽仁《はに》もと子と、夫の吉一《よしかず》は一九二一年、北豊島郡高田町《きたとしまぐんたかだまち》（現豊島区西池袋）に自由学園を創設しました。小学校の課程を終えた女子を対象とした女学校で、家庭生活の近代化は教育を通してこそ実現できるとの考えのもと、必要な「家庭の実務」をみずからの頭で考え、遂行できる女性を育てることを目指した、「高等女学校令」によらない教育機関でした。学園には、ほどなく普通科に加えて高等科、次いで小学校（現初等部、一九二七年）、さらには男子部（一九三五年）や幼児生活団（一九三八年）も設けられ、年齢や性別を超えた教育機関となってゆきます。キリスト教精神と自由主義教育思想にもとづく自治・自由を基本に、社会的な問題意識を涵養《かんよう》することが目指されました。

4-3 自由学園の運動会

学園の規模が拡大する一方で、高田町周辺は一九二三年の関東大震災後、宅地化が進み、敷地の拡張は困難になりました。そこで一九二五年、羽仁夫妻は北多摩郡久留米村南沢《みなみさわ》（現東久留米市学園町）に一〇万坪の土地を購入、うち三万坪を学園用地として確保したうえで、残りの七万坪を学園の関係者や夫妻が創刊した雑誌『婦人之友』（創刊当初は『家庭之友』）の愛読者などに分譲しました。そして、一九二九年の小学校移転を皮切りに、三四年には全学の久留米村移転を果たします。こうして、学園を中心として、羽仁夫妻とその理解者たちによる「学園の街」ができあがったのです。

また、一九二九年の小学校移転と同時に開所した、「南沢学園セツルメント」は、社会改造と教育とを結びつける発想のもと、「学園の街」の周辺に広がる既存の農村の生活改善に乗りだします。周辺に大規模医療施設が集中する「療養所の街」が形成されたものの、それらの多くは地域の生活者に向けられたものではなく、周辺地域は事実上、無医村に近い状態でした。そうしたなかで、セツルメント（知識人が地域に入り生活改善などをはかること）の診療所は、地域医療に一定の役割を果たすことで、学園と地域社会との接点ともなってゆきました。

あるく

東京人の生を支える街

清瀬と東村山は、二十世紀を通じて、ハンセン病や結核など、さまざまな疾病に対応する医療施設を数多く受けいれてきました。また、東村山は人造の村山貯水池（現多摩湖、東大和《ひがしやまと》市）と接しています。この地は、東京での暮らしのなかで病み、傷ついた人びとを受けいれ、人びとが健やかに暮らせる環境を整備してきた街ともいえるでしょう。この地域の歴史をくわしく知りたい方は、清瀬市郷土博物館①（清瀬市上《かみ》清戸《きよと》二丁目）や東村山ふるさと歴史館②（東村山市諏訪町《すわちょう》一丁目）へ足を運んでみてください。

ここでは、清瀬駅・東村山駅それぞれを起点に西へ、二つのエリアをあるいてみましょう。

清瀬病院跡の碑

清瀬駅南口から西武池袋線に沿って西へ六〇〇mほど進んだ南側に、清瀬中央公園（清瀬市梅園《うめぞの》一丁目）があります。ここに、一九三一（昭和六）年に東京府立として設けられ、一九四七年に国に移管された、国立療養所清瀬病院の痕跡を記す、清瀬病院跡の碑③が建っています。

おもに結核を専門とした病院は、一九六二年に傷痍《しょうい》軍人の療養所だった国立東京療養所と合併、現在は独立行政法人国立病院機構東京病院④（清瀬市竹丘《たけおか》三丁目）となっています。

理学療法士および作業療法士専門養成施設発祥の地

清瀬中央公園から清瀬駅方面へ一〇〇mほど戻って右折すると、西南西へ延びる都道の左右に、大規模な病院・療養所・研究所・教育機関がならんでいます。左手には、複十字病院⑤・結核研究所⑥・救世軍清瀬病院⑦・東京病院④など、右手には、看護大学校⑧・労働安全衛生総合研究所⑨などです。その右手なかほどに、かつての国立病院機構リハビリテーション学院の正門があり、その脇に「わが国最初の理学療法士および作業療法士専門養成施設発祥の地」碑⑩（清瀬市梅園一丁目）が建っています。国立療養所東京病院の附属機関として一九六三年に設けられたリハビリテーション学院は、「理学療法士及び作業療法士法」の施行（一九六五年）を見越した先駆的施設でした（二〇〇八〈平成二十〉年閉院）。これは、東京病院の前身の一つが傷痍軍人東京療養所（図4－2参照、一九三九年設立）だったこととも関係があります。

国立ハンセン病資料館

都道を西南西にさらに進むと、道が大きく左に曲がっているところがあります。そのつきあたりが、国立療養所多磨全生園です。このあたりは正門の反対側で、北隣にはハンセン病研究センターもあります。この一角に、国立ハンセン病資料館⑪（東村山市青葉町《あおばちょう》四丁目）があります。一九九三年に高松宮《たかまつのみや》記念ハンセン病資料館として開館し、当初は展示や解説の多くを療養者自身が担っていましたが、国立に移管されるとともに、多くを非療養者が担う形で二〇〇七年に再開館しています。

保生園《ほせいえん》の跡

東村山駅の北西にある八国山《はちこくやま》のふもとに、新山手《しんやまのて》病院があります。この病院は、一九三九年に第一生命保険相互会社によって同地に設けられた保生園⑫（現新山手病院、東村山市諏訪町三丁目）という結核療養所の後身にあたります。ちょうど同じ年に財団法人結核予防会が設けられたことから、療養所は財団に寄付されて存続、現在は総合病院となっています。

村山貯水池（多摩湖）

村山貯水池⑬（東大和市）は、二十世紀初頭

4-5 清瀬駅付近

⑩「わが国最初の理学療法士および作業療法士専門養成施設発祥の地」碑（左が国立病院機構リハビリテーション学院正門跡で、赤い囲みが右の碑。都道226号線沿いに所在）

①清瀬市郷土博物館

③清瀬病院跡の碑（後ろは国立看護大学校）

⑪国立ハンセン病資料館

に二〇〇万都市となった東京市に飲料水を供給する目的で、一九一六年（大正五）に着工した人造池です。一九二三年の関東大震災によって工事は中断を余儀《よぎ》なくされますが、一九二七年に完成しました。東大和・所沢などとの境界域に設けられた貯水池は、地元の土地所有者からの買収によって用地を確保しており、なかには買収によって住居を失い、やむなく大和村（現東大和市）から村山村（現武蔵村山市）へと転居した人びともあったといいます。

村山ホテル

村山ホテル⑭は、西武鉄道と村山村第二代村長小島《こじま》証作《しょうさく》の息子四郎《しろう》の計画により、一九二八年、村山貯水池の北東岸（現西武園ゆうえんちの正門付近）に開業しました。設計は、早稲田《わせだ》大学の十代田《そしろだ》三郎《さぶろう》が手がけました。近代的な洋館として注目を集め、大岡昇平《おおおかしょうへい》の小説『武蔵野夫人』（一九五〇年）の舞台ともなりました。

その後、村山ホテルは、一九五〇年に改装されて多摩湖ホテルとなり、一九六一年に取り壊されました。

4-6 東村山駅から多摩湖一帯

⑬村山貯水池（多摩湖）手前が第一取水塔

⑭昭和初期の村山ホテル付近（東村山ふるさと歴史館提供）

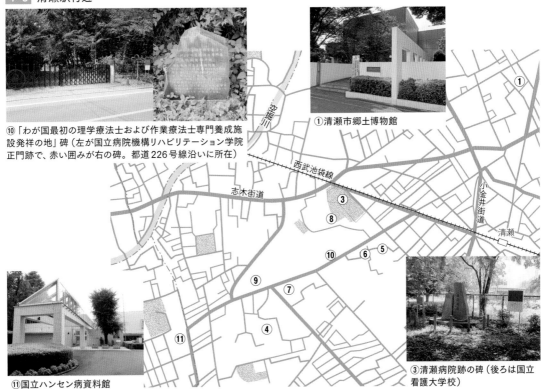

第五節 村山織物——東大和《ひがしやまと》・武蔵村山《むさしむらやま》・瑞穂《みずほ》——

鈴木芳行

みる

東京都と埼玉県に跨《またが》る狭山丘陵《さやまきゅうりょう》一帯では、かねてより織物の生産が盛んでした。丘陵の東京域の武蔵村山は、現代では高級絹織物の「村山大島紬《おおしまつむぎ》」がよく知られていますが、近代には木綿絣《もめんかすり》の「村山紺絣《こんがすり》」と絹織物の「武蔵太織縞《ふとおりしま》」を特産とする混織《こんしょく》地域でした。改良を重ねて発展してきた、村山織物をみていきます。

組合規約認可願写」(「埼玉県行政文書 明3586-5」埼玉県立文書館収蔵)

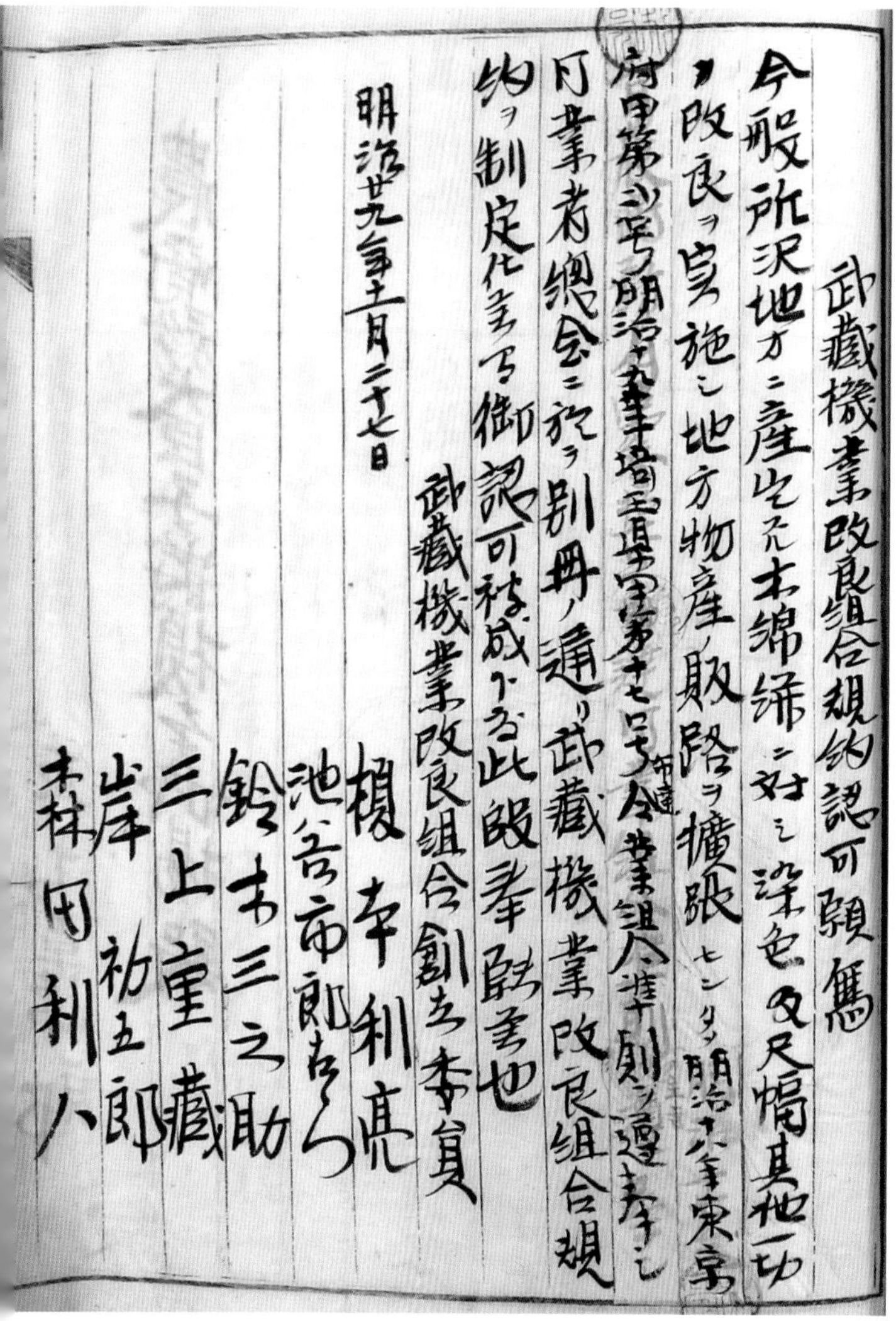

武蔵機業改良組合規約認可願

今般所沢地方ニ産出スル木綿絣ニ対シ染色及尺幅其他一切ノ改良ヲ実施シ地方物産ノ販路ヲ拡張セントス明治十八年東京府甲第三十号明治十九年埼玉県甲第十二号布達ニ依リ同業組合準則ニ遵奉シ同業者総会ニ於テ別冊ノ通リ武蔵機業改良組合規約ヲ制定候ニ付御認可相成度此段奉願候也

明治廿九年十一月二十七日

武蔵機業改良組合創立委員

榎本利亮

池谷市郎右衛門

鈴木三之助

三上重蔵

岸初五郎

森田利八

図5-1の「武蔵機業改良組合規約認可願写」は、一八九六（明治二十九）年、狭山丘陵一帯の木綿絣の機織《はたおり》業者たちが、染色欠陥や不統一などの粗製濫造《そせいらんぞう》品が出回るようになったことに対処するため、新しい組合を創立しようと、認可を求めた願書です。

この地で織り出される主な綿織物は、染料に藍《あい》を用い、紺色を基調とする生地《きじ》に絣文様《かすりもんよう》を染め出すという特徴があり、「村山紺絣」（図5-2）と総称します（後述）。

この文書が出願された背景には、明治政府が一八八四年に公布した「同業組合準則」がありました。この準則で政府は、同業組合の設立方法を示し、その設立方を奨励するとともに、粗製濫造品の改良などのため、府県を単位に農商工の同業者が組合を結ぶ際には所属府県の認可を得ること、組合の区域が府県に跨る場合には殖産興業《しょくさんこうぎょう》の主務官庁である農商務省に願い出て許可を得る必要がある、と指示しました。

政府のこの「同業組合準則」に依拠して、以降、全国各府県では、それぞれ独自の府県規則

5-1「武蔵機業改良

農商務大臣子爵榎本武揚殿
並木喜四郎

釈文

（／で改行）

武蔵機業改良組合規約認可願写
今般、所沢地方ニ産出スル木綿絣ニ対シ、染色及尺幅、其他一切／ノ改良ヲ実施シ、地方物産ノ販路ヲ拡張センタメ、明治十八年東京／府甲第弐号、明治十九年埼玉県甲第十七号布達、仝業組合準則ヲ遵奉シ／同業者総会ニ於テ別冊ノ通リ、武蔵機業改良組合規／約ヲ制定仕候間、御認可被成下度、此段奉願候也

武蔵機業改良組合創立委員
明治廿九年十一月二十七日　榎本利亮
池谷市郎左衛門
鈴木三之助
三上重蔵
岸初五郎
森田利八
並木喜四郎
農商務大臣子爵　榎本武揚殿

現代語訳

武蔵機業改良組合規約認可願の写し
この度所沢《ところざわ》一帯で産出される木綿絣について、染付の色と寸法およびその他一切の改良を実施し、地方物産の販路を拡張するために、明治十八年東京府甲第二号、明治十九年埼玉県甲第十七号布達による、同業改良組合の準則を遵守し、同業者総会において別冊の通り武蔵機業改良組合規約を制定いたしますので、認可していただきますようお願い申し上げます。
（後略）

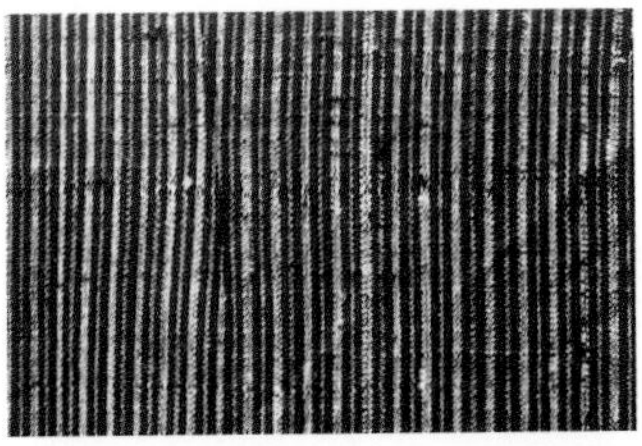
5-2 木綿紺絣（明治初期）

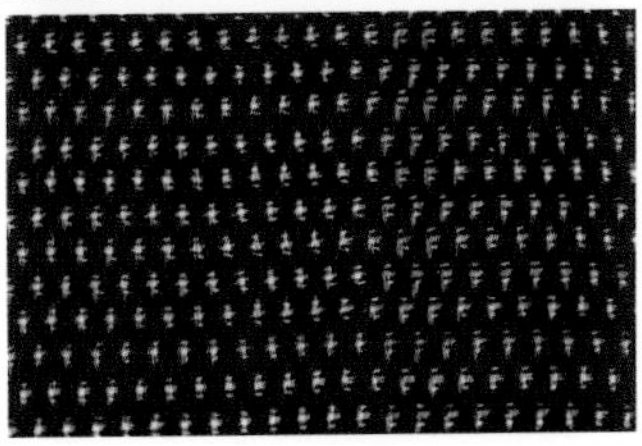
5-3 武蔵太織縞（江戸時代末期）

である「同業組合準則」を制定・施行し、粗製濫造などに対処して、府県の殖産興業を推進しました。

図5－1の文面から、狭山丘陵の一帯が木綿絣の特産地であり、それも東京府域と埼玉県域に跨るところから、両府県の機業同業者の代表者が、自府県の定める「同業組合準則」に依拠しつつ、政府の指示通り、各府県庁を通して上級官庁の農商務省に、同業組合設立の規約認可を出願したことがわかります。

この文書は現在、埼玉県立文書館が所蔵していますが、これとまったく同じ文章・内容の「規約許可願写」が東京都公文書館にも所蔵されています。このことからも、両府県の創立委員たちは、自府県の東京府庁や埼玉県庁には出願本文の写しを、農商務省にはその本文を提出したのでしょう。

組合の名称に「武蔵」がつけられているのは、武蔵の国域に東京府と埼玉県が含まれるからです。両府県の機業同業者がともに、染色と尺幅《しゃくふく》（長さと横幅）の改良によって木綿絣の粗製濫造問題に対処する、という意気込みが伝わってきます。

よむ

村山紺絣と太織縞

村山紺絣と総称する「木綿紺絣」（図5－2）の綿織物と「武蔵太織縞」（図5－3）という絹織物のとの混織地域とはいえ、当初は村山紺絣が村山織物を代表する織物で、機業家も多数を占めました。一方、武蔵太織縞は、機業家も生産も少ないものでした。二つの織物の、近世以来の盛衰をみていきます。

村山紺絣と流通

「みる」で紹介した武蔵機業改良組合は、認可出願の翌年、一八九七（明治三十）年三月に設立が認められました。組合員は、東京府の北多摩《たま》・西多摩・北豊島《きたとしま》の三郡で三八三人、埼玉県の入間《いるま》・北足立《きたあだち》の二郡で三一七人、図5－4はこれを各郡の町村別に示したものです。

組合員数の多さから、東京側では北多摩郡の中藤《なかとう》㉛・横田《よこた》㉞・三ツ木《みぎ》㉜・岸《きし》㉝の四ヵ村組合、埼玉側では所沢⑥・小手指《こてさし》⑦・吾妻《あづま》⑧・山口《やまぐち》⑨・吾妻《あづま》⑧の入間郡中央部辺りに中心があるといえますが、組合事務所を所沢町に置いたので、組合全体では所沢が中心でした。

改良組合員による木綿絣は、藍染めで、生地《きじ》は濃紺色を基調とし、そこに「井桁《いげた》」や「十字形」、「花形」などの白い絣文様を連続してシマ状に織り出すところから「絣縞」とか、単に「絣」などと呼ばれます。埼玉側のものは、中心地の名を冠称して「所沢絣」と総称しました。

一方、東京側の木綿絣は、「村山紺絣」あるいは「村山絣」と称します。村山を冠称した理由は、東京側の中心の中藤村ほか三ヵ村組合とその周辺が、近世では「村山郷」に属し、中世では狭山丘陵の武士団「村山党」の根拠地だったことに、ちなんだからでしょう。村山紺絣は、近世後期の文化《ぶんか》年間（一八〇四～一八）に発祥、天保《てんぽう》年間（一八三〇～四四）には多種類の絣文様が開発され、発展しました。

中藤村ほか三ヵ村組合は、一八八九年の市制・町村制で成立しました。その後は段階的に合併し、一九一七（大正六）年に村山村が成立、一九五四（昭和二十九）年に町制、一九七〇年に市制を施行して武蔵村山市に移行します。

狭山丘陵の木綿絣は、丘陵一帯を商圏とする織物仲買商たちによって所沢織物市場に集散し、販路は関東や東北地方にありました。所沢織物市場は、ひと月のうち、三と八のつく日に開かれる六斎市《ろくさいいち》です。織物仲買商がこの市場を管理

5-4 村山紺絣と太織縞の組合区域図（1897年）

①片山	5	㉓国分寺	8	
②大和田	1	㉔砂川	(77)	
③柳瀬	1	㉕清水	16	
④富岡	1	㉖高木	3	
⑤松井	12	㉗狭山	29	
⑥所沢	26	㉘奈良橋	10	
⑦小手指	73	㉙蔵敷	41	
⑧吾妻	59	㉚芋窪	43	
⑨山口	75	㉛中藤	117	(12)
⑩勝楽寺	18	㉜三ツ木	15	(32)
⑪三ヶ島	33	㉝岸	11	(31)
⑫宮寺	10	㉞横田	1	(1)
⑬霞ヶ関	1	㉟郷地	(2)	
⑭石神井	1	㊱福島	(9)	
⑮保谷	2	㊲築地	(2)	
⑯田無	2	㊳大神	(4)	
⑰久留米	3	㊴中神	(9)	
⑱清瀬	10	㊵宮沢	(4)	
⑲東村山	45	㊶上川原	(16)	
⑳小平	16	㊷拝島	(2)	
㉑三鷹	4	㊸石畑	1	
㉒小金井	7			

数字は武蔵機業改良組合，（　）の数字は武蔵太織縞改良組合のそれぞれ組合員数。

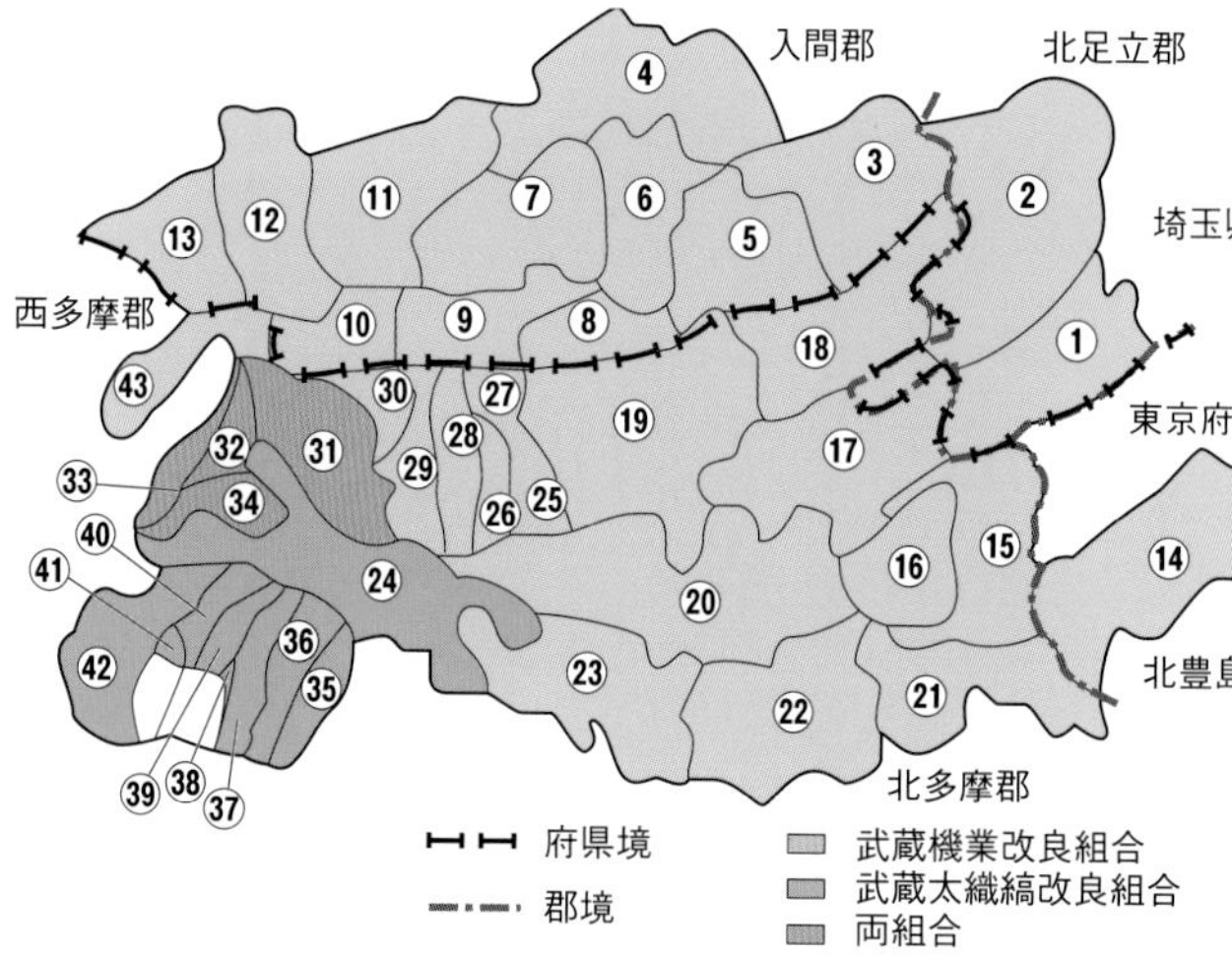

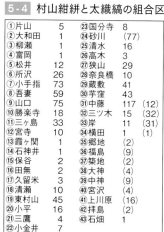

5-5 木綿絣の組合の変遷

	生産者の組合	仲買商の組合
1897年	武蔵機業改良組合が設立	所沢織物商組合が設立
1900年		武蔵織物同業組合に改組＊
1901年	武蔵絣同業組合に改称	
1902年	武蔵飛白同業組合に改称	
1921年	所沢飛白同業組合に改称	所沢織物同業組合に改称
1930年	解散	

＊入間郡内の織物商組合数組と合同。

し、各自の坪（商圏エリア）の機業家などから集めた織物は、その市日に売買するところから、村山紺絣も狭山丘陵を越えて所沢の織物市場に集散し、近代では府県境をも越えることになりました。

なお、「みる」で取り上げた粗製濫造問題は、織物仲買商にとっても深刻だったため、やはり織物の改良を目的に「所沢織物商組合」が設立されます。組合員は四九人、埼玉側の所沢町の二四人は、町内に常設店舗がありました。組合事務所は、織物市場のある所沢町に置かれました。一八九七年三月に、目的も区域も同じくして、木綿絣を取り扱う商人と生産者の各組合が結成をみたことは、両者に連携のあった証《あかし》です。

村山紺絣の最盛期は明治末期です。その後、一九一三年に約五二万反だった村山紺絣の生産数は、翌年に四一万反、一九一八年に二八万反と、第一次世界大戦下の好況期にもかかわらず半数近くも激減し、業者も縮小します。そのため、主産品の所沢絣の増進をはかる目的で、組合名の「武蔵」をやめて「所沢飛白《かすり》同業組合」と改称しました（改称の変遷は表5－5参照）。

衰退の要因は、鐘ヶ《かねが》淵紡績《ふちぼうせき》株式会社（鐘紡）などの大手紡績会社が、明治後期から蒸気力織機を導入して兼営織布《けんえいしょくふ》という安価な綿織物の大量販売を手がけ、大正期には、これに染色をほどこす安価な後染め織物が普及したこと、さらに大正後半からの洋服化の加速などにあります。

昭和恐慌が荒れ狂う一九三〇年五月、生産額の激減を理由に、所沢飛白同業組合は解散し、村山紺絣のわずかの業者も所沢織物同業組合に吸収され、村山紺絣は消滅の命運をたどります。

太織縞

一八九八年、やはり織物の改良を目的に、絹織物の「武蔵太織縞改良組合」が、狭山丘陵の一角、東京府北多摩郡に設立されます。組合員は二〇一人と小ぶりで、村別では砂川村《すながわむら》㉔が一番多く、中藤村ほか三ヵ村組合（村山）が合計七六人と続きます（図5－4）。武蔵機業改良組合の区域と重なるので、当期の村山織物には、太織縞と村山紺絣と、絹と綿の二大織物があるのがわかります。

砂川村からは、所沢織物市場ではなく、青梅《おうめ》街道で結ばれる西多摩郡青梅町の絹布市場に集散しました。太織縞の起源は不明ですが、近世後期に発祥した村山紺絣よりも、少しさかのぼります。村山紺絣が発祥する以前の村山でも、養蚕《ようさん》をして、「青梅縞」という絹綿交織の織物を生産し、これを青梅街道で運び青梅市場で販売したことが、一七九九（寛政《かんせい》十一）年成立の『品々御尋書』などの諸書に記されているからです。

八王子《はちおうじ》は、群馬の桐生《きりゅう》や栃木の足利《あしかが》などに匹敵する、東京の絹織物の主産地です（第九巻三章二節参照）。「八王子織物同業組合」は、一八九九年に、織物の改良を目的に、東京府と神奈川県の織物仲買商と機業家三八七〇名により創設された大組合です。日露戦争中、非常特別税法で創設された織物消費税は、税務署ごとに、織物組合の事務所などを織物納税所に指定し執行するところから、大小の織物組合の再編をうながしました。そのため、武蔵太織縞改良組合も一九〇五年に解散、その業者は八王子織物同業組合に加盟します。

大正初期、村山紺絣が衰退する一方で、太織縞には、文様に改良を加え、新しい織物を開発して村山織物の挽回を期す動きがあらわれます。

あるく

村山大島紬をめぐる

③機神社（狭山神社境内にある。右が狭山神社本殿）

村山織物協同組合の展示資料室

②村山織物協同組合

①武蔵村山市立歴史民俗資料館
上／外観
中・下／常設展示

太織縞の機業家が中心となり、大正期半ば、「板締《いたじ》め染色」（後述のコラム参照）を基本とする「村山大島紬」（図5－7）の開発に成功します。武蔵村山市立歴史民俗資料館①の展示などをみながら、地域をめぐってみましょう。

武蔵村山市立歴史民俗資料館

狭山丘陵と武蔵野台地に広がる土地、武蔵村山での人びとの暮らしや伝統について展示しているのが、武蔵村山市立歴史民俗資料館①（武蔵村山市本町《ほんまち》五丁目）です。

村山大島紬の特長は板染めにあり、できあがるまでには、細かく分けると四〇あまりもの工程がありました。資料館では、村山大島紬の染めから織りまでの製作過程を、映像で知ることができます。

村山織物協同組合

武蔵太織縞改良組合を前身とする、村山織物協同組合②（武蔵村山市本町二丁目）の建物内には「伝統的工芸品村山大島紬展示資料室」が置かれ、その歴史や製作過程を知ることができます。

昭和戦後、村山大島紬の生産は機械化されますが、染色と製織の精緻な手工技術が高く評価され、一九六七（昭和四十二）年には東京都文化財に、一九七五年には国内で最初の伝統的工芸品に指定されています。

機《はた》神社

狭山丘陵西部に位置する狭山神社（瑞穂町箱《はこ》根《ね》ケ《が》崎《さき》）の境内《けいだい》に、機神社③があります。織物の神様が祀られており、村山大島紬の最盛期だった昭和初期、現在のような社に再建されました。

コラム　村山大島紬の誕生

明治末期頃、絹織物の産地で知られる埼玉の秩父《ちちぶ》に発達した、秩父銘仙《めいせん》の染色技法を太織縞に導入し、これを「銘仙絣」として売り出したところ、堅牢な染色と丈夫な地質が評判を呼び、一九一六（大正五）年頃には、販路が広がるようになります。ただ、絣柄が一定しない欠点もあらわになりました。

そこで中藤の機業家が中心となり、一九一七年から四ヵ年かけて、群馬県の伊勢崎《いせさき》から熟練職人を呼び寄せ、「板締め染色」と、染め糸の整理法を学び、その技法を習得しました。

板締め染色とは、絣柄状に板彫りした定型の絣板に生糸を装着して染色し、その染め糸を製織することで、一定の絣柄が得られるという技法です。複雑な絣柄でもつねに一定して織ることができるうえに、絣板が何度も使える分、工賃も安価になります。図柄の大小などで、何枚も絣板を重ね、染色液が溝の装着糸のみを染色して溝外の糸は染めないよう、重ねた絣板をボルトで強く締めつけるところに、その名の由来があります。

板締め染色の導入により飛躍的に品質が向上した銘仙絣は、鹿児島の本場大島紬に似て高級感があり、しかも比較的安価なため、「大島絣」とも呼ばれました。社交界の婦人に評判がよく、販路も拡大しました。そのため、不振の村山紺絣から転じたり、新規参入者が増えたりして、大島絣の機業家が広がります。

一九二一年、大島絣の機業家が結集し、八王子織物同業組合内に、「村山大島部会」を結成します。この大島部会の結成と、その後の発展の過程で、大島絣あるいは銘仙絣は、「村山大島紬」（図5－7）と呼ばれるようになります。

一九二九（昭和四）年に、村山大島部会は八王子織物同業組合から独立し、「村山織物同業組合」を結成しました。中藤村に組合事務所を新設し、ここに織物納税所を開き、村山大島紬を組合の代表織物としました。村山織物に特化した組合を発足させたこの時が、村山大島紬の誕生といえるでしょう。

図5－8は、その誕生時期の組合区域です。北多摩には一円に広がっていますが、西多摩にも広がっているのは、組合の結成に際し、同類の織物を織り出す青梅織物同業組合の「西多摩銘仙部会」が分離し、合併したからです。

当初の村山大島紬は、織機は高機《たかばた》などの手機《てばた》で、板締め染色も手労働でしたが、アジア・太平洋戦争をへて、村山が町制に移行する高度経済成長期には、「噴射絣染色機」や「平山式織機」などの開発・導入により、機械化が進みました。

5-8「村山織物同業組合地域図」

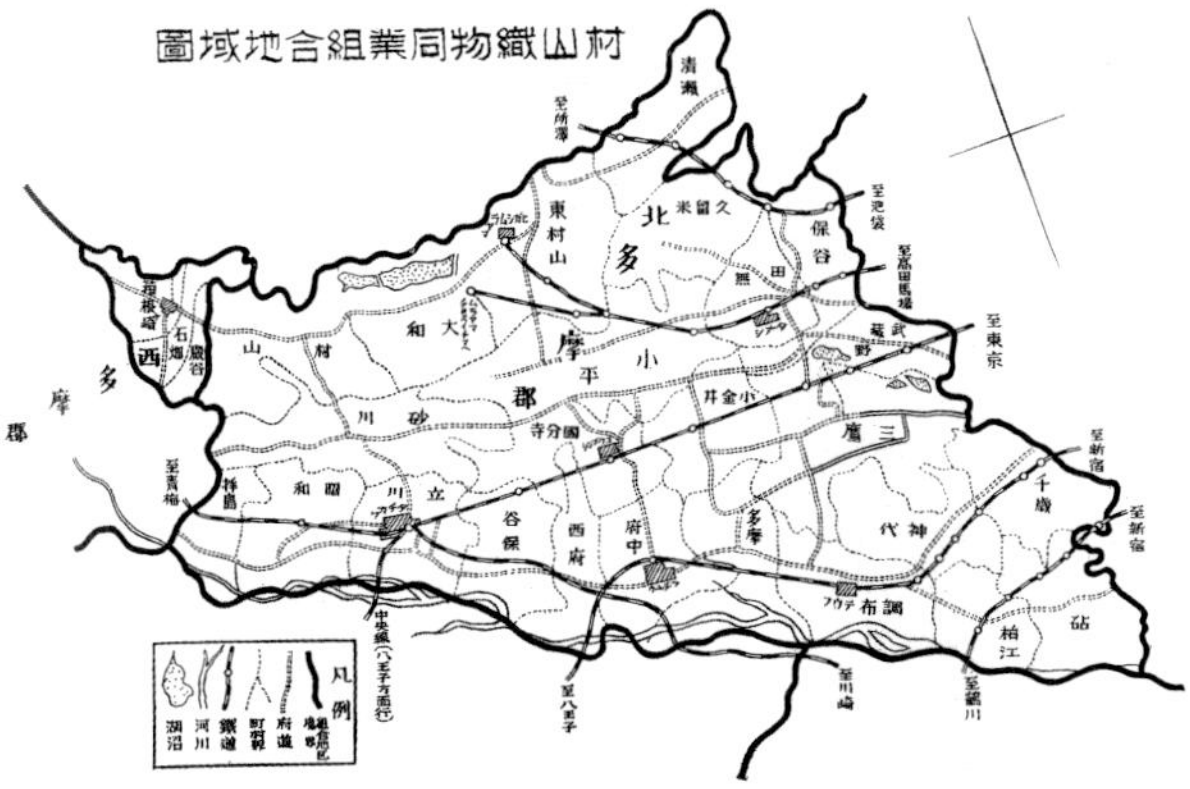

5-7 通産大臣賞（第30回・1978年）を受賞した「村山大島紬」

参考文献

＊一章で引用した図表番号を、文献名に続けて［　］内に示した。原図に加筆・着色などの改変を行ったものもある。

伊藤好一『武蔵野と水車屋―江戸近郊製粉事情―』クオリ、一九八四年

木村　礎『近世の新田村』吉川弘文館、一九六四年

木村礎・伊藤好一編『新田村落―武蔵野とその周辺―』文雅堂銀行研究社、一九六〇年

小酒井大悟『近世前期の土豪と地域社会』清文堂出版、二〇一八年

国立ハンセン病資料館編『「全生病院」を歩く―写された20世紀前半の療養所―』同、二〇一〇年

小平市企画政策部編『小平市史別冊図録　近世の開発と村のくらし』小平市、二〇一三年

小平市教育委員会編『小平市文化財総合調査報告書二　小平の歴史的建造物』同、二〇一三年

小平市史編さん委員会編『小平市史』近世編、小平市、二〇一二年

小平市中央図書館編『小平の歴史を拓く（上）―古文書目録解題編―』同、二〇〇九年

小平市中央図書館編『小平の歴史を拓く（下）―史料集解題編―』同、二〇〇九年

田無市史編さん委員会編『田無市史』第一巻（中世・近世資料編）、田無市、一九九一年

田無市史編さん委員会編『田無市史』第三巻（通史編）、田無市企画部市史編さん室、一九九五年

根岸正監修『目で見る西東京・東久留米・清瀬の一〇〇年』郷土出版社、二〇〇三年［図4－2、図4－3］

峰岸純夫・木村茂光編『史料と遺跡が語る中世の東京』新日本出版社、一九九六年

武蔵村山市史編さん委員会編『武蔵村山市史』通史編下巻、武蔵村山市、二〇〇三年［図5－4、図5－8］

村山織物協同組合『村山織物史』同、一九八二年［図5－2、図5－3、図5－7］

第二章

三鷹市・武蔵野市・小金井市・国分寺市

ハモニカ横丁（武蔵野市）

はじめに

1 この地域のなりたち

三鷹《みたか》・武蔵野《むさしの》・小金井《こがねい》・国分寺《こくぶんじ》の四市の地域は、武蔵野台地のほぼ中央に位置し、長く武蔵国多摩郡《たまぐん》に属していました。今はＪＲ中央線の沿線を構成しています。

東南部の三鷹市は、近世以来の牟《む》（無）礼村《れむら》①・上連雀《かみれんじゃく》村《むら》②・下連雀村③・井口新田《いぐちしんでん》④・野崎村《のざきむら》⑤・大沢村《おおさわむら》⑥・野川村《のがわむら》⑦・上仙川村《かみせんがわむら》⑧・中仙川村⑨・北野村《きたのむら》⑩が、一八八九（明治二十二）年の町村制施行の際に合併して三鷹村となり、一九四〇（昭和十五）年に町制が施行され、さらに一九五〇年に市制が施行されて成立しました。

その北部を占める武蔵野市は、近世以来の吉祥寺《きちじょうじ》村《むら》⑪・西窪村《にしくぼむら》⑫・関前《せきまえ》村《むら》⑬・境村《さかいむら》⑭などが、一八八九年の町村制施行時に合併して武蔵野村となり、一九二八年に町制が施行され、さらに一九四七年に市制が施行されて成立しました。

両市の西隣の小金井市は、近世以来の貫井村《ぬくいむら》⑮・上小金井村⑯・下小金井村⑰・下小金井新田⑱・関野新田《せきのしんでん》⑲・人見新田《ひとみしんでん》⑳・梶野新田《かじのしんでん》㉑・下染屋新田《しもそめやしんでん》㉒が、一八八九年の町村制施行の際に合併して小金井村となり、一九三七年に町制が施行され、さらに一九五八年に市制が施行されて成立しました。

その西隣の国分寺市は、近世以来の国分寺村㉓・恋ケ窪村《こいがくぼむら》㉔・本多新田《ほんだしんでん》㉕・戸倉新田《とくらしんでん》㉖・下谷保新田《しもやぼしんでん》㉗・内藤新田《ないとうしんでん》㉘・榎戸新田《えのきどしんでん》㉙・平兵衛新田《へいべえしんでん》㉚な

0-1 三鷹市・武蔵野市・小金井市・国分寺市の行政区域図
①～㉚は，おおよその位置を示した。

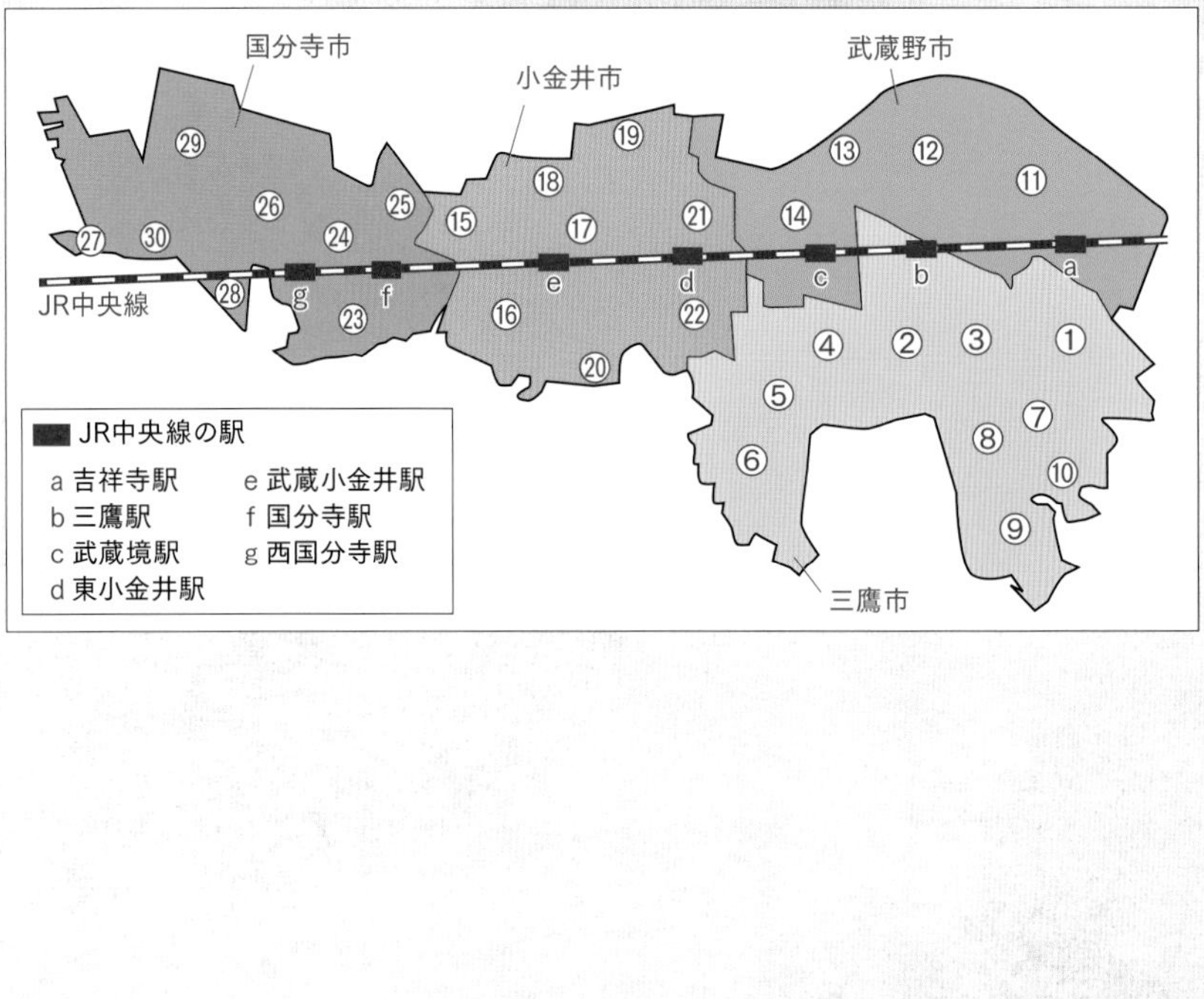

どが、一八八九年の町村制施行の際に合併して国分寺村となり、一九四〇年に町制が施行され、さらに一九五八年に市制が施行されて成立しました。

2 この地域の地勢

この地域は、大部分が武蔵野段丘《だんきゅう》上に、南の一部が国分寺崖線《がいせん》で区切られた立川《たちかわ》段丘上に立地しています。武蔵野台地は関東ローム層に覆われ、その下が砂礫《されき》層になっているため、地下水面が低く、水が得にくい特徴をもっています。しかし、地形によって砂礫層の下から水が湧き出し、「小金井」「貫井」（小金井市）といった地名がつけられました。

国分寺崖線に沿っては多くの湧水がみられ、国分寺市東恋ヶ窪にある日《ひ》立《たち》製作所中央研究所内の湧水池を水源とする野川が、国分寺・小金井・三鷹市を流れ、さらに調布市に東南流しています。武蔵野段丘上でも、三鷹市新川《しんかわ》にある勝淵《かつぶち》神社付近の湧水を水源とし、小金井市貫井の湧水からの水路などと合流して始まる仙川が、世《せ》田《た》谷《がや》区に東南流しています。さらに武蔵野市と三鷹市の境にある湧水池井《い》の頭《かしら》池を水源として、神田川《かんだがわ》が杉並《すぎなみ》区へと東流しています。

0-2 三鷹市・武蔵野市・小金井市・国分寺市の人口推移

年次	三鷹市人口	武蔵野市人口	小金井市人口	国分寺市人口
1925年	6,459	10,366	4,296	5,439
1935年	11,810	25,221	8,416	7,242
1945年	35,024	47,042	16,053	13,244
1955年	69,466	94,948	30,338	25,755
1965年	135,873	133,516	76,323	64,645
1975年	164,950	139,508	102,714	88,159
1985年	166,252	138,783	104,642	95,467
1995年	165,721	135,051	109,279	105,786
2005年	177,016	137,525	114,112	117,604
2015年	186,936	144,730	121,396	122,742
2018年	191,408	147,607	124,712	126,317
2015年昼夜間人口比率	88.7%	108.7%	85.9%	85.3%
2019年外国人人口総数	3,813人	3,240人	2,792人	2,365人

※各年次の人口は10月の国勢調査による数値（1945年のみ11月人口調査）。

3 近代以前

このように、台地上でも国分寺崖線や野川流域あるいは井の頭池周辺には、生活に必要な水を確保できるため、原始時代から多くの人びとが住んでいたと考えられます。特に野川流域には、野川中洲《なかす》北《きた》遺跡（小金井市）など東京有数の旧石器時代の遺跡が密集しています。

弥生《やよい》・古《こ》墳《ふん》時代にはいると遺跡の数が急減し、この地域の歴史ははっきりしなくなりますが、律令《りつりょう》国家が成立すると、武蔵国分寺・国分尼《こくぶんに》寺《じ》が東山道《とうさんどう》沿いの国分寺崖線下に建立されました。しかし、律令国家が衰えるとともに建物の修繕も難しくなり、寺も衰微していきました。鎌倉《かまくら》時代には、東山道が改修され鎌倉と各地を結ぶ鎌倉街道として整備されましたが、たびたび合戦の舞台ともなり、新田《にった》義貞《よしさだ》が鎌倉を攻略する際に行われた分倍河原《ぶばいがわら》合戦では、国分寺の伽藍《がらん》が全焼してしまいました。のちに義貞の子新田義興《よしおき》らと足利尊氏《あしかがたかうじ》の間で戦われた武蔵野合戦でも、小金井市域の金井原《かないばら》が戦場となっています。また、中世人が供養のためにつくった板碑《いたび》が各地に残されています。しかし、どのような人びとが、どのように生活していたのかといった、具体的なことは不明です。

近世に入ると、こうした状況は大きく変わります。徳川幕府《とくがわばくふ》が成立し、首都として巨大都市に成長した江戸の近郊としての役割が、この地域に新たに与えられることになったのです。

まず、一六五七（明暦《めいれき》三）年に起きた江戸大火（振袖火事《ふりそでかじ》）で被災した町人たちが、居住地を火除地として接収され、この地域に代替地を与えられ入植してきました。三鷹市域の下連雀村、武蔵野市域の吉祥寺村・西窪村は、こうして誕生しました。村名は、彼らが以前に住んでいた場所にちなんでつけられました。

また、享保《きょうほう》改革の時に、地域内を流れる玉川上水《たまがわじょうすい》の分水などによって武蔵野新田の開発が進められました。三鷹市域の井口新田・大沢新田・野崎新田・深大寺《じんだいじ》新田《しんでん》、武蔵野市域の関前新田・境新田、小金井市域の梶野新田・関野新田・下小金井新田・貫井新田、国分寺市域の内藤新田・戸倉新田・本多新田・榎戸新田などです。こうした村々からは、うど・瓜《うり》などの野菜や、薪炭《しんたん》・箒《ほうき》・藁縄《わらなわ》などの農間余業製品が、江戸に送られました。

玉川上水の堤には桜が植えられ、小金井桜として有名になり、弁財天《べんざいてん》を祀る井の頭池とともに江戸の人びとが訪れる観光地となりました。

4 近現代

廃藩置県《はいはんちけん》後、この地域は神奈川県に編入され北多摩郡の一部となりました。しかし、一八八九年に甲武《こうぶ》鉄道（現JR中央線）の新宿《しんじゅく》—立川間が開通し、境駅（現武蔵境駅）・国分寺駅が置かれるなど、この地域と東京（江戸から改称）とのつながりはいっそう強くなり、一八九三年に他の多摩郡域とともに東京府に編入されました。なお、吉祥寺駅は一八九九年、三鷹駅は一九三〇年、武蔵小金井駅は一九四〇年に開業しています。

さらに、川越《かわごえ》鉄道（現西武《せいぶ》国分寺線）の所沢《ところざわ》—国分寺間が一八九三年に、多摩湖鉄道（現西武多摩湖線）の国分寺—萩山《はぎやま》間が一九二八年に、多摩鉄道（現西武多摩川線）の境—北多摩間が一九一七（大正六）年に、帝都電鉄（現京王《けいおう》井の頭線）の渋谷《しぶや》—吉祥寺間が一九三四年に開通しています。

こうした鉄道敷設の進展は、この地域の首都東京近郊としての役割と関わっていました。井の頭池は一九一七年に井之頭恩賜公園として開園し、日本初の公園墓地である多磨《たま》墓地（現多磨霊園）は一九二三年に開園しています。また一九一五年には、のちに三菱《みつびし》財閥岩崎家《いわさきけ》の別荘となる庭園（現殿ヶ谷戸《とのがやと》庭園）が国分寺駅近くにつくられるなど、国分寺崖線沿いが別荘地として注目されるようになりました。一九二三年の関東大震災後は、都心への通勤者用の宅地化も進みました。

さらに一九二二年に立川飛行場が完成すると、関連する航空・軍事施設が集まってきました。三鷹市では、正田《しょうだ》飛行機・三鷹航空・中島《なかじま》飛行機の工場や、日本無線電信電話株式会社・中央航空研究所がつくられました。武蔵野市では、中島飛行機や横河《よこがわ》電機の工場が建設されました。小金井市には、陸軍が技術研究所を開設しています。そのため、第二次世界大戦中は空襲に見舞われることもありました。

戦後は、軍事関係の施設は廃止され、その跡地に運輸技術研究所（現海洋技術安全研究所・三鷹市）や郵政電波研究所（小金井市）といった研究施設、あるいは国際基督教《キリスト》大学（三鷹市）・東京学芸大学（小金井市）などの教育施設が建てられました。それ以外にも、大正時代に吉祥寺に移転してきた成蹊《せいけい》学園を母体につくられた成蹊大学をはじめ、戦後には、武蔵野市の亜細《あじ》亜《あ》大学・日本獣医畜産大学（現日本獣医生命科学大学）、三鷹市の杏林《きょうりん》大学、小金井市の東京農工大学、国分寺市の東京経済大学など、多くの大学が生まれました。宅地化もさらに進み、高度経済成長期の一九五九年には、日本住宅公団の桜堤《さくらづつみ》団地・緑町《みどりちょう》団地（武蔵野市）や新川団地（三鷹市）など、一〇〇〇戸を超す大規模住宅群が建設され、人口が急増しました。

そうしたなかで、戦後の闇市から出発したハモニカ横丁を中心とする吉祥寺は、多くの若者が集まる商業・文化地域として発展しています。

5 本章の構成

一節「国分寺」では、江戸時代に描かれた国分寺遺跡の絵を手がかりに、遺跡とともにあった町の歴史を、現地周辺をあるき発掘の成果を学びながらたどります。二節「町ぐるみの集団移転」では、明暦の大火を契機に江戸から町ごと移住してきた人びとによってつくられた、下連雀村など新田村の生活・生業の様子を、今も残る水車や山葵田《わさびだ》を訪れながらたどります。三節「原野の開発と新たな景観」では、武蔵野新田の開発により地域の景観や暮らしが大きく変わった様子を、開発に重要な役割を果たした玉川上水の堤に並ぶ小金井桜を眺めつつしのびます。四節「昭和の武蔵野」では、多くの学者・文化人が住む吉祥寺でおきた憲法学者美濃部《みのべ》達吉《たつきち》銃撃事件を紹介しながら、軍需《ぐんじゅ》工場への空襲や三鷹事件など、この地を舞台に展開した昭和史の激動の跡をあるきます。五節「吉祥寺」では、この地域の中心的商業地である吉祥寺が、新田村落として成立し、駅前商店街・戦後の闇市などとして発展してきた姿を、今も残る古い地割りの特徴からたどっていきます。

（池　享）

国分寺《こくぶんじ》
——遺跡再生の街——

小野一之

みる

「古代律令《りつりょう》国家最大の宗教プロジェクト」として全国に建立された国分寺。その名を冠する日本で唯一の自治体が東京都国分寺市です。現在の武蔵《むさし》国分寺は、山号を医王山《いおうさん》、院号を最勝院《さいしょういん》といい、真言宗《しんごんしゅう》のお寺です。遺跡とともにあった街の歴史をたどってみましょう。

会図書館蔵）に描かれた「国分寺伽藍旧跡」

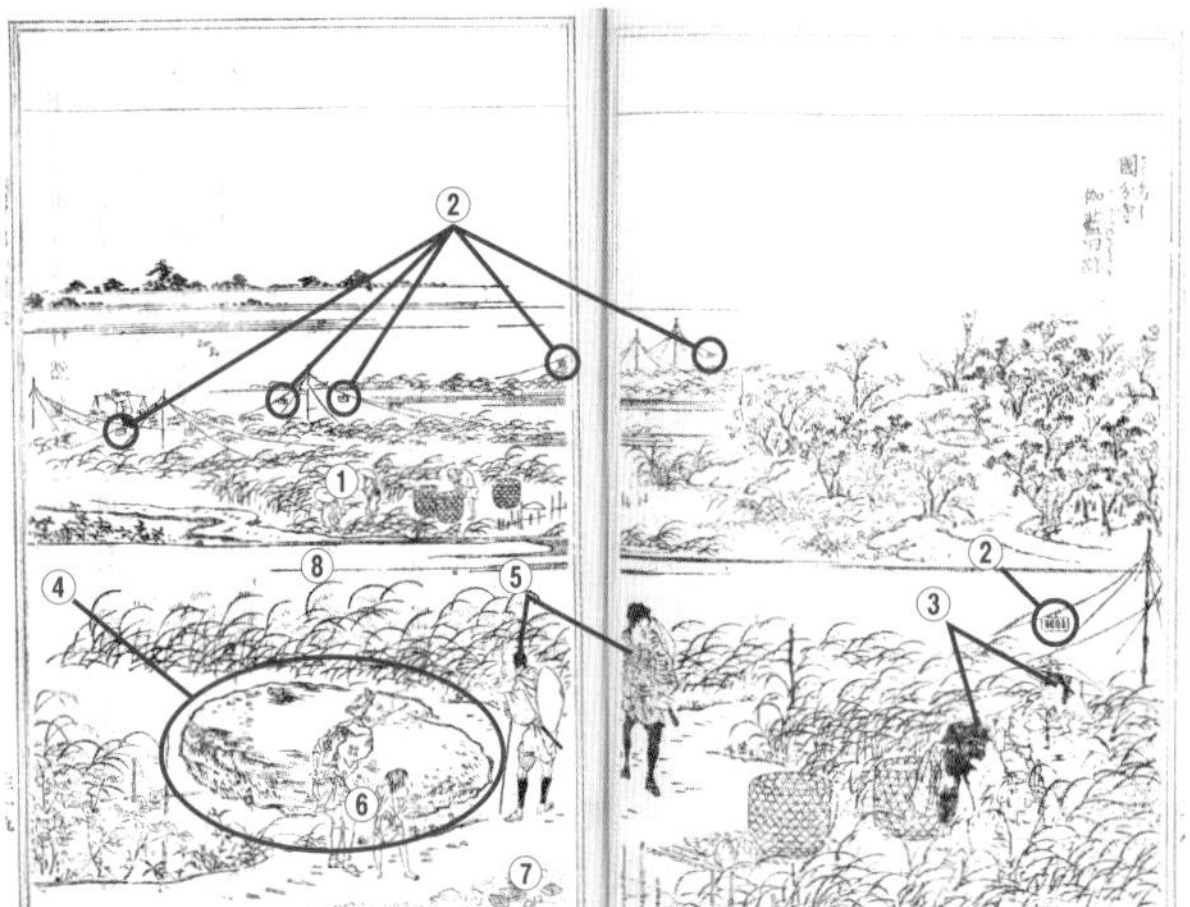

①陸田
②雀除けの鳴子
③収穫に勤しむ村人
④国分寺伽藍の礎石
⑤旅の好事家か
⑥村人
⑦古瓦の破片
⑧たわわにみのってなびく栗

1-1 『江戸名所図会』（国立国

図1－1は、一八三六（天保《てんぽう》七）年に刊行された『江戸名所図会《えどめいしょずえ》』巻三に掲載されている、「国分寺伽藍《がらん》旧跡」と題する挿画です。

一帯は粟《あわ》など雑穀類の陸田《りくでん》（畑）①が広がり、豊かなみのりの季節を迎えています。雀《すずめ》除けの鳴子《なるこ》②があちこちに張られるなか、大きな竹籠《たけかご》を脇《わき》にした男女③が収穫に勤しんでいます。巨大な礎石《そせき》④のかたわらでは、遺跡探訪の好事家《こうずか》か、あるいは『江戸名所図会』の編者自身か⑤、孫を連れて散歩中の地元住民⑥に遺跡の話を聞きとっているようです。足もとには古瓦片《こがわらへん》⑦が散らばっています。

画面中央から下に描かれた粟がたわわにみのってなびいている様子⑧に、ススキがなびく歌《うた》枕《まくら》「武蔵野」のイメージを重ねているかのようです。『江戸名所図会』では、ここで国分寺村界隈《かいわい》の紹介が終わり、その次がこの歌枕をくわしく紹介する「武蔵野」の項になっています。

絵師の長谷川雪旦《はせがわせったん》が描く写実的で生彩ある絵は『江戸名所図会』の大きな魅力になっていますが、冒頭でヤマトタケルの武蔵入りの場面を描くなど、江戸以前の歴史にも強い関心が示されています。そうしたなかにあって、古代の遺跡を扱った絵は、この国分寺跡だけです。国分寺村の人々は江戸時代から遺跡とともに生活していたことが知られます。

『江戸名所図会』本文中の「医王山国分寺」の項では、法灯《ほうとう》を継ぐ新義真言宗《しんぎしんごんしゅう》の最勝院国分寺が紹介されるとともに、「いま古伽藍の礎石のみ厳然として田間阡陌《せんぱく》の間に埋もれて懐旧《かいきゅう》の情を催《もよお》せり」などと記されています。周辺に散在する古瓦に「武蔵の国郡の名を印せしもの」があることが早くも注目され、別途挿画（図1－2）もつけられています。郡名を記した文字瓦は、武蔵国分寺跡の出土品を特色づけるものとして、のちに研究が進み、国内の郡や郡司《ぐんじ》層の協力による造寺体制を解明する重要な資料となっています。

一九二二（大正十一）年に国史跡に指定された武蔵国分寺跡のはじめての本格的な発掘調査は、一九五六（昭和三十一）年に金堂《こんどう》・講堂《こうどう》などの中心伽藍を対象に行われました。その後も断続的に行われ、国内最大級の規模を持つ武蔵国分寺の往時の様相が明らかになってきました。

一九七四年には武蔵国分寺遺跡調査会が発足し、継続的な調査が始まります。その間、国分寺の中心伽藍と付属施設、二つの塔跡、西側の国分《こくぶん》尼《に》寺、伽藍地・寺院地・寺地と称する区画とその変遷、尼寺との間を貫く東山道《とうさんどう》武蔵路、周辺を取り巻く広大な住居群など、多くの新たな知見をもたらせました。

保存整備事業も並行して進められ、現在では市立歴史公園や武蔵国分寺跡資料館も設けられ、遺跡保存整備事業の全国先進事例となりました。

1-2 武蔵国の郡名が刻まれた「国分寺古瓦」（『江戸名所図会』国立国会図書館蔵）

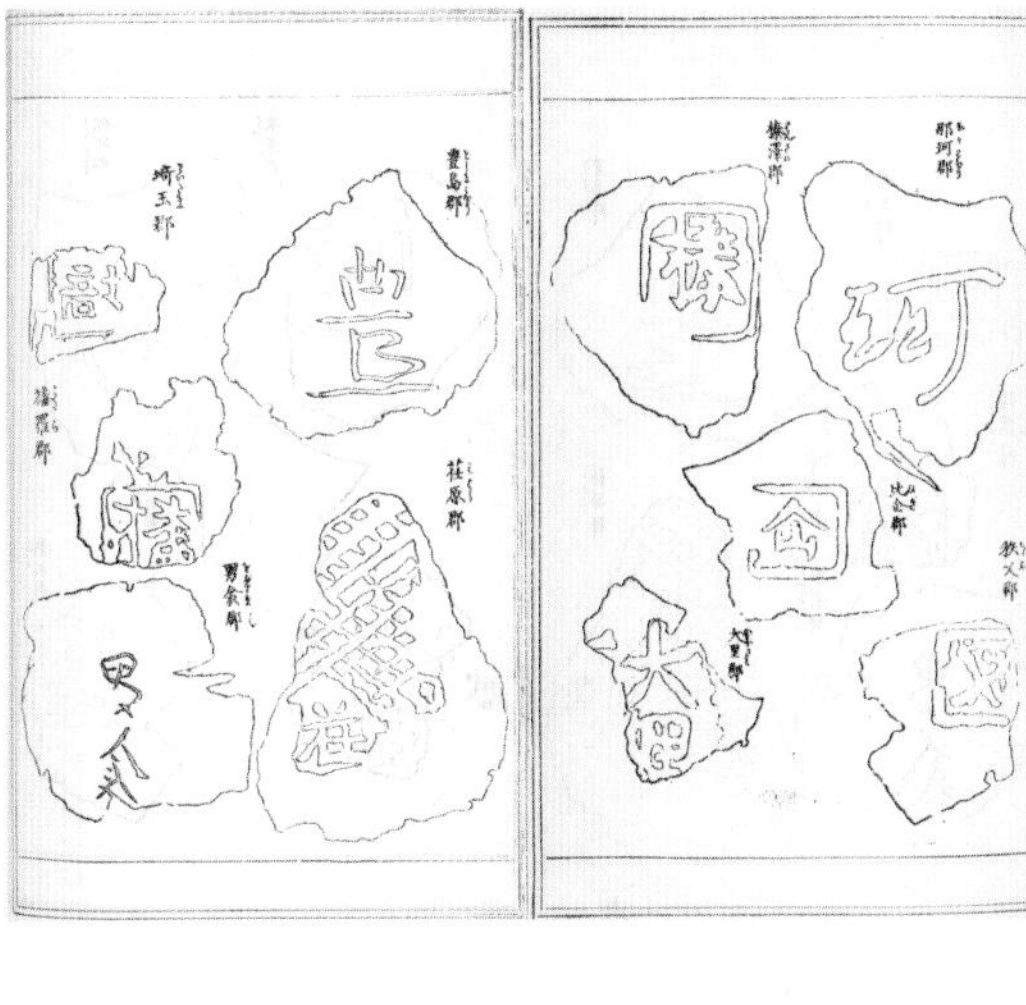

よむ

古代から中世の武蔵国分寺

多年にわたる武蔵国分寺跡の発掘調査と出土瓦などの研究で、次のような創建から再建にいたる造営過程がわかってきました。

武蔵国分寺の創建

武蔵国府《こくふ》の街が現在の府中《ふちゅう》市に西暦七〇〇年前後につくられたことに続き、国分寺市域は八世紀中頃に大きな転機が訪れます。

七四一（天平《てんぴょう》十三）年三月、聖武《しょうむ》天皇が国分寺建立の詔《みことのり》を発し、諸国に七重塔の造営と金《こん》光明最勝王経《こうみょうさいしょうおうきょう》および妙法蓮華経《みょうほうれんげきょう》の写経を命じ、各国で国分僧寺・国分尼寺の造営が始まったからです。天平年間（七二九〜七四九）に入ってからは疫病《えきびょう》の大流行や地震・飢饉《ききん》が続き、政変も相次ぎ、こうした社会の混乱に対して、鎮護仏教の思想により克服しようと国家は考えました。

武蔵国は詔発布直後に塔を中心にした造営に着手し、七四七年の国家の督促に対しては、郡司層の協力による挙国的な体制で金堂・講堂などの中心伽藍の造営を行ったようです。

また、国分寺跡から出土した郡名が刻まれた瓦に、七五八（天平宝字《てんぴょうほうじ》二）年に置かれた新羅《しらぎ》郡（埼玉県志木《しき》市・新座《にいざ》市周辺）の瓦だけがないこと、漆《うるし》工人が払い下げを受けて使用したらしい七五七（天平勝宝《てんぴょうしょうほう》九）年の暦が出土（漆紙文書）したことなどから、武蔵国分寺はこの七五七年頃までに完成したと推定されます。

武蔵国分寺と武蔵野開発

国分寺建立の詔は、次のように場所の条件も示しています（『続日本紀《しょくにほんぎ》』）。

この国分寺は「国の華」であるから、必ず「好所」を選んで長く久しく保つようにせよ。人家に近くては臭いがただようし、遠くては人が集まるのに不便である。国司らは国分寺を荘厳《そうごん》かつ清浄に保つようにすること。

武蔵国分寺は国府の中枢・国衙《こくが》（府中市宮町《みやまち》）の北方約二・五kmの地点で、国

1-3 武蔵国府と国分寺の遺跡（深澤靖幸氏作成）

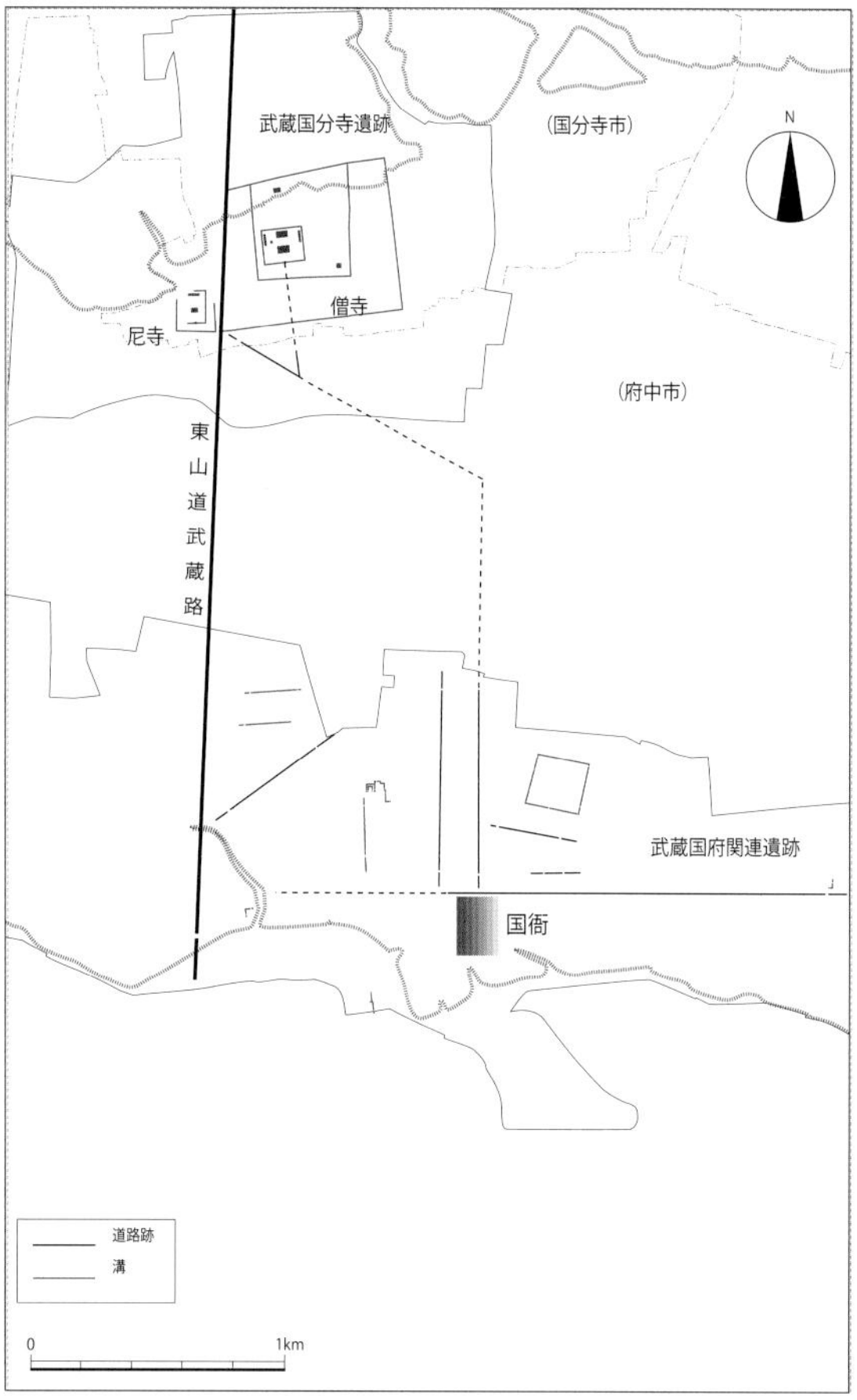

1-4 武蔵国分僧寺の復元模型（武蔵国分寺跡資料館提供）
A中門　B金堂　C講堂　D経蔵　E西僧坊
F鐘楼　G東増坊　H築地塀　I七重塔

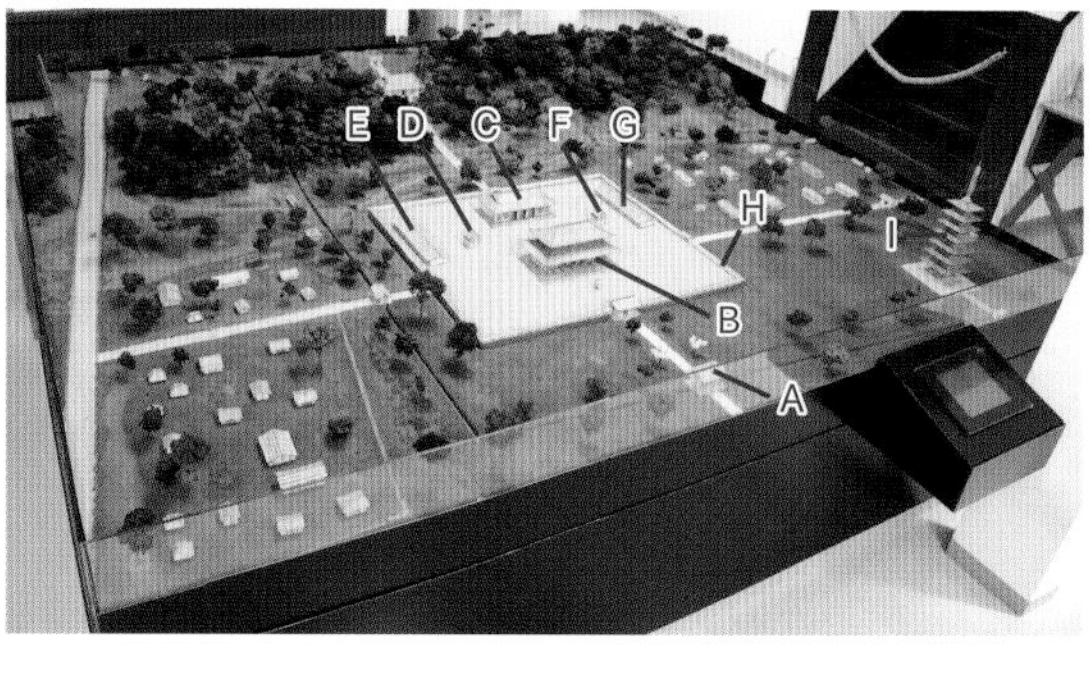

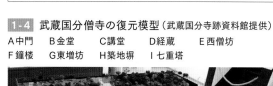

府より多少高所の段丘崖《だんきゅうがい》沿いにあり、崖線《がいせん》の湧水にも恵まれていました。発掘調査では、僧寺・尼寺の間を南北に通る東山道武蔵路が発見されました。ほどよく街から離れ、交通の便もあり、まさに「好所」だったのです。さらに、国府・国分寺・官道が一体となった都市計画があったこと、国府の街とは別に国分寺周辺にも集落が展開したこと、国分寺造営と国衙修造が連動して行われたことも、明らかにされました。

　当時、武蔵国は東山道に属していましたから、都と武蔵国を結ぶメイン・ルートの国府入口近くに国分寺が設置されたことになります。広大な未開発地である台地を国府の後背地に抱える武蔵国にとって、国分寺造営事業は、国府周辺における「武蔵野」開発の第一歩でした。

1-5 善明寺の鉄造阿弥陀如来坐像（府中市郷土の森博物館提供）
畠山重忠が悲恋に終わった恋ヶ窪村（国分寺市）の遊女の菩提を弔うため造立したという伝説もある（造立年銘とは整合しない）。

中世の国分寺と新田《にった》義貞《よしさだ》伝承

八三五（承和《じょうわ》二）年、武蔵国分寺の塔が落雷で焼失します。一〇年後の八四五年、男衾《おぶすま》郡の前大領《だいりょう》壬生《みぶ》福正《ふくまさ》が、塔の再建を申し出て、許可されました（『続日本後紀《しょくにほんこうき》』）。発掘調査により、これを契機にして塔の再建と寺の整備・拡張が行われたことがわかります。その後、十世紀中頃から十一世紀、平安《へいあん》時代中後期には国分寺制度が変化し、寺も衰退したことが知られています。

　鎌倉《かまくら》時代の武蔵国分寺については、いま薬師《やくし》堂《どう》に祀られている木造薬師《やくし》如来像《にょらいぞう》（国指定重要文化財）が平安末から鎌倉初期の作とされ、寺の再興があったことを思わせます。このほかに、江戸時代に六所宮《ろくしょぐう》（大國魂《おおくにたま》神社、府中市）で祀られ、明治の神仏分離令で善明寺《ぜんみょうじ》（府中市）に移された鉄造阿弥陀如来坐像《あみだにょらいざぞう》（国指定重要文化財、図1-5）は、六所宮では「国分寺の旧物」と伝えられていたことが注目されます。「建長《けんちょう》五年」（一二五三年）の銘があり、像高は一七八cm。現存する鉄仏としては全国最大です。

　一三三三（元弘《げんこう》三）年、鎌倉幕府滅亡時の分《ぶ》倍河原《ばいがわら》（府中市）合戦で国分寺は焼失したとする伝承があり、初戦で敗れた新田義貞が、堀兼《ほりがね》（狭山《さやま》市）に逃走する際に国分寺に火を放ったともいわれます。一方、江戸時代の国分寺縁起『医王山縁起』では、挙兵した義貞が分倍で戦った日、国分寺は兵火のため、もろもろの殿堂《でんどう》がみな焼亡し、翌一三三四（建武《けんむ》元）年に義貞から黄金や什器《じゅうき》（日用品）などが寄進《きしん》され、翌年「六丈余之堂」が完成したと書かれています。この話では義貞は放火犯ではなく、合戦で焼失した国分寺に対して戦後多額の金品を寄進して再建を果たした恩人になっています。ですが、どの話にも信憑性はありません。

　国府をめぐる争奪戦である分倍河原合戦では、国府の機能の一翼を担う国分寺が攻撃対象になる可能性はあります。しかし、義貞の合戦で焼けた寺の伝承はほかにも多くあり、有名な合戦に名を借りて類型的につくられたものと考えられます。また、国分寺が再建されたとする建武年間（一三三四〜三六）、義貞は京都にいて、その後は足利《あしかが》氏との転戦に突入し、再び関東に戻ることはありませんでした。しかも武蔵守に任命されたのは敵対する足利尊氏《たかうじ》です。義貞が再建に関与することは考えられません。

　不明な点が多い中世の国分寺ですが、東山道武蔵路から鎌倉街道上道に替わっても「東日本の大動脈」というべき幹線道が寺のすぐ脇を通っていたこと、薬師信仰を中心にして今日まで法灯を継いでいることは歴史的な事実です。

あるく

国分寺の古代・中世、今をあるく

JR国分寺駅から西国分寺駅まで、武蔵国分寺跡を中心に武蔵野の歴史と自然を満喫できるコースです。

「お鷹《たか》の道」をあるく

一九〇二（明治三十五）年作詞の「三多摩《さんたま》唱歌」に「聖武の御代《みよ》の建立と／歴史に残る国分寺／訪れ来る人も絶へてなく／空しく残るステイション」と散々な歌われ方をした国分寺駅は、一九八九（平成元）年に駅ビルが誕生し、様相は一変しました。

南口近くの三菱《みつびし》財閥岩崎《いわさき》家の別邸だった都立殿ヶ谷戸《とのがやと》庭園①（国分寺市南町《みなみちょう》二丁目）は、ぜひ立ち寄りたいところです。国分寺跡へは、府中駅方面に向かう国分寺街道が野川《のがわ》を渡る一里《いちり》塚橋《づかばし》まであるき、右に折れて「お鷹の道」②に入ります。

段丘下の湧水を集めた用水に沿った小径は、何とも幽邃《ゆうすい》かつ長閑《のどか》です。黒井千次の『たまらん坂―武蔵野短編集―』（福武文庫・講談社文芸文庫）の「おたかの道」を読んだことがある人は、少しドキッとするかも知れません。途中、弁天《べんてん》が祀られ小野小町《おののこまち》伝説もある湧水の「真姿《ますがた》の池」③を見学しながらさらに行くと、大きな長屋門に出ます。門前には「史跡の駅 おたカフェ」、門の奥には、二〇〇九年にできた「おたかの道湧水園」④と、出土品を展示する武蔵国分寺跡資料館⑤（国分寺市西元町《にしもとまち》一丁目）があります。資料館は史跡を学ぶ学習スペースになっています。

国分寺と武蔵国分寺跡

「お鷹の道」に戻って先に進むと、すぐに国分寺楼門《ろうもん》⑥（国分寺市西元町一丁目）です。境内《けいだい》では「万葉《まんよう》植物園」が楽しめます。一度境内を出て西側の仁王門《におうもん》に続く石段を上った先に薬師堂⑦があり、国の重要文化財の薬師如来坐像が祀られています。毎年十月十日の縁日には、仏様を間近に拝することができます。

楼門まで戻り、潜って南にあるいていくと、広々とした国分僧寺の跡に出ます。周辺は市立歴史公園史跡武蔵国分寺跡⑧として整備が進みました。金堂跡は諸国国分寺中最大級の東西七間・南北四間（三六・一m×一六・六m）で、そのスケールに驚かされ、礎石群には懐旧の念を起させます。

正面に目をやれば、近いところに市立第四中学校の校舎（国分寺市西元町三丁目）があります。保存事業の転機となった「四中建設問題」の現場です。一九七三（昭和四十八）年、国分寺跡南側で、市立中学校の新築が唐突に始まったことに対して大きな保存運動が起こり、急遽事前の調査が行われました。発掘の結果、国分寺関連の建物や鍛冶《かじ》工房の跡がみつかり、寺をメンテナンスする修理院の存在が想定されるようになりました。出土品は中学校内に設置された国分寺市文化財資料展示室⑨（国分寺市西本町三丁目）にて公開されています。ところで、南方少し先にみえる高い塔は東芝《とうしば》府中工場のエレベーター試験塔（府中市東芝町）です。高さは一三五mあり、国分寺七重塔（推定六〇m）はその半分程度あったことになります。

その塔跡は金堂から二〇〇m余南東方向にあり、一八m四方の巨大な基壇《きだん》に心礎《しんそ》を含め七個の礎石が残っています。近年、その塔跡の西側五〇mの地点で同規模の塔跡がもう一つみつかり、同時存在は考えられず、謎となっています。近くの国分寺参道口の遺跡⑩（府中市栄町《さかえちょう》三丁目）の見学も忘れずに。国府から国分僧寺へ向かう道がここで尼寺に行く道と分岐する地点で、門の遺構も発見されました。

国分尼寺跡と東山道武蔵路・鎌倉街道

国分尼寺の遺跡は、僧寺金堂跡から四〇〇m西にいった所にあります。間をかつては東山道武蔵路・鎌倉街道上道が通り、今は府中街道（都道一七号線）とJR武蔵野線が走ります。各時代の、南北ルートの要衝《ようしょう》でした。

尼寺跡の発掘調査では、金堂・中門《ちゅうもん》・尼坊《にぼう》などの位置や規模が明らかにされました。僧寺跡に先立ち二〇〇三年に市立歴史公園武蔵国分尼寺跡⑪（国分寺市西元町四丁目）が開園しました。尼寺の北側には雑木林に囲まれた伝鎌倉街道の切通《きりどお》し⑫が残され、街道を両側から見下ろす形で中世の伝祥応寺《しょうおうじ》跡⑬と塚⑭（修法壇《しゅほうだん》跡か）があります。

一九九五年の発掘調査で、僧寺と尼寺の間を走る東山道武蔵路が、側溝を備えた幅一二mの見事な直線道路⑮として南北三四〇mにわたり地上に姿を現しました。現在その遺構は地中に保存され、舗装された路面に道路跡が表示され、遺構の一部がレプリカで展示されています。それらを見学しながらあるいていくと、西国分寺駅に到着します。

⑮東山道武蔵路跡

⑥国分寺楼門

③「真姿の池」に祀られた弁天

②「お鷹の道」

1-6 国分寺駅から西国分寺駅周辺

⑧武蔵国分寺跡
上／金堂跡，下／塔跡

⑫伝鎌倉街道の切通し

⑪武蔵国分尼寺跡
遠方に東芝府中工場のエレベータ試験塔がみえる。

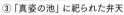

第二節

町ぐるみの集団移転
——下連雀《しもれんじゃく》村《むら》の成立——

工藤航平

みる

2-1　1万分の1地形図「井之頭」三鷹駅南部分（大日本帝国陸地測量部，1937年測量，国土地理院蔵）

JR三鷹《みたか》駅の南口を上空からみると、直線的に縦横に走る道路で区画割りがなされていることがわかります。この区画割りは、江戸時代前期に形づくられたものです。なぜこのような区画割りができたのか、絵図や古文書から探ってみましょう。

図2-1は、一九三七（昭和十二）年に測量された一万分の一地形図「井之頭《いのかしら》」のうち、北西部分を拡大したものです。図の上端には、中央本線（JR中央線）①が東西に走り、そのほぼ中央に三鷹駅②がみえます。駅の南側には上連雀③と下連雀④の地名があり、整然とした短冊状の土地が並んでいます。

それに対して地形図全体をみると、たとえば下連雀の東側に位置する牟礼《むれ》⑤は、道は曲がり、耕地の大きさや形もまちまちです。これは、それぞれの村の成り立ちが異なることによります。

江戸時代のはじめ頃の三鷹地域は、北東部の無礼（牟礼）、南西部の大沢《おおさわ》⑥（左下欄外）、南東部の仙川《せんがわ》⑦という三ヵ所のみで人びとの暮らしが営まれていました。生活に必要な水が確保できる、湧水や流れに恵まれた土地だったからです。それ以外は、原野（茅野《かやの》）が広がっていました。

その原野が開発されるきっかけとなったのが、一六五七（明暦《めいれき》三）年に江戸で発生した、いわゆる「振袖《ふりそで》火事」と呼ばれる大火でした。被災

1万分の1地形図「井之頭」全体（緑枠部分が図2-1）

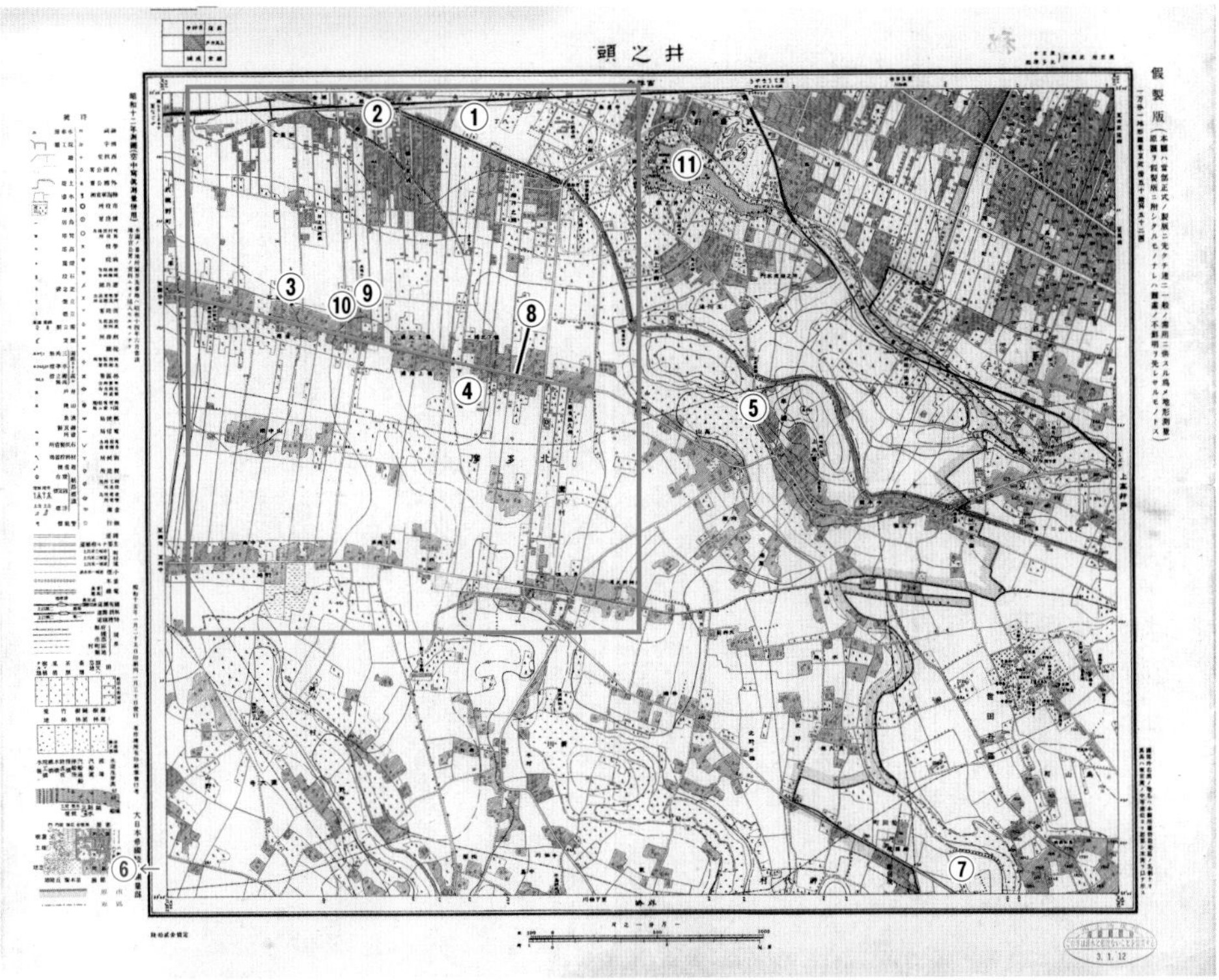

①中央本線　②三鷹駅　③上連雀　④下連雀　⑤牟礼　⑥大沢
⑦仙川　⑧現在の連雀通り　⑨禅林寺　⑩八幡神社　⑪井之頭恩賜公園

後、火除地《ひよけち》として土地を収公《しゅうこう》された連雀町（千《ち》代田《よだ》区）の町人らが、代替地にここ（下連雀）を与えられたのです。この頃には、青梅《おうめ》街道や五《いつ》日市《かいち》街道などの交通網、神田《かんだ》上水《じょうすい》や玉川上水《たまがわじょうすい》も整備されており、それは江戸市中の必要に応じたものでしたが、武蔵野《むさしの》の開発にも大いに役に立ちました。特に、一六五三（承応《じょうおう》二）年に開削された玉川上水を利用することで、武蔵野台地の開発が可能になったのです。

このように町ぐるみの集団移住といった形で連雀新田（下連雀村）ができ、その後、豊《と》島郡《しまぐん》関村《せきむら》の井口権三郎による開発で、多摩《たま》や秩父《ちちぶ》の山間部から人びとが移り住み、連雀前新田《れんじゃくまえしんでん》（享保《きょうほう》頃に上連雀村に改称）が成立しました。

図2-1に目を戻すと、JR中央線の線路と平行して、南側に道路⑧があります（現連雀通り）。江戸時代には、この道が村の中心の道でした。道の両側に短冊型に奥に向かって長く土地を分割し、入植者に均等に割り振りました。各土地には道に面して屋敷があり、その後ろに耕地が接していました。

上連雀と下連雀の境には、両村の鎮守の禅林《ぜんりん》寺《じ》⑨と八幡神社《はちまんじんじゃ》⑩が隣りあっています。下連雀村では、開村にあたって西本願寺《にしほんがんじ》築地《つきじ》門跡《もんぜき》（現築地本願寺）塔頭《たっちゅう》の松之坊《まつのぼう》を迎えて寺を創建しましたが、一六九九（元禄《げんろく》十二）年八月、台風で寺社が倒壊してしまいます。松之坊から寺社地が返還されたため、村民一同の協議の末、黄《おう》檗宗《ばくしゅう》万福寺《まんぷくじ》の末寺《まつじ》として、禅林寺と守護の八幡神社が再建されました。図（禅林寺⑨の部分）には「森鷗外《もりおうがい》之墓」とあり、その斜向かいには鷗外を敬愛した太宰治《だざいおさむ》が眠っています。

新田村のくらし

新たに武蔵野に移り住んだ人びとは、どのように日々の糧《かて》を得て、生計を立てていたのでしょうか。史料をもとにくわしくみていきます。

村々のなりたち

三鷹市域のもとになる村々は、図2－2にみるように三期にわたって成立しました。第一期は、近世初頭の一五九〇（天正《てんしょう》十八）年頃です（黄色の村a～d）。第二期は、「みる」で紹介した上連雀や下連雀、そして近隣の村々が該当しますが、元禄以前の一六九〇（元禄三）年頃までに成立しました（紫色の村e～i）。第三期が江戸時代中期の享保改革で、このとき新田開発が奨励され、その周縁の未開拓地が新たに開かれて、一七二五（享保十）年頃より後に村々ができました（薄赤色の村j～m）。このように、三鷹市域では段階を追って、西に向かって新田開発が進められたことがわかります。

分配された土地の詳細

では、開墾された土地は、どのように移住者たちに分けられたのでしょうか。当時の検地《けんち》帳《ちょう》から知ることができます。

『連雀《れんじゃく》 村辰《むらたつ》御縄水帳《おなわみずちょう》』（一六六四〈寛文《かんぶん》四〉年、「松井家文書」）によると、下連雀村では、寺社を除いて、名主《なぬし》のみ七町六反（七・五三七ha）余、各戸へはその約半分の大きさの土地が均等に与えられています。屋敷の大きさは、一軒あたり、幅八間（一四・五m）、長さ二〇間（三六・四m）、面積五畝一〇歩（〇・〇五三ha）で、これについては名主を含めみな同じです。耕地の大きさは、幅三〇～三六間（五四・五～六五・五m）、長さ三九六～四七七間半（七二〇～八六七m）で、面積が等分になるように、幅と長さの比率が調整されています。この時の土地所有者数は二五名（寺社を除く）でした。しかし、時代が下ると、複数人分の土地を所持する者がいる一方、土地を所持しない者も出てきました。

また、享保期には四六軒ほどでしたが（享保二年連雀新田五人組帳）、人の出入りもあり、一七六二（宝暦《ほうれき》十二）年になると、家の数は七五軒、人数は三八八人まで増加しています（宝暦十二

2-2 村々の成立時期

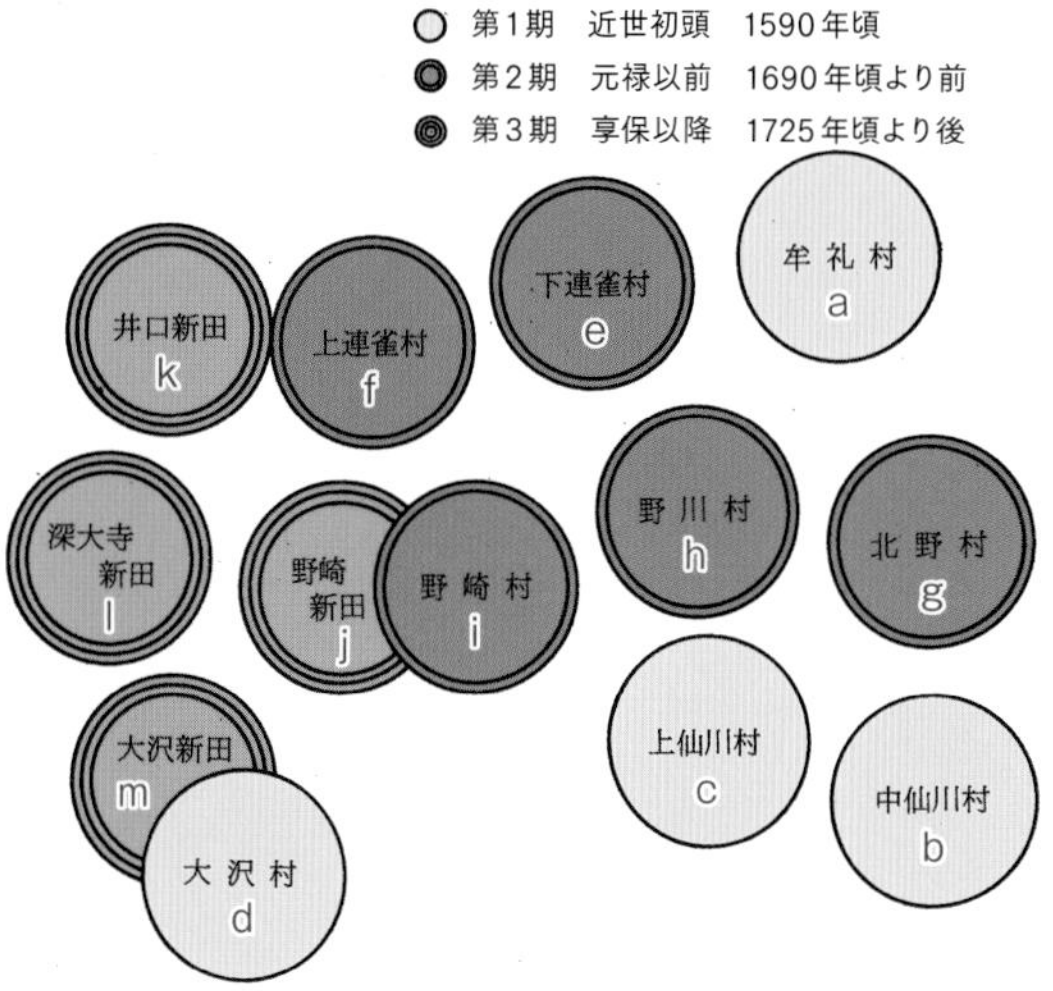

2-3 村々を通る街道（迅速図より作図彩色，農研機構農業環境変動研究センター提供）

明治期，上仙川村と野川村は新川村となり，野崎新田と大沢新田はそれぞれ野崎村と大沢村に含まれた。深大寺新田は，深大寺村からの開墾で本村に依存していた。

a～mは，図2-2と対応。図2-2は概念図のため，位置関係にズレがある。

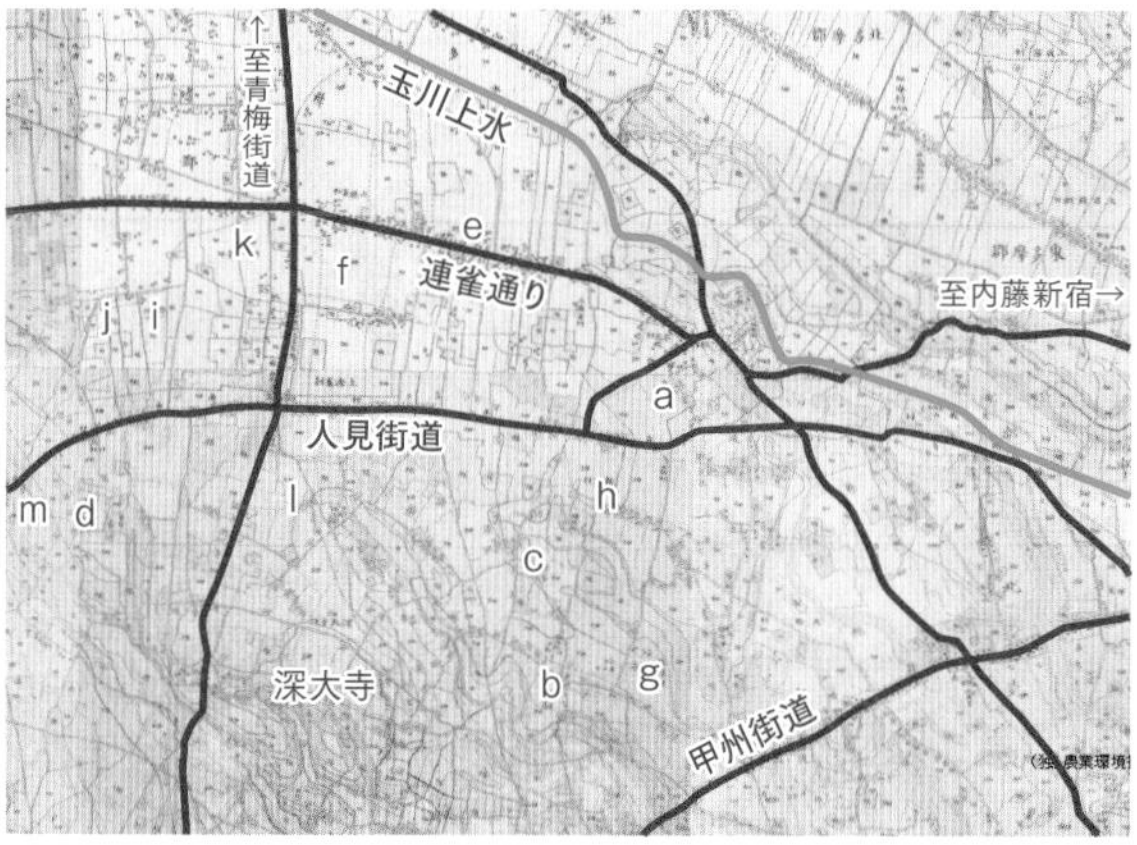

年村鑑帳）。

人びとの生業と暮らし

圧倒的に畑地が占める土地で、人びとはどのようにして生活をなりたたせていたのでしょう。一八二一（文政《ぶんせい》四）年に下連雀村の様子を代官へ報告した「村差出明細書上帳《むらさしだしめいさいかきあげちょう》」をもとにみていきましょう（図2－4、表2－5）。

まず、村は畑のみで、大麦や小麦、そばや稗《ひえ》・粟《あわ》といった穀物や、大根・うどなどの野菜類を生産していることがわかります。また、農業の合間に、男性は江戸へ薪《まき》や材木を売りに、女性は木綿《もめん》を織って、生活の足しにしていました。

住民は農業だけに従事していたのではなく、商売を営んでいた者も多くいました。小商いの品は、米類や塩、油、それに草履《ぞうり》や線香などの生活必需品から、たばこや酒などの嗜好品《しこうひん》まで、幅広く扱っていました。大工や屋根職人もおり、自村や近隣の村々で用を足すことができるようになっていたことがわかります。

さらに、縦横に往還《おうかん》が通っていたことから、住民だけでなく、通行客もこうした品を購入していたことでしょう。

図2－3は、江戸時代の主な道を表した図です。新田を東西に抜ける往還は二本ありました。北側に、牟礼aから下連雀e、上連雀f、井口《いぐち》新田《しんでん》kを通る連雀通り、そして南側に、甲州街道の高井戸《たかいど》から分岐して牟礼a、新川《しんかわ》c・h、野崎《のざき》i、大沢d・mを通り府中《ふちゅう》の人見《ひとみ》村《むら》まで続く人見街道です。この二本の道は、青梅街道と甲州街道に挟まれた、江戸に通ずる脇往還でした。牟礼aや上連雀fは宿場的なにぎわいをみせ、休憩のための茶店や、旅籠屋《はたごや》もあり、定期的に市も立っていました。また、上連雀fと井口新田kの境を南北に通る道は、厄除《やくよ》けで知られた深大寺《じんだいじ》の元三大師堂《がんざんだいしどう》へと続く古くからの道でした。

江戸近郊に位置した新田村では、このような地理的特性をいかして、生活物資の販売によって所得を得ながら、一方で近隣地域で基本的な物資をまかなう環境を整えて生活を送っていました。

2-4 「村差出明細書上帳」（「松井家文書」個人蔵，三鷹市教育委員会提供）

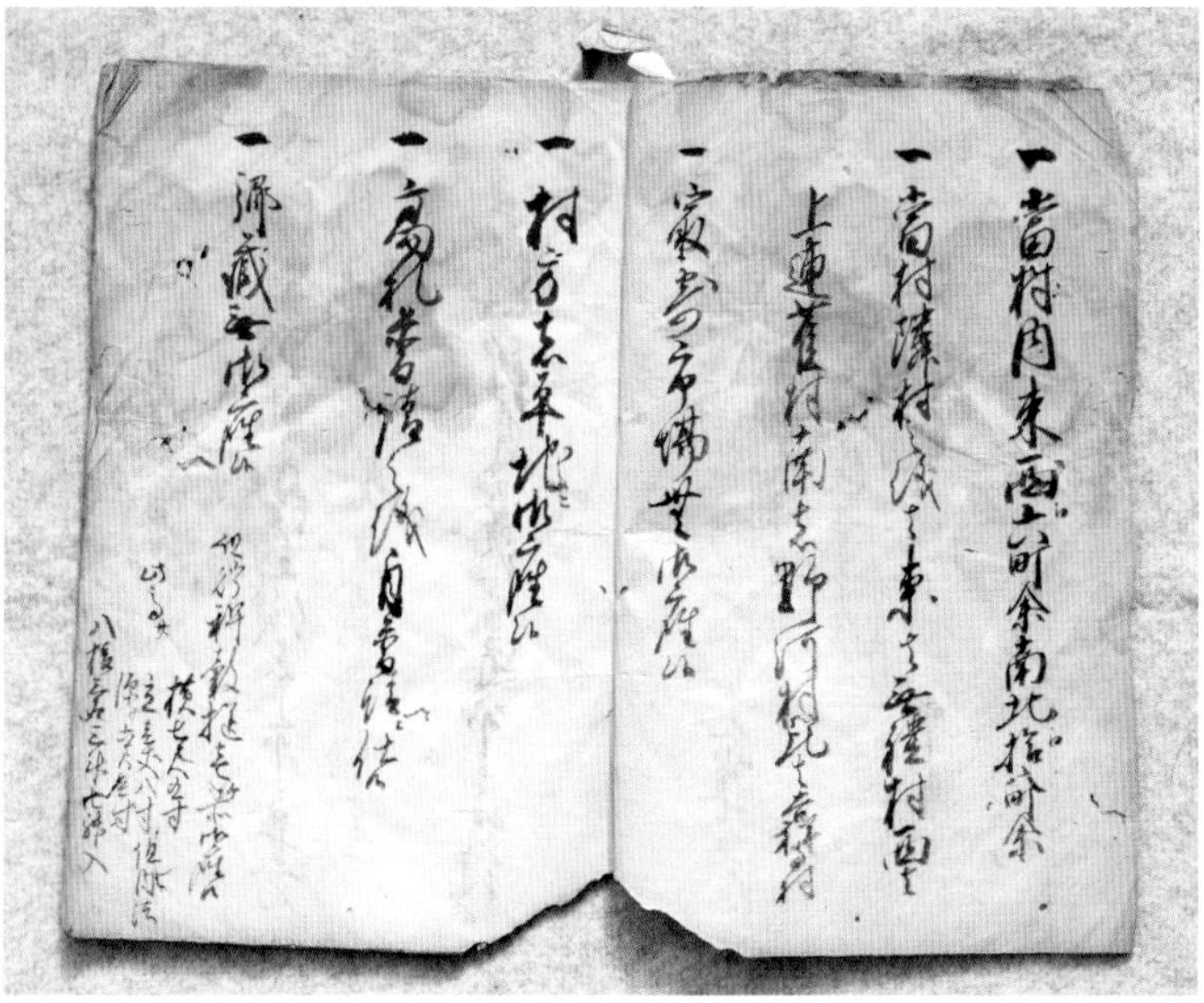

2-5 下連雀村の生業（「村差出明細上帳」文政４年６月より作表）
丸数字は人数を示す。

主な農作物
大麦・小麦・そば・稗・粟・岡穂・いも・大根・うど・菜
農業の合間の仕事
男：薪や材木の販売（江戸へ） 女：木綿の機織り
農業の合間の小商売
従事者８名：平治郎・万助・吉兵衛・源治郎・七右衛門・多郎左衛門・幸治郎・源七
品目：雑穀②・舂米③・醤油②・酢①・油②・塩①・豆腐①・菓子①・酒③・多葉粉③・木綿①・草履③・草鞋③・紙②・線香①・真木①・材木①
＊その他大工１名：六左衛門，草屋根職人１名：市右衛門

あるく

三鷹の湧水と諸《しょ》稼《かせ》ぎ──水車・山葵《わさび》──

三鷹の諸稼ぎを語るうえで欠くことのできないものに、水車と山葵があります。今も残るこれらの地を訪れてみましょう。

野川《のがわ》・用水・湧水を利用した水車

「よむ」で紹介したように、開発された武蔵野地域の村々はほとんどが畑作で、穀物の生産が盛んでした。江戸の人口が急増し、市中で粉物の需要が高まるにつれ、小麦や蕎麦などを製粉して江戸へ出荷する人が現れます。

その製粉のための動力源として利用されたのが水車でした。水車は、野川に沿ってつくられた水路や湧水、玉川上水の分水などに架けられました。

三鷹市域内には、江戸時代中期以降、明治末期までに一一基の水車があったことがわかっています（表2－7参照）。一六九七（元禄十）年に確認されたのが最初で、以降明治期にかけて増加していき、一九〇八（明治四十一）年のピーク時には一〇台となりました。

水車の所有者や水車を借り受けた人は、近隣の農民から穀物を仕入れ、製粉して出荷していましたが、やがて江戸市中に進出して直接販売をし、江戸の問屋と訴訟におよぶこともあったといいます。

水車の需要は、明治後期に近代的な機械製粉が導入されると、次第に減っていき、昭和の中頃にはほとんどの水車が姿を消しました。現在では、大沢の新車《しんぐるま》①（三鷹市大沢六丁目）のみが、その姿を留めています。「大沢の里水車経営農家」（旧峯岸《みねぎし》水車場）として、新車のほかに、母屋《おもや》や製粉小屋、水車小屋、用水路跡などが残され、東京都の有形民俗文化財に指定されています。実際に水車が回って歯車が動く様子をみて、製粉の仕組みを学ぶことができるほか、農具や古民具の展示もあります。大沢の新車は、一八〇八（文化《ぶんか》五）年頃につくられました。二〇〇mほど上流に大車《おおぐるま》が設置されてから二五年ほど経過していたため、大車に対して新しい水車という意味から、こう呼ばれるようになったようです。

大沢の山葵

大沢の新車のある野川流域では、国分寺《こくぶんじ》崖線《がいせん》の段丘崖《だんきゅうがい》（ハケ下）の豊富な湧水を利用して、江戸時代後期から昭和後期まで、山葵の栽培が行われていました。現在では、大きくて見栄えのよい栽培種の山葵が主流ですが、大沢山葵は希少な在来種の一つです。

大沢の里古民家②（三鷹市大沢二丁目）は、この地で山葵栽培を始めた箕輪家《みのわけ》の住宅を復元したもので、ボランティアの手によって山葵田も保全されています。

江戸時代後期に佐《さ》藤信淵《とうのぶひろ》が書いた『草木六部《そうもくろくぶ》耕種法《こうしゅほう》』A（一八二九〈文政十二〉年脱稿）には、大沢の山葵が大きな産業であることが紹介されています。その山葵は、箕輪政右衛門が、故郷の伊勢《いせ》から取り寄せて移植栽培したといわれ、箕輪家の一族や周辺の人たちによって栽培面積は拡大し、江戸での販路も広がりました。

しかし、市街地化が進むにしたがって、湧水の量が激減していき、昭和後期には三鷹地域でも山葵の栽培は行われなくなりました。

水車や山葵田が残り里山の風景が保存された大沢の里へ、JR三鷹駅南口からバス（「龍源寺」下車徒歩五分）で行くことができます。

2-6 大沢の里公園周辺

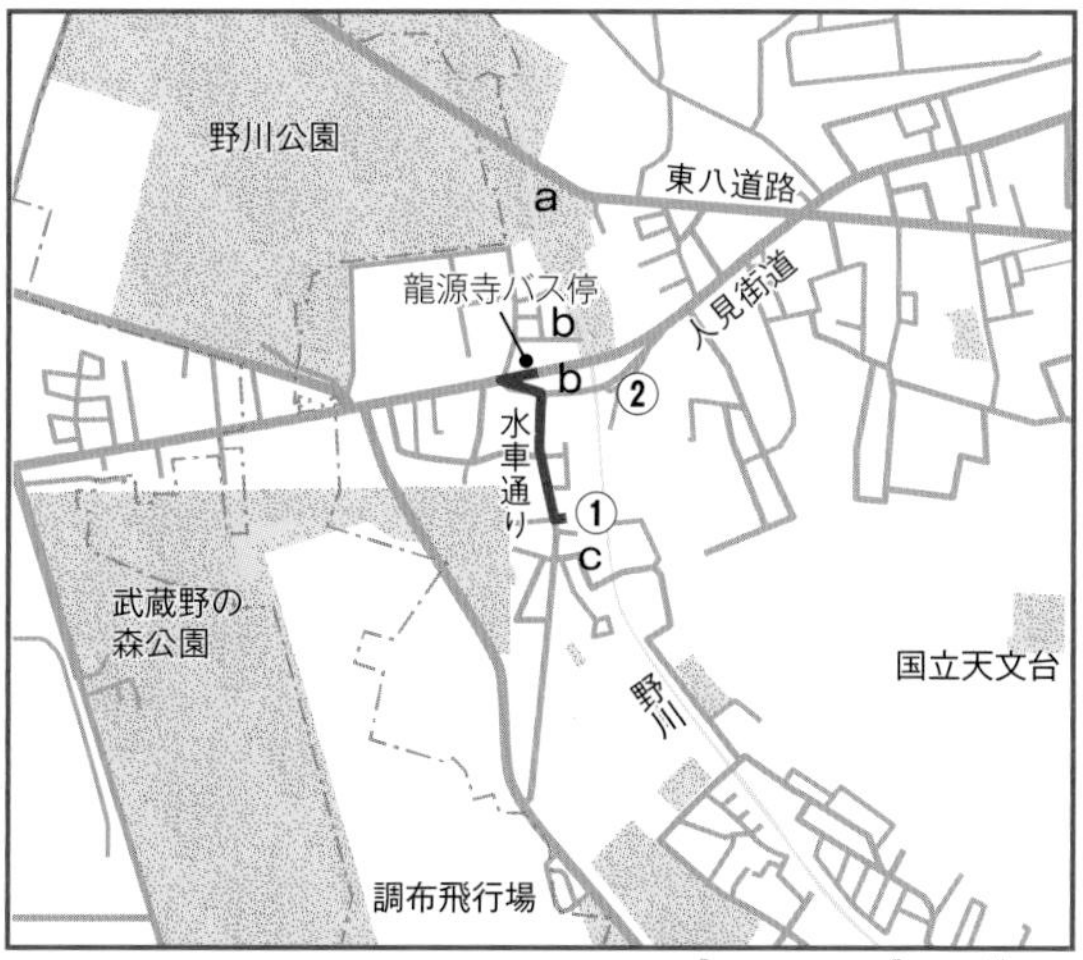

①大沢の新車（三鷹市教育委員会提供）

②大沢の里古民家（三鷹市教育委員会提供）
上／箕輪家住宅
下／山葵田

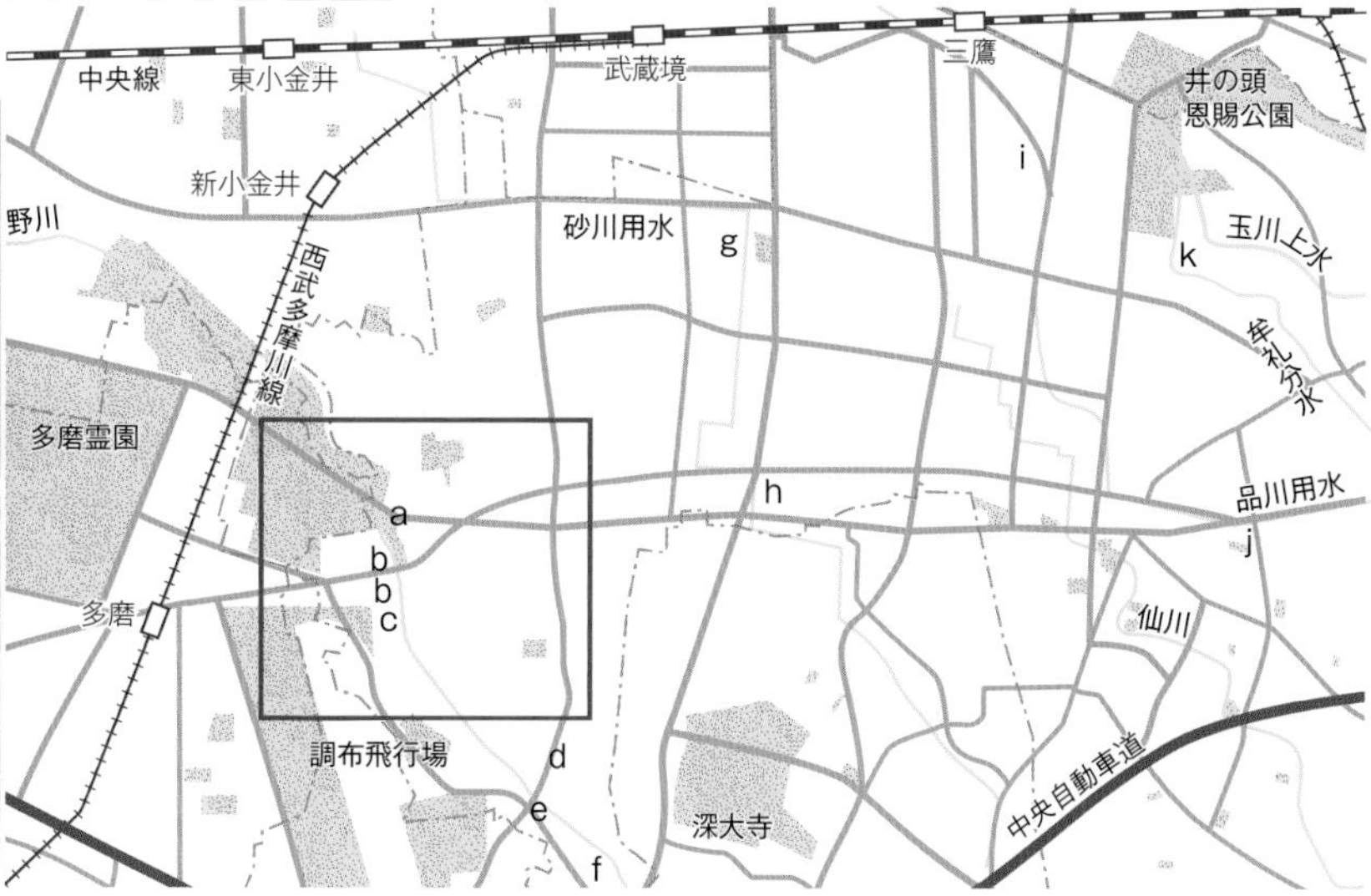

天文台正門東側付近にあったワサビ田（1965年頃，三鷹市教育委員会提供）

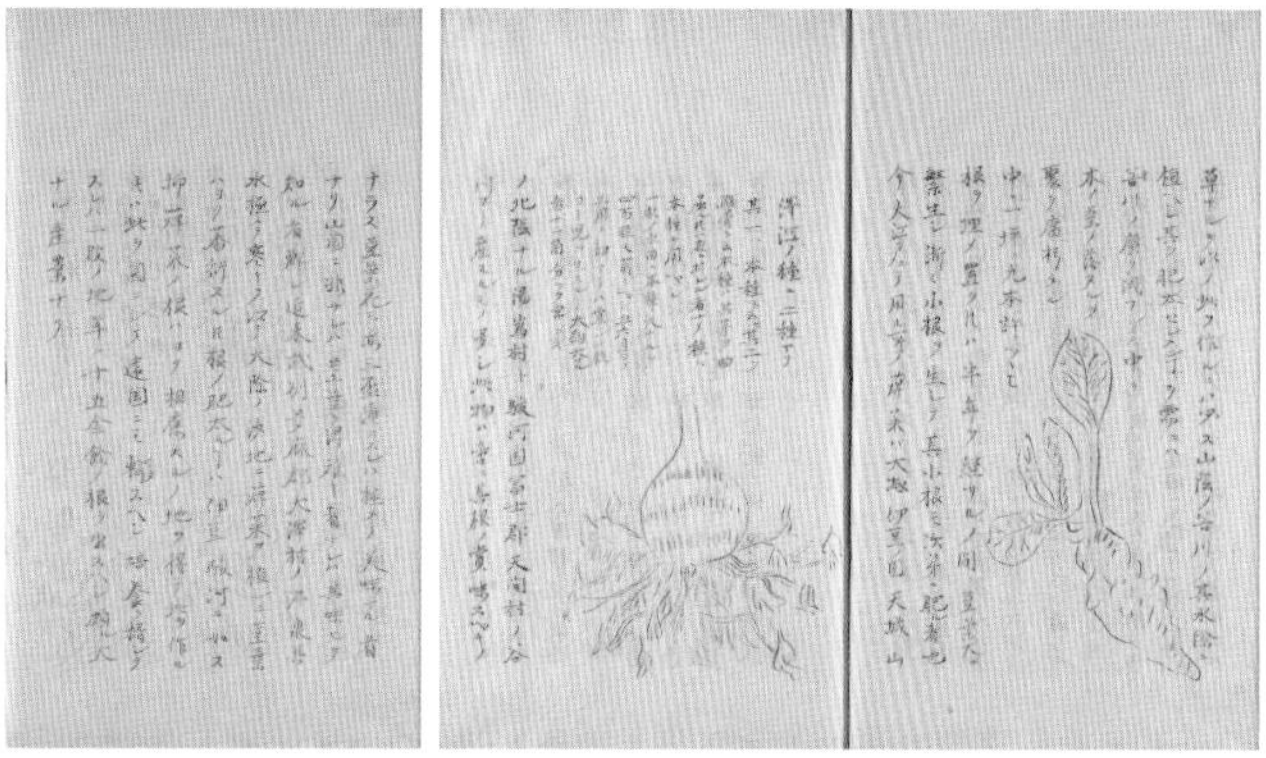
A『草木六部耕種法』巻3・4（国立国会図書館蔵）

2-7 三鷹市内にあった水車の位置

同時期にすべての水車があったのではない。

大沢の大車は，2地点のどちらかに存在したものと推定されるが，現段階では特定されていない。

a	大沢の指田水車	大沢2-15付近　現存せず	g	井口・塚の井野水車	井口1-5-3　現存せず
b	大沢の大車（箕輪水車）	大沢6-2-2・6-9-3　現存せず	h	野崎の吉野水車	野崎1-22-8　現存せず
c	大沢の新車（峯岸水車）	大沢6-10-15	i	下連雀の渡辺水車	下連雀3-5-3付近　現存せず
d	大沢・羽沢の榛沢水車	大沢1-17-14付近　現存せず	j	新川の田中水車	新川2-12-11付近　現存せず
e	大沢の海老沢水車	大沢4-10-16　現存せず	k	牟礼の板橋水車	牟礼4-21-12　現存せず
f	大沢の万次郎水車	大沢4-11-3　現存せず			

※hとjは共有水車

よび上下小金井新田村絵図（1869年,「大久保家文書」小金井市教育委員会蔵）

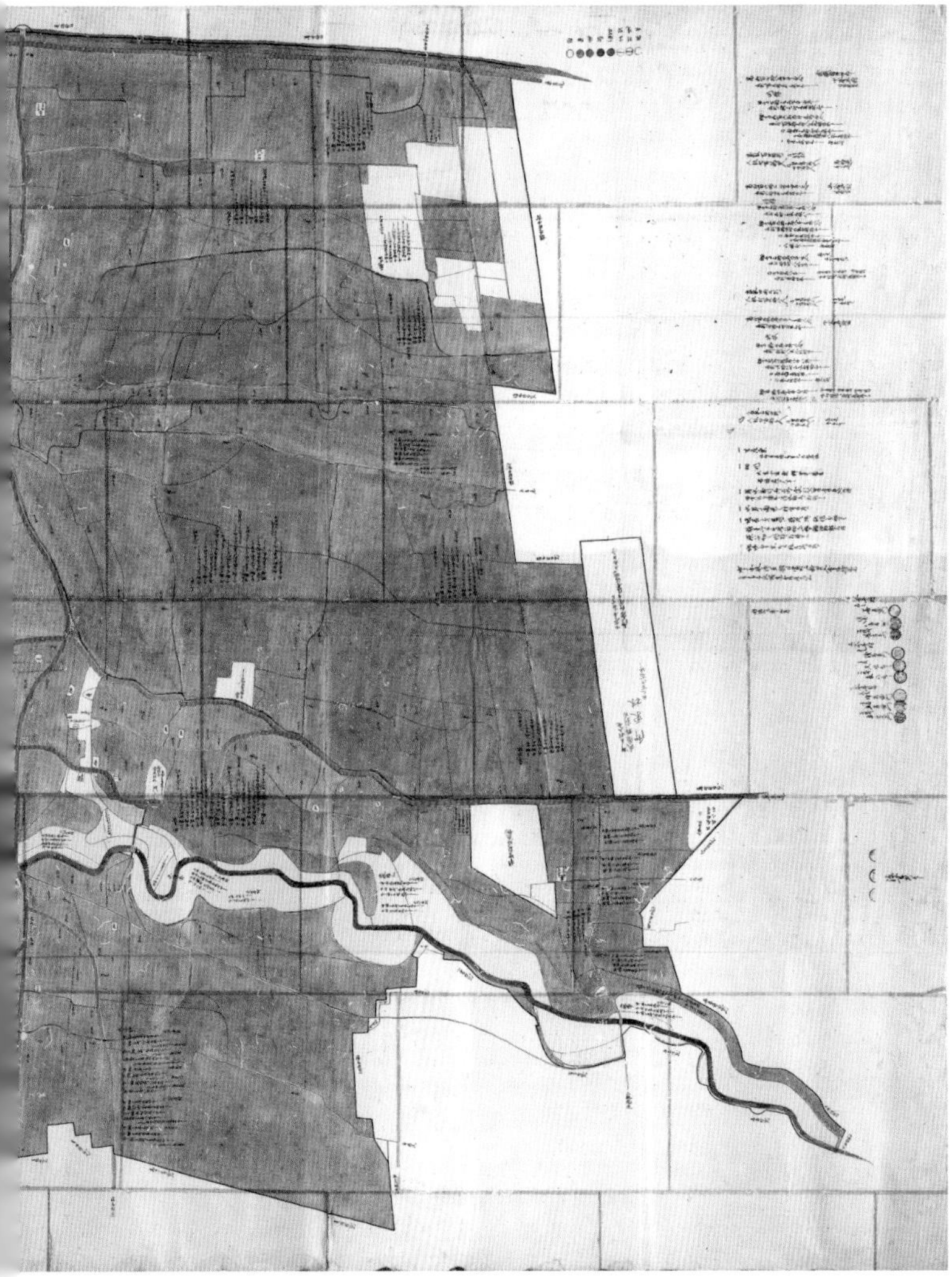

第三節

原野の開発と新たな景観

―名所小金井《こがねい》桜の誕生―

工藤航平

みる

「武蔵野《むさしの》は 月の入るべき 山もなし 草より出て 草にこそ入れ」と古歌に詠まれた武蔵野。現在の畑や林が多い景観とは様相を異にします。この変化は江戸時代に行われた新田開発、つまり人びとの生活の場の拡がりと関係がありました。明治初年に描かれた小金井村の絵図をもとにみていくことにしましょう。

図３－１は、品川《しながわ》県の命令により一八六九（明治二）年に作成された、上小金井村Ａ・下小金井村Ｂ・下小金井新田Ｃ・上小金井新田Ｄの村絵図（原寸一八〇cm四方）です。上小金井新田を除いた三ヵ村の名主《なぬし》・年寄《としより》・百姓代《ひゃくしょうだい》の押印①があります。

この地域は西に隣接する貫井村《ぬくいむら》Ｅとともに、一八六九年の府藩県三治制により品川県の管轄《かんかつ》となり、二年後の廃藩置県《はいはんちけん》で品川県が廃止されると神奈川県に編入されます。そして一八八九年、市制・町村制（いわゆる「明治の大合併」）の施行にともない周辺六ヵ村で合併し、おおむね現在の小金井市域にあたる小金井村が誕生しました。その後、一八九三年に多摩《たま》三郡の東京府移管が行われ、東京府の管轄となりました。

図３－１をみると、ほぼ全体が畑を示す緑色で、水田は絵図の中央やや下の黄色い部分に限られています。この中心を野川《のがわ》②が東流しています。その上方の細長い黄緑色は林③で、このライン上に国分寺崖線《こくぶんじがいせん》④が横断しています。この国分寺崖線をはさんで、武蔵野段丘面《だんきゅうめん》⑤

3-1 上下小金井村お

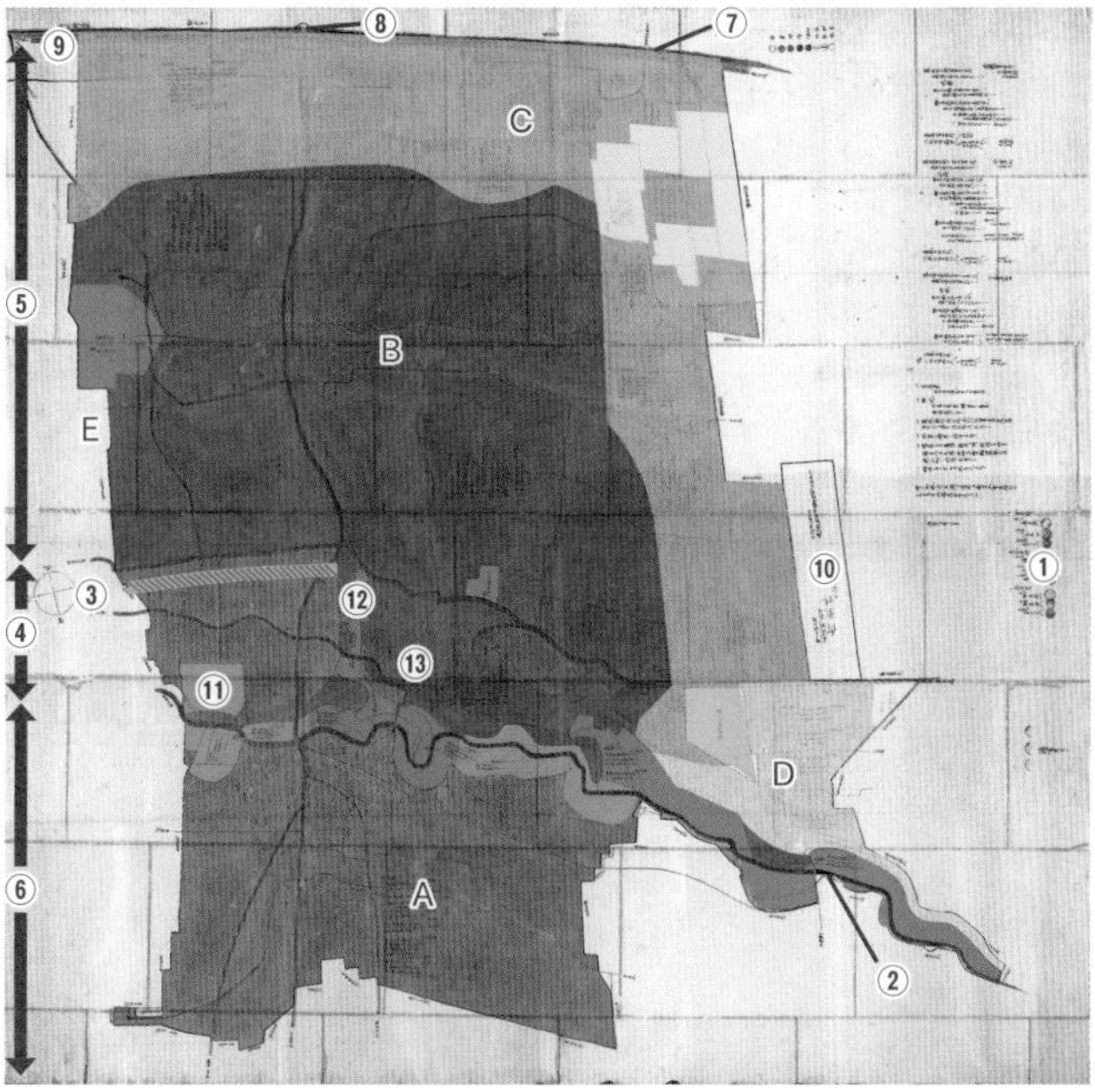

①押印
②野川
③林・小物成場
④国分寺崖線
⑤武蔵野段丘面
⑥立川段丘面
⑦玉川上水
⑧小金井橋
⑨五日市街道
⑩御栗林
⑪神明宮
⑫金蔵院
⑬総鎮守菅原神社

A 上小金井村
B 下小金井村
C 下小金井新田
D 上小金井新田

※A～Dの彩色は，『小金井市史』資料編・近世 No.76の史料を参照した。

凡例

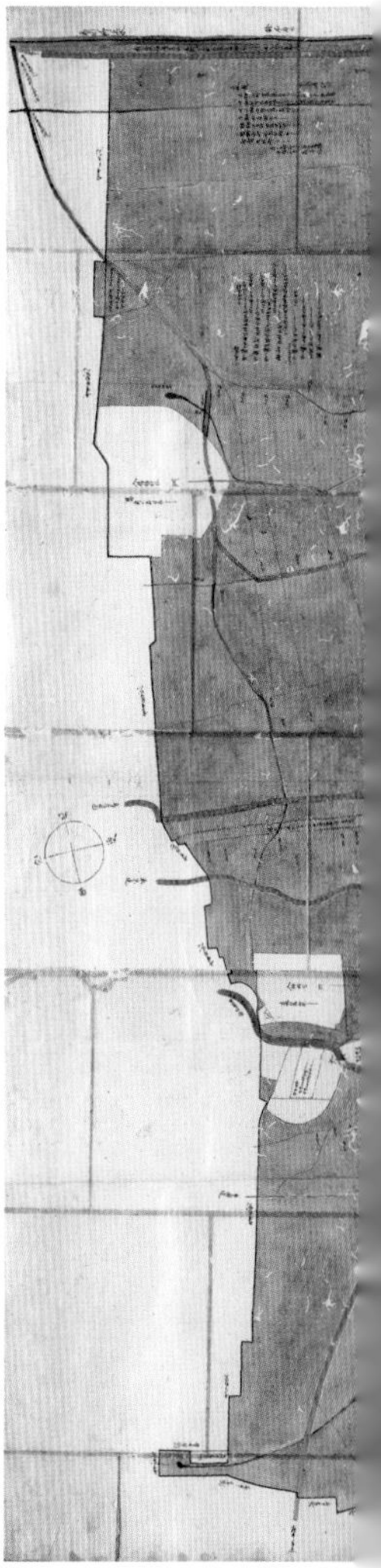

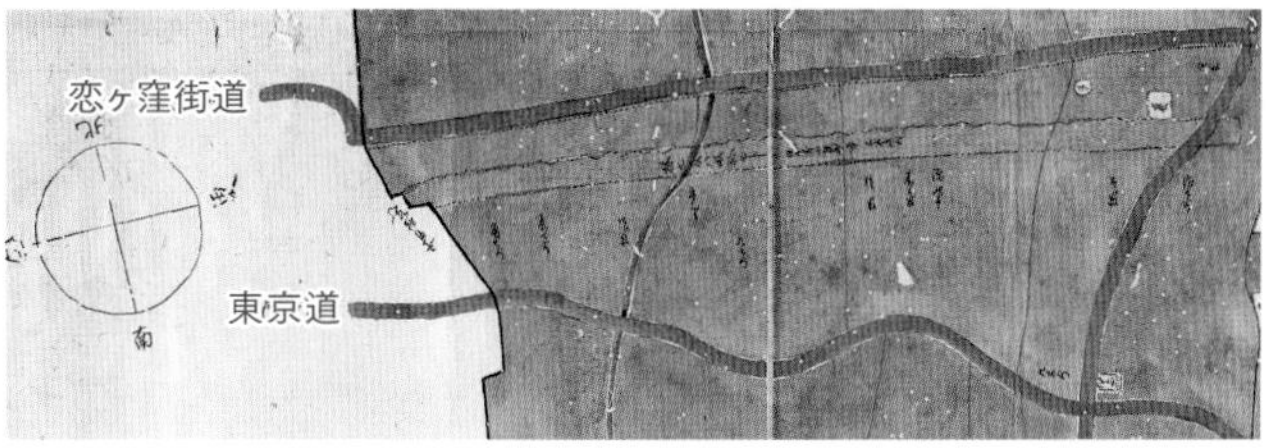

③の拡大図
恋ヶ窪街道と東京道の二本の道の間の林に沿って，国分寺崖線が横断している。林に該当するハケの下に屋敷が一列に並んでいるが，おそらく江戸時代初期に開発に従事した家がこの辺りに屋敷を構えたと考えられる。

（武蔵野台地の上段）と立川《たちかわ》段丘面⑥（武蔵野台地の下段）に二分されているのです。村内はほとんどが畑地のため、色合いは緑一色になっています。

遺跡や遺物から、人びとの生活は古くより野川流域の低地を中心に営まれていたことがわかっています（三章一節参照）。戦国時代頃から崖線沿いに定住し始め、江戸時代につながる村が成立したと伝えられています。現在の小金井市内で江戸時代当初から存在したのは小金井村（一六八三（天和《てんな》三）年に上下小金井村に分村）と貫井村で、村名に「井」がつくように、崖下の湧水が村名の由来にもなっています。野川沿いの低地の水田が開発され、立川段丘面が畑として開発され、さらに南へ広がったといえます。

江戸時代前期から中期にかけては、北の武蔵野段丘面の開発が進みました。それには、一六五三（承応《じょうおう》二）年に開鑿《かいさく》された玉川上水《たまがわじょうすい》⑦が大きな役割を果たしました。図3－1の赤い線は、道を表しますが、武蔵野台地上の屋敷は東西に延びる道沿いに並んでいるものが多く、武蔵野の街村状の新田村落（街道沿いに細長く密集して形成された村で、土地割は街路と直角の方向に短冊形）の景観を思わせる配置になっています。

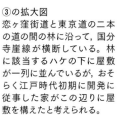

よむ

武蔵野の景観と暮らし

新田開発が進み、人びとの生活圏が広がるにつれ、この地域はどう変わったのでしょう。

秣場《まぐさば》騒動《そうどう》

江戸時代前期に新田開発が進められたのち、一七一五（正徳《しょうとく》五）年七月に、いわゆる「秣場騒動」といわれる紛争が起こりました。「秣場」とは、一村もしくは数ヵ村で共有する入会《いりあい》地《ち》のことで、ここから肥料・飼料・燃料などに利用する草を刈ったり、木を切ったりしました。しかし、開墾《かいこん》が進むにつれて、秣場が減少すると、境界や利用方法をめぐってたびたび紛争が起こるようになりました。

この騒動は、武蔵国府中領是政村《むさしのくにふちゅうりょうこれまさむら》（府中市）の農民ら約八〇人が、下小金井村の太郎右衛門の畑に侵入して粟《あわ》・稗《ひえ》・竹木・草など刈り取ったことに始まります。下小金井村から代官《だいかん》所《しょ》へ訴えたところ、翌日に是政村は、近隣の上《かみ》染谷《そめや》村《むら》・下染谷村・車返《くるまがえし》村《むら》・人見《ひとみ》村《むら》と徒党を組んで、馬三〇〇疋ほど、人足一四〇〇～一五〇〇名ほどが弓・やり・なた・まさかりを持って下小金井村に入り、杉・檜《ひのき》・雑木など五万七〇〇〇本余を伐り取ったといいます。この数がどこまで正確さを示しているかはともかく、大きな騒動だったのは間違いないでしょう。

ここでは、武蔵野の景観との関連で、秣場の実態に注目してみましょう。秣場というと、一般的には「田畑の肥料とする草をとる場」（『地《じ》方凡例録《かたはんれいろく》』）と思われがちです。これまでも、「おそらく樹木のない草原が広々と畑に続いて広がっていたのが当時の武蔵野の景観であったろう」（『小金井市誌』）と解説されています。

しかし、秣場から伐り取られたのは「なた・まさき（か?）りを持来り、杉・檜・雑木数多」（「下小金井村等立木幷作物伐荒し出入訴状」府中市河内家文書）とあるように、樹木でした。つまり、萱《かや》や葭《よし》が生い茂る秣場とは水気の多い低地の景観であり、武蔵野台地上では落ち葉を堆肥とする雑木林が主となっていたということになります。

旧村では、ハケ下の日当たりのよいところに家を建てて住んでいましたが、新田では台地の上に東向きに家を建てて住み、屋敷の北側や屋敷まわりに木を植えて風よけにし、この木もまた薪《まき》や用材に利用していたといわれます。

新田開発によって人びとの生活の場は広がりましたが、それにともなって野原から畑地や林へと景観が大きく変わっていったことが、これらの史料から読み解くことができます。

なお、この騒動は、評定所《ひょうじょうしょ》で吟味《ぎんみ》が行われ、首謀者が流刑を命じられるなどしましたが、翌年にはこの裁許をめぐって審議経過や、将軍の御膝元《おひざもと》近くの幕領で一五〇〇名ほどが徒党を企てるという、いわば〝百姓一揆《ひゃくしょういっき》〟ともとらえられる重大さに比べて罪が軽すぎたことなどが、老中《ろうじゅう》や評定所一座など幕府上層部で問題となり、勘定奉行《かんじょうぶぎょう》以下、評定所留役人らが処罰を申し付けられました。そして、八代将軍徳川吉宗《とくがわよしむね》の時代に、評定所体制の改革や江戸周辺の支配体制が整備されることへとつながったと評価されています。

その後、八代将軍徳川吉宗の時代には財政再建のため、新田開発が幕府の政策として進められ、さらに畑地が拡がり、新たに上小金井新田・下小金井新田・貫井新田・梶野《かじの》新田《しんでん》・関野《せきの》新田《しんでん》・是政新田（親村は是政村〈府中市〉）といった新たな村も成立しました。

名所の復権をめざす

武蔵野新田の開発後の景観を思い浮かべることのできる史料があります（図3－2）。年紀は未二月とあるのみで確定できませんが、江戸時代後期から幕末期のものと考えられます。これは、当時名所として広く知られた小金井桜を詠んだ詩歌を募集する広告です。催主の筆頭には「武城西小金井郷」の清貧亭秀国がおり、以下、蓮《れん》（連）光《こう》寺《じ》村《むら》の山梁舎沢雉、小《お》田《だ》文《ぶん》（分）村《むら》の幽篁窓白友、府中の芳雪斎芝丘、小金井橋の柏《かしわ》屋《や》勘《かん》兵《べ》衛《え》、府中明神前の松本屋《まつもとや》（矢部《やべ》）甚五《じんご》左衛門《ざえもん》、八王子《はちおうじ》宿《しゅく》の小谷屋彦太郎と続きます。中心となったのは、小金井の清貧亭秀国と小金橋北側にある鈴木新田（小平市）の柏屋勘兵衛で、その協力者として、府中や八王子の文人らが加わっていたと思われます。

冒頭の「艸《くさ》より出て草に入る」とは、江戸時代の俗謡「武蔵野は月の入るべき山もなし草より出て草にこそ入れ」のことです（第一巻三章三節参照）。武蔵野と呼ばれたこの地域は、古くより詩歌に詠まれるナドコロ（修辞的用法として使用された地名）でした。広大な野原であった武蔵野も、今は開墾されて、多くの家屋が建つ豊かな土地となっています。そして、代名詞である野原はなくなり、ナドコロとしての武蔵野が消えつつある当代において、風雅《ふうが》を嗜《たしな》む文人らが狭山《さやま》の月・三芳野《みよしの》の花といった多摩から遠くないナドコロに風雅を求めていることを嘆きます。しかし、そのような現状に対し、近くの小金井桜という新たな名所・風雅の地のあることを再確認し、各地の文人に請うて桜花の詩歌を集めて一帙《ちつ》の句集となし、再び名所として復権することを企図したと述べています。

3-2 桜花佳章の発句集販布案内（年月日未詳，「斉藤家文書」斉藤文雄氏蔵）

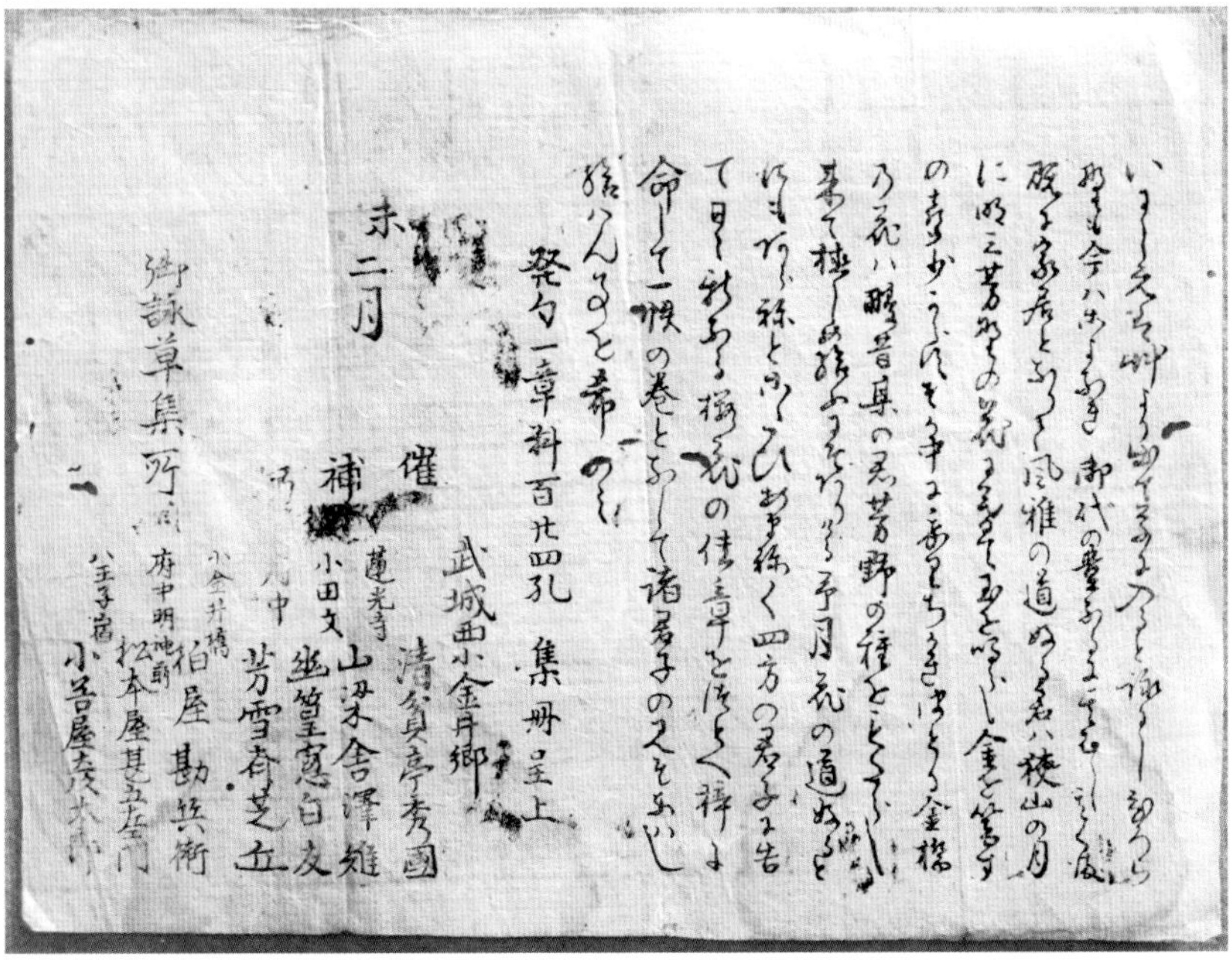

釈文

（／は改行）

いにしえは艸（草）より出て草に入ると詠にしひろき／野も、今ハこよなき御代の豊なるに、其むし其くま／既に家居となりて、風雅の道ふる君ハ、狭山の月／に明、三芳野の花に暮て、玉を鳴らし金を響す／の声少からす、その中に我里ちかきほとり、金橋／乃花ハ疇昔某の君芳野の種をもたらし／来て植しめ給ふにそありける、予月花の道ふると／にもあらねと、こたひあまねく四方の君子に告／て日々新なる桜花の佳章をつとへ、梓に／命して一帙の巻となして諸君子の見そなハし／給ハん事を希のミ

発句一章料百廿四孔　集冊呈上

未二月

催　武城西小金井郷　清貧亭秀国

補　蓮光寺　山梁舎沢雉

弼　小田文　幽篁窓白友

府中　芳雪斎芝丘

小金井橋　柏屋勘兵衛

御詠草集所　府中明神前　松本屋甚五左衛門

八王子宿　小谷屋彦太郎

あるく

往事の小金井桜をしのぶ

現在も名所として知られる小金井桜の起源は、江戸時代にさかのぼります。玉川上水と五日市《いつかいち》街道が沿って走るおよそ六kmにわたって植えられたヤマザクラが小金井桜です。中間の地点に小金井橋が位置しています。当時をしのびながらあるいてみることにしましょう。

名所小金井桜の誕生

桜の名所として、現在多くの行楽客でにぎわう東京都立小金井公園①（小金井市関野町《せきのちょう》一丁目）には、一九五四（昭和二十九）年に小金井大緑地を公園化して開園するのに合わせて多くのソメイヨシノが植樹されました。

その西側を南北に走る小金井街道と上水が交わるところに架かるのが小金井橋②（小金井市桜町《さくらちょう》二丁目）です。江戸時代に桜の名所となった小金井桜は、この小金井橋からの眺望がもっとも優れているということで名づけられたといわれています。

桜の植樹時期には諸説ありますが、一七二〇年代から四〇年代、つまり享保《きょうほう》から延享《えんきょう》期に八代将軍徳川吉宗のもと、幕命により新田世話役の川崎定孝《かわさきさだたか》が指揮して行われたという説が有力です。植樹の理由としては、新田開発にともなう地域振興策、飲料水となる玉川上水の浄化、行楽客の踏み固めによる土手堤の強化などがありますが、はっきりしたことはわかりません。

一方で、当初は下掃除《しもそうじ》（糞尿のくみ取り）などで江戸へ行った地元民の話に聞くのみで、名所としてにぎわうようになったのは一七九四（寛政《かんせい》六）年に、古川古松軒《ふるかわこしょうけん》が著した『四神地名録《しじんちめいろく》』以降とされています。その後、地誌や名所記などで紹介されるようになると（図3－3など）、多くの文人墨客《ぶんじんぼっかく》が来訪するとともに、名所絵にも描かれるようになりました。

小金井桜樹碑

小金井橋近くにある海岸寺《かいがんじ》③（小平《こだいら》市御幸町《みゆきちょう》）には、一八一〇（文化《ぶんか》七）年に江戸の文人と地域の中核的な人物とによって建立された、小金井桜樹碑があります。選文は『武野八景《ぶやはっけい》』の作者大久保狭南《おおくぼきょうなん》（忠休《ただやす》）、題額は旗本《はたもと》で文人でもある佐野義行《さののりゆき》です。玉川上水や桜樹の由緒・経緯・景観などを刻んだもので、他地域からの行楽客に向けて名所として地位確立を目的に建てられたと考えられます。

3-3 『武蔵野小金井桜順道絵図』部分（1868年，国立国会図書館蔵）

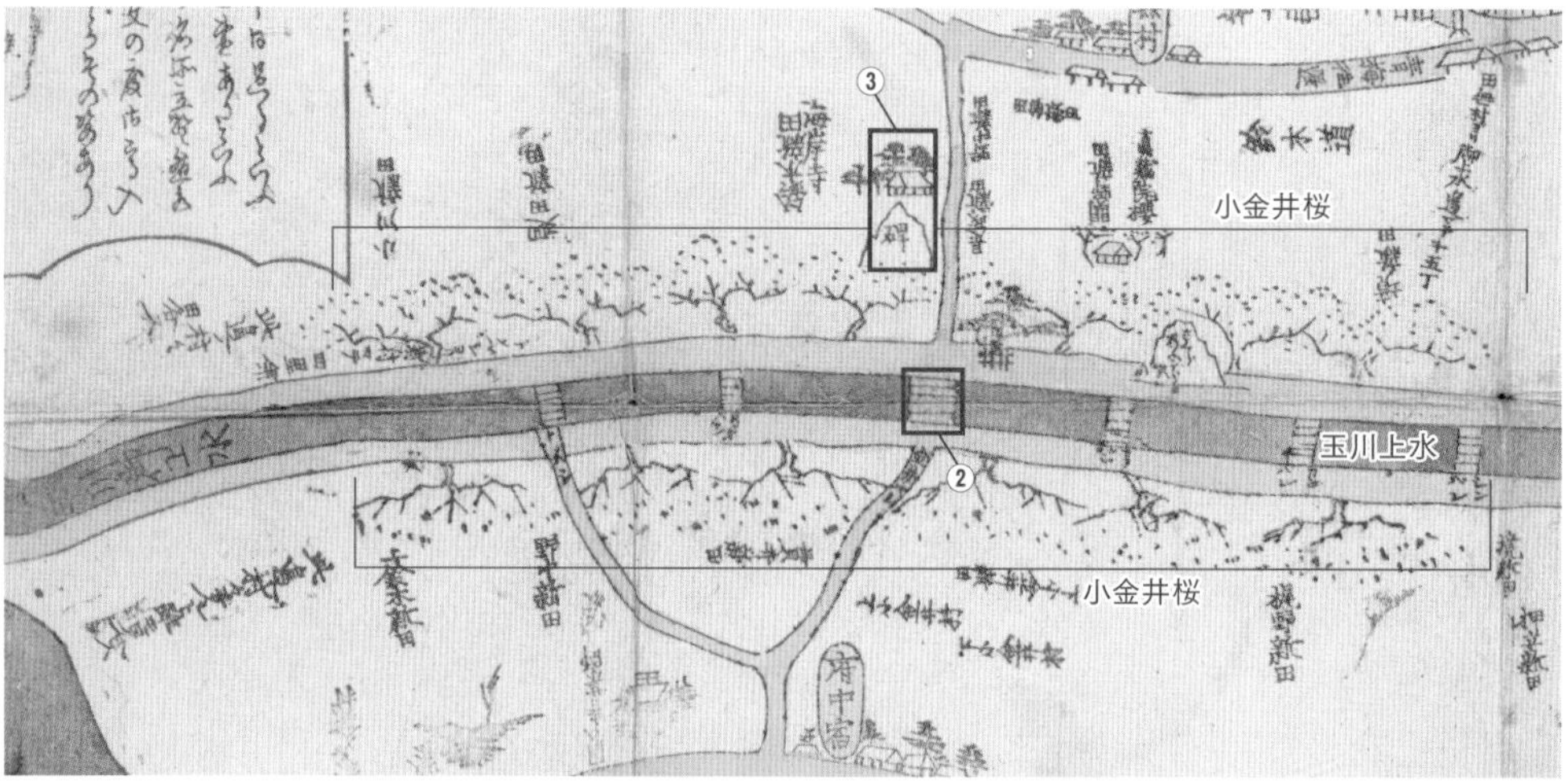

柏屋

かつて小金井橋の北側の袂《たもと》には、二階建ての旅宿「柏屋」④があり、その主人は勘兵衛《かんべえ》といいました。柏屋の醍醐味《だいごみ》は高殿《たかどの》（二階）からの眺望で、そこで酒を呑んだり詩を詠んだりすることが来訪した文人らのステータスともなっていました。勘兵衛は商人としてだけでなく、地域文人としても広く活躍しています。とくに小金井桜の名所化を決定づけたといわれる大久保狭南『仮名略文むさしの八景』への助言や取次販売、葛飾北斎《かつしかほくさい》が手がけた『金井橋桜標《こがねいばしさくらのみちしるべ》』の刊行に携わるなど、小金井桜の名所化に尽力しました。

桜並木と富士の情景

小金井橋からみて南西の方角には富士山がみえるのですが、絵画作品では、Aのように桜並木の西方にそびえる富士山が印象的に描かれています。江戸の名所絵や風景画では、隅田川《すみだがわ》と筑波山《つくばさん》、武蔵野と富士山といった組み合わせが定型になっていたので、それにならい、地理的な配置というだけでなく、小金井桜の景物として富士山が描かれたとも考えられます。

3-4 東小金井駅から国分寺駅周辺

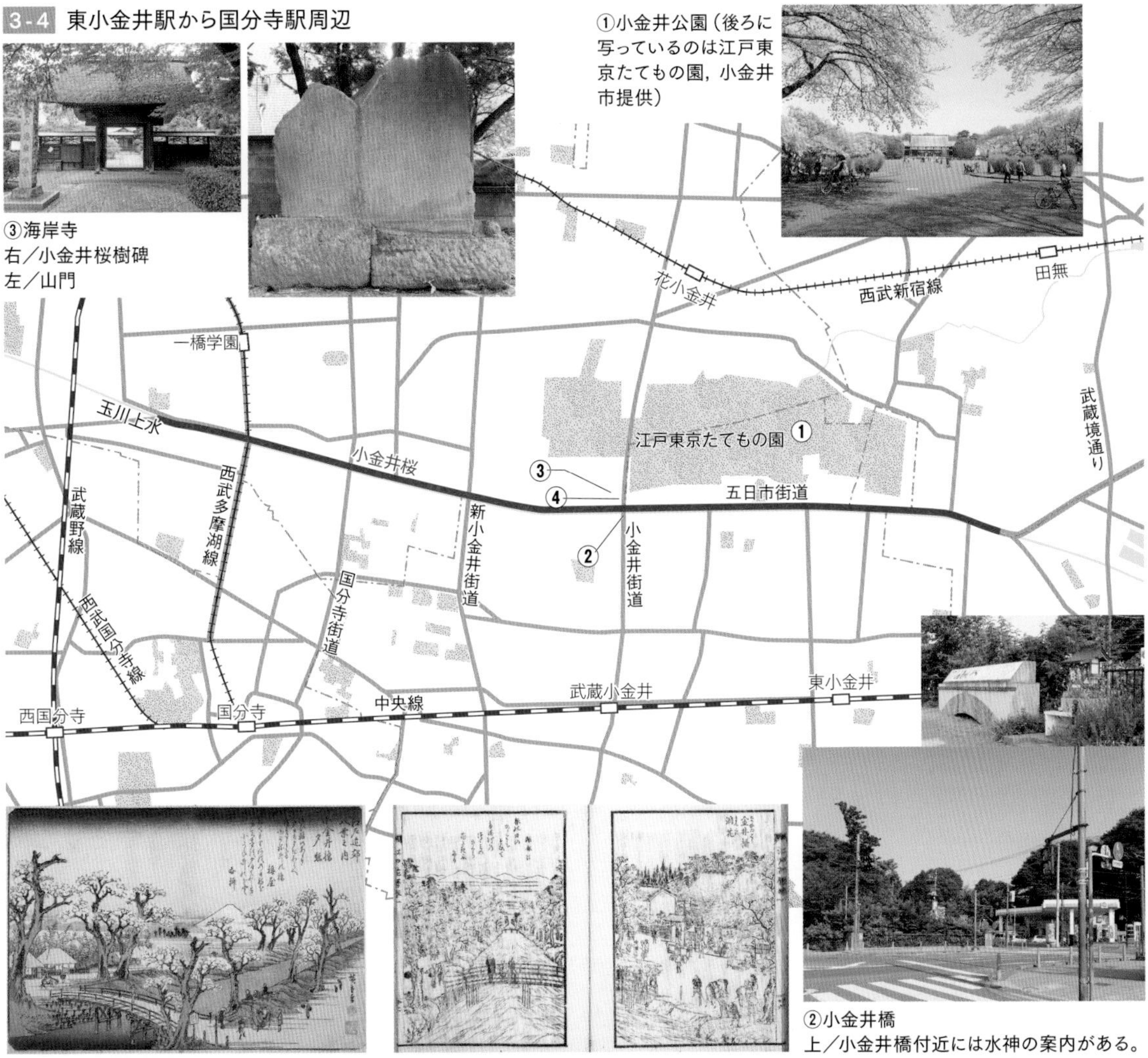

①小金井公園（後ろに写っているのは江戸東京たてもの園，小金井市提供）

③海岸寺
右／小金井桜樹碑
左／山門

②小金井橋
上／小金井橋付近には水神の案内がある。
下／現在の小金井橋。右方のガソリンスタンドのあたりに柏屋があった。

A 歌川広重「江戸近郊八景之内 小金井橋夕照」（国立国会図書館蔵）

④『江戸遊覧花暦』（早稲田大学図書館蔵）に描かれた小金井橋と柏屋（右方）

第四節　昭和の武蔵野《むさしの》

齊藤　勉

みる

武蔵野市吉祥寺《きちじょうじ》は都心からほどよい距離にあって閑静《かんせい》な住宅街が広がり、商業圏も充実、駅の近くに井《い》の頭恩賜《かしらおんし》公園があるなど、東京で住みたい街にあげられる人気の街です。一九三〇年代半ばから五〇年代半ば（昭和十年代から二十年代）にかけて、この武蔵野市は激動の歴史の舞台でした。

4-1　『東京朝日新聞』1937年5月18日夕刊（＝19日付）の記事
当時は，印刷技術や配達事情から，主要全国紙などは夕刊を発行翌日付で発行していた。

美濃部事件結審す
犯人小田公判に
一年有余でけふ記事解禁
背後の黒幕なし
果物籠から拳銃
殺して自決
小田の自供
無口な男
下宿の話
護送中の犯人
長文の斬奸状
ピストルの出所
引籠る博士

図4-1の『東京朝日新聞』一九三七（昭和十二）年五月十八日夕刊は、「美濃部事件結審す　犯人小田公判に　一年有余でけふ記事解禁　背後の黒幕なし」との見出しで、美濃部達吉《みのべたつきち》へのテロ事件に関する記事の解禁を報じています。

美濃部達吉は、天皇機関説を唱えた東京帝国大学法学部教授の憲法学者で、当時、北多摩郡《きたたまぐん》武蔵野町吉祥寺に住んでいました。

この記事の二年前の一九三五年、軍国主義への動きが強まるなか、憲法学の通説となっていた美濃部の「統治権は国家に属し、天皇は国家の最高機関である」とする天皇機関説は、不敬であると問題になり、著書は発禁、貴族院議員も辞職せざるをえませんでした。

事実上の蟄居《ちっきょ》状態だった翌年二月二十一日午前、吉祥寺の自宅に弁護士を称して訪ねてきた男と応接室で面会していると、男はしばらくしてから斬奸状《ざんかんじょう》を手渡すとともに、進物《しんもつ》の果物籠からピストルを取り出し、逃げる美濃部を背後から撃ちました。弾は美濃部の右足にあたり、犯人の右翼《うよく》の男は、美濃部邸を警備中の警察官

4-2 『東京日日新聞』1936年2月21日夕刊（＝22日付）の記事

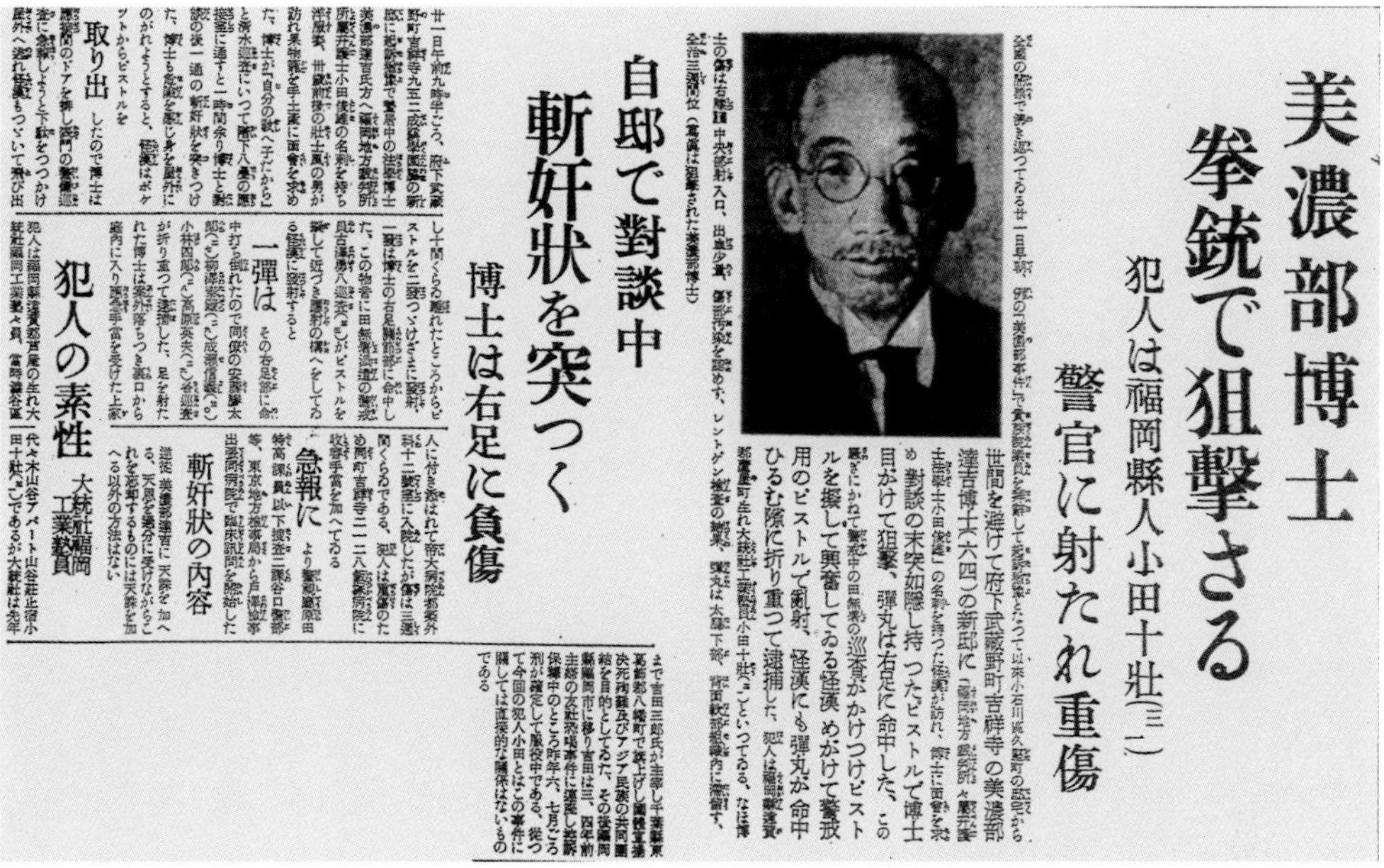

美濃部博士 拳銃で狙撃さる

犯人は福岡縣人小田十壯(三一) 警官に射たれ重傷

自邸で對談中 斬奸狀を突つく 博士は右足に負傷

取り出

一彈は

急報に

斬奸狀の内容

犯人の素性

に捕えられました。

この事件について、今ならばすべてのマスコミがテロ事件として大々的に報道して非難するでしょうが、東京地方検事局が、犯人の背後関係の捜査のため午後に新聞記事への掲載禁止にしたことから新聞報道ができませんでした。

ただ『東京日日新聞』は、事件当日の夕刊（図4－2）が「美濃部博士 拳銃で狙撃さる」との見出しで、また地方紙では『いはらき』（現『茨城新聞』）など、ごく一部の新聞が報じました。

ちょうどこの日は岡田《おかだ》啓介《けいすけ》内閣のもとで行われた第一九回総選挙の開票日でした。岡田内閣不信任案を可決して衆議院を解散させた立憲政友《りっけんせいゆう》会《かい》が、総裁の鈴木《すずき》喜《き》三郎《さぶろう》の落選などで敗北し、岡田を支持する立憲民政《りっけんみんせい》党《とう》が大勝するというどさくさのなかで、この事件の掲載禁止措置をすり抜けたのでしょう。

捜査の結果、犯行が単独犯であることが判明したことにより、一年以上たった翌一九三七年五月十八日午後二時半に新聞報道が解禁されました。それが図4－1の記事で、このテロ事件がようやく広く知られるようになったのです。

出版法・新聞紙法による言論統制は知られていますが、このように、特定の事件の新聞報道を禁止する記事差止は、検察によっても行われていたのでした。

このテロ事件からわずか五日後、二・二六事件が発生します。陸軍の皇道派《こうどうは》の一部青年将校が兵士約一四〇〇人を率いて首相官邸・警視庁などを襲撃、斎藤実《さいとうまこと》内大臣・高橋是清《たかはしこれきよ》蔵相・渡辺錠太郎《わたなべじょうたろう》陸軍教育総監らを殺害し、四日間にわたり東京の心臓部を占領、翌二十七日に東京市内に戒厳令《かいげんれい》が出されました。

二十九日には、戒厳部隊による討伐・攻撃命令が出されたためでしょう、国鉄中央線は上り電車が吉祥寺駅で、列車は八王子《はちおうじ》駅で運転停止になり、東京市内への通勤・通学ができなくなったのです。多摩各地でも警察官が駅・銀行・電話局・電報局などに派遣されて治安維持にあたり、反乱部隊が原隊に復帰し、将校たちが逮捕されて事態が終息するまで交通規制は続きました。

よむ

軍《ぐん》需《じゅ》工業から文化人の街へ

美濃部達吉へのテロ事件、二・二六事件が起きた一九三六（昭和十一）年は、昭和の歴史の曲り角の年でした。ロンドン・ワシントン両海軍軍縮条約が失効し、軍部は帝国国防方針を改定、広田《ひろた》弘毅《こうき》内閣は、「国策の基準」を決定して大規模な軍拡を推進しました。この軍拡の波は、多摩地域にも押し寄せます。

畑作を中心とする広大な平坦地が広がり、大土地所有者も多く、東京圏での労働者の確保が期待できる武蔵野台地の中央線沿線の町村は、工場新設に格好の地でした。

杉並《すぎなみ》区に東京製作所があった中島飛行機《なかじまひこうき》は、一九三八年に武蔵野町に航空機用エンジン工場の武蔵野製作所を開設しました。この工場は、武蔵野・三鷹《みたか》とその周辺の社会・経済に大きな影響を与えます。

武蔵野町の成立

区部と接している武蔵野村や三鷹村が、宅地化し始めたのは、一九二三（大正十二）年の関東大震災以降のことです。成蹊《せいけい》学園が一九二四年に池袋《いけぶくろ》から、さらに東京女子大学が角筈《つのはず》（新宿《しんじゅく》）から、武蔵野女子学院が築地《つきじ》から移転してきたこともあり、学者・文化人も住むようになりました。

このため人口は急増、一九二八年十一月に町制をしいて武蔵野町となりました。また、一九三〇年から横河《よこがわ》電機製作所の工場移転が始まり、工場労働者も住み始めました。

軍需工場新設による多摩の発展

一九三七年に始まった日中戦争が泥沼化するなか、中島飛行機では海軍からの要請に応えるため、一九四一年十一月に武蔵野製作所の西隣に新たに多摩製作所を発足させ、塀一つ隔ててそれぞれが陸海軍向けに同じ型のエンジンを生産しました。翌月の十二月八日、アジア・太平洋戦争が始まります（第九巻一章四節参照）。

さらに翌年には田無町《たなしちょう》に田無鋳鍛所《ちゅうたんしょ》、三鷹町に三鷹研究所を新設したほか、三鷹航空機工業・正田《しょうだ》飛行機などの中小軍需工場も次々に設立され、武蔵野町と三鷹町は軍需工場地帯となりました。

この状況は中央線など沿線の立川《たちかわ》・日野《ひの》・昭《あき》島《しま》も同じで、人口が急増するなかで町制が施行されました。

中島飛行機武蔵製作所への本土初空襲

米軍は一九四四年十一月上旬に撮影した日本本土の航空写真（図４－３）から、武蔵野製作所の西側に新たな工場がつくられたのを「発見」、両工場は統合されて武蔵製作所となっていることを確認し、工場名を「ＭＵＳＡＳＨＩ」としました。

そして十一月二十四日、マリアナ諸島から飛来した一一一機のＢ29のうち二四機が、東洋一の飛行機用エンジン工場となった武蔵製作所に四八発の二五〇kg爆弾を投下しました。この本格的本土初空襲で、表４－４のように死者五七名、負傷者七五名が犠牲になりましたが、米軍はこの空襲の成果は不十分と発表、日本の新聞

4-3 中島飛行機武蔵製作所（1944年撮影，アメリカ国立公文書館原蔵，武蔵野市提供）

4-4 武蔵製作所を目標にした空襲と被害者数

	日付	死者数	負傷者数	攻撃機
1	1944年11月24日	57	75	B29
2	1944年12月 3日	60	21	B29
3	1944年12月27日	8	40	B29
4	1945年 1月 9日	6	8	B29
5	1945年 2月17日	80	115	艦載機
6	1945年 4月 2日	3	2	B29
7	1945年 4月 7日	1	1	B29
8	1945年 4月12日	1	1	B29
9	1945年 8月 8日	4	3	B29

でも報じられました。レーダー性能が不十分のうえ、初飛行で目標地点にたどりつけなかったり、高度一万mからの爆撃は目標への命中精度が低いためでした。十二月三日、米軍は再び空襲、今度も動員学徒も含めて死者六〇名、負傷者二一名の犠牲が出ました。

武蔵製作所内ではこの頃から、工場の疎開《そかい》を検討し始め、年末頃から翌年にかけ、南多摩郡浅川町《あさかわまち》の山麓（現八王子市初沢町《はつざわまち》・高尾町《たかおまち》付近）に陸軍が地下倉庫として掘削中の地下壕、栃木県の大谷《おおや》石地下採掘場跡・福島県福島市の信夫山《しのぶやま》の坑道跡に疎開することを決めました。

さらに一九四五年二月十六・十七日からは、B29に加えて艦載機による空襲も始まります。武蔵製作所は目標となった九回の空襲で廃墟と化し、合わせて死者二二〇名、負傷者二六六名という人的被害が出ました。

これらの空襲は、米軍にとって実験と訓練でもありました。四月二日未明は照明弾を多用した実験的夜間空襲であり、七月二十九日には武蔵製作所をねらった模擬原子爆弾が保谷町《ほうやちょう》柳沢《やぎさわ》（西東京市）に投下されました。

戦後の跡地利用

戦争末期に疎開で減少した武蔵野町の人口は戦後に急増し、一九四七年十一月三日には多摩地域で八王子市、立川市に次いで三番目の市制を施行し、武蔵野市となりました。

武蔵製作所の広大な跡地は、スポーツ施設・研究所・学校・公共施設となり、集合住宅が建てられるなどさまざまな変遷をしながら現在に至っています。東工場跡の主なものでは武蔵野グリーンパーク野球場（図4－5）がつくられ（使用は一九五一年の一年間のみ）、北側の鉄筋コンクリート建ての工場は修理されて逓信省《ていしんしょう》電気通信研究所（通称「つうけん」）となりました（現NTT武蔵野研究開発センタ）。

西工場の建物は一九五三年に接収されて米軍宿舎「グリーンパーク」となり、関連施設が建設されました。宿舎は一九七三年に日本に返還され、一九八九（平成元）年に都立武蔵野中央公園などになりました。

学者・文化人の街

現在の武蔵野市域には、戦前から戦後にかけて多くの学者・文化人が住みました。天野貞祐《あまのていゆう》（哲学者）・北村西望《きたむらせいぼう》（彫刻家）・朝永振一郎《ともながしんいちろう》（物理学者、ノーベル物理学賞受賞）・丹羽文雄《にわふみお》（作家）らは名誉市民になりました。

また、「みる」で紹介した美濃部達吉をはじめ、津田左右吉《つだそうきち》（日本史学者）・埴谷雄高《はにやゆたか》（作家）・新田次郎《にったじろう》（作家）・金子光晴《かねこみつはる》（詩人）・亀井《かめい》勝一郎《かついちろう》（文芸評論家）ら、各分野の著名人をあげることができます。

なかでも戦後知識人の代表だった政治学者・思想史家の丸山眞男《まるやままさお》は、吉祥寺東町《ひがしちょう》二丁目に住み、竹内好《たけうちよしみ》（中国文学者）や政治家の三木武夫《みきたけお》らと交流しています。

4-5 武蔵野グリーンパーク野球場
（武蔵野市提供）

あるく

武蔵野・三鷹の戦中・戦後をあるく

ここでは、武蔵野に残る戦争遺跡などを三鷹駅と吉祥寺駅を起点にあるいてみましょう。

4-6 吉祥寺・三鷹駅北部（紺色部分は旧中島飛行機武蔵製作所）

⑦空襲の標準点に設置された説明板5枚のうちの2枚

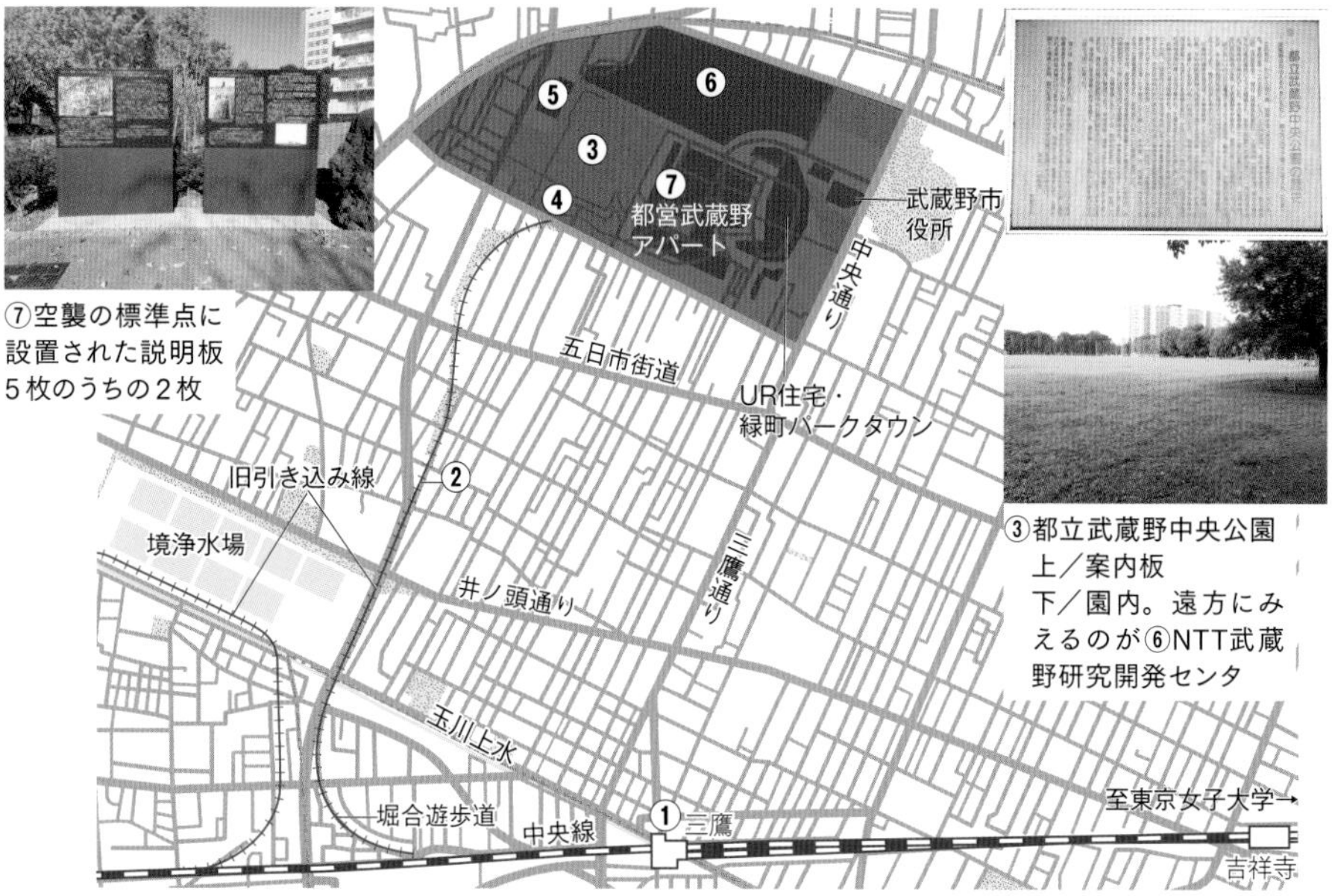

③都立武蔵野中央公園
上／案内板
下／園内。遠方にみえるのが⑥NTT武蔵野研究開発センタ

「平和散策マップ」であるく

武蔵野市に残る数少ない戦跡を訪ねるには、武蔵野市観光機構がホームページで公開している「戦争遺跡を訪ねる平和散策コース」と、「平和散策マップ」（図4-7、二〇一九〈令和元〉年改訂、武蔵野商工会館一階の武蔵野市観光機構で無料配布）を利用するのが便利です。

ここでは、この「平和散策マップ」記載のコースのうち、三鷹駅をスタートして武蔵野市役所をゴールとするコース（約三・九km、徒歩約七〇分）をめぐることにします。このコースで訪れる場所には、武蔵野市に住んでいた彫刻家、北村西望作の世界連邦平和像①（三鷹駅北口ロータリー中央）にはじまり、堀合《ほりあわい》遊歩道、グリーンパーク遊歩道②、中島飛行機武蔵製作所西工場があった都立武蔵野中央公園③（武蔵野市八幡町《やはたちょう》二丁目）、公園入口には二〇一一（平成二十三）年に制定された「武蔵野市平和の日」制定記念樹④などがあります。

4-7 平和散策マップ

「戦跡」になれなかった武蔵製作所の変電室

都立武蔵野中央公園まで来ると、その歴史を記した写真のような案内板が立っています。武蔵製作所西側には、かつて西工場のほか、付属病院もあって、現在は都立武蔵野北高校⑤になっています。北東側には十数階建ての「NTT武蔵野研究開発センタ」（旧逓信省電気通信研究所）⑥（武蔵野市緑町《みどりちょう》三丁目）がみえますが、かつてこの敷地内には東工場を修理して使われていた建物があり、これらが取り壊されたことで、武蔵製作所の建物はすべてなくなったと思われてきました。

ところが二〇〇〇年のはじめに、東工場の跡地に建設され都営武蔵野アパートの管理事務室棟として使われているコンクリート製の建物が、かつて製作所の中央に位置し、空襲の照準点（目標とすべきポイント。二〇一八年に武蔵製作所の歴史と空襲、戦後の跡地利用に関する五枚の説明板⑦が設置された）近くの変電室だったことがわかり

4-8 三鷹駅南部

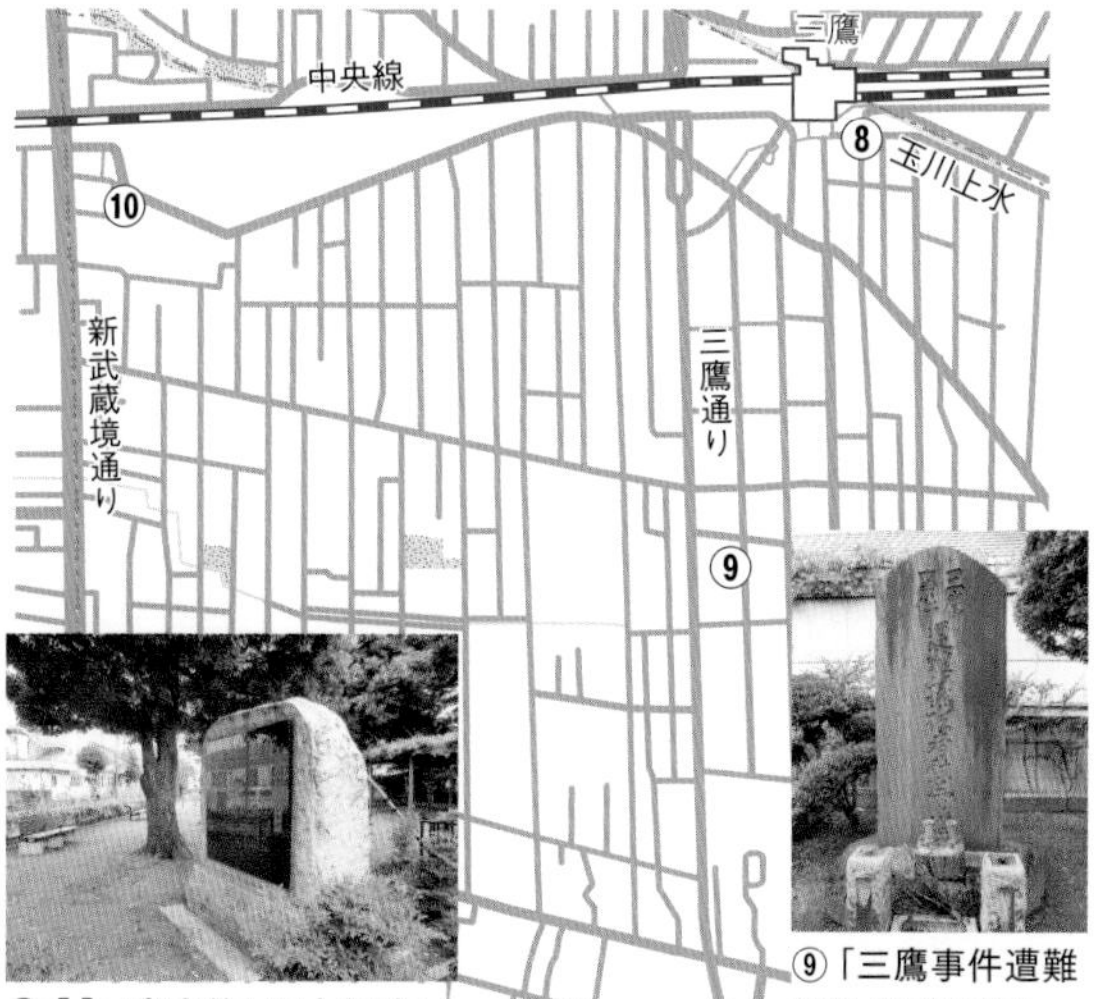

⑨「三鷹事件遭難犠牲者慰霊塔」
⑩「「三鷹事件」五十年碑」

ました。団地の廃止により取り壊されることになっていたため、武蔵野の空襲と戦争遺跡を記録する会では保存を求めて運動をしましたが、空襲の痕跡がなく建築物としての価値もないとされ、戦後七〇年の二〇一五年七月二十九日に、ついに取り壊されました。解体の途中で、二五〇kg爆弾が貫通し、戦後に修理した天井の穴がみつかりました。「戦跡」としての公的な保存の難しさを知らしめた出来事でした。

三鷹事件の現場と二つの碑

次に三鷹駅南口⑧に行ってみます。今は、戦後の面影をしのばせるものはありませんが、近くには小説家の太宰治《だざいおさむ》が住み、彼が入水した玉《たま》川《がわ》上水が流れています。ここは、戦後の国鉄三大ミステリー事件（下山《しもやま》事件・松川《まつかわ》事件）の一つとして有名な三鷹事件の現場でした。

一九四九（昭和二十四）年七月十五日夜、国鉄の車両基地・三鷹電車区（現JR東日本三鷹車両センター）から七両編成の無人の電車が暴走、車止めを突き破って脱線転覆しながら駅前の商店街などに突っ込み、死者六名、重軽傷者約二〇名を出す大惨事となりました。単独犯とされた被告は死刑が確定しましたが、無罪を訴え再審請求中に獄死しました。

この事件については三鷹市内に二つの碑があります。駅からは少し離れますが、一つは太宰治・森鷗外《もりおうがい》の墓のある禅林寺《ぜんりんじ》（三鷹市下連雀《しもれんじゃく》四丁目）の墓地に、一九五五年九月に建立された「三鷹事件遭難犠牲者慰霊塔」⑨です。もう一つは、上連雀すずかけ児童遊園（三鷹市上連雀三丁目）にある「「三鷹事件」五十年碑」⑩で、一九九九年に東日本旅客鉄道労働組合五十年碑建立賛同者一同によって建立されました。

黒く塗られた東京女子大学の校舎

吉祥寺駅北口から徒歩十数分のところに、東京女子大学があります（杉並区善福寺《ぜんぷくじ》二丁目、七巻二章五節参照）。正門を入るとおしゃれな白い建物が多いのに気づきます。これらは大学が一九二四（大正十三）年にこの地に移転してから昭和初期にかけて、建築家アントニン・レーモンド（アジア・太平洋戦争の際、米軍が焼夷弾の効果を検証する実験のため、アメリカのユタ州に建てた日本家屋の設計者）が設計したもので、現在では本館（図4-9）、チャペル・講堂、ライシャワー館など全部で七棟が文化庁登録有形文化財に登録されています。アジア・太平洋戦争末期に、建物が白く米軍の空襲の目標になるということから、黒色に塗られましたが、戦後は白に戻されました。

一九九六年八月十五日に亡くなった政治学者・思想史家の丸山眞男の所蔵本、ノート・草稿類は、丸山家から生前交流のあった同大学に一九九八年九月に寄贈され丸山眞男文庫になりました。二〇〇二年には学内の比較文化研究所に、丸山眞男記念比較思想研究センターが附置されました。

4-9 東京女子大学本館（東京女子大学提供）

第五節

吉《きち》祥《じょう》寺《じ》

——新《しん》田《でん》村《そん》落《らく》から駅中心の繁華街へ——

初田香成

みる

武蔵野《むさしの》地域随一の商業地であり、住みたい町としても人気な吉祥寺。しかし、かつての吉祥寺駅周辺は畑が広がり、少し北側の五日《いつか》市《いち》街道沿いに人家がある程度でした。吉祥寺が現在のように発展してきた様子を振り返ってみましょう。

5-1 吉祥寺停車場の設置願書（東京都公文書館蔵）

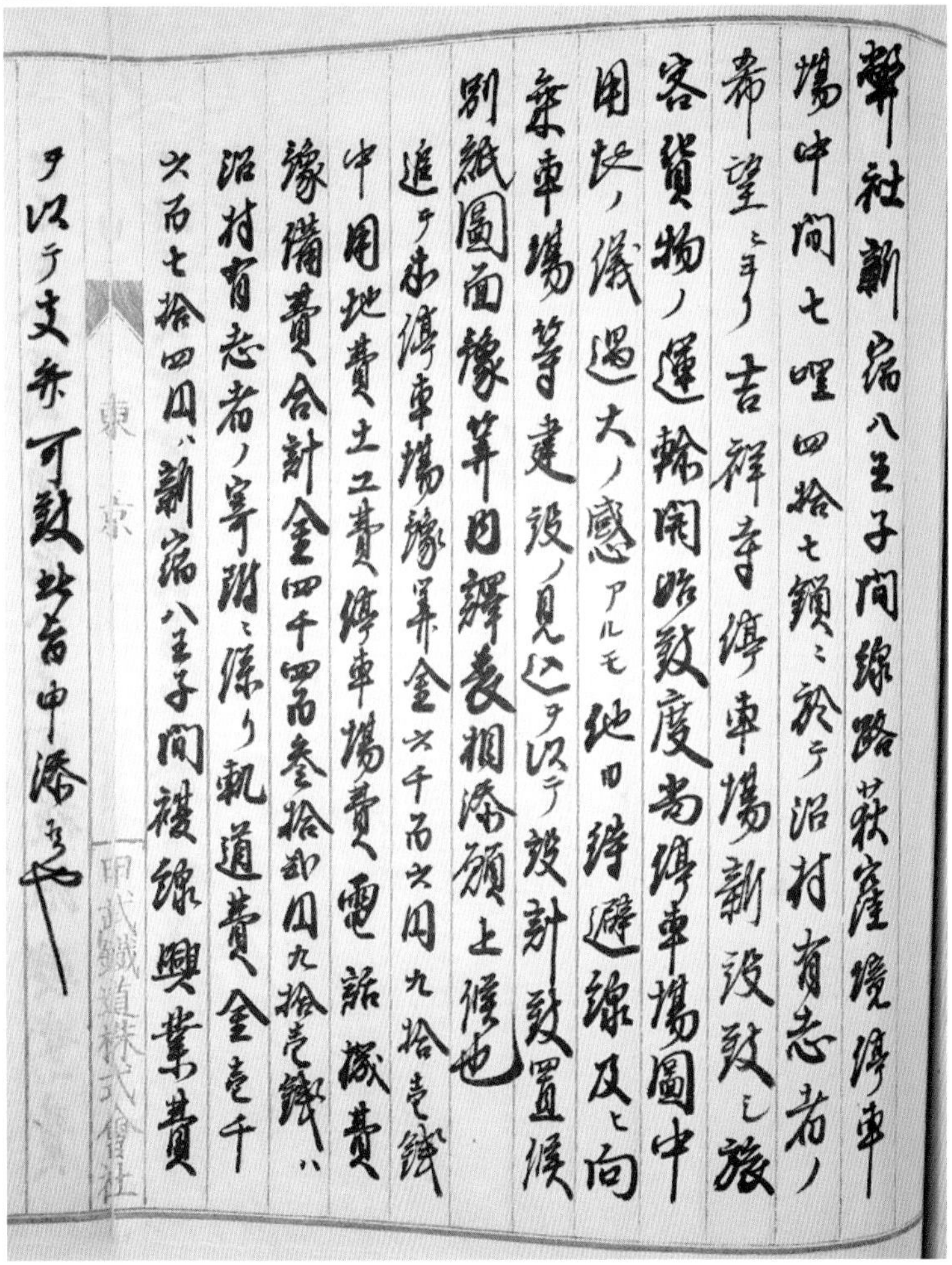

釈文

（／は改行）

弊社、新宿八王子間線路、荻窪・境停車／場、中間七哩四拾七鎖ニ於テ、沿村有志者ノ／希望ニヨリ吉祥寺停車場新設致シ旅／客貨物ノ運輸開始致度、尚停車場図中／用地ノ儀、過大ノ感アルモ、他日待避線及ヒ向／乗車場等建設ノ見込ヲ以テ設計致置候／別紙図面予算内訳表、相添願上候也。

追テ本停車場、予算金六千百六円九拾壱銭／中、用地費・土工費・停車場費・電話機費・／予備費、合計金四千四百参拾弐円九拾壱銭ハ／沿村有志者ノ寄附ニ係リ、軌道費金壱千／六百七拾四円ハ新宿八王子間複線興業費／ヲ以テ、支弁可致、此旨申添候也。

現代語訳

弊社が所有する新宿《しんじゅく》―八王子《はちおうじ》間の線路上の、荻《おぎ》窪《くぼ》―境《さかい》の停車場の中間にあたる、七マイル四七チエーンの位置において、沿線の有志者の希望により、吉祥寺停車場を新設し、旅客および貨物の運

5-2 「吉祥寺停車場図」（東京都公文書館蔵）

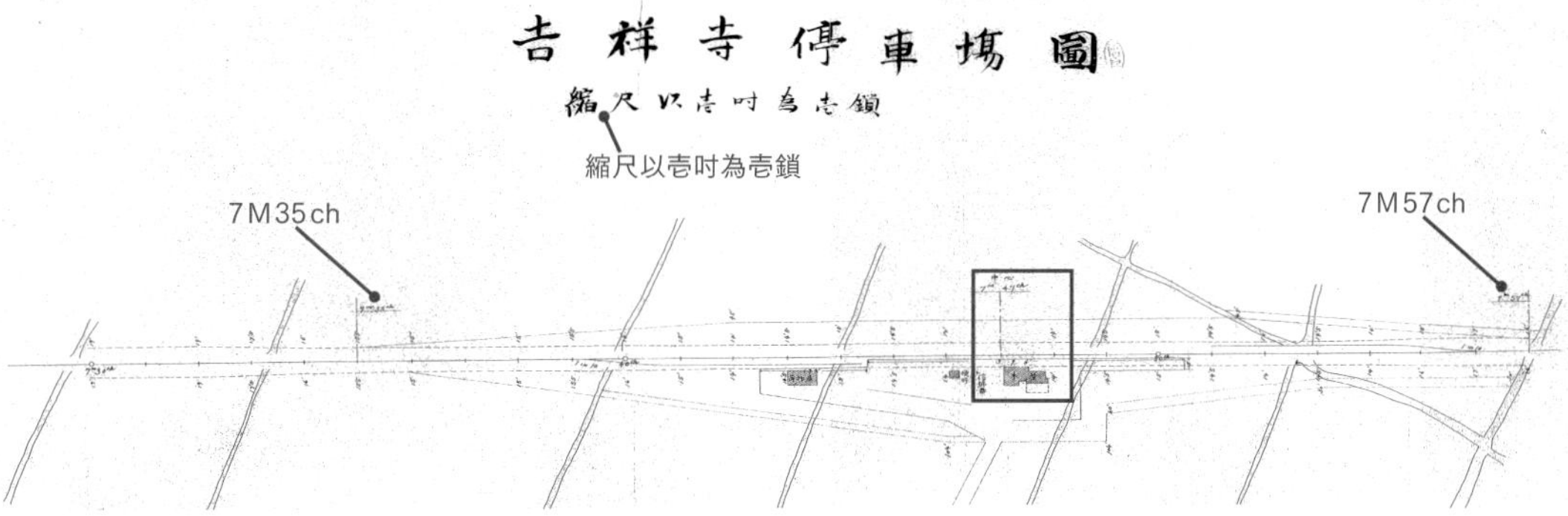

図5-2の赤枠拡大部分

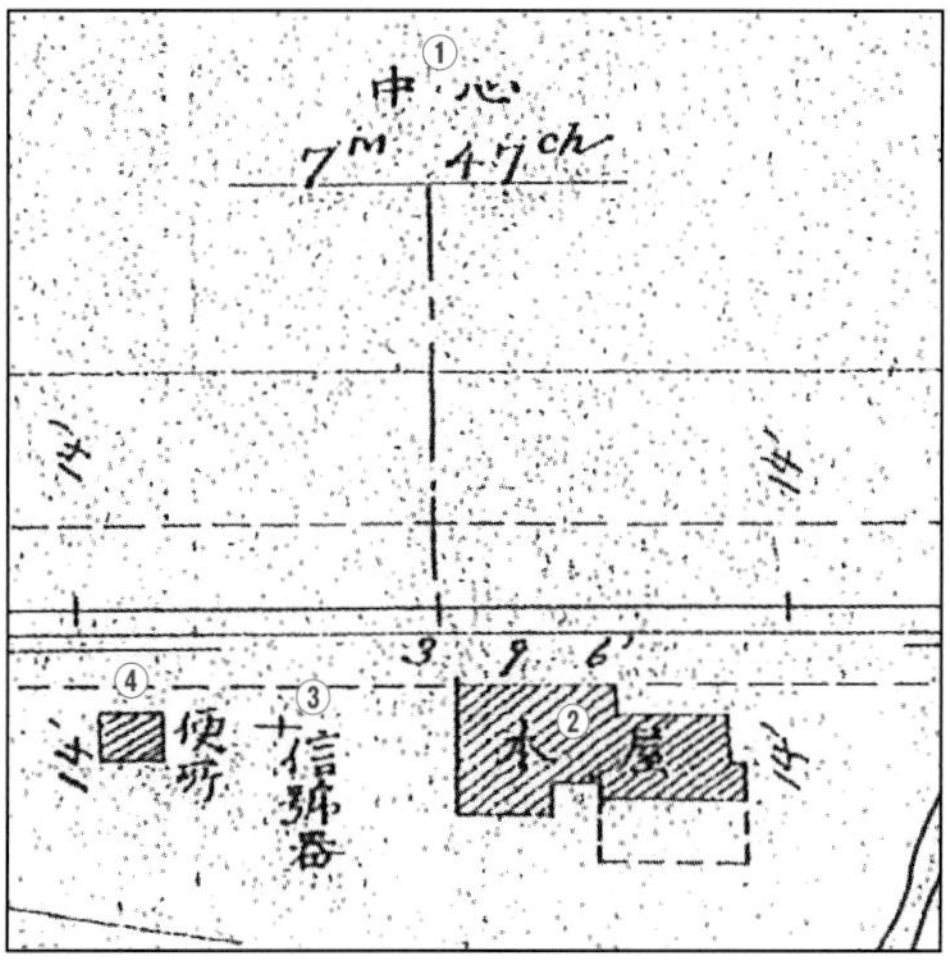

①中心7M47ch（1マイルは1609.344m，1チェーンは20.12mなので，約12.2kmとなる）
②本屋　③信号器　④便所

輸を開始いたしたく存じます。なお図中の停車場については、用地が広いと思われるかもしれませんが、これについては改めて待避線と向かい側の乗車場などを建設する見込みをもって設計したためです。別紙として図面と予算の内訳表を添えましたので、お願いをいたします。

また、本停車場の予算額六一〇六円九一銭中、用地費・土工費・停車場費・電話機費・予備費の合計四四三二円九一銭は沿線有志者の寄付によるもので、軌道費となる一六七四円は新宿―八王子間の複線興業費をもって費用に当てる見込みです。

この旨も申し添えておきます。

図5－1は一八九九（明治三十二）年九月二日に、甲武《こうぶ》鉄道株式会社（現JR中央線）の専務取締役だった三浦泰輔《みうらやすすけ》が、東京府知事千家尊福《せんげたかとみ》に予算内訳表・停車場図（図5－2）などとともに送った吉祥寺駅の設置願書です。この史料は東京都公文書館が所蔵する東京府公文書の（第Ⅰ種）第二課文書・土木・鉄道・第Ⅱ巻〈官房〉に収録されています。

甲武鉄道はこの願書が出される一〇年前の一八八九年に新宿―立川《たちかわ》間で開業しており、出願当時、付近には荻窪・境（現武蔵境駅）に駅があるのみでした。この願書は認められ、同年十二月三〇日に吉祥寺駅は開業します。

史料からは沿線の有志者の希望により用地費・建設費などが寄付される予定であること、現在の吉祥寺駅には二面四線のホームがありますが、当時は単線で待避線や対面式ホームが設計されていたことなどがうかがえます（図5－2）。『武蔵野史』では、地元民八名が中心となって会社と交渉し村民に必要性を力説したとし、停車場建設費と若干の敷地の寄付は村民二〇五名の拠出によったと述べています。

甲武鉄道のルート決定の経緯は詳しくはわかっていませんが、明治期の土木技術から、武蔵野台地上をできるだけ緩やかな勾配で東西に一直線に走る現在のルートが選ばれたようです。当初、吉祥寺駅の建設は五日市街道との交差点付近を予定していましたが、地元の農家に歓迎されず、予定地西側の右記の場所で寺の地所《じしょ》を借り受けて建設されました。

よむ

吉祥寺の発展と大都市近傍の市街化

「みる」で紹介したように、現在の吉祥寺駅周辺が発展した背景には、地域の有力者の発意がありました。彼らは武蔵野村の村会議員などを経験し、その後も駅周辺を開発していきます。ここでは以後、関東大震災と高度経済成長を契機に、新たに人びとが流入してにぎわいがもたらされていく歴史を追います。

新田村落としての開墾《かいこん》

吉祥寺という地名は、現在のJR水道橋《すいどうばし》駅北側にあった寺院、吉祥寺に由来します。一六五七（明暦《めいれき》三）年の明暦の大火で吉祥寺が焼失したのち、寺院は駒込《こまごめ》（東京都豊島《としま》区）に移転し、被災した住民は幕府《ばくふ》より代替地として牟礼野《むれの》の開墾地を与えられました。現在の吉祥寺駅のやや北側を走る五日市街道に沿って、両側がほぼ均等な短冊形の敷地に分割され、屋敷と耕地が開発されていきました（二章二節参照）。一六六四（寛文《かんぶん》四）年の検地帳には現在の吉祥寺駅北側に現存する月窓寺《げっそうじ》・光専寺《こうせんじ》・蓮乗寺《れんじょうじ》の名がみられます。この時の地割《じわ》りや寺社の配置は現在でもある程度連続しており、これらの寺社は近現代にいたるまで土地を持ち続けています。

元禄《げんろく》の頃（一六八八〜一七〇三年）にはこの地は吉祥寺新田と呼ばれ、やがて吉祥寺村と名づけられました。図5－3は現吉祥寺駅付近の明治時代初頭の地図で、井《い》の頭《かしら》池の北側の駅付近はほとんどが畑で、人家はさらに北の五日市街道沿いに分布しています。明治初頭でも江戸時代とあまり変わらない様子がうかがえます。

関東大震災後の近郊住宅地化

吉祥寺村は一八八九年に隣接する西窪村《にしくぼむら》・関《せき》前村《まえむら》・境村と合併し、武蔵野村（現武蔵野市）となります。一九二三（大正十二）年の関東大震災を契機に吉祥寺周辺は東京の郊外住宅地として発展し、多くの人が移り住み始めます。一九二四年には成蹊《せいけい》学園が移転してきて、一九三四（昭和九）年には帝都《ていと》電鉄《でんてつ》により渋谷《しぶや》駅との間に鉄道が開業します（現京王電鉄《けいおうでんてつ》井の頭線）。さらに一九三八年の中島飛行機《なかじまひこうき》武蔵野製作所の進出をはじめとして、軍需《ぐんじゅ》工場が相次いで進出し、吉祥寺駅周辺はこれらを後背地に持つ商業地として発展していくのです。

吉祥寺駅が開業した明治後期には吉祥寺地区の人口はおおよそ一六〇〇人・戸数二二〇戸前後でしたが、一九二〇年には二三二五人・三九五戸、そして震災後の一九二四年には五一三九人・一〇五〇戸と急激に増加しています。

吉祥寺周辺の市街化にともなう人びとの動向を、高橋珠州彦氏の研究から、近世以来地元に住んできた五日市街道沿いの農家と、その後に移転してきた人びとに分けてみてみましょう。ある農家は大正末期に副業として煎餅《せんべい》生地《きじ》の製造を始め、やがて土地の多くを売却して煎餅製造に専業化します。しかし一九七〇年代には宅地の需要が高まると、徐々に不動産経営に重心

5-3 明治初頭の現吉祥寺駅付近（農研機構農業環境変動研究センター提供）

を移していきます。また五日市街道と駅を結ぶ駅前通り沿いの農家は、駅開設に合わせて駅前に休憩所などを兼ねた店舗を開設します。やがて戦前に周辺が宅地化すると料理屋旅館や製パン業など多角的な経営を行い、高度経済成長期の大型商業施設の進出にともなって共同ビルを建設するなど不動産経営に転じていきます。両家の例からは、近世以来の農家が柔軟に転業してきた様子がうかがえます。

一方、吉祥寺には多くの人びとが移入してきました。このなかには家業を継げない農家の二・三男も多く、とくに富士山北麓《ほくろく》などの山梨県出身者が多く存在しました。彼らは中央線で比較的出やすいこともあり、すでに移住していた知り合いに呼ばれる形で移住してきたようです。

高度経済成長期の都市再開発

高度経済成長期を迎えると、吉祥寺駅付近はますますにぎわいをみせていきます。一九二九年当時はのどかな雰囲気を残していた駅前通り（図5－4）は、多くの人びとでにぎわうようになります（図5－5）。そして、昭和四十年代には交通問題の激化を受けて駅周辺の都市再開発が行われます（図5－6）。駅周辺の道路が拡張されて北口に駅前広場が設けられるとともに、図5－6のベージュ色の部分には百貨店と市民向けの公共施設が入居するビルが建設されました。自動車と歩行者が混在していた駅前通りは、サンロードと改称されてアーケードのかかった歩行者専用道となります。

東京の近郊では、戦前に私鉄会社による開発や地元の人びとによる耕地整理事業などで新たに計画的な街路《がいろ》が引かれた地域がある一方で、多くは吉祥寺のように近世以来の都市基盤の上に市街化が進んできました。吉祥寺は徐々に都市基盤を整備してきましたが、その過程では地元の農家が駅を誘致し、さまざまな業態を起業するなど市街化に積極的に関わり、そこに沿線の山梨県出身者をはじめとする人びとが流入することで発展してきました。これは東京郊外の発展過程の一つの典型を示しているといえるでしょう。

5-4　1929年頃の吉祥寺停車場前通り（のちの駅前通り，現吉祥寺サンロード商店街，武蔵野市提供）
奥が吉祥寺駅

5-5　戦後の吉祥寺駅前通り（現吉祥寺サンロード商店街，武蔵野市提供）

5-6　吉祥寺駅周辺再開発事業全体構想

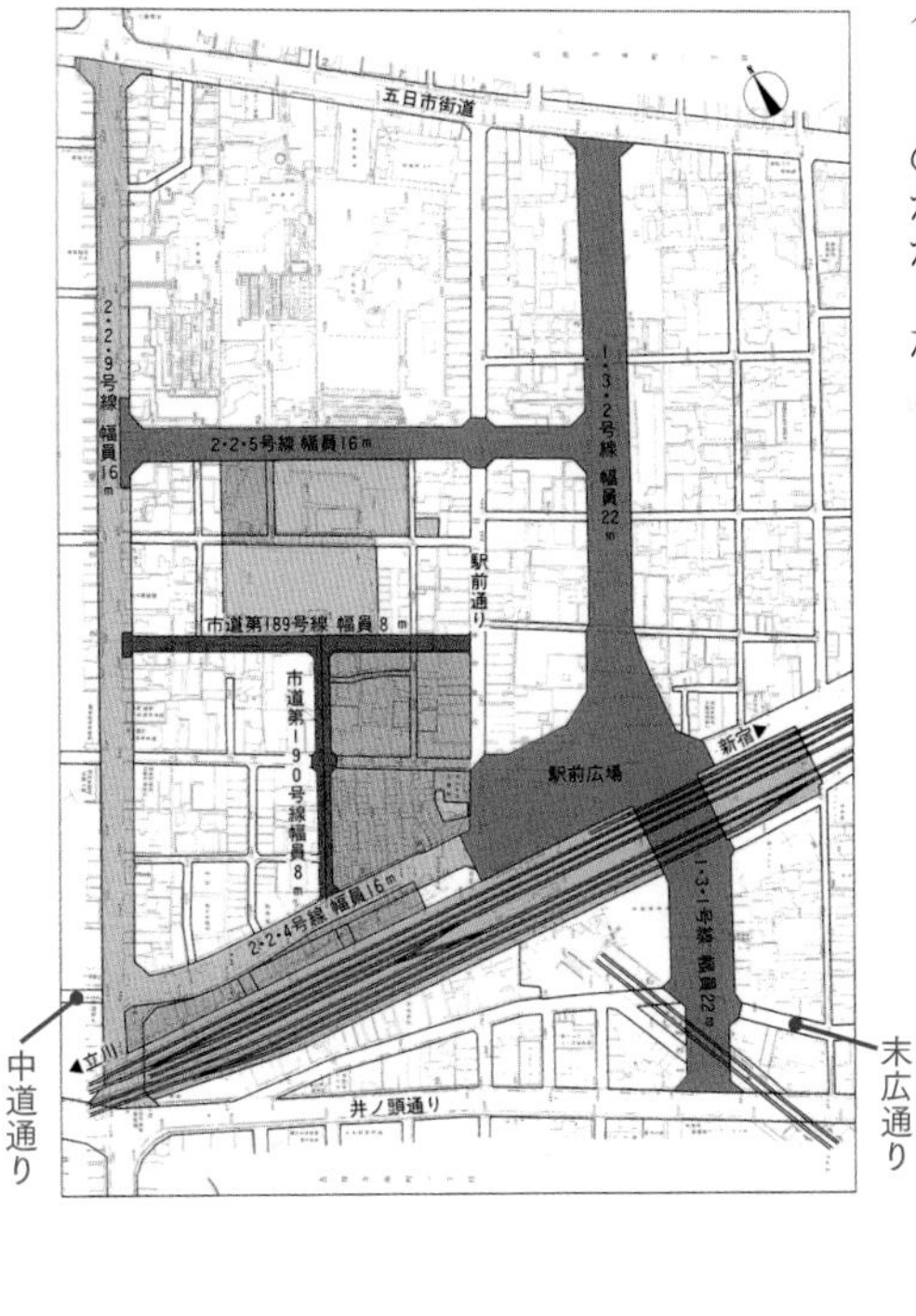

あるく

さまざまな時代の町並みが複合する吉祥寺

ここでは新旧の要素が入り交じる吉祥寺の町の発展をあるきながら感じてみましょう。

五日市街道沿いの寺社

武蔵野《むさしの》八幡宮《はちまんぐう》①（武蔵野市吉祥寺東町《ひがしちょう》一丁目）からスタートします。武蔵野八幡宮の周囲には、安養寺《あんようじ》②（同前）・月窓寺③・光専寺④・蓮乗寺⑤（以上、武蔵野市吉祥寺本町《ほんちょう》一丁目）という四つの寺院が、五日市街道に沿って並んでおり、いずれも新田開発にともなって設けられたといわれています。江戸時代の集落の中心はこの付近にありました。なお武蔵野八幡宮の北にある四《し》軒寺《けんでら》交差点は、かつてこの地域を四軒寺町と呼んでいたことに由来します。

五日市街道と駅を結ぶサンロード商店街

吉祥寺駅が設置されて都市化が進むと、吉祥寺駅前通り（現吉祥寺サンロード商店街⑥）を中心に、商店が立ち並んでいきます。今でもこのサンロード商店街やそこから垂直に延びる吉祥寺ダイヤ街⑦には老舗《しにせ》が存続しており、食べ歩きや伝統的な商品の買い物を楽しむことができま

5-7 吉祥寺駅周辺

③月窓寺

①武蔵野八幡宮

⑥吉祥寺サンロード商店街

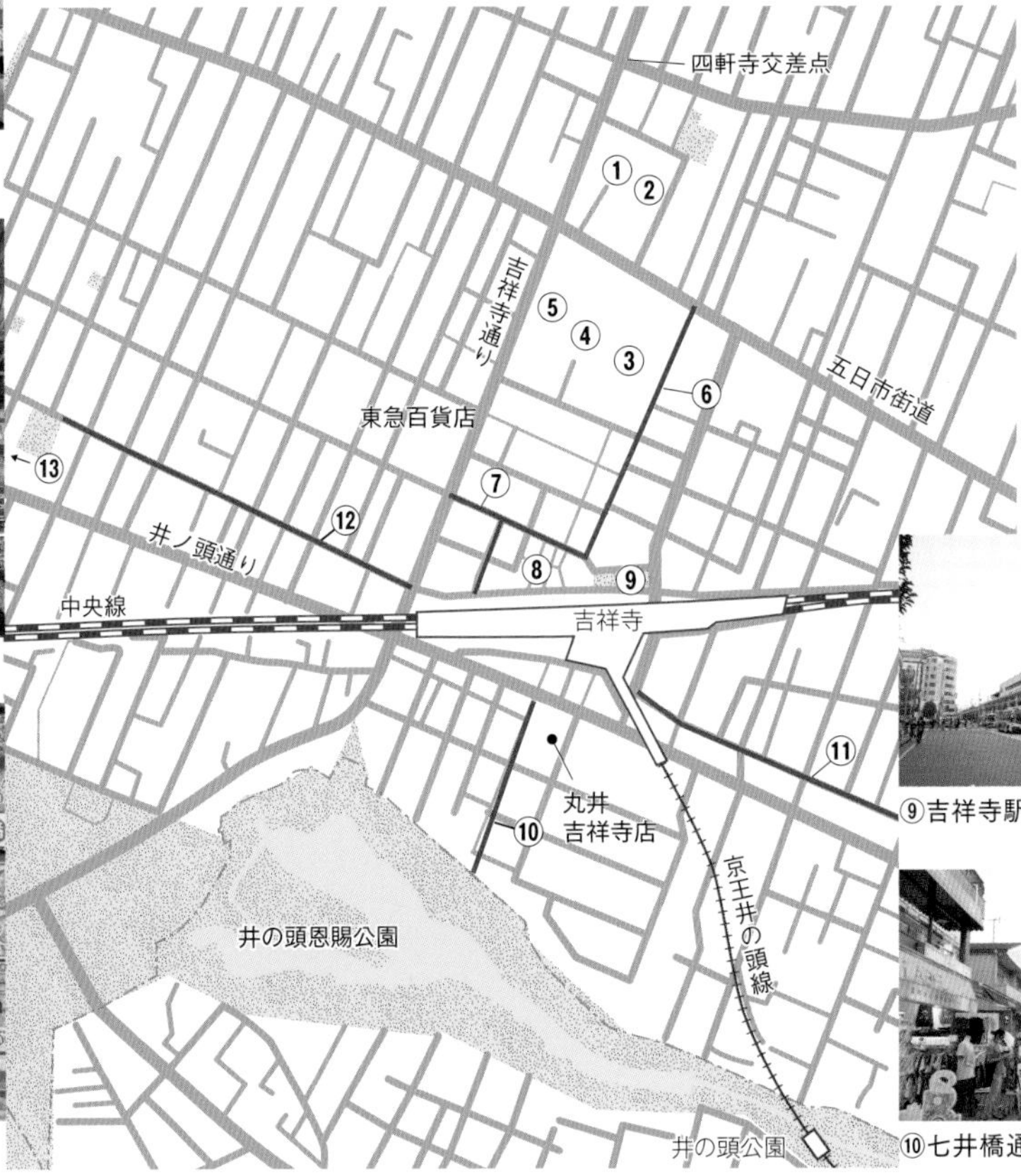

⑦吉祥寺ダイヤ街

⑧ハモニカ横丁

⑨吉祥寺駅駅前北口広場

⑩七井橋通り

す。

戦後の闇市《やみいち》・ハモニカ横丁

第二次世界大戦末期の一九四五（昭和二十）年、空襲の激化にともない、吉祥寺駅周辺は強制疎《そ》開地《かいち》に指定され、土地と建物が収用されて空地が設けられました。終戦直後にはこの場所に、闇市と呼ばれる闇物資を扱う市場が発生します。

北口駅前に広がるハモニカ横丁⑧（武蔵野市吉祥寺本町一丁目）は、それらの土地権利関係を整理するなかで、現在にいたっています。近年、その雰囲気を生かしたリノベーションが行われ、新たな店が進出しています。

高度成長期に発達した商店街

昭和四十年代（一九六五～七四年）に行われた都市再開発の結果、北口に駅前広場⑨ができ、中心部の商店街を囲むように東西南北の四ヵ所に百貨店が開店しました（二〇二一年現在、ヨドバシカメラ・東急百貨店・PARCO・コピス吉祥寺）。大型店舗をあえて駅から少し離して設置したことにより、歩行者が回遊するような街が形成されていったのです。

中央線文化の形成

現在の吉祥寺は、百貨店の裏側など、さらに外側に特徴的な地区が広がっています。駅南口にある丸井吉祥寺店の裏側で、駅と井の頭恩賜《おんし》公園の間を結ぶ七井《なない》橋通《ばしどお》り⑩（武蔵野市吉祥寺南町一丁目）や、北口にある東急百貨店の裏（武蔵野市吉祥寺本町二丁目）は、小規模で個性的な商店が多数展開して多くの客でにぎわっています。

戦後には「中央線文化」と呼ばれる独特の文化も生まれています。これは中央線沿線の高円《こうえん》寺《じ》から吉祥寺にかけての町に共有され、古本屋やジャズ喫茶、飲み屋のほか、近年はアニメなどのサブカルチャーを扱う店といった独特の商店街が発展しているのが特徴です。

コラム　新田村落の背割《せわ》り道路沿いに発達した商店街

吉祥寺駅から東南東と西北西にそれぞれ伸びる末広通《すえひろどお》り⑪と中道通《なかみちどお》り⑫は、もともと一本の道でした。五日市街道から南側に細長く伸びた敷地を分割する背割りとして引かれた道路でしたが、吉祥寺駅の開設にともない分断されてしまったものです。

この背割りの道路により、もともと一つだった新田村落の敷地の奥が分割され、道路に沿って新たな開発が進みました。現在でも二つの通りには商店街が発達しています。

このように武蔵野市には背割り道路沿いに発達した商店街がいくつか存在しています。西久《にしく》保《ぼ》二丁目の三谷《さんや》通《どお》り⑬（吉祥寺駅から井の頭通りを約二km下った地点で、北西に伸びる通り。井の頭通りが三鷹通りと交わる中央交差点の二つ先の交差点付近）もその一つです。

末広通り・中道通り・三谷通りはいずれも、幹線道路である井の頭通りのすぐ脇で、微妙に角度を違えたり井の頭通りと交差したりしながら走っています。

井の頭通りは、戦前に境浄水場《さかいじょうすいじょう》からの水道管を敷設《ふせつ》するための施設用地を道路に転用したもので、これら三つの通りより後に建設されました。直線的で幅の広い井の頭通りに比べて、背割り道路だったこれらの通りは道幅が狭く若干屈曲するなど、歩行者中心のあるきやすい道となっています。このように、形成年代の違いが、両者の通りの雰囲気の違いをもたらしているのです。

参考文献

青木栄一『鉄道忌避伝説の謎』吉川弘文館、二〇〇六年

伊藤好一「小金井村における一七世紀の新田開発」小金井市誌編さん委員会編『小金井市誌編纂資料』第八編、小金井市教育委員会、一九六七年

牛田守彦『戦時下の武蔵野―中島飛行機武蔵製作所への空襲を探る』ぶんしん出版、二〇一一年

大石　学『享保改革の地域政策』吉川弘文館、一九九六年　［表4－3］

小野一之「武蔵国分寺の近世縁起を読む」『府中市郷土の森博物館紀要』三一号、二〇一八年

吉祥寺駅周辺再開発事業誌編集委員会編『二十一世紀の基盤づくり―吉祥寺駅周辺再開発事業誌―』武蔵野市、一九八九年　［図5－5、図5－6］

工藤航平「近世後期の小平における地域文化の生成―名所・金橋桜花と地域文化―」小平市企画政策部市史編さん担当編『小平の歴史を拓く―市史研究―』第五号、小平市企画政策部市史編さん担当、二〇一三年

小金井市教育委員会編『名勝小金井桜絵巻』同、二〇〇一年

小金井市史編さん委員会編『小金井市史』資料編・小金井桜、小金井市、二〇〇九年

小金井市史編さん委員会編『小金井市史』資料編・近世、小金井市、二〇一七年

国分寺市教育委員会編『見学ガイド　武蔵国分寺のはなし（改訂二版増補版）』同、二〇一四年

小平市史編さん委員会編『小平市史』通史編・近世、小平市、二〇一二年

小坂克信筆・三鷹市教育委員会編『三鷹の水車の歴史』三鷹市教育委員会、二〇〇三年

髙橋珠州彦『近代における大都市近郊地域の都市化過程―特に東京都武蔵野市吉祥寺地区の旧農家と移入者の動向を中心として―』筑波大学大学院博士課程歴史・人類学研究科史学専攻歴史地理学コース修士論文、二〇〇一年

髙橋珠州彦「大都市近郊地域の市街化と根生いの人々の転業過程―明治後期から高度経済成長期までの武蔵野市吉祥寺地区を事例として―」『都市地理学』七巻、二〇一二年

福田信夫『鎮護国家の大伽藍・武蔵国分寺』新泉社、二〇〇八年

藤原音松『武蔵野史』武蔵野市、一九四五年

三鷹市教育委員会『水車屋ぐらしを支えた民具』同、二〇〇五年

三鷹市史編さん委員会編『三鷹市史』通史編、三鷹市、二〇〇一年　［図2－2］

武蔵野市編『武蔵野市百年史』記述編一、同、二〇〇一年

武蔵野町編『武蔵野町町制施行役場落成記念写真帖』同、一九二九年

山崎美樹『吉祥寺周辺地域における短冊形地割の成立過程に関する研究』東京理科大学工学研究科建築学専攻修士論文、二〇一九年

＊二章で引用した図表番号を、文献名に続けて［　］内に示した。原図に加筆・着色などの改変を行ったものもある。

第三章

調布市・狛江市・府中市

大國魂神社の例大祭「くらやみ祭」(府中市)

はじめに

1 この地域のなりたち

調布《ちょうふ》・狛江《こまえ》・府中《ふちゅう》三市の地域は、多摩川《たまがわ》北岸の中流域に並んでおり、長く武蔵国《むさしのくに》多摩郡に属していました。

中央に位置する調布市は、一九五五（昭和三十）年に調布町と神《じん》代町《だいまち》が合併して成立しました。調布町は、市域の西部に位置する近世以来の国領宿《こくりょうしゅく》①・矢ケ崎村《やがさきむら》②・上給村《あげきゅうむら》③・下布田宿《しもふだしゅく》④・上布田宿⑤・小嶋分村《こじまぶんむら》⑥・下石原宿《しもいしわらしゅく》⑦・飛田給村《とびたきゅうむら》⑧・上石原宿⑨が、町村制施行の際に合併して成立しました。神代町は、市域の東部に位置する下仙川村《しもせんがわむら》⑩・入間村《いりまむら》⑪・金子村《かねこむら》⑫・大町村《おおまちむら》⑬・柴崎《しばさき》村《むら》⑭・佐須村《さすむら》⑮・深大寺村《じんだいじむら》⑯が、同じく町村制施行の際に合併して成立したものです。

東部に位置する狛江市は、一九七〇年に狛江町が市制を施行することにより成立しました。その前には、調布市との合併や世田《せた》谷《がや》区への編入の動きもありました。狛江町が成立したのは一九五二年のことで、町村制施行の際に成立した狛江村が町制に移行したことによります。狛江村は、近世以来の和泉村《いずみむら》⑰・上野村《うえのむら》⑱・猪方村《いのがたむら》⑲・駒井村《こまいむら》⑳・岩戸村《いわどむら》㉑・覚東《がくとう》（学堂とも）村㉒・小足立村《こあだちむら》㉓が合併して、町村制施行の際に生まれました。

西部に位置する府中市は、一九五四年に府中町・多磨村《たまむら》・西府《にしふ》

0-1 調布市・狛江市・府中市の行政区域図

①〜㊴は、おおよその位置を示した。

府中町・多磨村・西府村は1954年に合併，調布町・神代町は1955年に合併した。

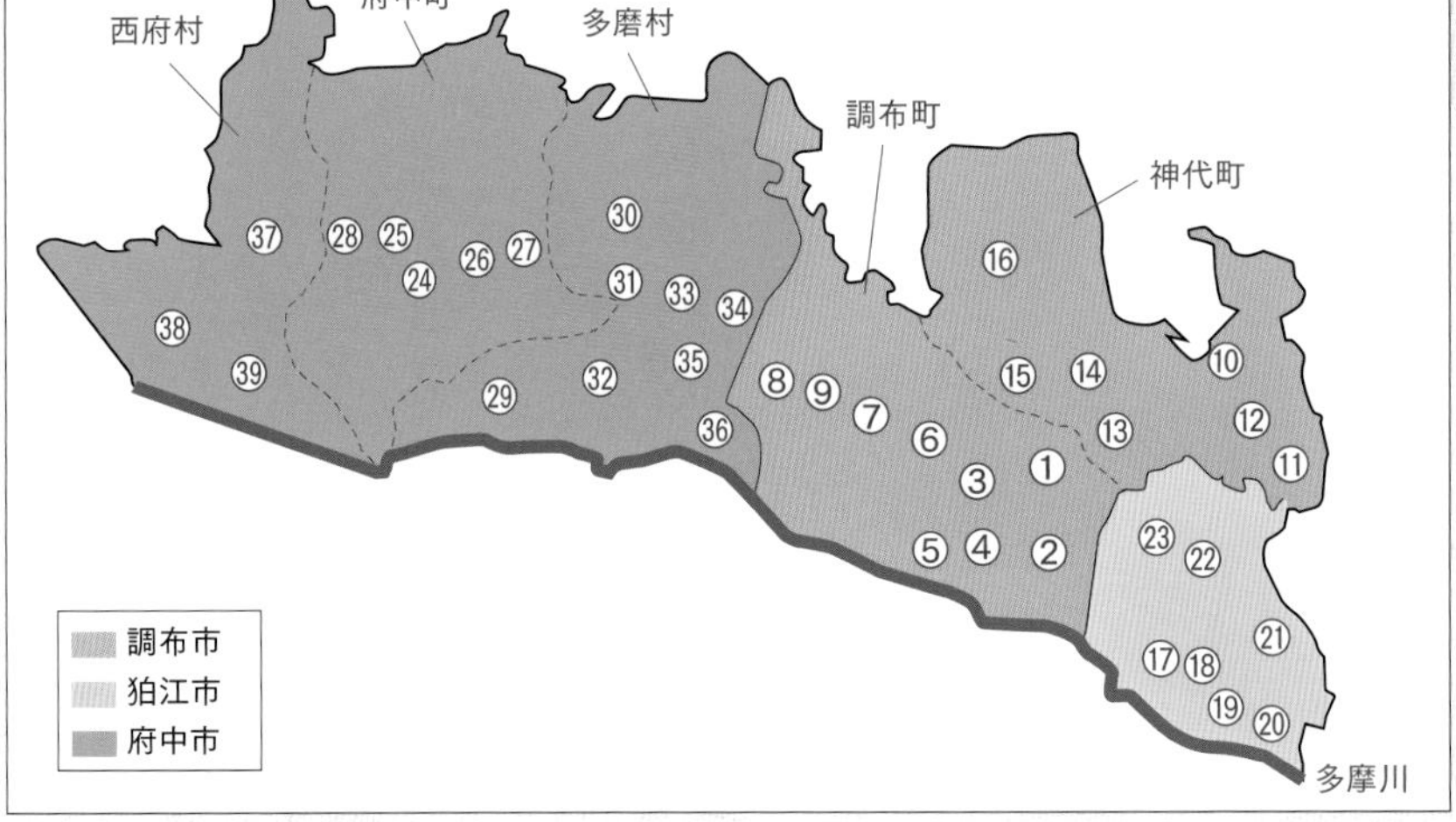

村《むら》が合併して成立しました。府中町は、市域の中心である府中宿を母体としており、近世には本町《ほんまち》㉔・番場宿《ばんばしゅく》㉕・新宿㉖の三宿に分かれていましたが、一八八〇（明治十三）年に合併し隣接する八幡宿《はちまんしゅく》㉗・屋敷分村《やしきぶんむら》㉘と合わせて府中駅となり、のちに府中町と改称しました。多磨村は、市域の東部に位置する近世以来の是政村《これまさむら》㉙・人見村《ひとみむら》㉚・常久村《つねひさむら》㉛・小田分村《おだぶんむら》㉜・上染屋村《かみそめやむら》㉝・下染屋村㉞・車返村《くるまかえしむら》㉟・押立村《おしたてむら》㊱が、一八八九年の町村制施行の際に合併して成立したものです。西府村は、市域の西部に位置する近世以来の本宿村《ほんしゅくむら》㊲・四ッ谷村《よやむら》㊳・中河原村《なかがわらむら》㊴が、同じく町村制施行の際に合併して成立しました。

2 この地域の地勢

この地域の南部では、隣接する川崎《かわさき》・稲城《いなぎ》・多摩市との境界となっている多摩川が、沖積低地《ちゅうせきていち》をつくっています。その北は、西隣の国立《くにたち》市谷保《やほ》から続き、府中市西府町から狛江市和泉まで延びる府中崖線《がいせん》（ハケ）により仕切られた、立川段丘《たちかわだんきゅう》となっています。さらに、野川《のがわ》の流れに沿って調布市と狛江市を通る国分寺崖線の上に、武蔵野段丘が広がっています。

二章「はじめに」でも述べたように武蔵野台地は水が得にくい特徴をもっていますが、崖線に沿っては多くの湧水がみられ、人びとの生活を潤してきました。野川流域に多くの原始時代の遺跡がみられますし、調布の深大寺が国分寺崖線上に建立されたり、府中の大國魂《おおくにたま》神社が府中崖線の上に立地しているのは、豊富な湧水と深く関わっています。

3 近代以前

野川流域には、一〇八ヵ所もの旧石器遺跡が存在し、三万年以前から人びとが生活していたことがわかっています。府中崖線沿いでは、狛江市弁財天池《べんざいてんいけ》遺跡や調布市下布田遺跡など、多くの縄文時代遺跡がみつかっています。七〇基ほどの古墳《こふん》が群集していた狛江古墳群は、大和《やまと》政権時代の地方豪族《ごうぞく》の墳墓ですが、高句麗《コグリヨ》的な色彩の強い遺物が出土しており、古代の辞書である『和名抄《わみょうしょう》』に出てくる「狛江郷」は、高句麗系の渡来人の開発により成立したと考えられています。

律令《りつりょう》国家の成立にともない、府中市域に武蔵国府が設置され、大國魂神社の前身である武蔵六所宮《ろくしょぐう》が、武蔵国惣社《そうしゃ》として創建されました。周辺地域では、調などの貢納物の生産が行われるようになり、『万葉集《まんようしゅう》』で「多摩川にさらす手作り

0-2 調布市・狛江市・府中市の人口推移

年次	調布市人口	狛江市人口	府中市人口
1925年	10,006	2,854	14,787
1935年	13,779	4,267	22,104
1945年	26,590	8,737	34,926
1955年	45,362	14,669	58,937
1965年	118,004	39,978	126,519
1975年	175,924	70,043	182,474
1985年	191,071	73,784	201,972
1995年	198,574	74,656	216,211
2005年	216,119	78,319	245,623
2015年	229,061	80,249	260,274
2018年	237,637	83,003	263,835
2015年昼夜間人口比率	86.4％	73.8％	94.4％
2019年外国人人口総数	4,629人	1,312人	5,302人

※各年次の人口は10月の国勢調査による数値（1945年のみ11月人口調査）。

さらさらに 何そこの児の ここだ愛しき」と詠まれているように、麻布《あさぬの》つくりも盛んだったようです。

律令国家の地方支配が揺らぐと、武蔵国では武蔵七党《しちとう》と呼ばれる武士団が、活発に活動するようになります。この地域でも、武蔵国府の役人（在庁官人）の系譜を引く日奉《ひまつり》氏《し》一族（西党《にしとう》）の狛江氏や、入間《いるま》郡《ぐん》金子《かねこ》郷《ごう》（現埼玉県入間市）を本拠とする村山党《むらやまとう》の金子氏が、館を構えていたとされています。鎌倉《かまくら》時代に入ると、国府は府中と名を変えて幕府《ばくふ》支配の要地となり、鎌倉と各地を結ぶ交通路として整備された鎌倉街道は、府中を通っていました。室町《むろまち》時代にも、府中の高安寺《こうあんじ》が足利尊氏《あしかがたかうじ》により再興されてから、鎌倉公方《くぼう》の軍事拠点として活用されていました。戦国時代に入ると府中の政治的地位は低下しますが、河越城《かわごえじょう》（埼玉県川越市）を本拠とする扇谷《おうぎがやつ》上杉氏《うえすぎし》が、深大寺の南にある深大寺城を小田原《おだわら》北条《ほうじょう》氏に対する前進基地として再興しており、軍事的重要性は続いていました。

近世に入ると、江戸に幕府が置かれたことにより、この地域に大きな変化が生まれました。一番大きいのは、江戸と甲府《こうふ》を結ぶ甲州《こうしゅう》道中が開かれたことで、府中と布田に宿場が置かれ、付近の村々は助郷役《すけごうやく》を負担するようになりました。また、徳川家などの鷹場《たかば》が設置され、村々に接待・人足《にんそく》などの負担が課せられました。一方で、府中用水や狛江に取水口のある六《ろく》郷《ごう》用水が開削されることにより、新田開発が進みました。

4 近現代

明治維新《めいじいしん》後の廃藩置県《はいはんちけん》で、開港後横浜《よこはま》との結びつきが強くなっていた多摩郡は神奈川県の管轄下に入り、一八七八年には北・南・西・東多摩の四郡に分割され、この地域は神奈川県北多摩郡に属することになりました。しかし、近世以来多摩郡と江戸・東京の結びつきは強く、一八九三年には水源地の確保を主な理由として東京府に移管されました。

東京の都心部が、近代国家の首都として政治・経済的に発展すると、近郊に位置するこの地域は、それを支える役割を与えられ、両者を結ぶ交通路として、鉄道が以下のように整備されました。一九一三（大正二）年に京王電気軌道《けいおうでんききどう》（現京王線）の笹塚《ささづか》―調布間が開業し、一九一六年には調布―府中間に延伸されました。府中―東八王子《ひがしはちおうじ》（現京王八王子駅）間が玉南《ぎょくなん》電気鉄道として開業したのは、一九二五年のことです。また一九一六年には、多摩川の川原で採掘した砂利を運搬するため、調布―多摩川原（現京王多摩川駅）間の多摩川支線（現京王相模原線《さがみはらせん》）が開業しました。一九二七年には、小田原急行鉄道（現小田急小田原線）の新宿《しんじゅく》―小田原間が開業しています。

これにともない沿線の宅地化が進み、さまざまな大型施設もつくられました。まず一九二三年、東京市が多磨村（現府中市多磨町）に日本初の公園墓地である多磨墓地（現多磨霊園）が開園しました。一九二七年には、多摩川原駅前に遊園地や演芸場・大浴場などを備えた大規模娯楽施設である京王閣《けいおうかく》がオープンしました（現在の京王閣競輪場は、その一部に建設）。また一九三四年には、多摩川原駅に隣接して日本映画多摩川撮影所（のちの日活多摩川撮影所・現角川大映スタジオ）が開設されました。戦後の一九五三年には「東洋一」の規模をほこる日活調布撮影所が着工され、調布は「映画のまち」として知られるようになりました。一九三三年には目黒《めぐろ》競馬場が手狭になったため府中町に移転し東京競馬場として開場、一九三五年には関東大震災で倒壊した巣鴨《すがも》刑務所が府中町に移転して府中刑務所と改称されました。

日中戦争が始まってからは軍事関連施設もつくられ、一九四〇年には陸軍の燃料廠《ねんりょうしょう》が府中町に建設され、翌一九四一年には東側に首都圏への空襲に備える調布飛行場が竣工《しゅんこう》しています。この地域は戦後米軍に接収され、通信施設や飛行場として使われていましたが、一九六四年の東京オリンピックに際して、渋谷《しぶや》区代々木《よよぎ》にあったワシントンハイツ（米軍家族用の住宅団地）を競技施設・選手村の用地にするため、その移転先として選ばれ一部が「関東村」と称する住宅団地となりました。

調布飛行場は一九七三年に返還され、都営空港として伊豆《いず》諸島と結ぶ定期便を運行しています。また一部は「調布基地跡地」として東京スタジアム（味の素スタジアム）などのスポーツ施設がつくられ、二〇〇〇（平成一二）年には東京外国語大学が北区西ヶ原《にしがはら》から移転してきました。軍需関連の民間工場も、日本製鋼所武蔵製作所が一九三八年に（一九八七年閉鎖）、東京芝浦《しばうら》電気府中工場（現東芝《とうしば》府中事業所）が一九四〇年に操業を開始しましたが、それぞれの所在地に「日鋼町《にっこうちょう》」「東芝町」と名がつくほど、地域に定着していました。また、一九六三年にはサントリー武蔵野ビール工場が東京競馬場の南西に開設され、一九六七年にはその間を通る中央自動車道調布―八王子間が開通しました。

5 本章の構成

一節「野川遺跡」では、航空写真にみられる野川遺跡の地形的特徴から、この地域に旧石器時代の遺跡が集中する理由を考え、国分寺崖線・府中崖線沿いの湧水や史跡を訪ねます。二節「湧水をたたえる深大寺」では、「深大寺縁起絵巻《えんぎえまき》」の絵解きから湧水の聖的意味を見出し、境内をあるきながら江戸時代の人びとの信仰の面影を探ります。三節「「関東の宝塚」「東洋のハリウッド」」では、京王閣の案内図をみながら、市民に娯楽を提供してきたこの地域の近現代史をたどります。四節「国府の街」では、大國魂神社の「くらやみ祭」の絵を手がかりに、国府設置以来の府中の街の変遷をたどり、周辺の寺院や神社などを訪ねます。五節「大規模施設をひきうける街」では、第二次世界大戦直後の府中市の航空写真をみながら、多磨霊園・東京競馬場・府中刑務所・府中燃料廠などの大規模施設がつくられた意味を考えます。

（池　享）

第一節

野川《のがわ》遺跡

舘野 孝

みる

調布《ちょうふ》市野水《のみず》二丁目に所在する野川遺跡は、旧石器時代の遺物と遺構が何層にもわたる大規模なものでした。発掘調査によって、縄文《じょうもん》・弥生《やよい》時代の土器・石器類にくわえて、約一万点の旧石器時代の石器類が出土し、日本の旧石器研究に大きな飛躍をもたらしました。

1-1 1947年の空中写真（国土地理院ウェブサイトより）

図1-1は、野川遺跡①周辺を上空から撮影した写真で、上から右下に向けて白くみえるのが野川②です。写真の右上方で蛇行《だこう》する流路が東から南に進路を変える部分で、一九六七（昭和四十二）年に遺跡が発見されました。その後はゴルフ場になり、一九八〇年には野川公園として開園し、現在にいたっています。写真の下方に一部みえる滑走路は東京都調布飛行場③、左で区画されているのは多磨《たま》霊園④です。

野川は国分寺《こくぶんじ》市西恋ケ窪《にしこいがくぼ》の通称大池《おおいけ》を源流とし、世田谷《せたがや》区二子《ふたこ》玉川《たまがわ》で多摩川《たまがわ》に合流する二〇・五km（流域面積四三・九㎢）の河川です。約三・五万年前に多摩川が武蔵野《むさしの》の台地を削ってできた河岸段丘《かがんだんきゅう》「国分寺崖線《がいせん》（ハケ）」に沿って流れています。この崖線は比高差で約一五mの段で、上段を武蔵野面、下段を立川面《たちかわめん》とする段丘が接する崖面です（図1-3・1-4および第一巻一章一節参照）。崖面の下部に礫《れき》（石）や砂からなる礫層がみられ、その上部には赤土と呼ばれる関東ローム層（関東地方に降下した火山灰が風化してできた土壌）が観察されます。武蔵野台地に降

1-2 野川遺跡の発掘調査（1970年8月，国際基督教大学考古学研究室提供）

①野川遺跡が発見された位置
②野川
③調布飛行場滑走路
④多磨霊園
⑤西武多摩線（現西武多摩川線）
⑥多磨墓地前駅（現多磨駅）
⑦のちの国際基督教大学の位置

った雨はいったん地下に浸透し崖面から湧水として湧き出して野川を形成しています（図1－3）。

一九五八年の狩野川《かのがわ》台風と一九六六年の第四号台風は、野川流域にも大きな浸水被害をもたらしました。それ以降、首都防災対策として貯水池設置や護岸《ごがん》工事が進められ、現在にいたっています。野川遺跡は右岸の河川改修工事にともない、一九七〇年に発掘調査が行われました（図1－2）。発掘面積は一二四八㎡で、この時、関東ローム層上部を構成する約二～三mの立川ローム層のなかから合計九枚の旧石器時代の文化層（人間の営みの痕跡が層として認められる遺物包含層）が発見されました。

野川遺跡は、発掘段階からコンピューターが導入された日本初の事例です。出土遺物の年代的な変遷（武蔵野台地編年案）を明らかにした点が旧石器学史上もっとも評価されるところです。

さらに、この考え方は出土遺物の記録の迅速化や数値化を促し、解釈の客観性を志向する現在の研究へとつながるのです。

1-3 野川周辺の地層断面図

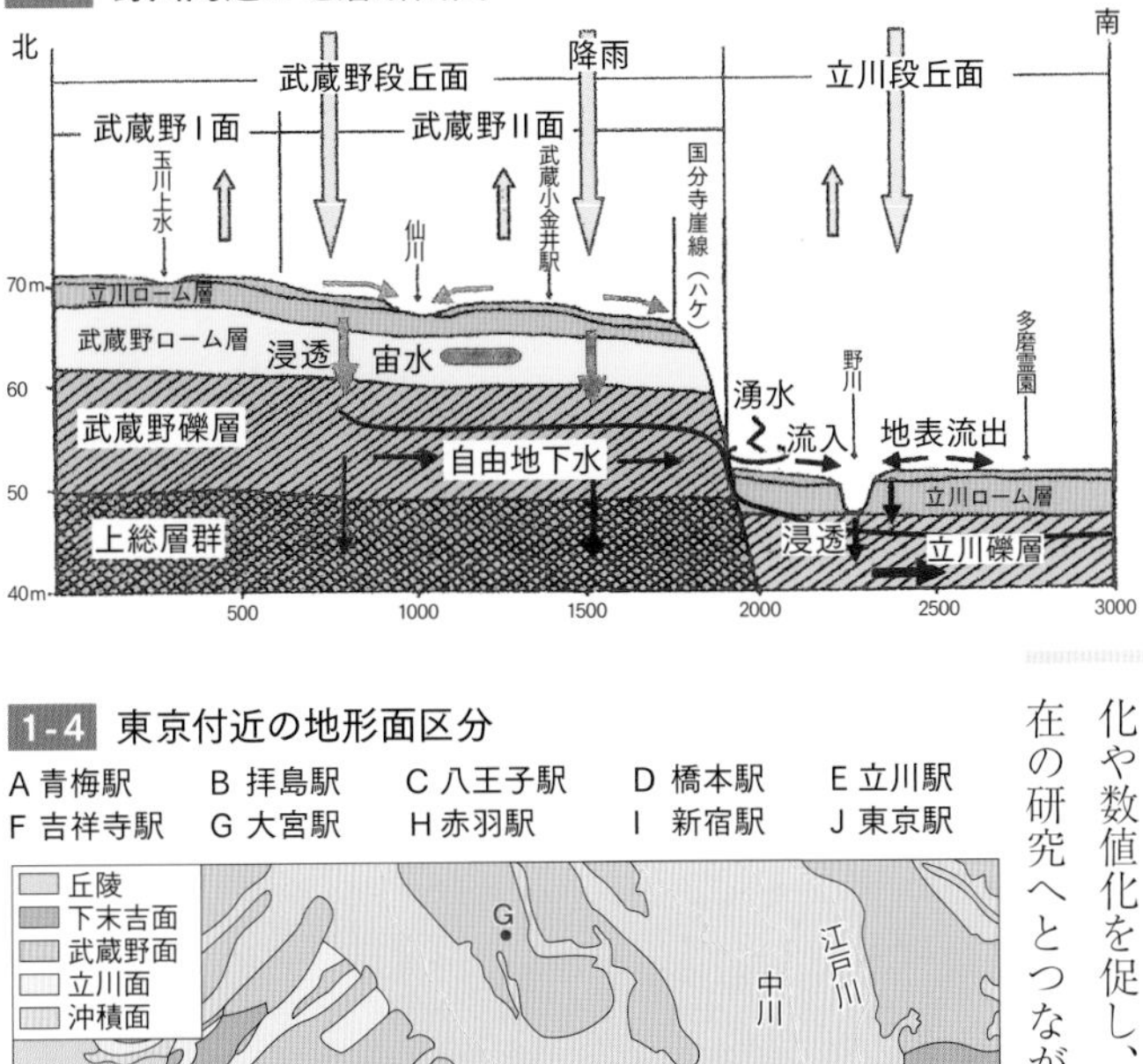

1-4 東京付近の地形面区分

A 青梅駅　B 拝島駅　C 八王子駅　D 橋本駅　E 立川駅
F 吉祥寺駅　G 大宮駅　H 赤羽駅　I 新宿駅　J 東京駅

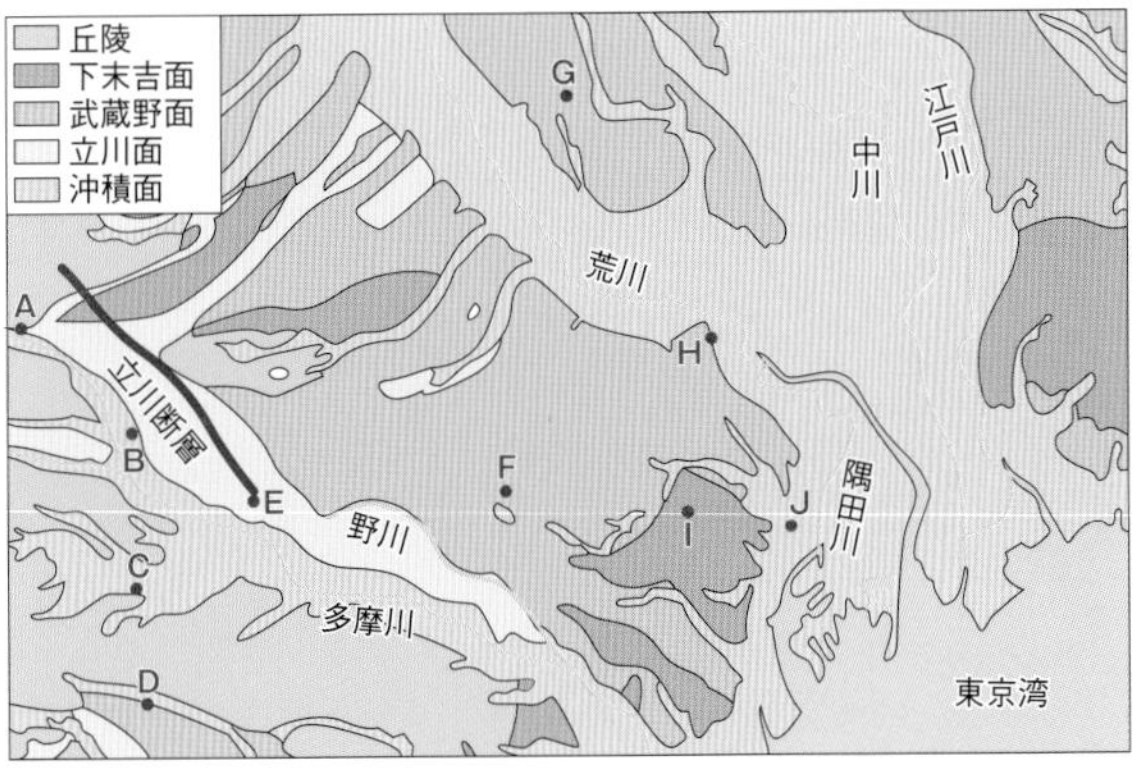

よむ

野川周辺地域と地層

野川流域で旧石器時代の遺跡が集中して発見されている理由を、地形から考えていきます。

旧石器時代の遺跡立地

1-5 野川流域周辺の主要旧石器時代遺跡（約3万年以前）と湧水分布

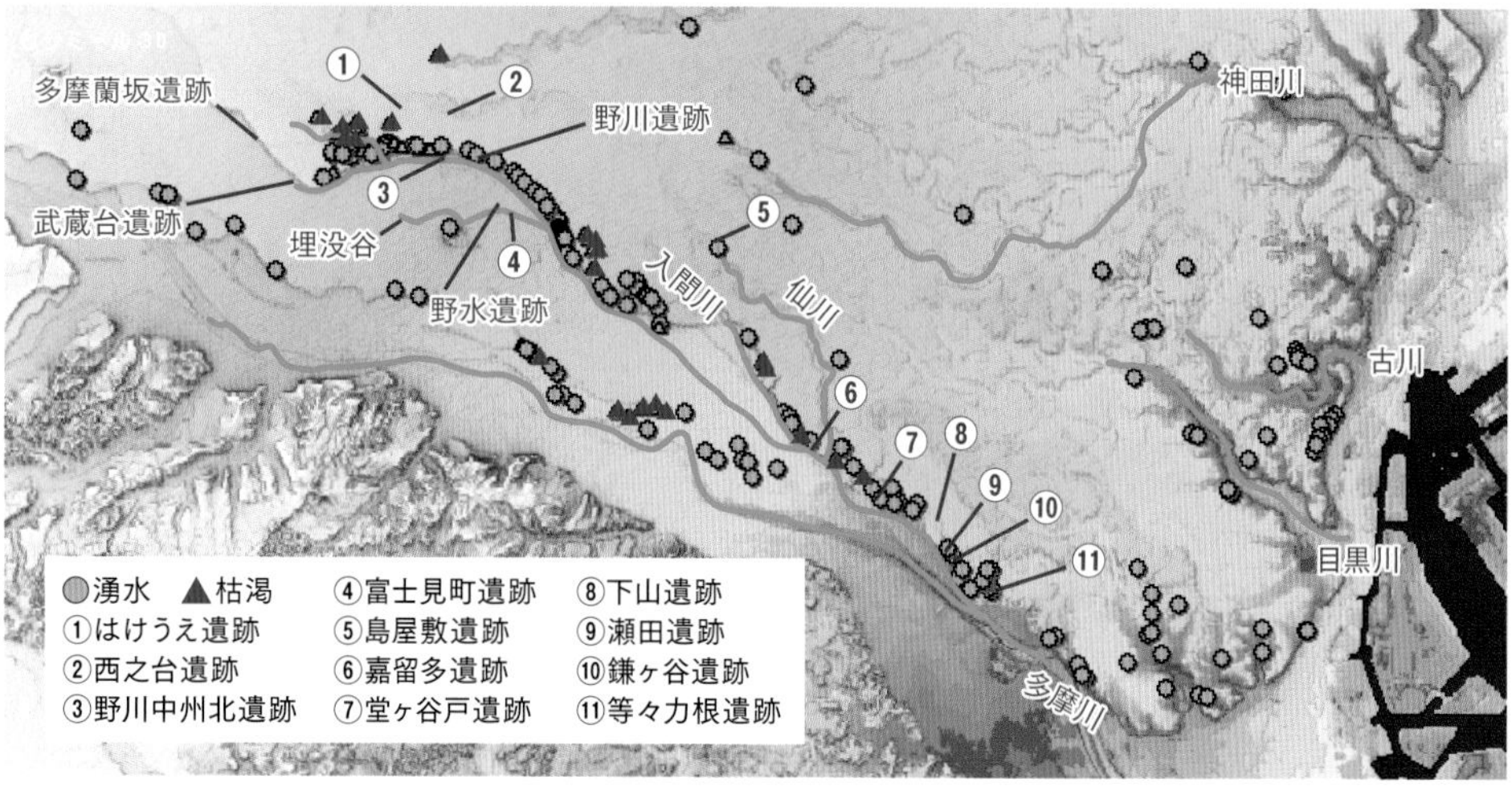

東京都内で旧石器時代の遺跡数は六五〇ヵ所以上確認されています。図1－5は三万年以前の野川流域周辺の遺跡分布図で、この時期は武蔵野台地における旧石器人の活動開始期に相当します。野川流域における当該期の遺跡一〇八ヵ所のうちの三六ヵ所がハケの崖上周辺に集中し、立川面を遠望できる場所を選択して活動しています。年代が新しくなるに従い、武蔵野面の内陸河川の合流部周辺や立川面にも活動が展開した結果、遺跡数はさらに増加しますが、ハケ周辺での活動集中度が開始期から長く続くことは、野川の大きな特徴といえます。

その理由としては、国分寺崖線からの湧水でつくられた遊水池や沼沢地《しょうたくち》が多く、渇水期でも豊富な湧水によって飲料水が安定して確保できるうえ、水辺には獲物となる動物も多く集まる、変化に富んだ地形条件が考えられます。国分寺崖線は高さを保ちながら続きますが、野川源流部の多摩蘭坂《たまらんざか》遺跡（国分寺市内藤《ないとう》二丁目）以西は水脈が少なく遺跡は激減します。しかし武蔵野面や立川面で地下に隠れている埋没谷や降雨時にのみ発生する水貯り（クボ）などをモニタリングする旧石器人の遊動行動も見逃せません。

地層と年代

標高約四八mに位置する野川遺跡の断面は、地表下一m周辺から徐々に赤みの増すローム層に変化し始めます。地下五mほどの深さに掘り下げると台地の骨格を構成する砂層から段丘礫層に達します。

この約四mの厚さの断面を鋭利な鎌で平滑《へいかつ》に削り落として観察すると、ローム層を構成する土壌粒子の粗密や色調の違いから横縞《よこじま》模様のほぼ水平な土層の堆積をみることができます。この自然土層に対してローマ数字で命名すると、野川遺跡ではⅣ層以下からが旧石器時代に相当します。

一方、野川遺跡に限らず、自然層中に残された人為痕跡はそれを文化層ととらえます。具体的には、ローム層中に一定の深さと平面規模で発見された文化層は旧石器人の石器製作や調理行為などの痕跡と考えますが、それらの平面規模は均一でなく、断面分布の厚さも多様です。

土層は下部から上部に向かって時間の経過とともに堆積するので、一つの層中に形成された文化層は一定の時間を示すと考えるのです。たとえば第Ⅳ層石器文化でも、おなじⅣ層中に複数発見される場合は、それらが形成される時間差を示す方法としてⅣa～cなどと細分して設定する場合もあります。

石器群を包含する地層の研究から年代を導く方法として、広域に降下した火山灰とその堆積年代を特定し、遠距離遺跡間の年代的な前後関係を求めます。図1－6にAT相当層と図示してあるのが姶良《あいら》丹沢《たんざわ》火山灰と呼ばれ、約三万～二万九〇〇〇年前に鹿児島県錦江湾《きんこうわん》内北側の火口から噴出した火山灰が堆積したものです。AT（姶良丹沢火山灰の略）は、武蔵野台地では第Ⅵ層を中心に上下に分散して含まれています。つまり、この層は年代決定の物指の役割を共有するもので、この層の下から出土する石器群は、三万年以前の年代を示すのです。

石器の変遷

野川遺跡でもっとも注目したいのは、石器群の内容が充実している第Ⅳ文化層です（図1－7）。ナイフ形石器a、スクレーパー（掻器《そうき》へら状石器）b、彫刻刀cから構成されており、年代が新しくなるにつれて片面加工の尖頭器《せんとうき》や両面加工の尖頭器d・小形で幾何《きか》形《けい》の石器がくわわります。主要石器は刺突具《しとつぐ》のナイフ形石器で、まず拳《こぶし》大の礫から五～七㎝の薄い石片を敲《たた》き取り、その周辺に刃《は》潰《つぶ》し加工をくわえ先端をとがらせ、狩猟具の先端に装着します。割れ口の鋭い黒曜石《こくようせき》e・頁岩《けつがん》f・凝灰《ぎょうかい》岩《がん》・チャート（二酸化ケイ素主成分の変成岩）が使用されます。捕獲した獲物の解体にはスクレーパー、骨角器細工用の彫刻刀、敲いて加工するハンマーがありますが、遺跡から多く出土するのは石器の製作過程で生じるかけらです。

Ⅷ層からⅤ層の石器群は点数が少なく種類に部分的な偏りがあるため全体像は不明です。礫群は石蒸し料理用の赤く焼けた礫の集合体で、近傍の礫層や河原から集められた砂岩やチャートで、二〇〇～三〇〇g／個でⅣ層下部で発見され上層まで利用され続けています。

なお、国分寺崖線から南に約七〇〇m離れた立川段丘上で、野水遺跡（調布市西町《にしまち》）が発見されました。出土した石器は計六〇六三点で、Ⅸ層石器群に該当します。この時期を特徴づける石斧《せきふ》（二五点）と製作に関わる敲き石（一九二点）が非常に多いことが、他遺跡と対称的です。石材は珪質《けいしつ》頁岩・チャート・ホルンフェルス・凝灰岩などで、石器製作の第一段階は、居住空間と異なる石材豊富な河原で行われた事例も明らかになりました。

1-6　野川遺跡の文化層

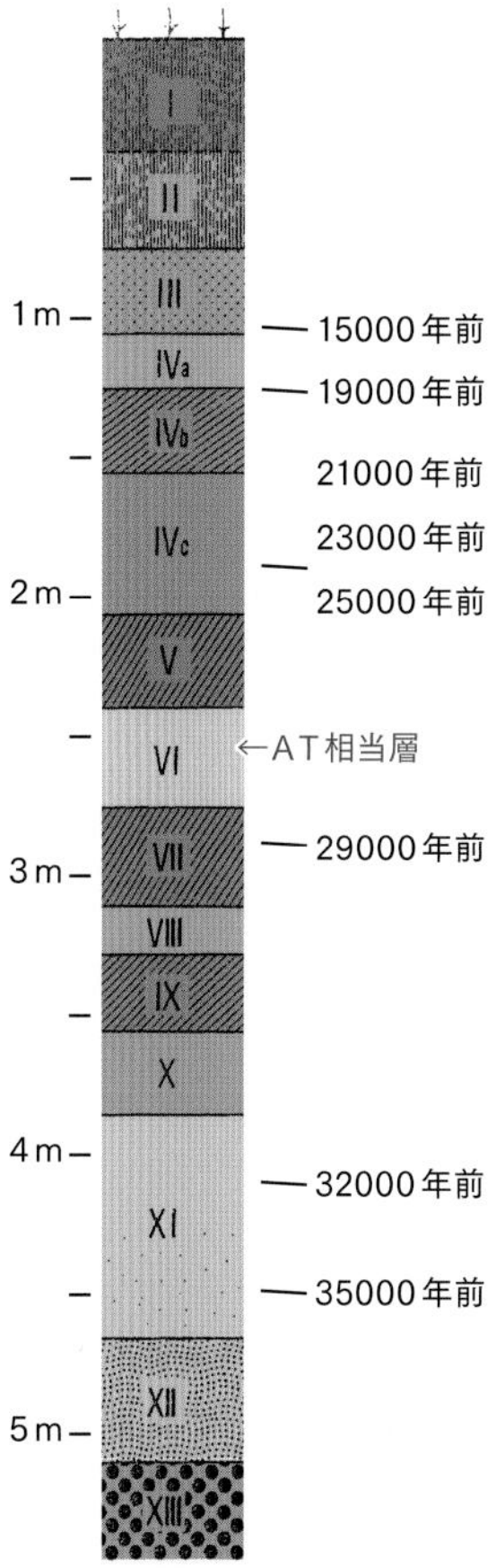

1-7　野川遺跡から出土した石器群（国際基督教大学博物館湯浅八郎記念館常設展示，同大学考古学研究室提供）

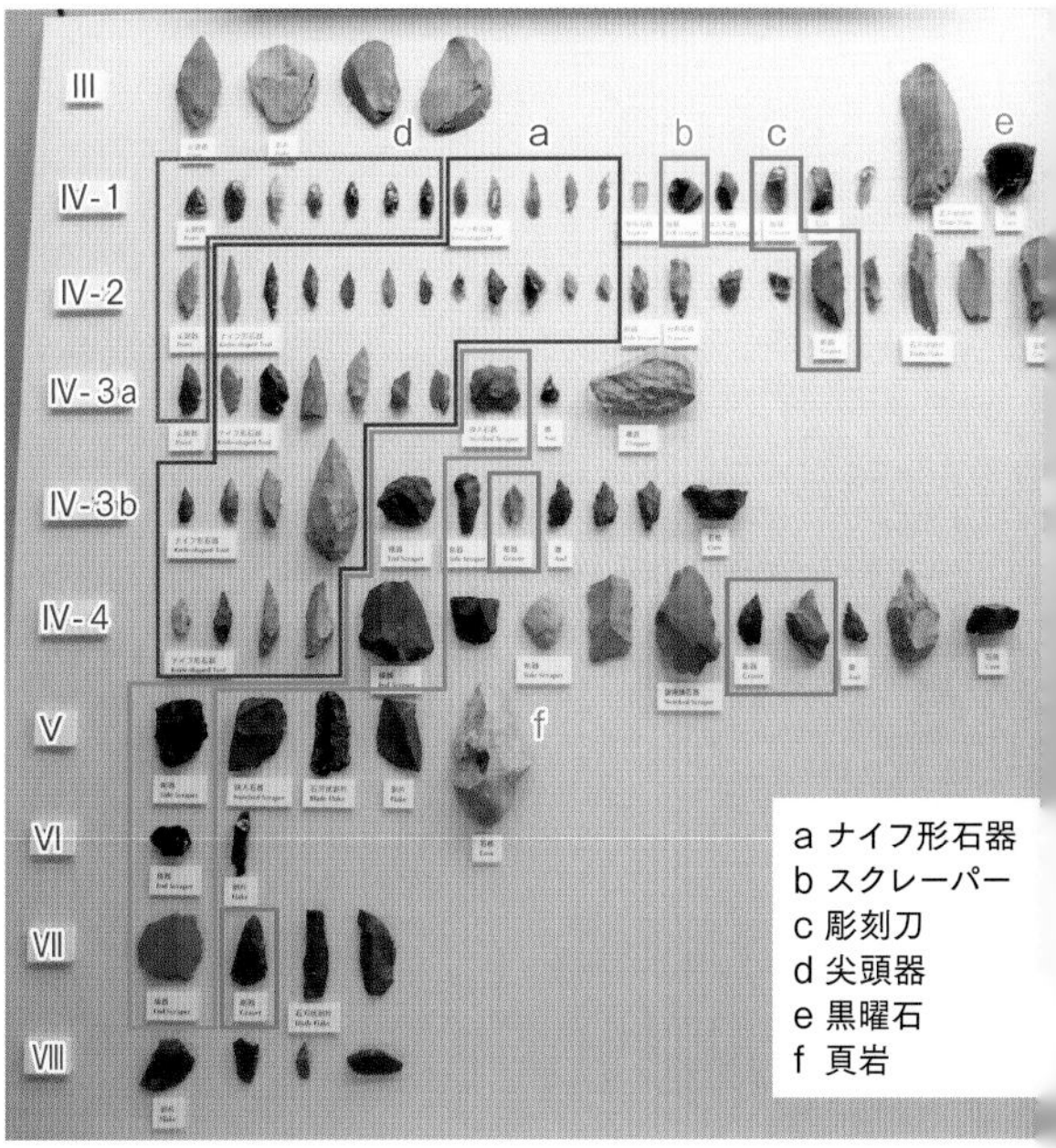

あるく

武蔵野台地の遺跡と湧水とをたどる

ここでは湧水と遺跡に関連する二つのコースをあるいてみましょう。

国分寺崖線と野川——多磨駅から新小金《しんこがねい》井駅

西武多摩川線《せいぶたまがわせん》多磨駅を降りて東に向かうと、右手に調布飛行場があります。その北側で発見されたのが、「よむ」で紹介した野水遺跡①(調布市西町)です。

そのまま東に野川を越えた場所では、国分寺崖線の段丘崖を利用して七世紀半ばから八世紀のはじめにかけてつくられた出山横穴墓群《でやまよこあなぼ》②(三鷹市大沢《みたかおおさわ》二丁目)が発見されました。横穴墓は今までの発掘で一〇基発見されており、そのうち八号墓は東京都指定史跡として現地で公開されています(第一巻三章二節参照)。

「みる」「よむ」で取り上げた野川遺跡③の周辺は、現在は都立野川公園として親しまれています。公園を横切る都道一四号線をはさんで北側にある自然観察園④では、国分寺崖線(ハケ)とそこから湧き出す湧水が自然のままに残されています(二章二節参照)。

野川公園の隣には国際基督教《こくさいきりすときょう》大学があり、構内に開設された国際基督教大学博物館湯浅八《ゆあさはち》郎《ろう》記念館⑤(三鷹市大沢三丁目)では、野川遺跡や大学構内をはじめとする野川周辺地域で発見された遺物の多くが保存・公開されています。

1-8 多磨駅から新小金井駅周辺

③野川遺跡の発掘調査(国際基督教大学考古学研究室提供)

②出山横穴墓群八号墓(三鷹市教育委員会提供)

⑤国際基督教大学博物館湯浅八郎記念館(同館提供)

④自然観察園

立川崖線と古墳《こふん》——狛江《こまえ》駅から和泉多摩川《いずみたまがわ》駅

約三万年前に国分寺崖線をつくった多摩川の流路はさらに南下していき、約二万年前には立川崖線ができました。JR青梅《おうめ》駅付近に端を発する立川崖線は、調布市と狛江市の境あたりまでおよそ四〇kmにわたって続いており、縄文後期の下布田《しもふだ》遺跡(調布市布田六丁目)をはじめ、多くの遺跡がみつかっています。

小田急《おだきゅう》小田原線《おだわらせん》狛江駅の北口を出ると、ロ

⑥弁財天池

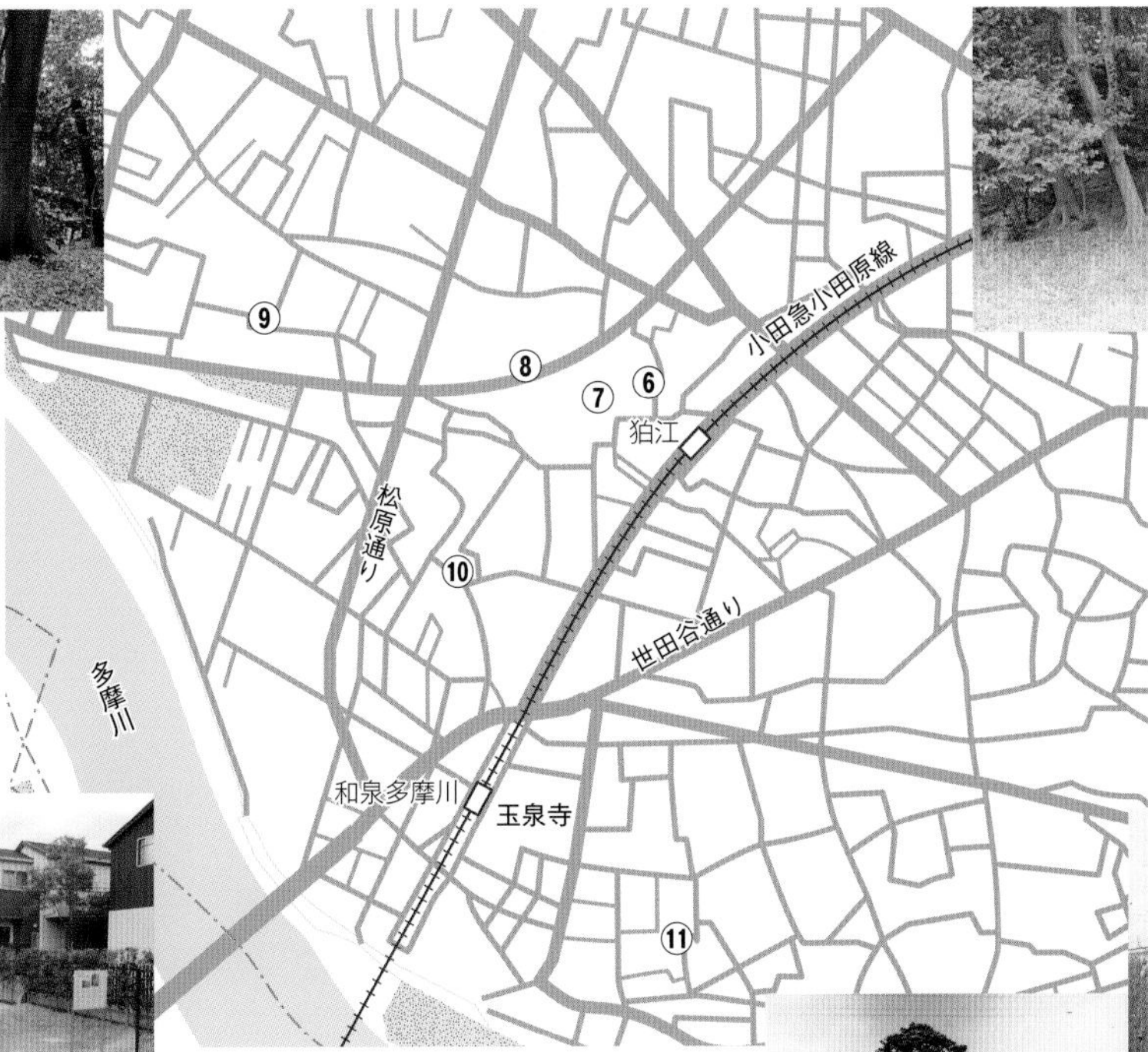

⑨兜塚古墳
上／古墳
下／石碑

⑪猪方小川塚古墳公園
上／石室。玄室と前室からなる複室構造で，近くでみることができる。
下／全景

⑩亀塚古墳
右／徳富蘇峰の筆による石碑
左／発掘当時の写真（狛江市教育委員会提供）

ータリーがあります。この付近は、弁財天《べんざいてん》池《いけ》遺跡⑥（狛江市元和泉一丁目・東和泉一丁目一帯）として、駅前開発などにともないこれまで一八の地点で発掘調査が行われてきました。旧石器時代から縄文・弥生・古墳・歴史時代にわたる遺構・遺物が出土した、大規模な複合遺跡です。縄文時代の住居跡は累計で一〇〇軒以上みつかりましたが、同時期には数軒～一〇軒程度でムラを営んでいたと考えられ、当時の人びとが崖線下に湧き出る湧水を利用するために、湧水の周囲に集落を形成していた様子がうかがえます。なお、弁財天池は泉龍寺《せんりゅうじ》⑦（狛江市元和泉一丁目）の敷地内にあり、この周辺一帯は、現在、狛江弁財天池特別緑地保全地区に指定されて、豊かな自然が残されています。

狛江では、かつて「狛江百塚」と呼ばれたほど多くの古墳がみつかっています。続けて、狛江駅の北側にある三つの古墳をめぐってみましょう。五世紀頃につくられ中世には墳墓として使われた経塚《きょうづか》古墳⑧（狛江市中和泉一丁目）、高さ約五m・直径約三六mほどで六世紀に築造された時の形をほぼ留める兜塚《かぶとづか》古墳⑨（狛江市中和泉三丁目）、そして銅鏡や鉄剣など貴重な遺物が出土した亀塚《かめづか》古墳⑩（狛江市元和泉一丁目）です（第一巻三章二節参照）。

最後に、和泉多摩川駅から徒歩一〇分ほどで、猪方《いのがた》小川塚《おがわづか》古墳公園⑪（狛江市猪方三丁目）に到着します。七世紀半ばに築造された直径約三〇mの円墳で、二〇一一年、宅地造成に先立つ調査で発掘されました。調査前は高さ一mほどの盛土が残されていただけですが、その下から横穴式石室があることがわかり、整備のうえ、二〇二〇年春より公園として開放されています。

このように、野川流域は国分寺崖線からの安定的な湧水量と池の存在、段丘面の森林環境、立川面から多摩川に接続する平坦な地勢的特徴によって営まれた歴史を知ることができます。

第二節 湧水をたたえる深大寺《じんだいじ》

小松愛子

みる

武蔵野《むさしの》台地《だいち》を走る国分寺《こくぶんじ》崖線《がいせん》（ハケ）に沿って位置する深大寺周辺は、清らかな湧水と緑豊かな自然に囲まれ、往古より人びとの生活の拠点となってきました。七三三（天平《てんぴょう》五）年開創と伝わる深大寺も、この湧水と深く関わっています。寺に伝わる「縁起《えんぎ》」から、湧水が生み出すこの地の様子を探ってみましょう。

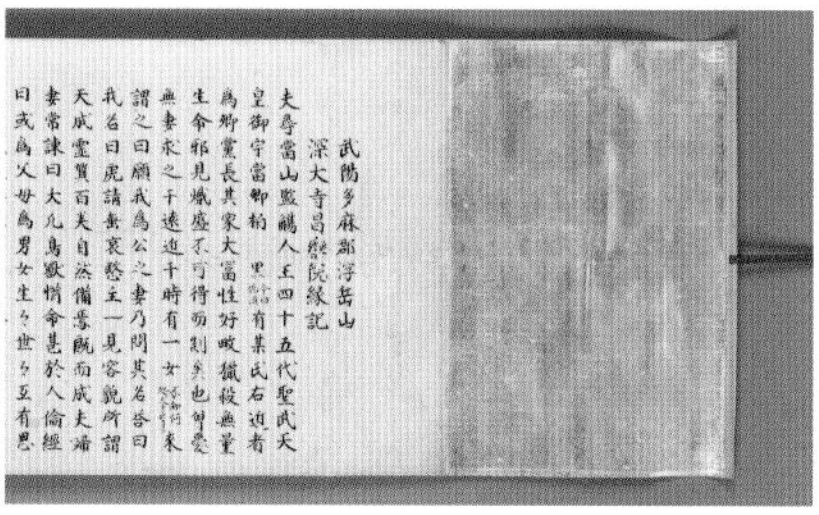

2-2 「深大寺真名縁起」（深大寺蔵）
真名とは漢字のこと。

図2-1は、深大寺に伝わる「深大寺縁起絵巻」の一場面です。岸にたたずむ福満童子《ふくまんどうじ》①が、水神・深沙大王《じんじゃだいおう》に強く祈願したところ、水中より大きな亀②が出現した奇跡を描いています。深大寺の由来《ゆらい》や霊験《れいげん》を記した「縁起」から、この奇跡のストーリーをひもといてみましょう。

「縁起」は福満童子の恋物語から始まります。福満は、地元の郷長《ごうちょう》の娘③と恋仲となりました。しかし、郷長夫妻は、一人娘を素性の知れない男に嫁がせることを悲しみ、娘をこの里にある池の中島④へかくまってしまいました。福満は舟も筏《いかだ》もない池のほとりで、嘆くばかりの日々を送っていましたが、ある時、玄奘三蔵《げんじょうさんぞう》（七世紀前半の唐代の僧。仏典を求めてインドに赴き、のちに仏典の翻訳に従事し、法相宗《ほっそうしゅう》の祖とされた）の故事を思い起こします。その故事とは、玄奘が天竺《てんじく》（インド）に赴く道中に、難所である流沙《りゅうさ》川《がわ》を渡るのに水神・深沙大王の助けを得たというものです。福満はこの故事にならって、深沙大王にもし池の中島へ渡ることができたなら、将来島に一社を設け、深沙大王を鎮守としてお

2-1 「深大寺縁起絵巻」(深大寺蔵)

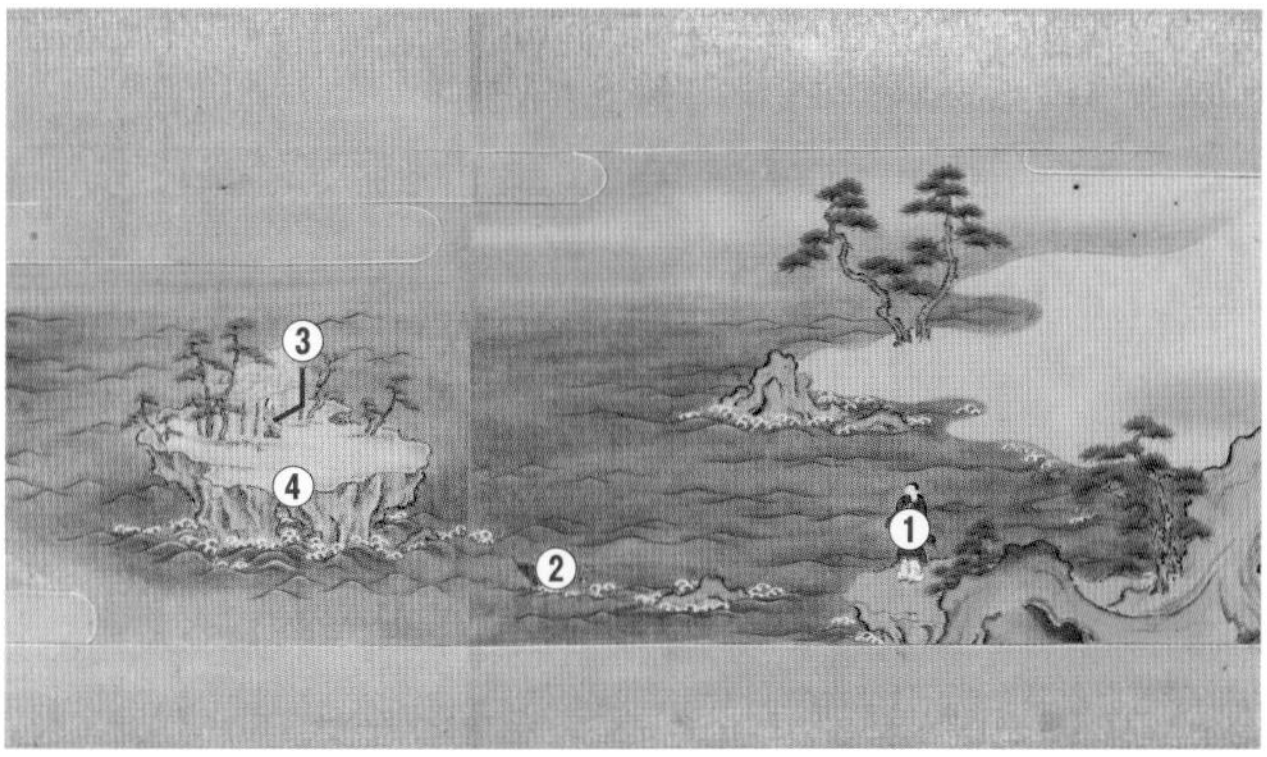

①福満童子　②亀　③郷長の娘　④池の中島

2-3 「深大寺縁起絵巻」に描かれた元三大師堂《がんざんだいしどう》
画面左奥の黒い台座に鎮座するのが元三大師像(「よむ」後述)。

深大寺に伝わる三つの「縁起」

「縁起」とは、寺社の仏像・宝物などの由来、または霊験などの伝説を記した文書・図画をいいます。

深大寺には、漢文で書かれた「深大寺真名《まな》縁起」(図2-2、一六五〇〈慶安《けいあん》三〉年二月、深大寺五七世辨盛《べんじょう》筆)、仮名《かな》書きの「深大寺縁起絵巻詞書《ことばがき》(仮名縁起)」(一七二二〈享保《きょうほう》七〉年十一月、公卿《くぎょう》・山本公尹《やまもときんまさ》筆)、そして絵巻物の「深大寺縁起絵巻」(江戸中期、作者不明)の三つの縁起が残されています。

深大寺は一六四六(正保《しょうほう》三)年の火災によって堂舎はもちろん縁起や寺宝の数々を失ってしまいました。深大寺の再建・復興にあたった住職辨盛は、古記録や古老の言い伝えを頼りに「深大寺真名縁起」を編集しました。仮名書き・絵巻物の縁起は、漢文で書かれた辨盛の縁起を元に、のちに読みやすくするためにつくられました。

祀りすると、深く祈願しました。すると、大きな亀が忽然《こつぜん》と水面から現れました。福満はこの亀の背に乗って中島に渡り、娘と再び会うことができました。この奇跡を知った郷長夫妻は、二人の仲を許して、福満を聟《むこ》としました。

そして時は過ぎ、二人の間に生まれた満功《まんくう》上人《しょうにん》は、父がかつて誓った、深沙大王を鎮守としてお祀りするという宿願を果たすために出家し、唐に留学して法相宗を学び、七三三年にこの地に寺を建てました。さらに、七五〇(天《てん》平勝宝《びょうしょうほう》二)年には一社を設けて、父の本願である深沙大王の霊神を勧請《かんじょう》しようとしたところ、またも深沙大王が神霊水中より出現しました。その後、満功上人は神託にしたがい、多摩川《たまがわ》から流れ下ってきた木を用いて深沙大王尊像をつくり、これを深大寺の本尊としました。

この深沙大王の奇跡に登場する福満(毘沙門《びしゃもん》天《てん》)、娘(吉祥天《きちじょうてん》)、亀(亀島弁財天《かめしまべんざいてん》)、深沙大王(深沙大王堂)は、それぞれ深大寺境内の湧水地点に神々として祀られています。深大寺にとって湧水・泉水が聖なる場所として重要な意味を持つことが、ここからもうかがえます。

この「縁起」は、神仏が一体となって信仰されていた江戸時代に作成されたものです。それでは、続いて深大寺の江戸時代の様子をくわしくみていきましょう。

よむ

江戸時代の深大寺

古地図や古文書を頼りに、深大寺と人びとの信仰について考えます。

朱印地《しゅいんち》寺領の給付

一五九〇（天正《てんしょう》十八）年に滅亡した小田原《おだわら》北条《ほうじょう》氏のあとに江戸入国を果たした徳川家康《とくがわいえやす》は、翌年十一月に深大寺に対し、先例にならい朱印地五〇石（深大寺郷内）を与えました。江戸時代の深大寺は、将軍徳川家の菩提寺《ぼだいじ》の一つである天台宗《てんだいしゅう》本山の東叡山寛永寺《とうえいざんかんえいじ》の末寺《まつじ》となります。

末寺の一覧を示した本末帳《ほんまつちょう》（「扶桑台宗《ふそうたいしゅう》本末《ほんまつ》記《き》」）をみると、武蔵国（江戸府内を除く）のなかで、川越《かわごえ》の仙波喜多院《せんばきたいん》（朱印地七〇〇石）、金鑽《かなさな》一乗院《いちじょういん》（朱印地三〇石・檀林《だんりん》）、仙波中院《なかいん》（喜多院の寺中《じちゅう》・檀林）、岩槻慈恩寺《いわつきじおんじ》（朱印地一〇〇石）に次ぐ五番目に、深大寺（浮岳山昌楽院《ふがくさんしょうらくいん》、朱印地五〇石、寺中四寺〈多聞院《たもんいん》・池上院《ちじょういん》・法性院《ほっしょういん》、眞乗《しんじょう》院《いん》〉、末寺二七ヵ寺、門徒《もんと》一七ヵ寺、檀家《だんか》二八〇家）と記されています。深大寺の末寺・門徒寺院の多くは多摩川流域に分布し、井《い》の頭弁財天別当《かしらべんざいてんべっとう》の大盛寺《だいせいじ》や、谷保天満宮《やぼてんまんぐう》別当の安楽寺《あんらくじ》などの名所も含んでいます。

次に、図2-4の「旧朱印地領地図面」を手がかりに、江戸時代の深大寺領をみてみましょう。この絵図は一八七五（明治八）年八月に作成されたものです。

一八七一年、明治新政府は朱印地寺領を有する寺社に対し、境内部分を除いて返上することを命じました。この絵図はかつての朱印地寺領を示すために作成されたもので、深大寺村の戸《こ》長《ちょう》らが内容を承認したことを示す連印が押されています。

絵図は、深大寺領以外は空白になっており、地目別に田（黄色）・畑（無色）・山林藪萱野《やぶかやの》（黄緑）・宅地（橙色）・境内（桃色）・道（赤色）・川（青色）・墓所（灰色）と色分けされています。桃色に塗られた深大寺境内には複数の水辺が描かれ、そこが湧水地点であることがうかがえます。寺領は、水辺のごく一部に田地がある以外はほとんどが畑地でした。また境内の後背部分、現在、神代《じんだい》植物公園のある辺りは、山林が広がっていました。深大寺の山門から先に延びる道沿いは宅地となっており、門前《もんぜん》町《まち》が形成されていました。

2-4 明治八年「旧朱印地領地図面」(部分, 深大寺蔵)

分限帳《ぶげんちょう》に示される境内

深大寺の基本財産を記した「分限帳」から、深大寺の境内をくわしくみていきます。一八四一（天保《てんぽう》十二）年に作成された分限帳によれば、境内の面積は一万九三八四坪で、本堂をはじめとする諸堂舎・庫裏《くり》のほか、山林・池・廟所などで構成されていました（表2－5）。

次に、深大寺の年間収納をみてみましょう。その内訳は、①朱印地寺領からの年貢、②寺中・末寺・門徒からの上納金、③門前・水車地代、④祠堂金《しどうきん》・回向料《えこうりょう》などの寄付金の運用利子、⑤大師堂《だいしどう》および末社からの護摩《ごま》・賽銭《さいせん》料、⑥檀家からの葬祭料に分類できます。このうち、⑤と⑥の合計額は金四〇両余、銭二〇〇貫文余、米一四俵余で、周辺の檀家や参詣者《さんけいしゃ》からの寄付が多くを占めて、人びとの信仰の篤さをうかがい知ることができます。

2-5 深大寺境内の内訳（「当寺并遠末ニヶ寺・川辺三組末門分限帳」より作成）

内訳	規模	備考
境内山林	19384坪	池・廟所も含む 立木2尺廻り以上1200本程
境内総建坪	431坪余	
本堂	間口12間×奥行8間半	本尊・妙観察智弥陀座像ほか
本堂向拝	3間×9尺	
位牌堂	3間×奥行2間半	
位牌堂通い廊下	竪3間×横9尺	
慈恵（元三）大師堂	7間×奥行6間	慈恵（元三）大師尊像・降魔尊像
慈恵大師堂通い廊下	竪9間×横7尺	
（本坊・庫裏）		
玄関、役僧部屋	6間半×4間	
台所	8間×7間	
居間、茶の間	7間×4間半	
書院	6間×4間半	文政4年78世澄然による再建
弟子部屋	3間×2間	
用部屋	2間四方	
料理場	2間半×2間	
下男部屋	2間×7尺	
湯殿	2間×9尺	
物置	4間×2間	
薪小屋	5間×2間半	
表門	2間×9尺	現存
通用長屋門	2間梁12間	天保10年79世堯徧による建立
釣鐘堂　石垣共	2間半四方	文政12年79世堯徧による再建
手水屋　丸石堀抜	8尺四方	文政13年79世堯徧による新調
唐銅大香炉（大師堂前）	9尺四方	天保4年79世堯徧による建立
接待茶屋	2間半×9尺	天保4年79世堯徧による建立
唐銅灯籠両基	丈9尺	享保6年63世覚濵による建立 弘化2年石灯籠に新調
深沙大王社頭	5間×奥行6間半 向拝1丈×9尺	満功上人自作秘仏
亀島弁天堂 亀島毘沙門堂	各9尺四方	尊体立像、厨子入 亀島弁天・毘沙門天池272坪程 両社島20坪余
山王大権現小社 稲荷大明神小社 愛宕大権現小社 吉祥天女小社 福満童子小社	各2尺位～4尺四方位	吉祥天女島廻り堀共331坪
囲塀	37間	

人びとをひきつける深大寺の魅力

江戸時代の深大寺は、とりわけ元三大師《がんざんだいし》信仰で有名でした。慈恵大師《じえだいし》良源《りょうげん》は、平安時代に天台座主《ざす》をつとめ、比叡山《ひえいざん》中興の祖ともいわれる功績を残した高僧です。正月三日の命日にちなんで元三大師と通称されています。『遊歴雑記《ゆうれきざっき》』には、毎月三日の大師の縁日には農具・古着類の市が立ち、近郷の男女が集まって繁盛すると記されています。また、一七六五（明和《めいわ》二）年・一八一六（文化《ぶんか》十三）年には両国《りょうごく》の回向院《えこういん》で元三大師尊像の出開帳《でかいちょう》も行われました。「深大寺縁起絵巻」の最後の場面は、参詣者が絶えない元三大師堂の一場面で締めくくられています（図2－3）。深大寺は一八六五（慶応《けいおう》元）年の火事で、山門と常香楼《じょうこうろう》を残して全焼してしまいますが、一八六七年には本堂に先立ち、元三大師堂と庫裏が再建されています。ここからも、元三大師堂がいかに重要であったかがうかがえます。毎月三日の大師の縁日は、現在だるま市（三月三・四日）として受け継がれており、毎年多くの参詣者が訪れています。

また、深大寺といえば江戸時代以来、深大寺蕎麦《そば》が名物として広く知られています。天保年間に刊行された『江戸名所図会《えどめいしょずえ》』には、深大寺の名産として深大寺蕎麦が挿絵付きで紹介されています。深大寺の裏門近くの畑で生産されていた深大寺蕎麦は、深大寺住職が本山・寛永寺を管領《かんりょう》する輪王寺宮門跡《りんのうじみやもんぜき》へ毎年寒中見舞として献上する逸品でした。

江戸時代の深大寺をあるく

一八三〇（文政《ぶんせい》十三）年に作成された『新編《しんぺん》武蔵《むさし》風土記稿《ふどきこう》』に掲載される深大寺の境内図（図2-6）を頼りに、今なお深大寺に残されるかつての面影を探してみましょう。

江戸時代以来の名物「深大寺蕎麦」が味わえる門前茶屋①をぬけると、切妻《きりつま》・茅葺《かやぶ》き屋根の山門②があります。「よむ」でみたように、深大寺は一八六五（慶応元）年の火災で堂宇《どうう》の大半が焼けてしまいましたが、山門は被災を免れて、深大寺でもっとも古い建物になります。山門をくぐると、正面奥に本堂③が、左手には元三大師像を祀る元三大師堂④がありました。

③本堂
1919（大正8）年に再建された本堂には恵心僧都《えしんそうず》作と伝えられる本尊・宝冠阿弥《ほうかんあみ》陀如来《だにょらい》像が安置されている。内部は中世以来の伝統的な間取りとなっている。

⑧深大寺城址（国土地理院ウェブサイトより）
深大寺の南側に広がる舌状台地は城山と呼ばれ，1537（天文《てんぶん》6）年に上杉朝定《うえすぎともさだ》が，「深大寺とかやいへるふるき郭を再興」（『河越《かわごえ》記《き》』）したといわれている。

2-7 深大寺周辺
深大寺へは，JR中央線の吉祥寺《きちじょうじ》駅・三鷹《みたか》駅，京王線の調布《ちょうふ》駅・つつじヶ丘駅からバスでアクセスできる。

2-6 深大寺の境内図（『新編武蔵風土記稿』国立公文書館蔵）

④元三大師堂
1865年の火災で焼失後，現在地に再建された。明治末年にこの壇下から発見された白鳳仏《はくほうぶつ》（釈迦如《しやかによ》来《らい》像・国宝）は隣接する釈迦堂に安置されている。

⑤旧朱印地寺領山林（現神代植物公園）
本堂後背に広がる山林は，戦時中も防空大緑地として残された。

⑥深沙大王堂
明治はじめの神仏分離令の影響を受けて取り壊されていたが，1968（昭和43）年に再建された。

①門前茶屋
深大寺の門前には，江戸時代以来の名物「深大寺蕎麦」を味わえる蕎麦・茶屋が多く軒を連ねている。

②山門
1695（元禄《げんろく》8）年築の山門は，1865年の火災をまぬがれた。深大寺に現存する建物で一番古い。この山門に連なる道沿いに門前町が広がっている。

⑦中島（亀島・弁財天池）
かつては深沙大王にまつわる亀島弁財天（亀）・吉祥天女（娘）を祀る中島へ渡るための朱塗りの三天橋《さんてんきよう》がかけられていた。

第三節

「関東の宝塚《たからづか》」「東洋のハリウッド」――調布《ちょうふ》・狛江《こまえ》――

石居人也

みる

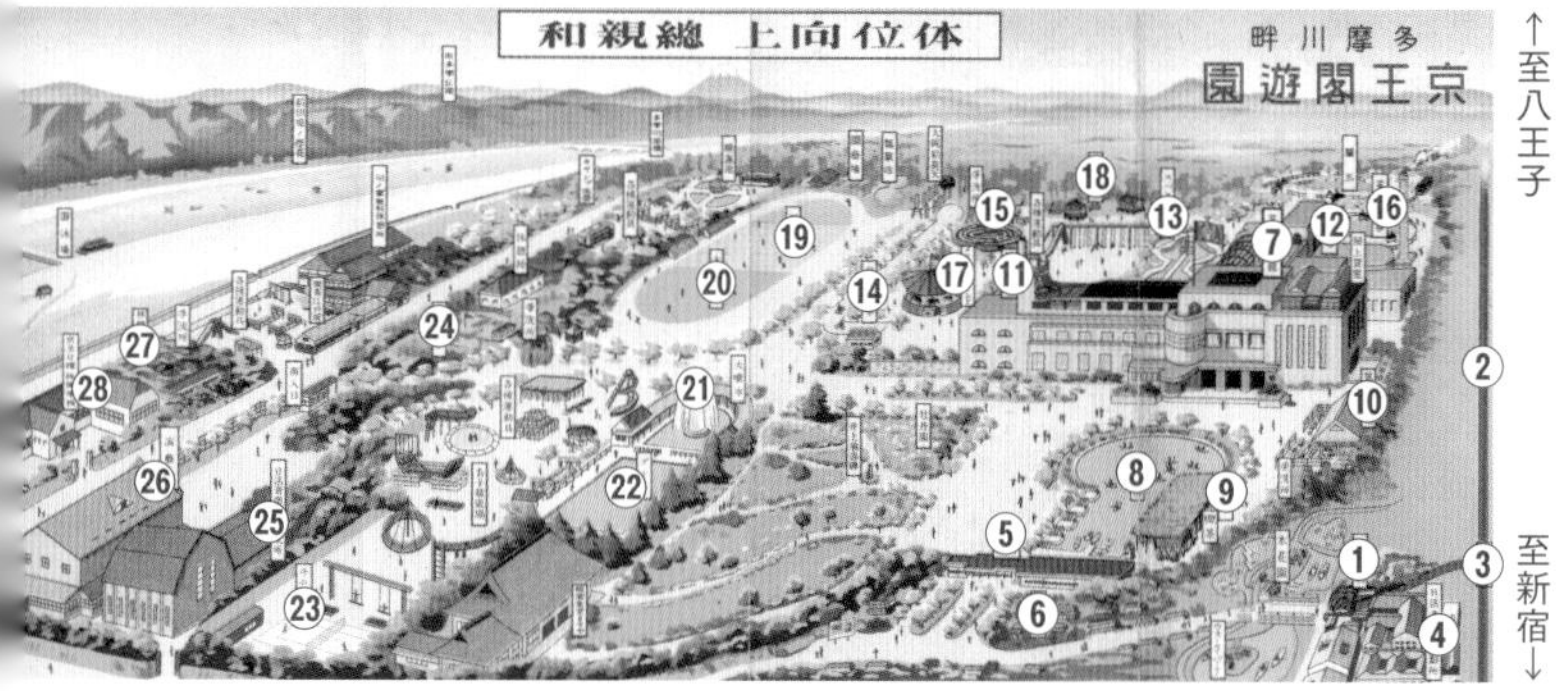

現在、多摩川《たまがわ》の中流から下流へとさしかかるあたりの北側には、競輪場や映画撮影所、飛行場、スタジアムなどが集まっています。このうちすくなくとも競輪場とスタジアムは、かつては別の施設でした。そのいきさつをみてみましょう。

図3-1は、右上に「多摩川畔京王閣《けいおうかく》遊園」とあるように、京王電気軌道《けいおうでんきどう》（現京王電鉄）の多《た》摩川原《まがわら》駅（一九一六〈大正五〉年開設、一九三七〈昭和十二〉年、京王多摩川駅に改称）の前にかつて存在した一大レジャー施設「京王閣」の全景図です。京王閣の開園は一九二七年六月一日ですが、図中の駅名がすでに「京王多摩川」①となっていますので、一九三七年以降に作成されたことがわかります。

画面右端を上下方向に走る赤線が京王の本線②で、上が八王子《はちおうじ》方面、下が新宿《しんじゅく》方面です。調布《ちょうふ》駅③で本線から分岐した支線は、ほどなく多摩川原駅につきます。駅前には、一九三三年に日本映画が設立し、翌年に日活《にっかつ》の手にわたった多摩川撮影所④も描かれ、駅から天然池にかかる弁慶橋《べんけいばし》を渡ると、右手に京王閣のゲート⑤がみえてきます。ゲート手前の貸別荘⑥は、この頃の多摩川中流域が、住宅地より別荘地として認識されていたことを示しています。

京王閣本館⑦の重厚な建築、手前にはボートを浮かべる池⑧、そのむこうに藤棚《ふじだな》⑨と盆栽《ぼんさい》陳

3-1「多摩川畔京王閣遊園」（調布市郷土博物館蔵）

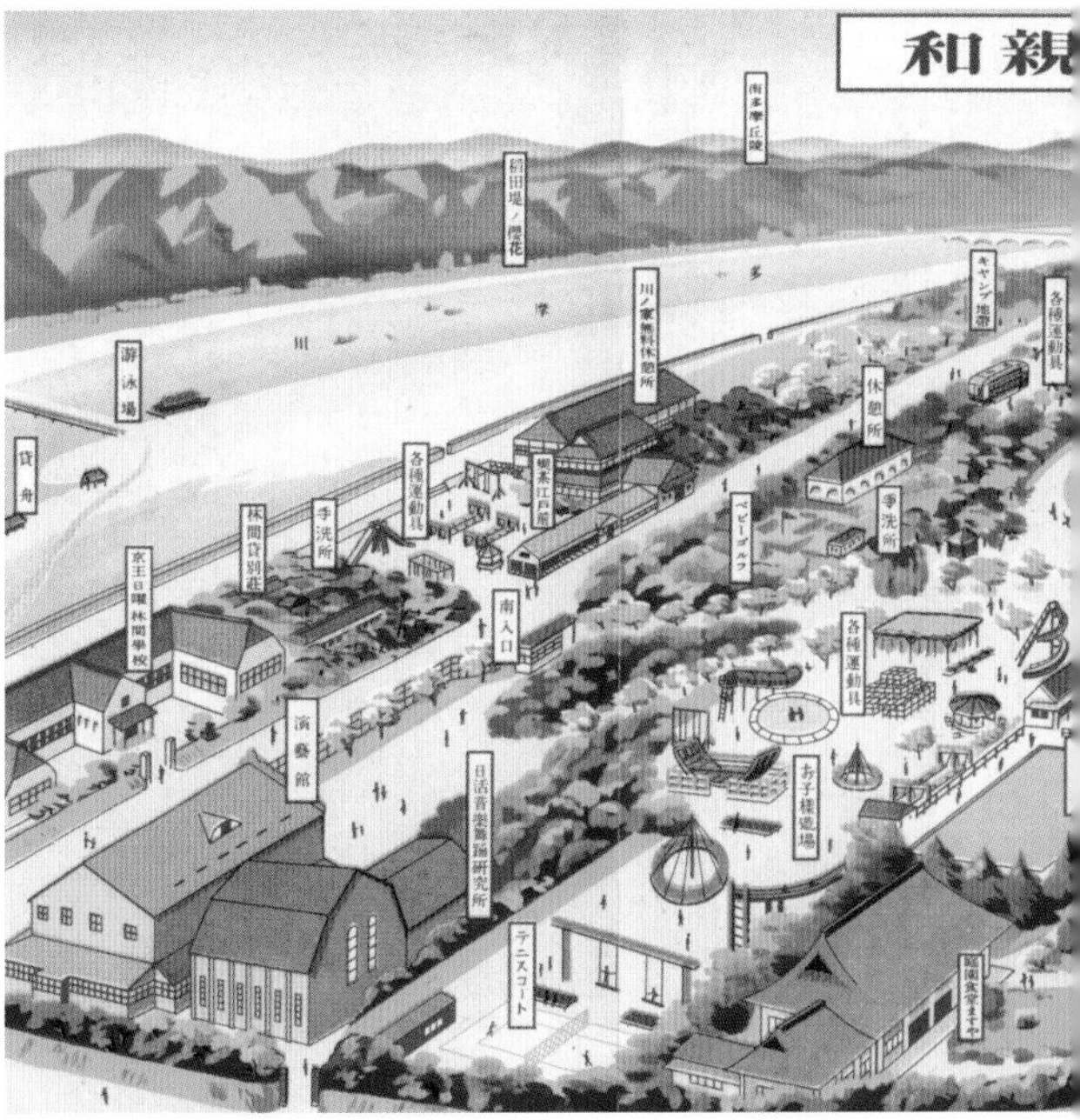

①多摩川原駅（現京王多摩川駅）
②京王電気軌道（本線）
③調布駅
④日活多摩川撮影所
⑤出札所入口（ゲート）
⑥貸別荘
⑦京王閣本館
⑧ボート池
⑨藤棚
⑩盆栽陳列場
⑪展望台
⑫大浴場
⑬すべり台
⑭児童自転車
⑮迷路
⑯電気自動車
⑰メリーゴーラウンド
⑱動物園
⑲野球場
⑳大運動場
㉑大噴水
㉒プール
㉓テニスコート
㉔ベビーゴルフ
㉕日活音楽舞踊研究所
㉖演芸館
㉗林間貸別荘
㉘京王日曜林間学校

列場⑩がみえます。本館のハイライトは向かって左上の展望台⑪と、正面やや奥の大理石《だいりせき》張りのローマ風大浴場⑫で、人びとの注目を集めました。本館内には、大食堂・カフェ・ビリヤード場なども備わっています。

本館の裏手は遊園地で、すべり台⑬や児童用自転車⑭はもちろん、生垣《いけがき》でつくった迷路⑮、電気自動車（ゴーカート）⑯やメリーゴーラウンド⑰、さらには動物園⑱まであったようです。

ゲートから左手、つまり多摩川方向は、野球場⑲や運動場⑳、噴水㉑やプール㉒、テニスコート㉓など、スポーツ施設が集まっています。

また、ベビーゴルフ（パターゴルフ）㉔も人気を博しました。その先には日活の研究所㉕や演芸館㉖、川沿いには林間貸別荘㉗や日曜林間学校㉘まであります。

一九一六年六月一日、京王電気軌道の多摩川支線（現京王相模原《さがみはら》線）が開通し、調布で南側へ分岐した線路は多摩川原で終着となり、その先は河原で採取した砂利《じゃり》を輸送するトロッコが、多摩川の河原までを結んでいました。京王電軌は昭和にはいる頃から、沿線の行楽地《こうらくち》開発とPRを積極的に進めます。それは、関西の私鉄が先行していた、鉄道路線の敷設と沿線の開発を併行して進めることで路線価値を高め、利用者を増やすという経営戦略に学んだものだったといえます。

関東の他の私鉄が、沿線の宅地開発に力を注いだのに対して、京王が注力したのがレジャーでした。都心と反対側のターミナルに集客力のあるレジャー施設を設け、中間に住宅地を開発することで、平日は上り方向へ、休日は下り方向へという人の流れを生みだし、コンスタントに旅客を獲得するというモデルは、梅田《うめだ》―宝塚を結ぶ箕面有馬電気軌道《みのおありまでんききどう》・阪神急行電鉄《はんしんきゅうこうでんてつ》（現阪急電鉄）が、すでに実績をあげていました。

この頃、高尾山《たかおさん》・多摩陵《たまりょう》・聖蹟《せいせき》記念館といった郊外の「行楽」地をすでにかかえていた京王電軌でしたが、宝塚のような、鉄道会社肝煎《きもい》りのレジャー施設はありませんでした。そこで白羽の矢を立てたのが、支線のターミナルである多摩川原だったのです。開園翌年の一九二八年における京王閣の年間入場者数は一六万人を超え、同年の東京近郊の遊園地で三位となりました。

一方で戦争の足音も着実に聞こえています。図4-1中央上部の「体位向上　総親和」という題目がそれで、やがて入隊検査などにも使われるようになった京王閣から、行楽客の足は遠のいてゆき、戦後間もない一九四七年に売却、京王閣競輪場や東京菖蒲《しょうぶ》園となりました。

よむ

娯楽を生みだす街と戦争の影

ここでは一九二七（昭和二）年に京王閣が誕生する以前の調布・狛江一帯の歴史と、以後の変化をみてゆきます。

京王電気軌道の延伸と調布

一九一三（大正二）年に、調布以東が開通していた京王電気軌道は、一九一六年には本線を西方の府中《ふちゅう》まで延伸する一方で、調布から南方へも支線を走らせ、多摩川原駅（現京王多摩川駅）を設けました。おもな目的は、多摩川で砂利を採取して運搬・販売することでした。

一方で、多摩川はレジャーやスポーツのフィールドとしても注目されるようになり、船遊びや鮎《あゆ》漁、親水や遊泳などを目的に、都心から訪れる人が増えてゆきます。多摩川の河川敷には、一九二〇年に東京府営公衆遊泳場が設けられ、一九二二年に第一回全国女子水泳選手権大会も開催されました。

人口集中と都市化が進むなかで、市街地の生活環境の悪化が問題視され、都市生活における健康への影響が懸念されるようになったのもこの頃です。調布周辺は自然環境に恵まれる一方で、鉄道の開通によって市街地へのアクセスも悪くなかったため、別荘の好適地としても注目を集めます。一九一六年には、国民新聞社による「理想郊外住宅地」の人気投票で、調布町は四等に選ばれています。

健康への関心は、病気の克服といった「消極的」なものにとどまらず、より強壮な身体の獲得といった「積極的」なものへと広がり、その対象に子どもをとりこんでゆきます。日本赤十字社は、一九二一年から、希望者を募り、体格検査によって選抜された「虚弱児童」を対象として、調布の深大寺《じんだいじ》境内で夏期林間学校を開催しました。

3-2 「虚弱児童」を対象とした林間学校
（調布市郷土博物館提供）

小田《おだ》原急《わらきゅう》行鉄道《こうてつどう》の開通

多摩川原駅付近から多摩川の下流方向へ二㎞ほどゆくと、狛江市域に入ります。一八八九（明治二十二）年、「明治の大合併」によって誕生した狛江村の人口は、二千強でした。農村だった村域は、大正期になっても、人口に大きな変化はみられませんでした。

そこに変化をもたらしたのが、一九二七年四月一日の小田原急行鉄道（現小田急電鉄）の開通です。村内には和泉多摩川《いずみたまがわ》・狛江の二駅が設けられ、宅地化が始まります。

映画の街

一九三三年、多摩川原駅前に日本映画株式会社の撮影所が設けられます。これは、京都にあった東活《とうかつ》映画社を解散させた社長の中山貞雄に、京王が土地の提供を申しでるかたちで実現したものでした。ところが、日本映画は三作品を製作したのみで倒産し、撮影所は一九三四年に日本活動写真株式会社（日活）に買収されます。

こうして誕生したのが日活多摩川撮影所でした。日活多摩川撮影所は、一九三五年に当時最新のトーキー・スタジオを設けるなど積極的に設備投資し、「あなたと呼べば」「あ、それなのに」「五人の斥候兵」「路傍の石」などのヒット作・話題作をつぎつぎと生みだします。また、同地に関連会社や社員用の住宅などが設けられ、「東洋のハリウッド」などと称される映画の街がつくられてゆきました。

一九四一年にアジア・太平洋戦争が始まると、戦時統制によって日活は、一九四二年に大日本映画（大映《だいえい》）に吸収され、多摩川撮影所も大映の東京第二撮影所と位置づけなおされます。撮影所は戦後も大映のものであり続け、現在は角《かど》川大映《かわだいえい》スタジオとなっています。

一方、一九五三年に映画製作の再開を発表した日活は、かつての多摩川撮影所より東寄りの場所に新たに撮影所（日活撮影所）を設けます。これは、「東洋一」のスタジオとも称されました。一九七九年と二〇一四（平成二十六）年に用地の一部が売却されたものの、日活調布撮影所として現在にいたっています。

3-3 調布飛行場（調布市郷土博物館提供）

空の玄関、調布飛行場の建設

昭和十年代（一九三五年〜）には、調布町と神《じん》代村《だいむら》（現在の調布市域）への工場の進出が本格化し、そこには東京重機製造工業組合など、いわゆる軍需《ぐんじゅ》工場も含まれていました。戦時の色に街が染められてゆくなか、防空が、東京さらには日本の重要課題として浮上します。内務省の都市計画東京地方委員会は、平時における東京の「空の玄関」、戦時における戦闘機の発信基地の役割を兼ね備えた飛行場の設置を目論んでいました。そうして一九三八年末に白羽の矢がたったのが、調布町・三鷹村《みたかむら》・多磨村《たまむら》（現府中市）にまたがる約五〇万坪の土地でした。

用地買収は、「時局」をたてに異議申し立ても許されない雰囲気のなかで推し進められ、買収価格の安さに不満をいだく地権者の声は、聞き入れられませんでした。一九三九年一月には、「都市計画法」にもとづく整備事業として、東京調布飛行場の建設は位置づけられ、資材難に直面しながらも、一九四一年四月に竣工《しゅんこう》します。戦時中、ここは戦闘機や偵察機の基地ともなりました。

オリンピックで変わる街

一九四五年八月十五日の終戦を受けて九月初頭、占領軍（ＧＨＱ＝連合国軍最高司令官総司令部）は調布飛行場を接収します。以降、占領軍が駐留することとなった飛行場とその周辺には、住宅をはじめ、駐留兵士の生活を支える施設も設けられます。その一つが調布水耕農園《すいこうのうえん》（農場）でした。兵士の食料となる野菜は周辺の農地から調達することもできましたが、下肥《しもごえ》（人糞尿の肥料）を用いてつくられた野菜への兵士の忌避《きひ》意識は根強く、打開策として土を用いない水耕栽培という方法がとられたのです。

飛行場とその周辺はまた、一九六四年の東京オリンピックに際して、大きな変貌を遂げます。代々木《よよぎ》のワシントンハイツが選手村となったため、「旧住民」となった米空軍関係者が代々木から調布へと移ることになり、かれらを受けいれるために、調布飛行場に隣接して「関東村」がつくられました。そこに、多くの米軍関係者とかれらの生活を支える人びとが、周辺地域とは一線を画したコミュニティを形成しました。「関東村」の南端は、オリンピックのマラソンの折りかえし地点ともなっています。一九七三年に飛行場地区、翌七四年に「関東村」が返還され、跡地には現在、調布飛行場のほか、武蔵野の森公園・味《あじ》の素《もと》スタジアム・東京外国語大学・府中けやきの森学園・警察大学校・榊原《さかきばら》記念病院などがあります。

京王多摩川と飛《とび》田《た》給《きゅう》周辺

京王線と小田急線の二つの私鉄が走る調布・狛江市域は、鉄道会社の沿線開発構想のもとに街づくりが進められた典型的な郊外の街のようにもみえます。一方、撮影所・遊園地・飛行場など、そこにつくられた施設は、多摩の他地域ではあまりみられないものです。そうした特徴的な施設とともにあゆんできた街の歴史を、調布市郷土博物館①（調布市小島町《こじまちょう》三丁目）で学習したうえで、実際にたどってみましょう。

3-4 京王多摩川駅周辺

①調布市郷土博物館

③「調布映画発祥の碑」

②「映画俳優之碑」

④料亭玉川亭の基礎部分（石の広場の奥）

「映画俳優之碑」「調布映画発祥の碑」

ともに日活の多摩川撮影所があった跡地の、現在の角川大映スタジオ近くの児童公園（調布市多摩川五丁目）に建っています。「映画俳優之碑」②は三つの碑からなり、日本映画俳優協会の創立三五周年を記念して一九八六（昭和六十一）年に建てられました。中央の碑には協会理事長の池部《いけべ》良《りょう》をはじめ大河内伝次《おおこうちでんじ》郎《ろう》・尾上松之《おのえまつの》助《すけ》・田《た》中絹代《なかきぬよ》ら、向かって右側の碑には、森繁《もりしげ》久彌《ひさや》・淡島千《あわしまち》景《かげ》・石原裕次《いしはらゆうじ》郎《ろう》・京《きょう》マチ子・高倉《たかくら》健《けん》・八千《やち》草薫《ぐさかおる》・吉永小《よしながさ》百合《ゆり》など、往年の映画俳優の名前がみえます。

「調布映画発祥の碑」③は、多摩地域の神奈川県から東京府への移管一〇〇年にあたる一九九三（平成五）年に、調布市映像まつり実行委員会が、調布における映画産業の歴史を記念し、将来の振興を願って建てたものです。

玉川亭跡

京王線の開通によって、この地が手近な多摩川の行楽地となると、屋形船《やかたぶね》での鮎漁見物と川沿いでの飲食をセットにした料亭がいくつも設けられました。その一つが玉川亭です。現在の玉川苑《たまがわえん》・石の広場は、かつてあった料亭・玉川亭の跡地④（調布市多摩川四丁目）で、料亭の基礎部分が残っています。多摩川の鮎は、江戸時代には将軍へ献上されたほど有名でした。京王線の支線の終点だった多摩川原駅（現京王多摩川駅）は、多摩川沿いの親水レジャースポットでもあったのです。

掩体壕《えんたいごう》

「掩体」とは、射撃しやすくする一方で、敵弾から射撃手を守るための諸設備のことで、「壕」は土を掘ってくぼんだところをさします。それがあわさった掩体壕とは、おもに戦闘機などを敵の爆撃から守るために設けた格納設備を意味します。アジア・太平洋戦争末期の一九四四年頃から、調布飛行場周辺には一三〇基ほどの掩体壕が設けられたとされ、うち四基⑤（府中市朝日町《あさひちょう》一丁目・白糸台《しらいとだい》二丁目・三鷹市大沢《おおさわ》六丁目）が現存しています。

3-5 調布飛行場周辺

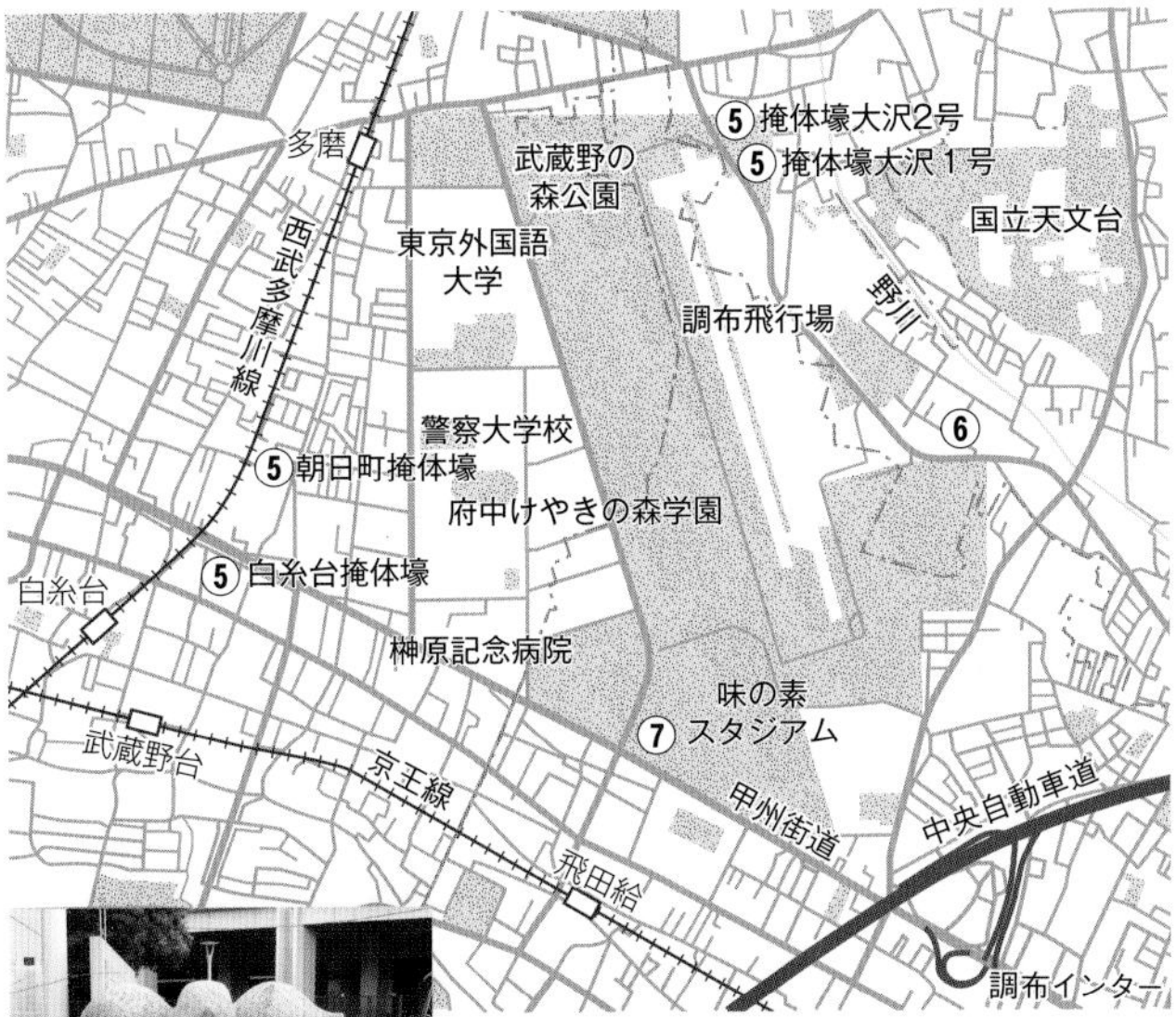

調布飛行場の旧門柱

調布飛行場が竣工した一九四一年に設けられた正門の門柱⑥（三鷹市大沢五丁目）が残っています。戦時中には、「東部第百八部隊」という木製墨書の門標がかけられていたといいます。戦後の占領軍による接収、返還、民間機の飛行場としての再出発と、飛行場の移り変わりを目撃してきた「生き証人」です。

東京オリンピックマラソン折り返し地点

一九六四年に開催された東京オリンピックの際の、マラソン競技の折り返し地点には標識と記念の碑⑦（調布市西町《にしまち》）が建っています。碑は、平和の象徴である鳩《はと》をイメージした鳥いただく御影石《みかげいし》製で、オリンピックの翌年に建てられました。選手たちは、国立競技場から、甲州《こうしゅう》街道をこの地まで西走してきました。ここを先頭で通過したエチオピア代表のアベベ・ビキラが独走の優勝、五位で通過した円谷《つぶらや》幸吉《こうきち》が後半で三位まで押しあげて表彰台に立ちました。

⑦「マラソン折返し地点」の碑

⑤掩体壕（大沢２号）

⑧「多摩川決壊の碑」

⑥飛行場の旧門柱

コラム　多摩川の水害

多摩川は長い歴史のなかで、何度も氾《はん》濫《らん》をくり返してきました。比較的川幅が広く、流れの穏やかにみえる中流域でも、狛江は多摩川の自然堤防上に位置していたこともあって、多くの水害に見舞われてきました。とくに一九一〇（明治四十三）年の水害は、大幅な流路変更によって、対岸の稲田《いなだ》村《むら》とのあいだで行政区画の変更を余儀なくされるほどでした。

河川改修によって洪水の頻度がさがり、住民の記憶から洪水への危機意識が薄れつつあった一九七四（昭和四十九）年、狛江をふたたび大規模な洪水が襲いました。台風第一六号の接近にともなう大雨で多摩川が氾濫、九棟が流される被害が生じました（狛江水害）。

大規模水害となったのは、二ヶ領《にかりょう》宿《しゅく》河原堰《がわらぜき》に構造上の問題があったためだったことが明らかになり、堰は陸上自衛隊と建設省によって爆破・解体されました。のちの裁判でも、「人災」として住民側の勝訴が確定しています。多摩川が決壊した堰の跡には、一九九九（平成十一）年に、建設省京浜《けいひん》工事事務所と狛江市の連名で建てられた「多摩川決壊の碑」⑧（狛江市猪方《いのがた》四丁目）があります。

館提供)に描かれた「五月五日夜乃神事」

①雲(雲の下が御旅所にあたる)　②高札場　③神輿
④御旅所で待機中の神輿　⑤御旅所北門　⑥御旅所東門

第四節

国《こく》府《ふ》の街

―府《ふ》中《ちゅう》の古代・中世―

小野一之

みる

「府中」とは「国府のある街」の意味ですが、古代国府が中世都市へと展開していくなかで、全国的に登場した地名です。今も府中の街の中心に鎮座する大國魂《おおくにたま》神社は、武蔵《むさし》国府と関わりの深い総社としての伝統があり、「六所宮《ろくしょぐう》」「六所明神《みょうじん》」と呼ばれてきました。「国府から府中へ」を軸に、地域の歴史を探ってみます。

4-1『武蔵名勝図会』(個人蔵，日野市郷土資料

4-2 御霊宮神輿の渡御（蔵野幸雄氏撮影）
他の7基の神輿（3章の扉写真参照）と異なり，御霊宮の神輿だけは屋根の形が唐破風作りになっている。

図4-1は、一八二三（文政《ぶんせい》六）年につくられた『武蔵名勝《めいしょうず》図会《え》』から、「くらやみ祭」を描いた一枚です。この祭事は今も続けられる大國魂神社の例大祭で、四月三十日に始まり、五月五日の夜に盛大な神輿渡御《みこしとぎょ》があります。場面は、五月五日の深夜、御旅所《おたびしょ》に集まった八基の神輿が、秘儀の神事を終え、次々に神社に還っていくオカエリの様子です。神輿が神社を出るオイデの際には街中の灯りが消されましたが、今度は一斉に提灯が灯され、新しい力をつけて再生した神々が神輿に乗せられて神社に還るという場面です。見事な明と暗の演出です。

御旅所は大國魂大神《おおかみ》がはじめて降り立った聖なる空間とされ、旧甲州《こうしゅう》街道（画面手前を左右に延びる）と府中街道（画面右奥に続く）の交差点南西角に位置します。画面ではそこを上からのぞくことを憚《はばか》るように雲①が描かれています。府中街道は中世の鎌倉《かまくら》街道上道のルートに一致し、近世には川越《かわごえ》道・小田原《おだわら》道とも称されました。高札場《こうさつば》②もここにあります。すでに御旅所を出た神輿は三基③、まだ中にいる神輿が一基④みえます。一之宮（小野《おの》神社＝多摩《たま》市）から六之宮（杉山《すぎやま》神社＝横浜《よこはま》市）の神輿か、または御本社（大國魂大神）の神輿でしょうか。

御旅所北門⑤とは別の東門⑥から出ようとする神輿は御霊《ごりょうぐう》宮の神輿でしょう。この神輿だけは他と異なるルートで神社との間を行き来します。在地的な六所の神とは別に、疫病《えきびょうがみ》神である御霊神を祀る点に、中世の都市祭礼の面影が垣間見えます。

歴史書における大國魂神社の初見は『吾妻《あずま》鏡《かがみ》』の一一八二（寿永《じゅえい》元）年条です。くらやみ祭については、一三六一（延文《えんぶん》六）年と一四一五（応永《おうえい》二十二）年の年紀のある「市場之祭文」（『武州《ぶしゅうもんじょ》文書』）に「武州六所大明神も五月会《さつきえ》の市《いち》を立たまふ」の文言が出てきます。東国各地の代表的な市として、六所宮の五月祭礼の市が示されています。経済的にも発展した中世都市府中で祭礼と同時開催の市のにぎわいを思い起こさせます。徳川家康《とくがわいえやす》に仕えた松平《まつだいら》家忠《いえただ》の『家忠日記』一五九三（文禄《ぶんろく》二）年条には、五月五日の「武州祭」と出てきます。江戸時代後期には、『江戸《えど》名所図会《めいしょずえ》』に「六所宮祭礼」として大きく紹介されるなど、江戸近郊の古式ゆかしい大きな祭として注目され、地誌や紀行文に頻繁に登場します。

古代・中世の街は、その後も祭とともに近代化も果たしながら継承されていきました。

よむ

国府から府中へ——古代・中世の街のデザイン

西暦七〇〇年前後に律令《りつりょう》国家が成立すると、武蔵国の国府は今の府中市に置かれました。武蔵国随一の都市の誕生です。ここではその後の府中の街の展開をみていきましょう。

六所宮の街——中世都市府中の誕生

北向きに社殿が建つ大國魂神社（図4-3）は、「馬場大門けやき並木」（図4-4）と称する長い参道も、旧甲州街道や現甲州街道（国道二〇号線）を貫いてまっすぐ北に延びています。樹齢数百年の樹を含むけやき並木の起源については源頼義《みなもとのよりよし》・義家《よしいえ》父子の伝承が知られています。

4-3 大國魂神社
左／大鳥居，右／拝殿

4-4 馬場大門けやき並木

前九年の役に出陣する際に六所宮（大國魂神社）に戦勝祈願し、一〇六二（康平《こうへい》五）年の凱旋《がいせん》時に苗木を寄進《きしん》したという話です。近世の社伝や地誌に紹介されていますが、中世の十四世紀後半に作成された『源威集《げんいしゅう》』の次の伝承は、若干異なる内容となっています。

永承《えいしょう》六年三月、源頼義戦将の勅を蒙《こうむ》て幾程を経ず、東八ケ国の輩《ともがら》相従出京、武蔵国に逗留《とうりゅう》の間、符《（府）》中六所宮、本南向を俄《にわか》に北向立改む、奥州《おうしゅう》合戦の間擁護為め也。

『源威集』では、けやき並木の寄進ではなく、南向きだった六所宮を合戦の擁護のために北向きに変更させた、という話になっています。中世にさかのぼる古い伝承ですが、すでに十四世紀後半頃、六所宮は北向きで、その理由が伝説化されていました。また、一〇五一（永承六）年の年代が全国各地の総社の創建時期に近いことに注目することができます。

十世紀は古代国府の中心施設が消滅する時期です。続く十一世紀には、国政においては一人の国守《こくしゅ》に権限が集中する受領国司《ずりょうこくし》制が衰退して、在地領主層からなる在庁官人《ざいちょうかんじん》制が成立します。国府では、税所《さいしょ》・田所《たどころ》・調所《ずしょ》などの「所」と呼ばれる役所が登場します。

この源頼義の伝承は、十一世紀後半頃に武蔵国府において総社が成立し、国庁に替わって総社としての六所宮を中心とする中世都市へ転回したことを象徴的に示したものと考えられます。その百数十年後、源義経《よしつね》の伝記物語『義経記《ぎけいき》』はこの街の景観を「武蔵の国府の六所の町」と表現しました。

平将門《たいらのまさかど》の乱——古代国府の終焉

古代国府の国衙《こくが》域は、大國魂神社境内《けいだい》東側一帯にあったことが、多年にわたる発掘調査で突きとめられました。奈良時代の八世紀前葉に成立し、十世紀のうちに衰退することも明らかになりました。他国の国府も、だいたい同じ変遷が考古学的にたどられています。文献的には東国国府の十世紀の様子が、平将門の乱を取材した『将門記《しょうもんき》』のなかに描かれ、おぼろげながらも武蔵国府の構造をみてとることができます。

下総国猿島《しもうさのくにさしま》郡（現茨城県坂東《ばんどう》市）の本拠で、一族の平良兼《よしかね》・国香《くにか》らと抗争を繰り広げていた将門は、九三八（天慶《てんぎょう》元）年二月に隣国武蔵の紛争に介入します。当時、武蔵国府では権守《ごんのかみ》興世王《おきよおう》と介《すけ》源経基《つねもと》の幹部が、判官代《ほうがんだい》で足立郡司《あだちぐんじ》である武蔵武芝《たけしば》と対立していました。『将門記』によると、興世王の不正を知らせるために不治《ふじ》悔過《けか》一巻が置かれた場所が「庁の前」、将門は両者を和解させるために武芝をともなって「野」から「府を指して発向」します。興世王が「先立ちて府衙に出」て、経基も慌てて逃げました。このことは「忽《たちま》ちに府下に聞」こえることとなりました。将門は帰郷し、興世王は「国衙に留」まったとあります。

以上のことから、国司が詰める場所は「府衙」「国衙」で、そこには「庁」があり、住民が居るのは「府下」、街全体は「府」と呼ばれ、その周りには「野」が広がっていた様子がみえてきます。国府の中心的存在であり、国府における最重要の儀式が行われた国庁《こくちょう》は、この頃も依然「庁の前」として象徴的な空間として継承されているようです。

平将門の乱（承平《しょうへい》・天慶の乱）を契機にして、平安京《へいあんきょう》や各地の国府に「武士」が誕生したともいわれますが、ここに中世都市府中が誕生する直前の、武蔵国府の姿をみることができます。

国府から府中へ、そして宿場町

十世紀には国衙が衰退し、替わって十一世紀後半には総社である六所宮が成立します。その六所宮の祭礼では市が立つなど、中世都市へと姿を変えました。「府中」という呼称が現れるのは、政治的な国府の都市が経済的にも発展する鎌倉時代後期の十四世紀前葉のことです。その「府中」も十五世紀中葉の約三〇年続いた「享徳《きょうとく》の大乱」（鎌倉公方《くぼう》の足利成氏《あしかがしげうじ》と関東管領《かんとうかんれい》の山《やまの》内上杉《うちうえすぎ》・扇谷《おうぎがやつ》上杉氏との抗争）を最後に、政治的な中心地としての地位を失います。

その後、近世には甲州街道の宿場町として再生しますが、その都市としての継承には信仰の要である六所宮の存在も大きかったはずです。現在の府中の街の中心には大きな緑を残して大國魂神社が鎮座し、周辺には発掘により明らかにされた遺跡地が保存整備されています。まわりに高層建築物が増えたものの、その基盤には古代以来の街景観を宿しています。

4-5 『将門記』による武蔵国府概念図

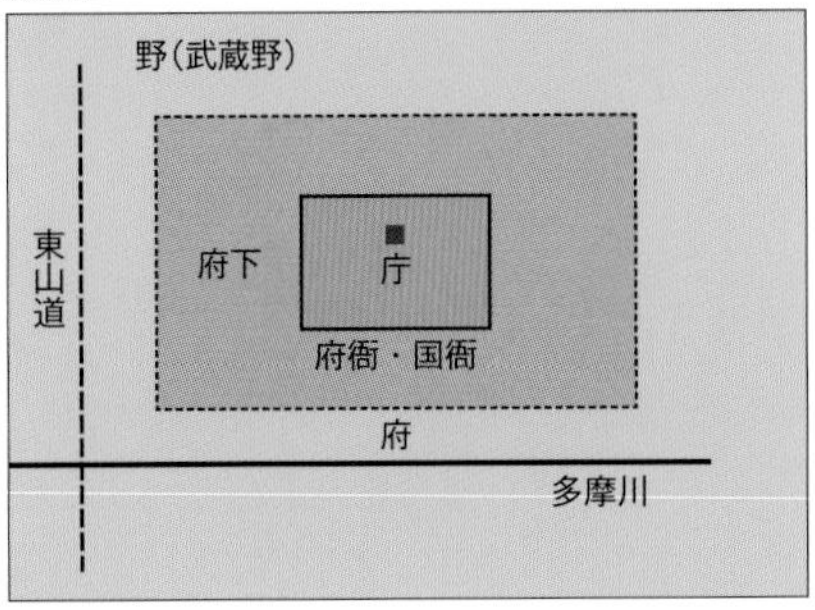

4-6 中世武蔵府中の概略図（深澤靖幸氏作成）

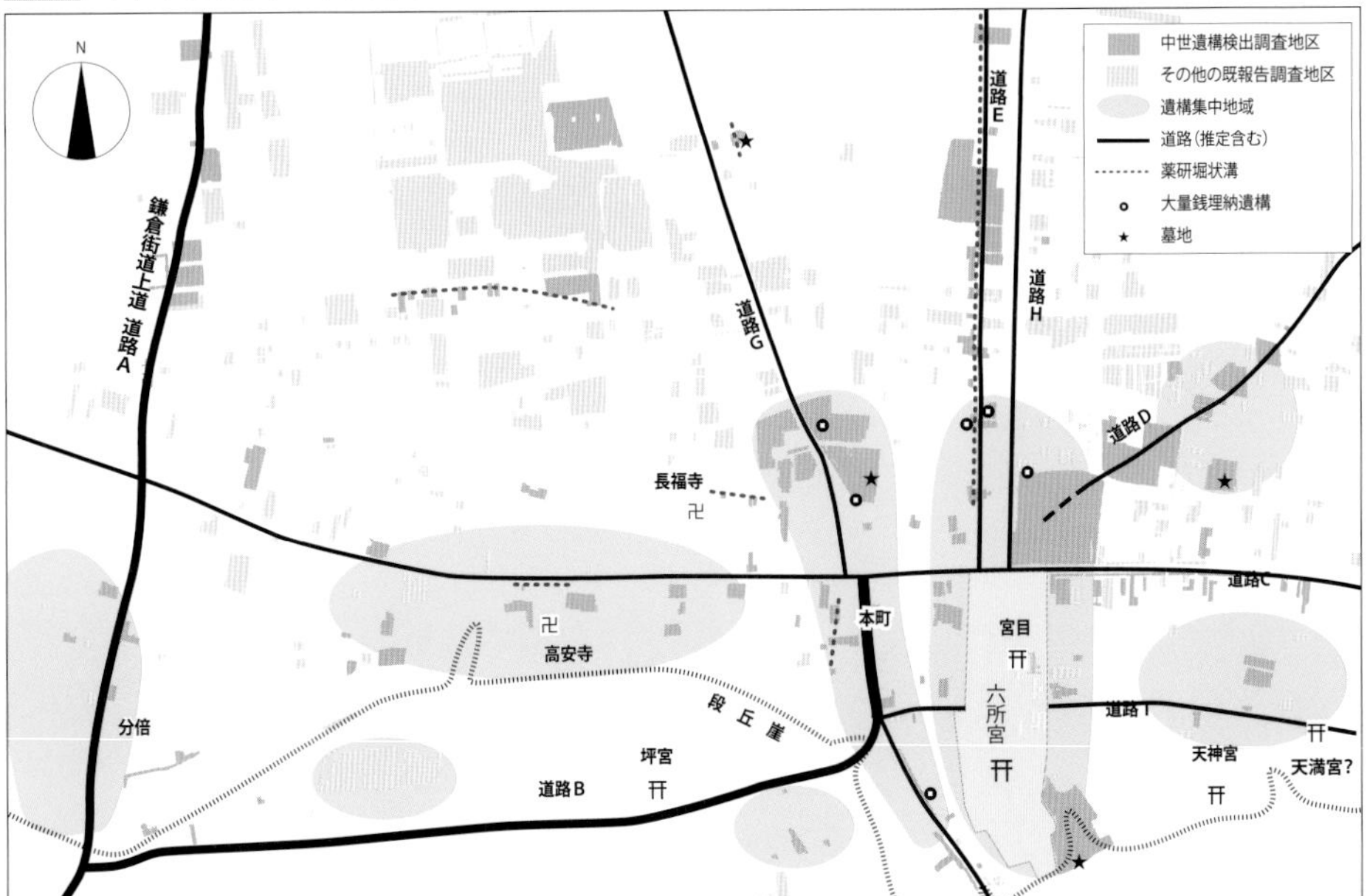

古代・中世武蔵国の中枢をあるく

古代・中世の武蔵府中を訪ねる旅は大國魂神社から始めましょう。京王線《けいおうせん》府中駅、JR南武《なんぶ》線《せん》・武蔵野線府《ふ》中《ちゅう》本町《ほんまち》駅、どちらからもアプローチできますが、府中駅からは国指定天然記念物のけやき並木をあるきながら、府中本町駅からは国司館跡をみながらできたばかりの西大鳥居から参詣できます。

武蔵総社・大國魂神社と古代国府跡

平安時代末以降、武蔵総社・六所宮（大國魂神社）①（府中市宮町《みやまち》三丁目）は中世都市府中のシンボルでした。奈良《なら》時代には、東西二・二km、南北最大一・八kmに広がる武蔵国府の街の中枢部がほぼ同じ場所にあり、中心には都城《とじょう》の大極《だいごん》殿《でん》の地方版というべき国庁の巨大な建物があったはずです。江戸時代の宿場町をへて、街の中心はそのまま現代に引き継がれました。

そのことを実際に認識できるのが、神社境内東側の武蔵国府跡（国衙地区）の保存整備地区②（府中市宮町二丁目）で、大型建物跡の一部が復元されています。境内の府中市立ふるさと府中歴史館③には、今も続く発掘調査の最新情報が展示されています。また大國魂神社宝物殿《ほうもつでん》④の、くらやみ祭で渡御する巨大で個性的な八基の神輿と六張の大太鼓は圧巻です。

神社の西鳥居を出て府中街道に沿って府中本町駅に向かうと、広々とした武蔵国府跡（国司館地区）⑤（府中市本町一丁目）がみえてきます。ここでは二〇一〇（平成二十二）年に、八世紀前半の国司館《こくしのたち》跡とみられる建物群と十六世紀末頃の徳川家康の府中御殿に関連した遺構・遺物が発見され、「国司館と家康御殿広場」として整備されました。

鎌倉街道と分倍河原《ぶばいがわら》古戦場

鎌倉時代になっても、武蔵国府は幕府《ばくふ》にとって政治・軍事上の要地とされ、上野国《こうずけのくに》・信濃《しなのの》国《くに》方面を結ぶ鎌倉街道上道も府中を通過しました。この南北ルートは分倍（府中市分梅町《ぶばいちょう》）辺りを貫通する道と、六所宮（大國魂神社）のある中枢部を迂回《うかい》していく道に一度分岐したのちに合流し、多摩川を渡り関戸《せきど》（多摩市）に向かったと考えられています。

この付近で一三三三（元弘《げんこう》三）年五月、新《にっ》田《た》・足利氏の軍と北条氏《ほうじょうし》の軍が激突しました（第一巻四章一節参照）。この分倍河原合戦は『太《たい》平記《へいき》』に詳細が記され、鎌倉幕府滅亡の契機となる歴史的な戦いとして後世に伝えられました。JRと京王線の分倍河原駅周辺には駅前ロータリーの新田義貞像（一九八八〈昭和六十三〉年建立）⑥や、古戦場碑（一九三五〈昭和十〉年建立）⑦（府中市分梅町二丁目）があります。

鎌倉街道に沿って、義貞の合戦に関連した塚などの伝説地がありますが、これらは合戦以前の中世墓地である三千人塚⑧（府中市矢崎町《やざきちょう》二丁目）や古墳時代後期の高倉古墳《たかくらこふん》群⑨（府中市分梅町一丁目）に対して江戸時代後期の郷土史再発見ブームのなかで合戦伝承が付与されたもので、事実ではありません。三千人塚には合戦よりも古い一二五六（康元《こうげん》元）年銘の大きな板碑が今も建っています。

中世の寺社としては、足利尊氏《たかうじ》が再興した禅《ぜん》宗《しゅう》寺院の高安寺《こうあんじ》⑩（府中市片町《かたまち》二丁目）や、時《じ》宗《しゅう》二《に》祖《そ》他《た》阿《あ》真教《しんきょう》ゆかりの国府道場を起源とする長福寺《ちょうふくじ》⑪（府中市宮西町《みやにしちょう》四丁目）などがあります。大國魂神社のほかにも、国府八幡宮《はちまんぐう》⑫（府中市八幡町二丁目）や坪宮《つぼのみや》⑬（府中市本町二丁目）などの古社が点在しています。

古民家園を有する府中市郷土の森博物館⑭（府中市南町《みなみちょう》六丁目）では古代から現代までの府中の壮大な歴史ストーリーが体感できます。

4-7 府中駅から多摩川周辺

⑤武蔵国府跡御殿地地区

④くらやみ祭の大太鼓（大國魂神社宝物殿展示中）

③府中市立ふるさと府中歴史館

⑥新田義貞像

⑧三千人塚

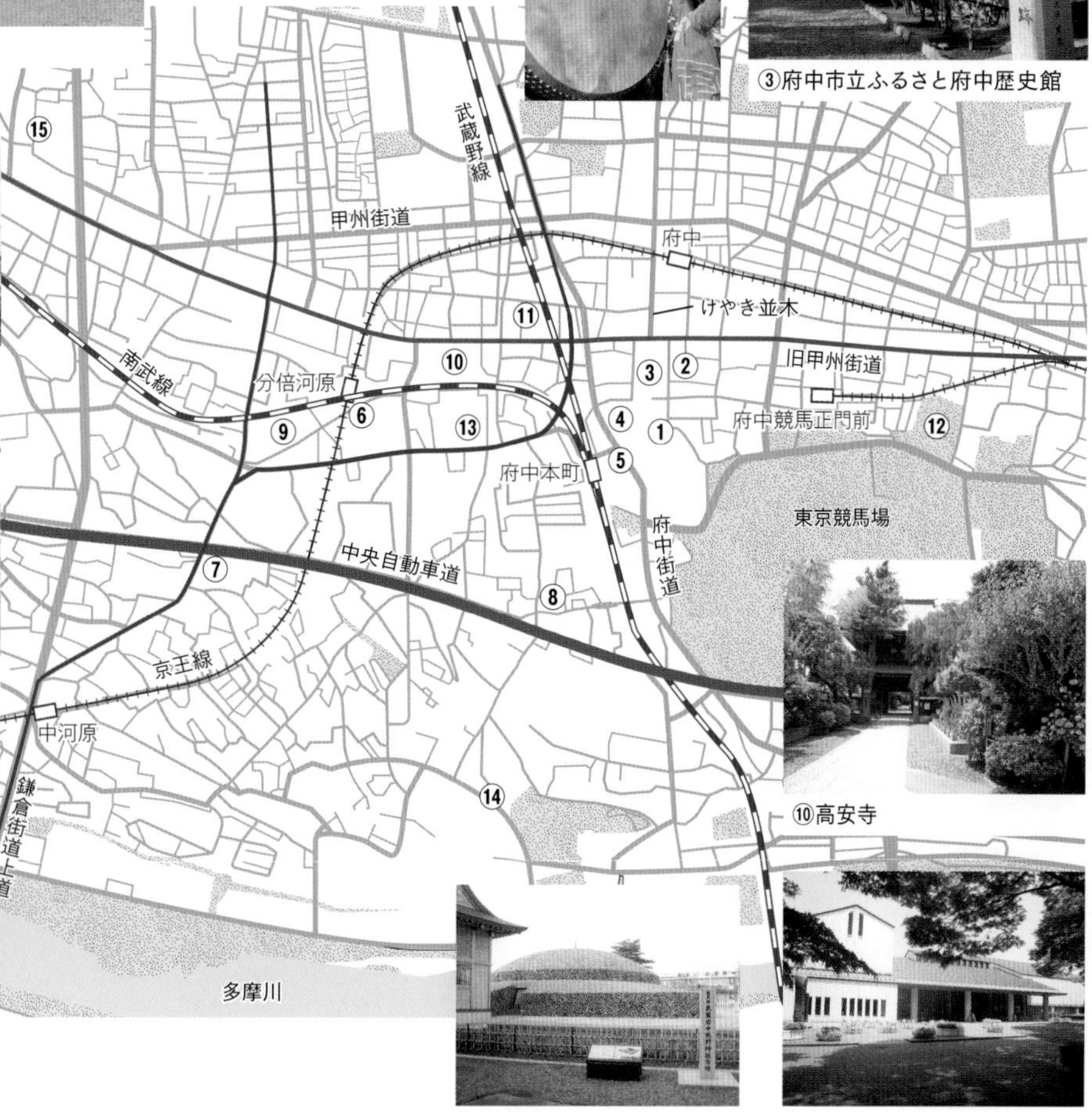

⑩高安寺

⑮武蔵府中熊野神社古墳

⑭府中市郷土の森博物館

発見された上円下方墳

高倉古墳群⑨から北西一㎞の熊野《くまの》神社（府中市西府《にしふ》町《ちょう》二丁目）境内の塚が、二〇〇三～〇四年の発掘で、全国的に非常に珍しい上円下《じょうえんか》方墳《ほうふん》であることが判明しました。

一辺三二mと二三mの二重の方形の段上に直径一六mの円形の墳丘を載せた特異なタイプで、長大な横穴式石室では、七曜文《しちようもん》の銀象嵌《ぞうがん》を施した大刀の鞘尻《さやじり》金具などがみつかっています。七世紀中葉の大化改新《たいかのかいしん》前後の築造とされます。周辺ではその直後から、東山道《とうさんどう》武蔵路の設置、多《た》磨《ま》寺《でら》の創建、国府の街の成立などの大プロジェクトが続きました。被葬者は墳形や遺物から大和《やまと》王権と近い間柄が想定され、国府設置に大きく関わった可能性があります。現在、武蔵府中熊野神社古墳⑮として国指定史跡となり、往時を偲《しの》ばせる復元がなされ、展示館も併設されています。

第五節　大規模施設をひきうける街——府中《ふちゅう》——

石居人也

みる

多摩川《たまがわ》中流域の北側にあたる府中市には、現在も大規模な施設が点在しています。それらの多くは、そのルーツを一九二〇年代から四〇年代にもっています。それらは、どのような経緯で、この街にやってきたのでしょうか。そして、この街にどのような色をつけることになったのでしょうか。

中市航空写真（国土地理院ウェブサイトより）

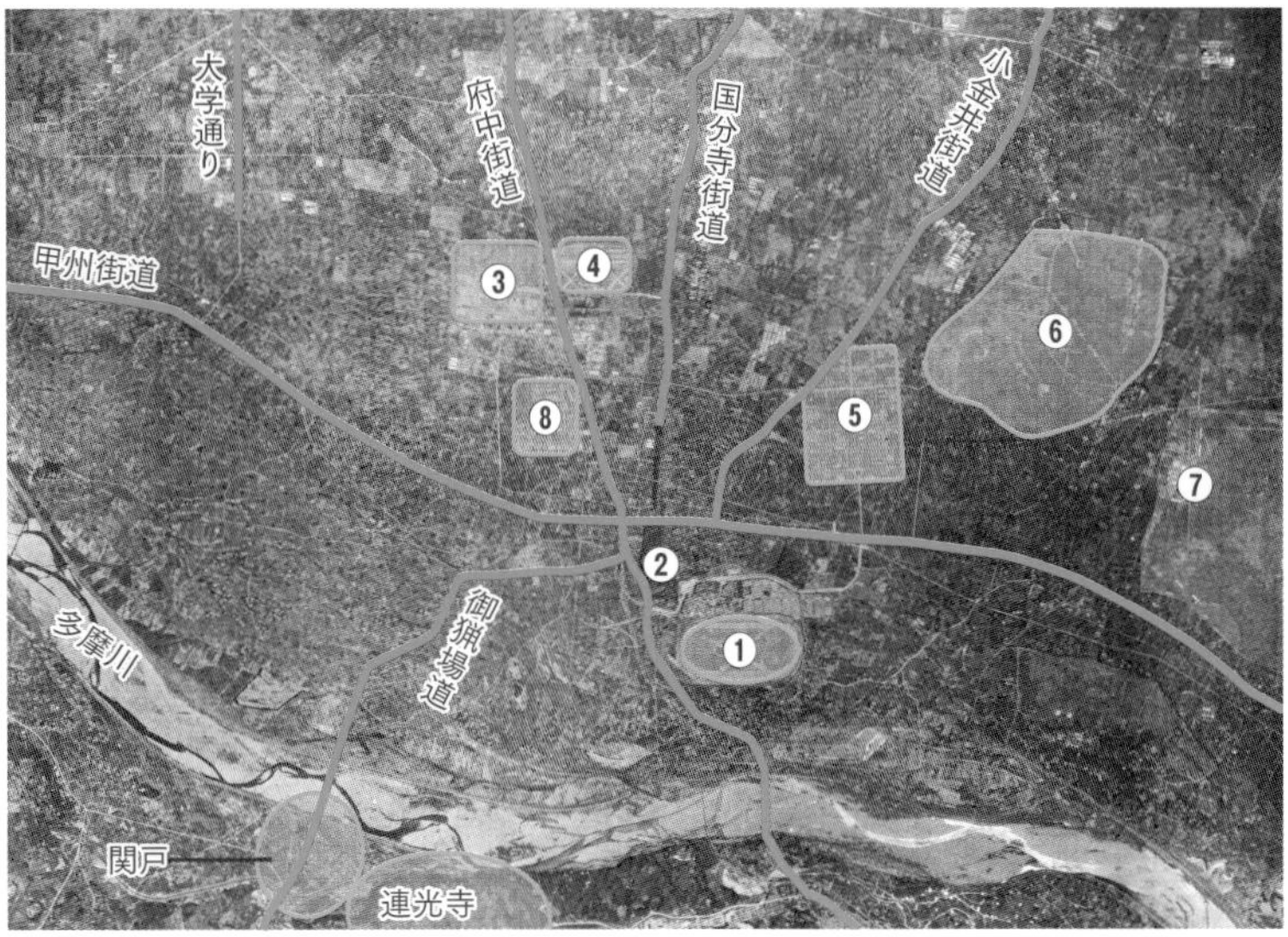

①東京競馬場　②大國魂神社　③東芝車輌製造所　④府中刑務所
⑤府中基地　⑥多磨霊園　⑦調布飛行場

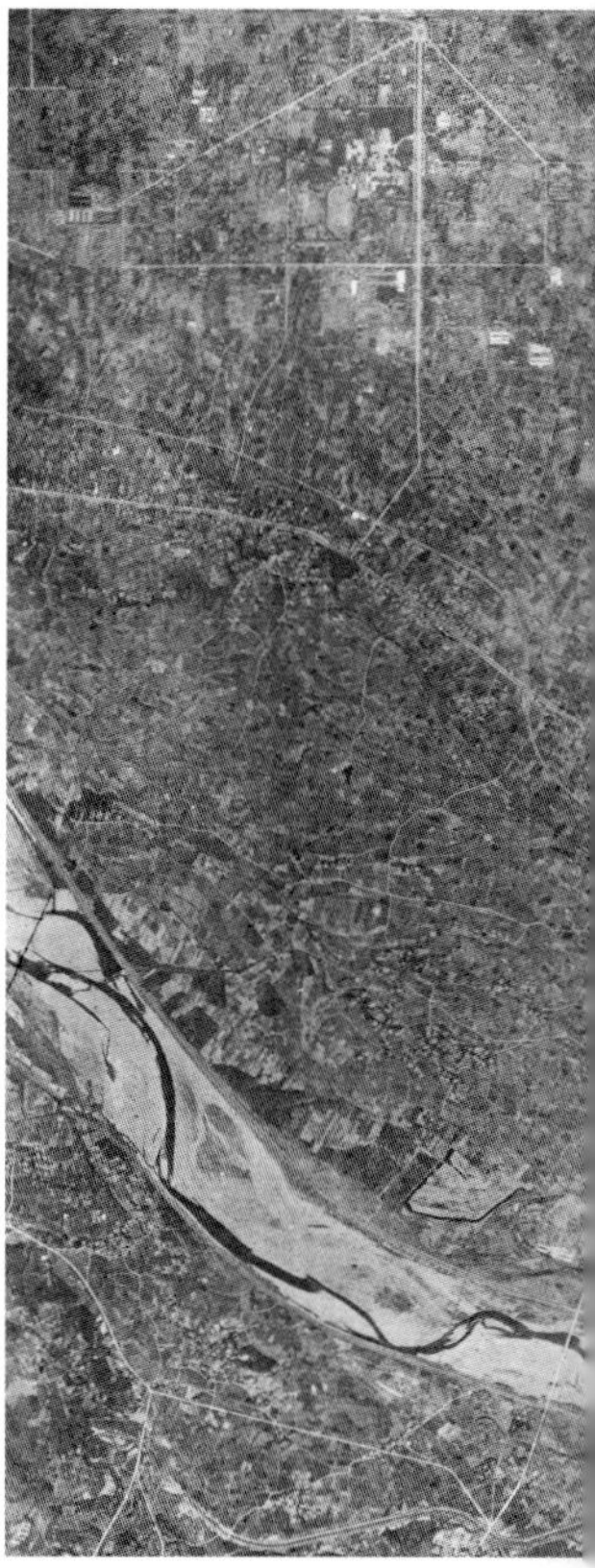
5-1　1946年5月22日の府

図5-1は一九四六（昭和二十一）年五月二十二日に、アメリカ軍が府中市の上空から撮影した航空写真です。画面左端の中ほどから右斜め下へ向かい、画面の下端を右端まで横断しているグレーの帯が多摩川です。正確にはグレーの部分は河原で、帯のなかを蛇行している黒い線が川面になります。

写真は、正確な方位を意識して撮影されているようで、画面の上下が北南、左右が西東をあらわしています。よって多摩川は左手から右手に向かって流れくだっています。

では、府中の街はどのあたりでしょうか。手がかりは、画面左端の多摩川のやや上から、多摩川に併行するように、右手に向かって少しずつさがってゆく細い白線にあります。これが、甲州《こうしゅう》街道（現旧甲州街道）です。そのちょうど中ほどのすこし下にある、楕円《だえん》のトラック（東京競馬場）①の真上あたりが、府中の街の中心です。大國魂《おおくにたま》神社②の周囲に広がるかつての宿場は、近代を迎えてからも、参道を鉄道が横ぎることへの賛否などが議論されつつも、街道近くに駅が設けられたことで、街の中心であり続けました。

府中が長きにわたって、周辺地域の中心であり続けたのは、この地が交通の要衝《ようしょう》であったこととも関わります。街の中心部付近で、甲州街道とほぼ直交しているのが府中街道、その交点のやや下から左斜め下方向に向かい、最終的に多摩川に到達しているのが、御猟場道《おかりばみち》（鎌倉《かまくら》街道とも）と呼ばれる道で、明治時代には天皇が関戸《せきど》（道の先の多摩川付近）での鮎《あゆ》漁や、対岸の連光寺《れんこうじ》の御猟場での狩猟に訪れる際に使われました。また、街の中心部のやや右手から右斜め上方向に延びているのが小金井《こがねい》街道で、小金井街道と府中街道の間で、ほぼ真北へ向かっているのが国分寺《こくぶんじ》街道です。多くの街道がここ府中に一旦集まり、各方面へと広がっていったのです。

さて、この写真にはいくつか、目立つものがあります。一つは先ほどの、街場南の楕円形のトラックで、これは東京競馬場①です。当時は敷地のなかに厩舎もあったため、馬に携わる人びとの街がそこにはありました。競馬場の左端から府中街道に沿って北上すると、街道の左右にやはり大きな施設がうかがえます。左手が現在の東芝《とうしば》府中事業所③、当時は東芝車輌製造所でした。その上寄りの右手、ふたつの「×」印のような建物がみえるのが、府中刑務所④です。

画面右側に目を転じると、左上の面がかけた長方形の施設があります。これは府中の陸軍燃《ねん》料廠《りょうしょう》（燃料本部）だった所で、当時は米軍に接収されて府中基地⑤となっていました。さらにその右やや上方に、これまでのどれよりも広い、面取りされ、縦横斜めに道路が交差している施設があるのがおわかりになるでしょうか。これが都立多磨霊園《たまれいえん》⑥です。ちょうどこのあたりが、現在の府中市域の北東端で、北側は国分寺市と小金井市、東側は調布《ちょうふ》市に接しています。画面右端に、当時は米軍に接収されていた旧東京調布飛行場⑦の敷地がみえています。

このように府中市は一九二〇年代から四〇年代にかけて、都市あるいは首都東京にとってなくてはならない、しかしながら、その中心部に置くことは困難な、大規模施設をかかえこんでゆきました。ある施設は都心部からの郊外移転というかたちで、またある施設は郊外に増設ないし新設というかたちで。こうして府中は、都市・首都東京を西側から支える役割を、自らに課していったのです。

よむ

大規模施設がやってきた

現在の府中市域に大規模施設が設けられるきっかけの一つは、多磨墓地（現多磨霊園）の設立にありました。その経緯をみてゆきます。

はじまりの多磨墓地

明治のはじめ、一八七二（明治五）年から、東京には政府の神道国教化方針にしたがって、従来の寺院墓地に代わる神道式の墓地（神葬祭《しんそうさい》地《ち》）が、青山《あおやま》・染井《そめい》・雑司ヶ谷《ぞうしがや》などに設けられました。それが、政府の方針転換により宗教色が抜け、「共葬墓地」となってゆきます。現在、都内に点在する青山・染井・雑司ヶ谷などの都立霊園のルーツは、ここにあります。

二十世紀に入ると、東京への人口集中と都市化は加速度的に進みます。それは東京で最期を迎える人の増加をも意味し、墓地の需要が急速に高まりました。都市部の既存の墓地も飽和状態となり、新たな墓地を設ける必要性が生じます。墓地には、ひとたび埋葬を始めると移転が困難、人びとに忌避《きひ》されやすい、墓参の便宜《べんぎ》など遺族感情への配慮が必要、といった特質があるため、都市部から一定程度隔たり、一定の拡張余地のある土地が求められました。

こうした経緯から、一九二〇（大正九）年十二月に東京市が白羽の矢を立てたのが、北多摩郡の多磨村（現府中市）と小金井村（現小金井市）にまたがる三〇万坪ほどの土地でした。計画がもちあがった当初、地元の住民は、墓地設置そのものには反対はせず、周囲に設けられた東京天文台（現国立天文台、現三鷹市）や村山《むらやま》貯水池（多《た》摩湖《まこ》、現東大和《ひがしやまと》市）に比べてあまりにも安い用地買収価格に、見直しを求める陳情《ちんじょう》を行います。

ところがその後、東京市参事会《さんじかい》が提示した修正案は、むしろ買収価格を下げるものだったため、住民は設置反対を掲げました。結果として、市は希望価格を部分的に受けいれたのみで用地買収を進め、一九二一年末にこれを完了、翌年はじめには着工します。一九二三年四月に開設された多磨墓地は、運営が軌道に乗った一九三五（昭和十）年五月に多磨霊園へと改称、一九三八年八月には三九万坪に拡張されました。

競馬場の移転

一九二〇年頃、目黒《めぐろ》にあった競馬場に周辺地域の宅地化の話がもちあがると、競馬場を運営する東京競馬倶楽部《くらぶ》はその移転を検討、理想的な競馬場を設けるのに適した土地を求めることになりました。一九二七年、移転の準備委員会を発足させた倶楽部は、用地の選定を秘密裡に進め、地形・眺望・水・植生などの条件に恵まれた府中町に目をつけました。これを知った町は、年間予算の半分近い歳入を見込んで、誘致にのりだすことを決め、率先して用地買収を進めます。倶楽部側との交渉は、一九二八年末頃から始まり、町長自らが先頭に立った交渉は、倶楽部の代理機関である三菱信託《みつびししんたく》株式会社との間で進められました。

一九二九年三月、用地買収に関する基本協定が結ばれたものの、当初は計画どおりに買収が進まず、交渉は断続的となりました。その過程では、買収予定地内の権利関係の処理が重くのしかかり、買収価格や補償のみならず、敷地に組みこまれてしまう道路・用水路・溝渠《こうきょ》のつけ替えや、寺社・墓地の移転、史跡の保全などが課題となりました。結局、早期解決が難しい課題を先送りして、買収を先行させたことで、一九三二年、着工に漕ぎつけます。

建設工事の請け負いをめぐっては、清水組《しみずぐみ》と三多摩《さんたま》の土建業連合会がしのぎを削り、結果として清水組が落札します。また、地元の府中多磨農民組合は、工事に際して組合員の雇用を確保するよう、府中町長に請願しています。競馬場の誘致をめぐっては、住民の間でも利害が錯《さく》綜《そう》し、しこりは長く残りました。地鎮祭《じちんさい》前夜にテントが壊されたり、一九三三年の竣工《しゅんこう》後、競馬開催七日目にコースに釘《くぎ》がまかれた事件などは、その象徴といえるでしょう。

町財政への寄与という点に関しても、「競馬法」の改定で、倶楽部からの寄付金は、町ではなく国に吸いあげられることとなり、町の思惑とは異なる結果になりました（図5－2）。

刑務所もまた

一九二三年九月の関東大震災によって、巣鴨《すがも》にあった刑務所は大破し、同地での再建が困難だったことから移転を余儀なくされます。ここでもまた、移転先として白羽の矢がたった府中町では、やはり誘致をめぐって賛否それぞれの立場から意見が噴出しました。反対意見の多くは、刑務所への漠然とした不安感を背景としたもので、旭館（かつて府中町に所在）という公会堂での反対集会には、町民四〇〇～五〇〇名が集まったといいます。

一方、賛成意見には、刑務所が府中町内で物資を調達するだろうことや、刑務所予定地周辺が追いはぎ被害の多い地域だったことから、刑務所があればさすがに追いはぎもでなくなるだろう、といった期待感がこめられていました。

5-2 開設間もない競馬場

5-3 開設間もない府中刑務所

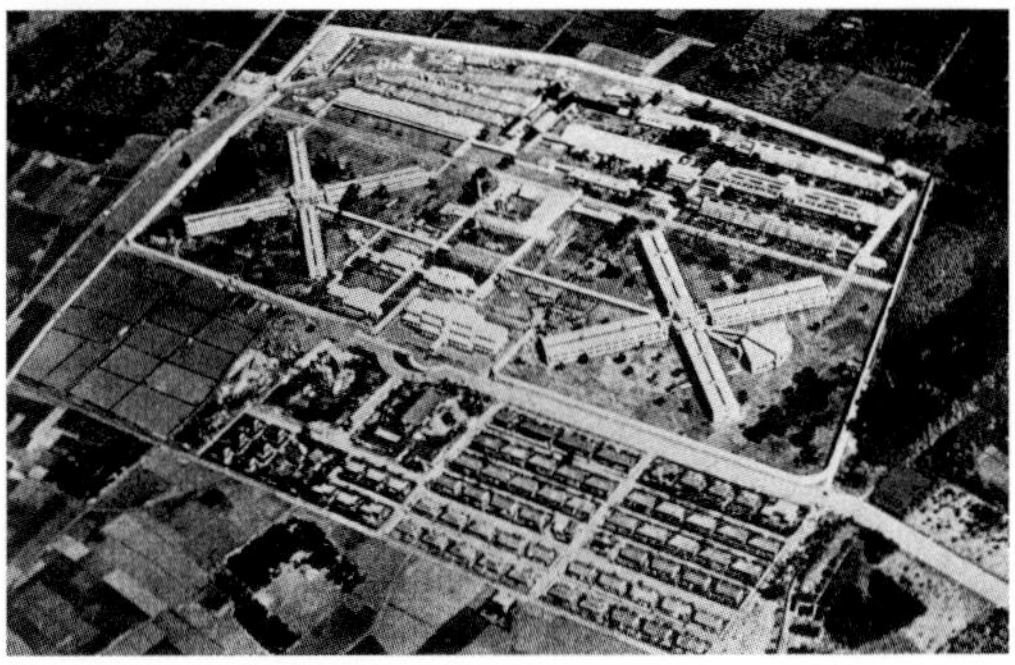

一九二四年九月に着工した工事の大半は、収容者の労働によって進められ、一〇年以上をかけて、一九三五年三月に竣工しました。同年六月には、府中町へ完全移転のうえ、府中刑務所と改称されています（図5－3）。

だいぶのちのことですが、一九七三年十二月、府中刑務所脇の道路で起こった三億円事件は、追いはぎ一掃を期待した賛成派の期待に照らすと、皮肉な事件といえるかもしれません。

軍事施設と軍需工場

一九四〇年、府中町に設けられた陸軍燃料廠研究部は、陸軍による燃料・潤滑油《じゅんかつゆ》の確保のための研究施設で、石炭から人工的に石油を精製する研究などを行っていました。アジア・太平洋戦争の戦況悪化で本土にまで戦火がおよぶようになった一九四三年になると、小石川《こいしかわ》にあった陸軍燃料廠の本部も全面移転してきます。

一九三八年には、東京から三〇km圏内に戦車製造工場を設けるとの陸軍の指示を受けて、府中町に日本製鋼所武蔵《むさし》製作所が設けられました。製作所内には青年学校と寄宿舎も設けられ、全国から成績優秀な小学校卒業生三〇〇名ほどが集められて養成工となったほか、高射砲の製造が始まった一九四三年頃には、計三〇〇〇名ほどが働いていたといいます（一九八七年閉鎖、跡地は府中インテリジェントパークとなる）。また、一九四一年四月から操業していた東京芝浦電気《とうきょうしばうらでんき》の工場（のち東芝車輌、現東芝府中事業所）も、青年学校を併設し、一九四三年には労働力不足から、向かいの刑務所からも労働者を受けいれ、軍需に応じる工場として終戦を迎えました。

あるく

公園墓地（霊園）発祥の街

西武多摩川線《せいぶたまがわせん》多磨駅から西へ四〇〇mほどの所に、多磨霊園（府中市多磨町四丁目）の正門があります。

東郷平八郎《とうごうへいはちろう》と多磨霊園

一九二三（大正十二）年四月に開設された多磨墓地（現多磨霊園）は、当初、利用者の伸び悩みに苦しみます。そうした空気を一変させたのが、一九三四（昭和九）年五月の東郷平八郎の死でした。東京市は、市長の牛塚虎太郎《うしづかとらたろう》を先頭に、青山墓地（現青山霊園）に墓地を有していた東郷家にかけあい、多磨墓地に用意した「名誉霊域」（国家的功労者の埋葬地とされる）への埋葬について、同意をとりつけます。

日比谷《ひびや》公園での国葬を終えて、多磨墓地へと向かう葬列の様子は、ラジオや新聞を通して広く人びとに知られるところとなりました。多磨墓地の利用資格は、東京市民であることでしたから、その条件さえ満たせば、日露《にちろ》戦争でロシアのバルチック艦隊を破った、あの海軍大将と同じ墓地で眠ることも可能だったわけです。東郷の埋葬後ほどなく、多磨墓地への申し込みは急増しました。

多磨墓地の設計を先頭に立って担ったのは、東京市公園課長の井下清《いのしたきよし》でした。東京高等農学校（現東京農業大学）で造園学を学んだ井下は、多磨墓地計画の当初から、ここをドイツをはじめとした欧米諸国の公園的要素を兼ね備えた墓地、すなわち日本初の公園墓地にすることを念頭においていました。当時の東京市長が、大規模な東京の都市改造計画を進めようとしていた後藤新平《ごとうしんぺい》だったことも、井下にとっては追い風となったことでしょう。

こうして設計された多磨墓地は、整然とした区画、周回道路にラウンドアバウト（環状交差点）、噴水塔などのモニュメントによって新たな墓地の姿を示すとともに、名称も運営が軌道にのった一九三五年五月に多磨霊園へと改められ、一九三八年八月には三九万坪に拡張されました。多磨霊園は、日本の近代墓地のフラッグシップとなったといえるでしょう。現在では、府中市の人口を大きく上まわる数の人びとが、ここに眠っています。設計を担った井下清も、その一人です。

多磨霊園の正門と小金井門

多磨霊園には、南東に正門①、北西に小金井門②があります。現在の最寄り西武多摩川線多磨駅は、墓地開設当初はまだなく、京王電気軌道《けいおうでんききどう》（現京王電鉄）の多磨駅（現多磨霊園駅）か、中央線の武蔵小金井仮乗降場（一九二六年に武蔵小金井駅となる）からのアクセスでした。この微妙な距離感も、当初利用者が伸び悩んだ要因と考えられます。

多磨霊園の名誉霊域と噴水塔

東郷平八郎の墓所③は、正門から真北へとまっすぐに伸びる「名誉霊域通り」のなかほどにあるシンボル塔「噴水塔」④にむかって手前の左手にあります。多磨霊園の象徴空間ともいうべき名誉霊域には、東郷のほかに、山本五十六《やまもといそろく》・古賀峯一《こがみねいち》の計三名の、海軍大将のみが埋葬されています。また、墓地の既成概念に挑戦するかのような意匠《いしょう》の噴水塔は、井下の公園墓地への強い意思をうかがわせます。

忠霊塔《ちゅうれいとう》と「軍刀報国」碑

名誉霊域の被葬者が海軍大将に限定されていることにもあらわれているように、霊園内には軍人や戦没者の墓地をはじめ、軍隊や戦争にま

5-4 多磨霊園周辺

⑥忠霊塔

⑤「軍刀報国」の碑

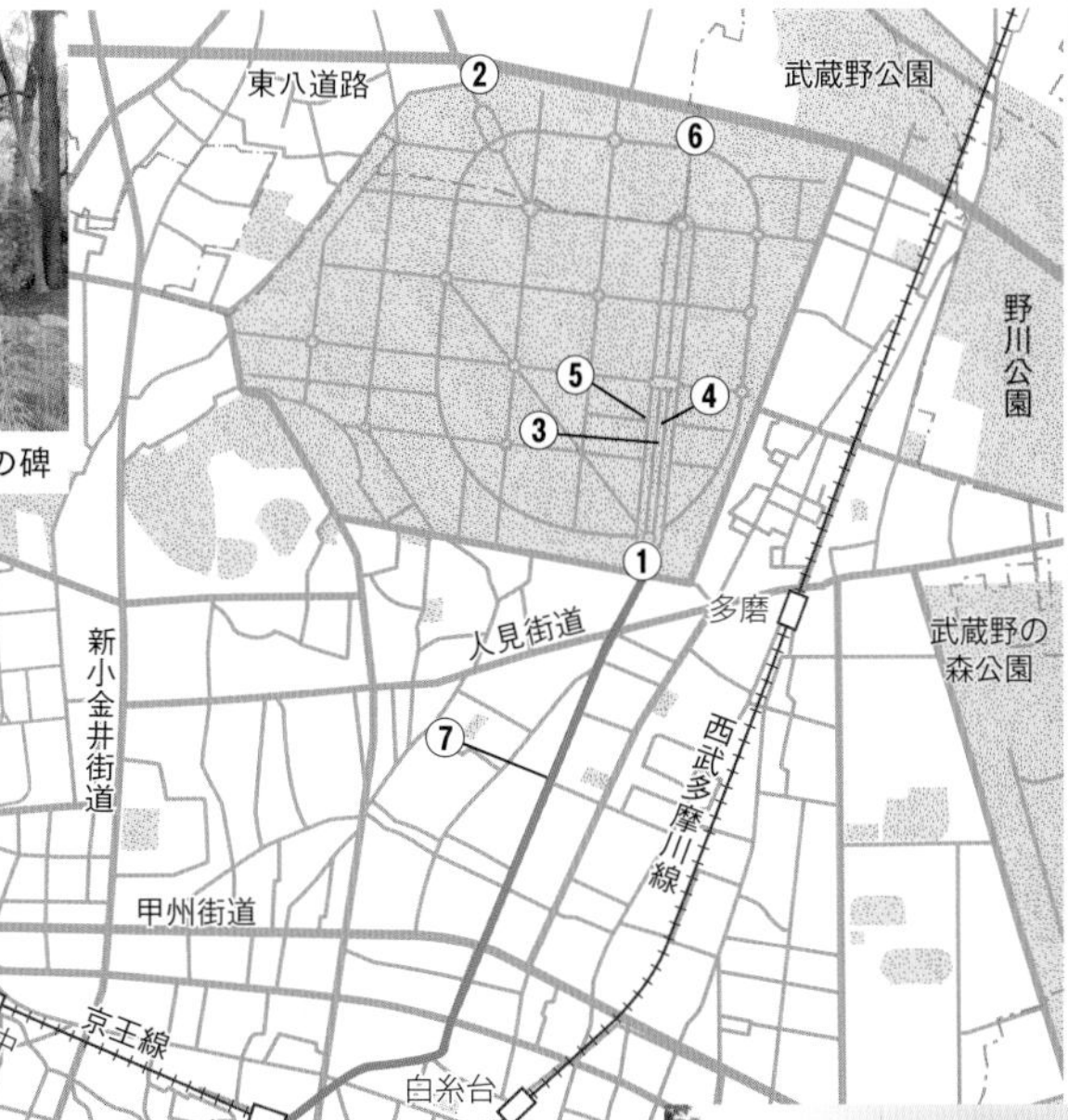

①正門

②小金井門

⑦参道（府中観光協会提供）

⑧東郷寺

④噴水塔

③東郷平八郎墓

つわる碑が点在しています。そのうちの一つが、名誉霊域通りの西隣にある斎藤《さいとう》実《まこと》の墓地に隣接して建つ「軍刀報国」の碑⑤です。一九四〇年、すなわちアジア・太平洋戦争開戦の前年に、皇紀二千六百年を記念した、軍隊を鼓舞する内容の碑となっています。

名誉霊域通りを北端まで進んだ先にある忠霊塔⑥は、一九四五年のはじめに建てられ、正面に当時の東京都長官だった西尾壽造《にしおとしぞう》の筆で「敬仰忠烈」と刻まれています。戦没者を称えるかのようなメッセージは、戦時下の世相を映しだす鏡のようにもみえます。

このように、多磨霊園は近代日本の歴史を凝《ぎょう》縮《しゅく》して示してくれる空間でもあります。

多磨霊園への参道と多磨町役場跡

京王線の多磨霊園駅から北東へ延びる二km弱の道は多磨霊園への参道⑦で、途中には、多磨墓地を受け入れた主体であり、一九五四年四月に合併して府中市になった多磨村の役場跡があります。春に桜が満開となる参道は、甲州街道を横切って霊園に近づくにつれて、石材店や法要・休憩のための茶屋が増えてゆきます。これらは、霊園とともに街が形成されてきたことを物語っています。

東郷寺《とうごうじ》

多磨霊園駅から南西方向へ四〇〇mほど行くと、日蓮宗《にちれんしゅう》の東郷寺⑧（府中市清水《しみず》が丘《おか》三丁目）があります。存在感のある山門は、近代日本を代表する建築家の伊東忠太《いとうちゅうた》の設計で、東郷平八郎の別荘だったこの地に、一九四〇年に建立されました。この門は、黒澤明《くろさわあきら》の映画「羅生《らしょう》門《もん》」に登場する門のモデルになったともいわれます。境内の墓地には一部手が加えられた「東郷元帥《げんすい》記念碑」も残っています。

参考文献

江口　桂『古代武蔵国府の成立と展開』同成社、二〇一四年

小田静夫『新しい旧石器研究の出発点—野川遺跡—』新泉社、二〇〇九年

神谷　博「『野川湧水回廊』の価値づけと地下水保全のための調査研究」とうきゅう環境財団、二〇一七年

工藤雄一郎『旧石器・縄文時代の環境文化史』神泉社　二〇一二年

くにたち郷土文化館『ハケ展—くにたちの河岸段丘—』くにたち文化・スポーツ振興財団、二〇一二年

小金井市教育委員会『小金井の自然Ⅰ』同、一九八七年

小金井市史編さん委員会編『小金井市史』通史編、小金井市、二〇一九年

深大寺・調布市郷土博物館編『焼失をのがれた国宝白鳳仏と寺宝の数々』調布市郷土博物館、二〇一八年

深大寺・調布市郷土博物館編『深大寺の元三大師』調布市郷土博物館、二〇二〇年

世田谷区政策経営部政策企画課区史編さん『世田谷往古来今』同、二〇一七年

東京都環境局『東京の湧水マップ』同、二〇一九年

東京都建設局『多摩川水系野川流域河川整備計画』東京都　二〇一七年

日本旧石器学会編『日本列島の旧石器時代遺跡』同、二〇一〇年

日本第四紀学会「日本旧石器特集号」『第四紀研究』第一〇巻第四号、一九七一年

広瀬昭宏・秋山道生・砂田佳宏・山崎和巳「縄文時代集落の研究—野川流域の中期を中心として—」『東京考古』三、一九八五年

府中市企画調整部編『写真集　むかしの府中—明治～昭和二〇年代—』府中市、一九八〇年　[図5－2、図5－3]

府中市教育委員会編『新版　武蔵国府のまち　府中市の歴史』同、二〇〇六年

府中市郷土の森博物館編『武蔵府中と鎌倉街道』(府中市郷土の森博物館ブックレット一二)同、二〇〇九年

府中市郷土の森博物館編『よみがえる古代武蔵国府』(府中市郷土の森博物館ブックレット一七)同、二〇一六年

府中市郷土の森博物館編『新版　武蔵府中くらやみ祭』(府中市郷土の森博物館ブックレット二〇)同、二〇一八年

府中市編『新府中市史』原始・古代資料編一・考古資料一、同、二〇一九年

水野敬三郎監修『深大寺』深大寺、一九八三年

水野敬三郎監修『深大寺学術総合調査報告書』第一～三分冊、深大寺、一九八七年

＊三章で引用した図表番号を、文献名に続けて[　]内に示した。原図に加筆・着色などの改変を行ったものもある。

第四章

伊豆諸島・小笠原諸島

伊豆大島椿花ガーデンより富士山を望む（大島町）

はじめに

1 東京の島々

天気予報図などをみると、東西に長い東京都の地図の横に伊豆《いず》諸島・小笠原《おがさわら》諸島の略図が添えられ、南方の海洋に広がる本当の東京都の範囲を実感することはできません。しかし、図0－1に示される伊豆諸島・小笠原諸島、さらに小笠原諸島に属し日本の最南端である沖《おき》ノ鳥島《とりしま》、最東端である南鳥島《みなみとりしま》までが東京都に属しているのです。

改めて東京都の島嶼《とうしょ》地域について整理しておきましょう。

伊豆諸島には北から順に大島《おおしま》・利島《としま》・新島《にいじま》・式根島《しきねじま》・神津島《こうづしま》・三宅島《みやけじま》・御蔵島《みくらじま》・八《はち》丈島《じょうじま》・青ヶ島《あおがしま》の九つの有人島があり、さらに居住のみられない島や岩礁として、八丈小島《はちじょうこじま》・ベヨネース列岩《れつがん》・須美寿島《すみすじま》・鳥島《とりしま》・孀婦岩《そうふがん》と続いています（図0－2）。

一方、小笠原諸島は聟島《むこじま》列島（聟島・媒島《なこうどしま》・嫁島《よめじま》）、父島《ちちじま》列島（父島・兄《あに》島《じま》・弟島《おとうとじま》）、母島《ははじま》列島（母島・姉島《あねじま》・妹《いもうと》島《じま》）、火山列島（硫黄《いおう》列島ともいう、北硫黄島・硫黄島・南硫黄島）および西之《にしの》島《しま》・南鳥島・沖ノ鳥島の小島を含む島嶼群です。この内、現在では父島と母

0-1 日本の領海等概念図（海上保安庁HPより）
「なお，本概念図は，外国との境界が未画定の海域における地理的中間線を含め便宜上図示したもの」との注記がある

0-3 小笠原諸島（国土地理院「500万分1日本とその周辺」より）

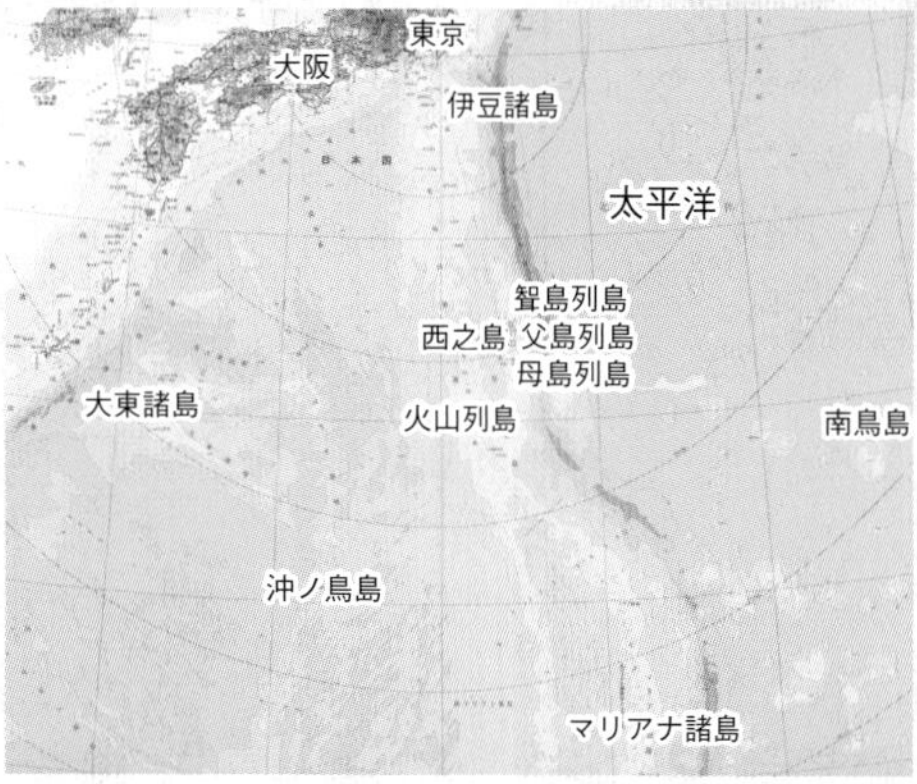

0-2 伊豆諸島（国土地理院「2万5000分の1」より）

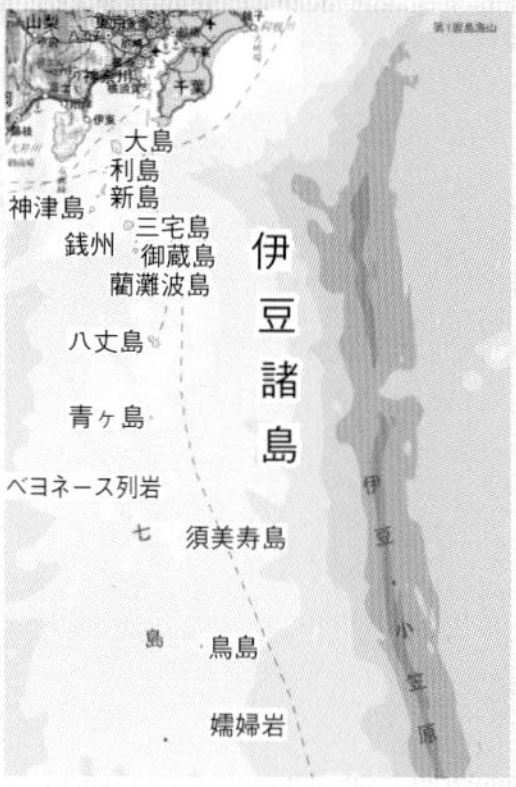

島が、島民が生活基盤を置いている有人島であり、硫黄島や南鳥島には自衛隊員や気象庁の職員が駐在しています（図０－３）。

2 島嶼地域の自治体と人口の変遷

伊豆《いず》七島《しちとう》という呼び方がありますが、現在、伊豆諸島の有人島は九つです。これはいったいどういうことなのでしょうか。実は伊豆七島という呼称は江戸時代からのもので、大島・利島・新島・神津島・三宅島・御蔵島・八丈島を指していました。式根島は新島に属し、青ヶ島村は八丈島の属島として扱われていたのです。この内、式根島は現在の行政区分でも新島に属し、一方の青ヶ島村は一九四〇（昭和十五）年に独立しています。また今は無人島となっている八丈小島ですが、一九六九年に全島民が離島するまで八丈島の属島として扱われていました。

それでは現在の自治体のあり方を整理しましょう。伊豆諸島・小笠原諸島からなる東京都の島嶼地域には、二町七村の自治体があり、それらを管轄する東京都の支庁が四つ置かれています（表０－４）。人口について一九二五年以来の変遷をたどってみると、利島のように長期にわたって比較的変動の少ない自治体もありますが、面積も人口規模も大きい大島町・八丈町をはじめとして、人口の漸減傾向を示す自治体が多くなっています。

3 島嶼地域の東京編入

ところで、島嶼地域の島々が東京に編入された経緯はどのようなものだったのでしょうか。まずは伊豆諸島から確認してみましょう。

伊豆諸島は江戸時代には幕領《ばくりょう》とされ韮山代官《にらやまだいかん》の支配に服していました。

0-4 東京都島嶼部の町村における人口の推移

自治体（面積）／年次	大島支庁				三宅支庁		八丈支庁		小笠原支庁
	大島町（90.76㎢）	利島村（4.12㎢）	新島村（27.54㎢）	神津島村（18.58㎢）	三宅村（55.26㎢）	御蔵島村（20.54㎢）	八丈町（72.23㎢）	青ヶ島村（5.96㎢）	小笠原村（106.78㎢）
1925年	6,824	321	4,110	2,148	4,734	368	8,707	420	5,780
1935年	10,350	321	4,394	2,179	5,574	356	9,170	476	6,729
1945年	9,207	319	4,509	2,359	5,216	384	5,935	279	－
1955年	12,434	356	4,827	2,765	7,131	337	12,344	406	－
1965年	11,540	300	3,913	2,328	5,629	243	11,315	324	－
1975年	11,097	274	3,685	2,093	4,631	177	10,318	205	1,507
1985年	10,377	297	3,653	2,281	4,167	260	10,024	225	2,303
1995年	9,693	317	3,163	2,276	3,831	275	9,476	237	2,809
2005年	8,702	308	3,161	2,068	2,439	292	8,837	214	2,723
2015年	7,884	337	2,749	1,891	2,482	335	7,613	178	3,022
2018年	7,452	347	2,634	1,847	2,347	340	7,249	169	3,039
2021年1月	7,111	332	2,539	1,838	2,228	326	6,994	173	3,032
2019年 外国人人口総数	大島支庁 103				三宅支庁 35		八丈支庁 112		小笠原支庁27

※2021年を除く各年次の人口は10月の国勢調査による数値（1945年のみ11月人口調査）。2021年は東京都の人口（推計）、2021年1月現在（東京都総務局統計部）による。
※自治体の面積は、東京都総務局行政部長通知「東京都区市町村別の面積について」による2017年10月1日現在の数値である。

その韮山代官だった江川英武《えがわひでたけ》が一八六九（明治二）年七月に韮山県知事に任命されると、伊豆諸島も韮山県の管轄下に入りました。ただし、八丈島と青ヶ島は相模府《さがみふ》に属しましたが、翌年韮山県に編入となっています。ついで一八七一年十二月二十五日には廃藩置県《はいはんちけん》後の府県統合で小田原《おだわら》県・荻野山中《おぎのやまなか》県・韮山県が統合されて足柄県《あしがらけん》となり、伊豆諸島は全島その管轄となります。さらに一八七六年四月、足柄県下の旧相模国地域は神奈川県に、旧伊豆国地域は伊豆諸島を含めて静岡県に入りました。

明治初年の複雑な行政区画の変遷の末、一八七八年一月十一日、太政官《だじょうかん》布告により伊豆諸島は東京府に移管されることになりました。距離的に近い静岡県から東京府への移管の背景には、江戸期以来の独占的流通ルートが深く江戸と結びついていた影響をみてとることができます（第一巻二章五節参照）。

一方、小笠原諸島はかつて無人島と呼ばれ、英語でもBonin Islands（ボニン諸島）と表記されていました。しかし、十九世紀に入り各国の捕鯨船《ほげいせん》が頻繁に航行するようになると、薪水《しんすい》の補給地として寄島する機会が増えました。そのなかにはここに住み着く者もあり、幕末期には英米間で領有権紛争も生じます。

こうした状況を受けて、幕府も一八六一（文久《ぶんきゅう》元）年末、外国奉行の水野忠徳《みずのただのり》らを派遣し日本領であることを宣言、実地踏査のうえで開拓・経営の意向を示しています。翌年には八丈島から移住者を送り込むなどしましたが、幕末の情勢のなかで開拓政策を継続することはできませんでした。幕末維新期の激動が一段落した一八七六年、関係諸外国の承認を得てはじめて日本の領有に帰し、当初は内務省《ないむしょう》が管轄《かんかつ》、一八八〇年に東京府に移管されました。

4 アジア・太平洋戦争終結後の占領政策と島嶼地域

アジア・太平洋戦争が終結した翌年、一九四六年一月二十九日、連合国最高司令官総司令部（GHQ）から「特定外周地域の日本からの統治的行政的分離に関する件」という覚書が、日本政府の終戦連絡中央事務所に送付されました。このなかで日本領域と日本領域外の区別がなされたのですが、この時、琉球《りゅうきゅう》（沖縄）・ボニン（小笠原）・火山諸島（硫黄島）などとともに「伊豆南方」、すなわち伊豆諸島も日本国から行政分離という位置づけがなされました。これに衝撃を受けた大島では、元村村長に就任したばかりの柳瀬善之助《やなせぜんのすけ》らが、独立した際の憲法にあたる「大島憲章」の制定を目指しました。これは「島の更正、島民の安寧幸福の確保増進」を図り「万邦和平ノ一端ヲ負荷シ」と記し、日本国憲法に先行して平和主義を盛り込んだものでした。結局、日本政府・東京都の懸命な働きかけにより、伊豆諸島への行政分離措置は三月二十二日に解除され、五三日ぶりに日本国に復帰しましたが、「大島憲章」の試みは忘れてはならないでしょう。

アジア・太平洋戦争下、一九四四年六月に父島や硫黄島は米軍による空襲を受け、島民六八八六人が日本本土へ強制的に疎開《そかい》することになりました。翌年二月からは硫黄島の戦いが始まり、二万人を超える戦死者を出す壮絶な戦いの末、硫黄島はアメリカ軍の占領下に入りました。硫黄島以外の小笠原諸島へは上陸作戦こそ挙行されなかったものの、補給線を断たれたため食糧難を招き、二〇〇名を超える餓死者が出たといわれています。

一九四六年一月二十九日、先に述べたように小笠原諸島全域において日本の施政権が停止されアメリカ軍による軍政が開始されました。一九五二年四月二十八日、サンフランシスコ講和条約が発効、連合国による占領は終止符を打ち、日本は独立国としての主権を回復します。しかし、沖縄や小笠原諸島は暫定的に引き続きアメリカの施政下に置かれることとなったのです。その後、返還交渉や疎開していた住民の帰島運動が粘り強く続けられていきました。それが結実し、小笠原諸島の本土復帰が実現したのはようやく一九六八年のことでした。この年六月二十六日正午、父島のアメリカ海軍司令部前で返還式典が挙行されました。

5 本章の構成

一節では大島を取り上げ、村々の生業のちがいや格差の存在とそれを克服する営みを紹介。また、波浮港《はぶみなと》と集落の開発にも焦点をあてています。「あるく」では、島が観光ブームに沸いた昭和戦前期の大島をめぐります。

新島を取り上げる二節では、江戸の魚問屋《うおどいや》や、幕府《ばくふ》による独占的流通機構である島会所《しまかいしょ》との関係性に言及、また神主兼地役人として幕府代官のもとで現地の支配にあたった前田《まえだ》氏に注目します。さらに、第二次世界大戦から戦後にかけての軍隊や軍事施設に関わる問題と、それへの対応・抵抗から島の自然と環境を守る動きが生じた経緯にふれています。

三節では火山とともに生きてきた三宅島の人びとのメンタリティーに迫ります。とくに明治期の現地視察報告を丹念に読み解き、島の風俗や人情に根ざした特有の政治文化を浮き彫りにしていきます。

四節は「八丈島」。黒潮《くろしお》によって隔てられた八丈島について、巡回する代官の同行者の短期的観察記録と、みずから流人として島での生活を続けながら島嶼地域の歴史・地理・習俗を記録し続けた希有な人物、近藤富蔵《こんどうとみぞう》にスポットをあてます。

五節では、一八七五年に行われた小笠原領有をめぐる交渉を、明治初期の重要な外交問題の一環として捉えます。さらに帝国日本の南洋進出との関わりで変化していく小笠原の位置づけが明らかにされます。

なお、このシリーズではすでに第一巻一章「地形と自然」のなかに「島嶼」の節を、同巻二章「領域と地域」のなかに「伊豆諸島と江戸・東京」を取り上げています。併せてお読みください。

（西木浩一）

館蔵）

第一節

大島《おおしま》——近くて遠い海上の島——

西木浩一

みる

東京から南へおよそ一二〇㎞の海上に位置する大島は、伊豆《いず》諸島のなかでもっとも近くもっとも大きな島です。往来が限られていた江戸時代から、定期船による大規模な観光客の来訪をみる時代へ、この島の変貌をたどっていきましょう。

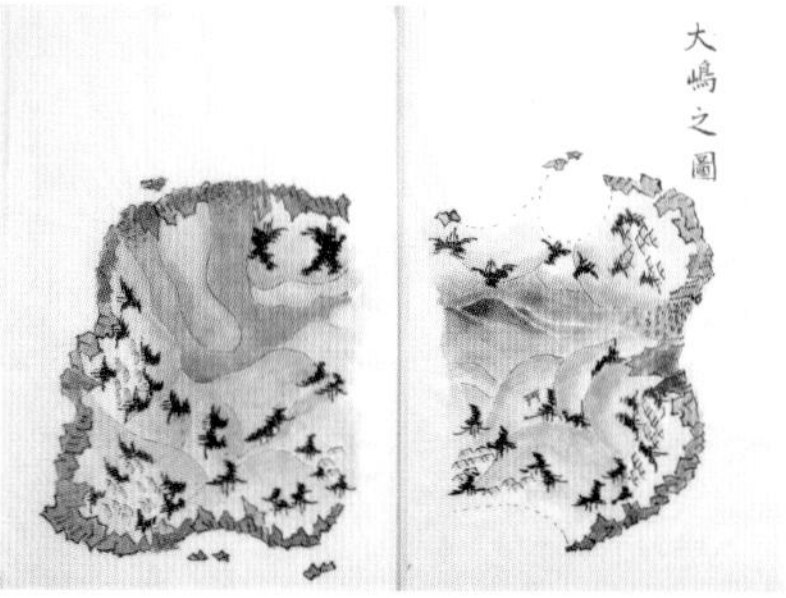

1-2 「大嶋之図」（『伊豆海島風土記』東京都公文書館蔵）

図1-1は、『伊豆日記』（『七島《しちとう》日記』）に描かれた「磯餓鬼」の想像図です。『伊豆日記』は、寛政《かんせい》年間、伊豆代官《だいかん》三河口《みかわぐち》太忠《たちゅう》が現地巡察をした際に、同行した上州《じょうしゅう》館林《たてばやし》出身の文人画家、小寺応斎《こでらおうさい》が綴った絵入りの紀行文です。

ちょっとエイリアンのようにもみえる不気味な妖怪たちは、大島の船乗りたちから聞きとった話を元に描かれました。水難死者の亡霊が現れ、船乗りたちはこれを忌避《きひ》するのではなく、暖をとるための薪や空腹をしのぐための飯を用意し、磯餓鬼様と敬って遇したといいます。小寺応斎は、危険と隣り合わせで海に生きる大島の船乗りたちの、難船を恐れる心意が、亡霊と共存する物語を形成していることに興味をかき立てられたのでしょう。

伊豆諸島は、江戸時代に幕府《ばくふ》の直轄地《ちょっかつち》となり、一六七〇（寛文《かんぶん》十）年以降は伊豆代官の支配が確定していました。といっても島嶼《とうしょ》地域に常駐する支配役所が置かれることはなく、手代《てだい》らが年に一回くらい主だった島に派遣される程度で、島の支配は有力な家系の者が地役人に任命され、

1-1『伊豆日記』巻3（国立国会図書

釈文（／で改行）

大島のうみに磯餓鬼といふ物有、難船に／し、たる者がきとなりいそにある故いそがきと／いふとぞ、船子とも日和まちしてゐるに雨の／夜などにハ必来る、来れば先火を／たきあたりて飯をくひて帰る、来らんと／おもふ夜ハ火を清め飯をたきて／いろりのはたへ置、又たきゞを置、／かくせされバ船に難有とおそれ／たうとミて、かりにもいそかき様と／敬ひいふ、思ふに猩々抔いふ／類ひの物なるか、其かたちをとふ／しかとハおがミ侍らねどぼうづ／あたまにて丸はだか／なりといふ

是ハ船子ともの／ものかたるを聞て／か、るかたちや／あらんと戯れに／ゑかきたるなり

現代語訳

大島の海に磯餓鬼《いそがき》という者がいるという。難破《なんぱ》によって水死した死者が餓鬼となって磯にいるということから「磯餓鬼」と呼ばれているという。船乗りたちが出航に適した条件を待って「日《ひ》和《より》待ち」をしていると、雨の夜などには必ず現れる。来ればまず火を焚《た》いて当たり、飯を食べて帰って行く。そこで船乗りたちは今日は来そうだなと思うと火を清めて飯を炊き、囲炉裏《いろり》の端へ置き、また薪《まき》も置いておく。そうしておかないと船に難があると恐れ、尊んでかりにも磯餓鬼様と敬い称する。私の考えでは猩々《しょうじょう》と呼ばれる想像上の怪獣のようなものであろうか。その姿を質問してみると、しっかりとみたわけではないが、坊主《ぼうず》頭《あたま》で、丸裸だという。

この図は、船乗りたちが証言してくれたのを聞き、こんな風だろうと想像して戯《たわむ》れに描いてみたものである。

多くは神主《かんぬし》を兼ねる地役人を通した在地支配が行われていました。大島では新島村《にいじまむら》の藤井氏がこの地役人を代々世襲していました。

代官らが島々をめぐって、年貢徴収・治安維持・産業開発・異国船取締りといった支配の貫徹を図るとともに、島の実情を把握する現地巡回は、数回行われました。

その現地巡回の際には、図1－1の『伊豆日記』のように、絵師や文人らが同行して地誌や絵図を綴《つづ》り、貴重な情報を今に伝えています。一七八一（天明《てんめい》元）年の巡回時には佐藤行信《さとうゆきのぶ》・吉川秀道《よしかわひでみち》による『七島巡見志《しちとうじゅんけんし》』『伊豆《いず》海島《かいとう》風土《ふど》記《き》』（図1－2）が作成され、その貴重な記録は後世に残されることとなりました。

こうした記録には当時の江戸や周辺の村での生活体験とは異なる、島嶼地域の生活習俗・文化が新鮮な眼で写しとられています。

伊豆諸島のなかでは江戸・東京からもっとも近い大島ですが、そこに特有の風土・文化をみてとる眼差《まなざ》しは、近代以降観光地としての大島の発展にもつながっていくことになります。

1-3 「伊豆国附大島絵図」（東京都公文書館蔵）

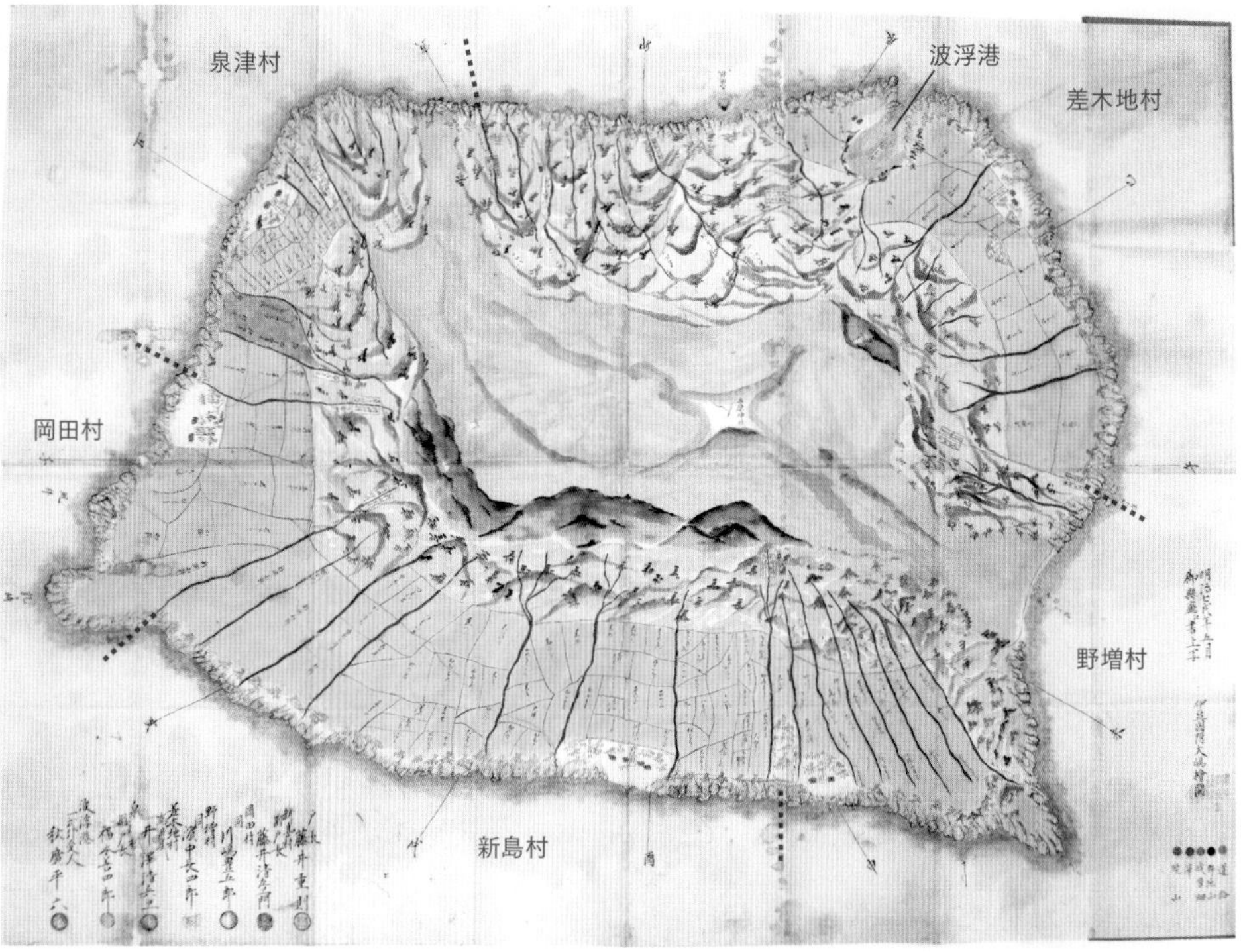

よむ

江戸時代の大島と村々

大島はいく度となく繰り返された三原山《みはらやま》の噴火によって形成された火山島で、長径一五km、短径九kmの楕円《だえん》形をしています。図1－3の一八七四（明治七）年に作成された図からもわかるように、平地は少なく、集落はすべて海岸に面して立地していました。『七島巡見志』『伊豆海島風土記』により、江戸時代の大島の様子をうかがってみましょう。

島内の経済格差とその克服

一七八一（天明元）年四月の段階で、大島全体で家数五二五軒、人口二二三六人（二二三七人カ）（男子一一四八人・女子一一八九人）を数えていました。海に面した島の集落というと、いずれも漁村と考えがちですがそうではありませんでした。『伊豆海島風土記』から要約して紹介しましょう。

今、この島は五ヵ村に分かれており、新島村と岡田《おかだ》村《むら》は船着きのできる所であり、男は漁猟《ぎょりょう》を専業とし、廻船《かいせん》に乗って豊富な漁獲物などを交易し利潤を得ている。女は畑をつくり、布を織り、また海草をとって食用にしている。

これに対して差木地《さしきじ》村《むら》・泉津《せんづ》村《むら》・野増《のまし》村《むら》の三村は「釜百姓《かまびゃくしょう》」（竈百姓）と唱え、昔は塩を焼いて家業としていたという。しかし、塩焼きは絶えて、享保《きょうほう》の頃（一七一六～三六）からは男女とも薪を刈り出したり萱《かや》を刈って苫《とま》に編んだりして販売し、これで穀物に代えている。また畑も耕作し、木の実や野草をとって食料に足している。

一七八一年の巡回でみられた浦方二村と山方三村の格差構造はその後も現実のものとして継続していきました。新島村と岡田村は漁船と廻船を所持する特権を有し、差木地・泉津・野増の三村はその所持と建造を禁じられていったのです。天保《てんぽう》の大飢饉《だいききん》にとりわけ山方三村の飢餓は深刻で、差木地村で二〇人の餓死者が出ました。

このため差木地村では、杣頭《そまがしら》の清兵衛《せいべえ》・塩入《しおいり》の松兵衛《まつべえ》・百姓《ひゃくしょう》惣代藤内《そうだいとうない》らが中心となって、漁船による漁獲、自前の廻船を所持しての直接販売により収入の増加と安定を図るため、一八三八（天保九）年以来、新島村を相手どり代官所へ出願、これが叶わないと江戸に出府して勘《かん》定《じょうぶ》奉行《ぎょう》への直訴《じきそ》を行いました。それでも奏功しないなか、一八三九年六月十五日には、藤内と松兵衛が江戸で老中《ろうじゅう》水野《みずの》忠邦《ただくに》の駕籠《かご》先への直訴を敢行します。文字通り命がけの訴願行為の結果、意外にも重罰を免れ、代官所へ身柄を引き渡されたうえ、勘定奉行所の仲介で漁船三艘の新造と所持が認められました。しかし、このいったん成立した示談の内容に食い違いが生じ、清兵衛・松兵衛・藤内の三名はさらに勘定奉行への駕籠訴を行いました。結局、病気の松兵衛を除く二名は八三日におよぶ入牢を余儀なくされますが、改めて漁船三艘に限り新造船を所有することが公認されたのです。

1-4 漁業権獲得の先覚者・小坂藤内ら3人の記念碑

大島バス「差木地中央」バス停下車，徒歩3分。

波《は》浮《ぶ》港《みなと》の開設

一七〇三（元禄《げんろく》十六）年十一月二十三日午前二時頃、房総《ぼうそう》半島南端を震源地とするマグニチュード八・二と推定される大地震が発生し、三《み》浦《うら》半島・房総半島南部で震度七の揺れを記録、その後襲った津波と相まって甚大な被害が生じました。この時、火口湖であった伊豆大島の「波浮之池」も津波を受けて南側が崩壊、外海から汐《しお》が入るようになりました。

この波浮の池を港として完成させたのが上総《かずさの》国植畑村《くにうえはたむら》（千葉県君津《きみつ》市）出身の秋廣平六《あきひろへいろく》です。一七八九（寛政元）年、三四歳の時、本草《ほんぞう》医師田《た》村元長《むらげんちょう》の薬草調査のための案内人となった平六は、波浮の池を視察し将来は良港にできると確信しました。その後、満を持して一七九八年、代官三河口太忠に「大島波浮港入江堀割出願書」を提出しました。

幕府は評議の結果、波浮港築港の工事を認可し蝦夷地御用金《えぞちごようきん》のなかから予算を拠出することを決めました。当時、外国船がしきりに日本の近海に出没し、特にカムチャツカ半島をへて南下してきたロシアは、蝦夷地に住む日本人としばしば紛争を起していました。北方問題に重大な関心を寄せていた幕府は、海防の緊要性を痛感していたため、伊豆諸島と江戸を往復する御用船や北国と江戸を往来する廻船の風待ち港としてのみならず、蝦夷地廻船の寄港地としての機能も担うという目的で工事が認められたのです。

一七九九年、平六は勘定奉行の尋問をへて工事の一式引受人に任じられ、一八〇〇年三月に工事を開始、総工費九八〇両、延べ人員一万二〇〇〇人を要して五ヵ月後の八月に完成をみました。

江戸時代、特定個人が請け負うこうした開発工事は投機目的が多くトラブルも多々みられましたが、平六は工事前には家族で移住し、さらに島内の野増村や八丈《はちじょう》島《じま》をはじめとした伊豆諸島からの入植者を募り、港の開設とともに波浮港村の創設に取り組みました。波浮港は、江戸時代後期につくり出された港湾・集落だったのです。

1-5 秋廣平六の墓（山田弘行氏提供）

平六は1817（文化14）年4月22日，波浮港村で61歳の生涯を閉じた。墓所は波浮上の山旧墓地の妙見堂脇にあり，4基並ぶ墓の右から2つ目が平六，3つ目が妻まつのもの。

大島観光いまむかし

東京から一番近い伊豆諸島の島、大島。実際、足の速い漁船だと江戸まで一晩で漕ぎ着けたといいます。大型船舶の定期航路の就航をへて観光地として花開いた歴史を追い、昭和戦前期の観光名所をあるいてみましょう。

明治期に伊豆諸島航路が開設

一八八九（明治二十二）年十一月、東京湾内の諸航路を運営した四つの会社が合併して東京湾汽船会社が設立されました。渋沢栄一《しぶさわえいいち》の肝いりで創立された同社は翌年には東京湾汽船株式会社となり、明治後半期に向けて同業他社の吸収合併を進めていきました。一九〇六年には先に買収した相陽汽船《そうようきせん》に代わって伊東—大島航路を開始しました。

一九〇七年には命令航路を開始します。命令航路とは、政府や地方公共団体が補助を与えて運航を指定し、命令する航路のことです。これにより大島へは最低年九六回の汽船寄港が実現されるようになったのです。

大正末年から昭和初年にかけての金融恐慌は、東京湾汽船株式会社の経営にも大きな影響を与え、創業以来の大株主であり経営に参画してきた人びとが退陣、一九二七（昭和二）年に発足した新経営陣のもとで、これまでの貨物中心から客船中心への転換・新型ディーゼル船の導入・伊豆諸島の観光開発といった新機軸が展開されていきました。

エキゾチックな観光の島へ

定期的な船舶の来航は、身近な異郷として観光地大島を発展させていきます。明治末から大正・昭和にかけて、藤森成吉《ふじもりせいきち》・土田耕平《つちだこうへい》・中村彝《つね》・棟方志功《むなかたしこう》ら文学者や画家が大島を訪れ、その情報発信が島への憧憬《どうけい》を高めました。

一九二八年には、野口雨情《のぐちうじょう》作詞、中山晋平《なかやましんぺい》作曲の「波浮の港」が、日本初のレコード歌手佐藤千夜子《さとうちやこ》の歌でビクターレコードから発売され、一〇万枚のヒットとなり大島ブームに拍車をかけました。

たびたびの噴火により島民に繰り返し苦難をもたらした三原山①は観光の目玉となります。一九二八年には御神火茶屋《ごじんかちゃや》②が創業され、この後登山道に沿って茶屋が相次いで開設されました。一九三一年には三原山裏砂漠《うらさばく》③にモンゴル産のラクダ二頭と満洲産のロバ一頭が導入され、旅客を乗せて砂漠を横断する企画が人気を呼びました。

そして二〇一〇（平成二十二）年、伊豆大島は日本ジオパークに認定されました。島は訪れる者に、今も火山の歴史を伝え続けます。

①三原山
上／噴火口に降り立っていく冒険気分の観覧が可能だった。
下／現在の噴火口（大島町観光課提供）。直径300～350m，深さ200mの巨大な縦穴。

③裏砂漠
上／日本で地図に載る唯一の砂漠。ラクダがよくマッチしている。
下／現在はラクダの代わりにバギーや4WDで走行できる（大島町観光課提供）。

④スライダー（滑走場）
三原山の斜面を利用したスライダー。1935年より営業，37年に鉄不足から軍により撤去命令が出され閉鎖した。

1-6 「伊豆大島鳥瞰図」(1935年)
※①③〜⑧で使用した絵葉書は，樋口秀司氏提供。

⑤行者窟
上／699(文武天皇3)年に配流となった役行者が修行したという洞窟。
下／現在も毎年6月15日には行者祭が盛大に行われる(岩崎薫氏提供)。

⑥波浮港
上／「波浮の港」の大ヒットが大島への観光ブームに火をつけた。
下／見晴らし台からの風景(大島町観光課提供)。

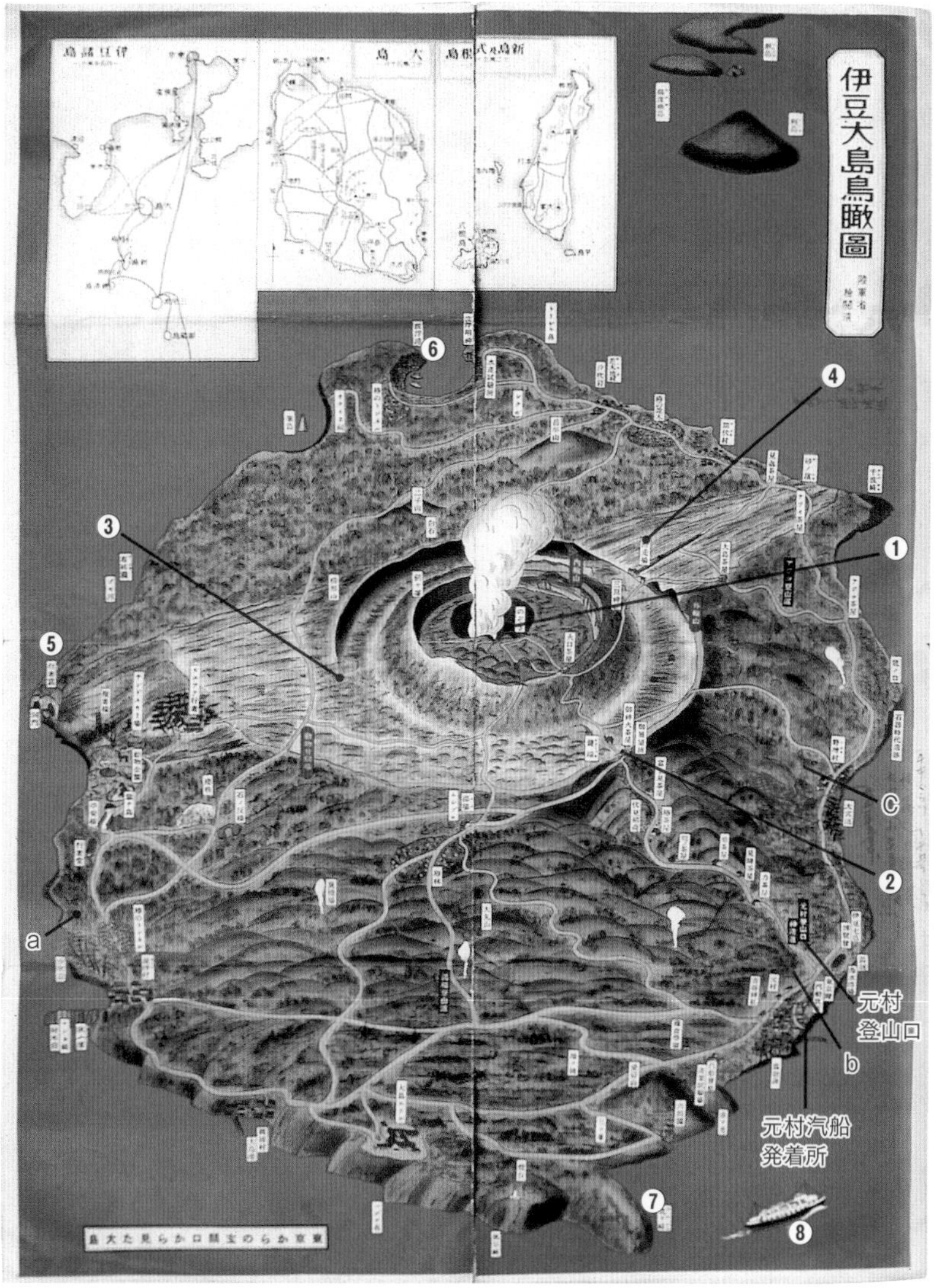

a 都立大島公園(大島町泉津字福重)※椿園・椿資料館あり。
b 大島町郷土博物館(大島町元町字地の岡)
c 伊豆大島火山博物館(大島町元町字神田屋敷)
※絵地図が作成された当時なかったa〜cの施設は，おおよその位置を示した。

⑦乳が崎
大島最北端の岬。内陸部から続く96 mの丘が一気に海に落ち込む断崖の景観が見事。

⑧橘丸
1935年6月，東京—大島航路に就航した大型客船。1,772トンの偉容を誇った。

第二節

新《にい》島《じま》の社会と江戸

吉田伸之

みる

文書」新島村博物館蔵）より

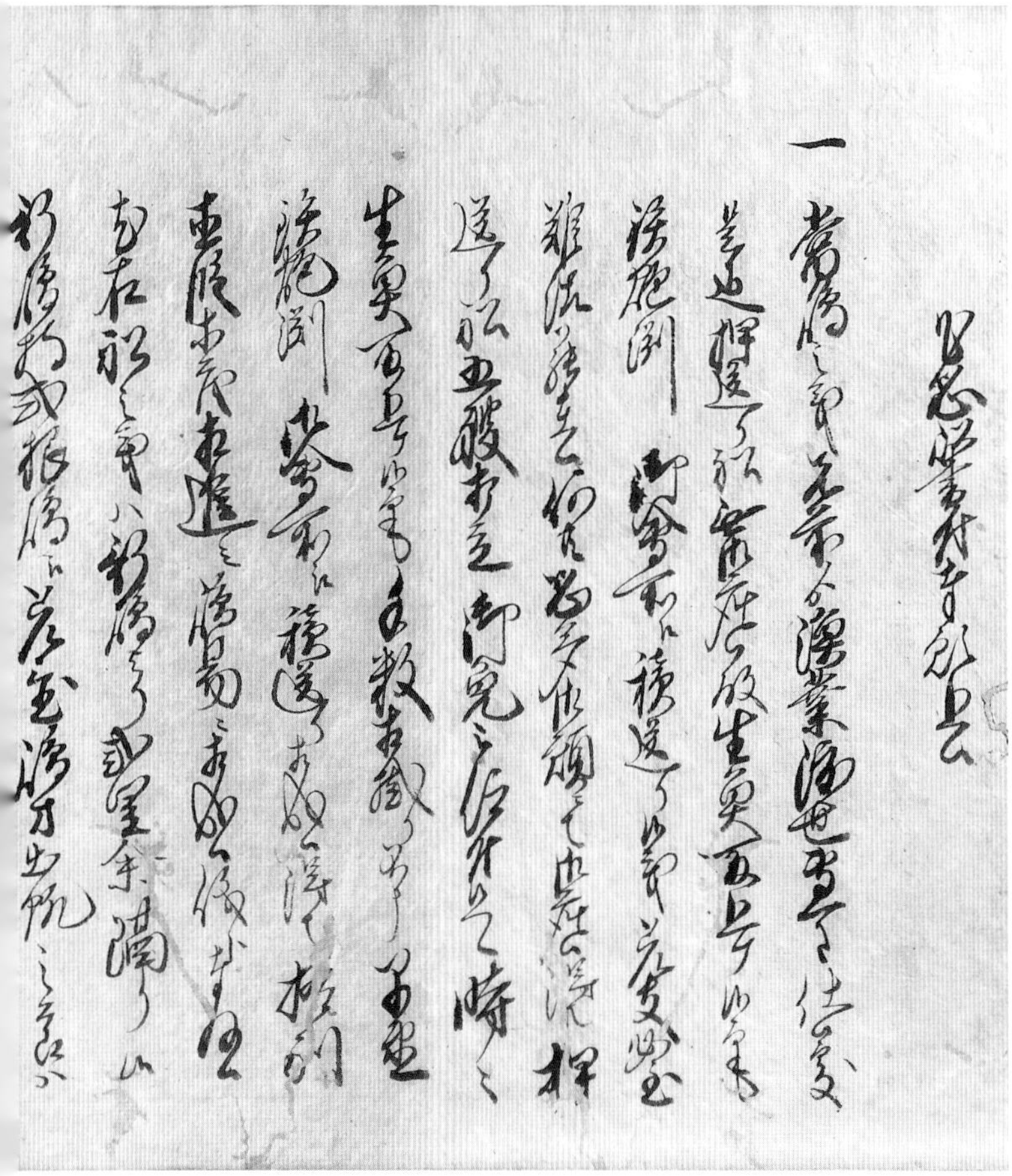

近世の伊豆国《いずのくに》新島をめぐる社会のありようを、漁業をめぐる江戸との関係や、十三社明神《じゅうさんしゃみょうじん》の神主《かんぬし》家を中心とする支配との関わりなどからみてみましょう。

釈文

（／で改行）

乍恐以書付奉願上候

一当嶋之義、先前より漁業渡世専一ニ仕候処／是迠押送り船無御座候故、生魚取上ヶ候而も／鉄炮洲　御会所江積送り候義差支、必至／難渋罷在候、何共恐多御願ニ者御座候得共、押／送り船五艘打立御免被仰付候ハヽ、時々／生魚取上ヶ候而も手数相掛り不申、早速／鉄炮洲　御会所江積送り相成候得者、格別／直段等茂相進ミ、嶋易ニ相成候義ト奉存候／尤右船之義ハ、新嶋より弐里余隔り候／新嶋持式根嶋江差置、嶋方出帆之節ハ／別而相改、厳重取締方可仕与奉存候間、此段／被為訳聞召、手広ニ渡世相成候様奉願上候／尤右船打立候而も、御拝借等御願申上間敷候／間、当嶋　御救与被為思召、御聞済被下置／候ハヽ、一統冥加至極難有仕合奉存候、乍恐此段／偏奉願上候、以上

天保九戌年

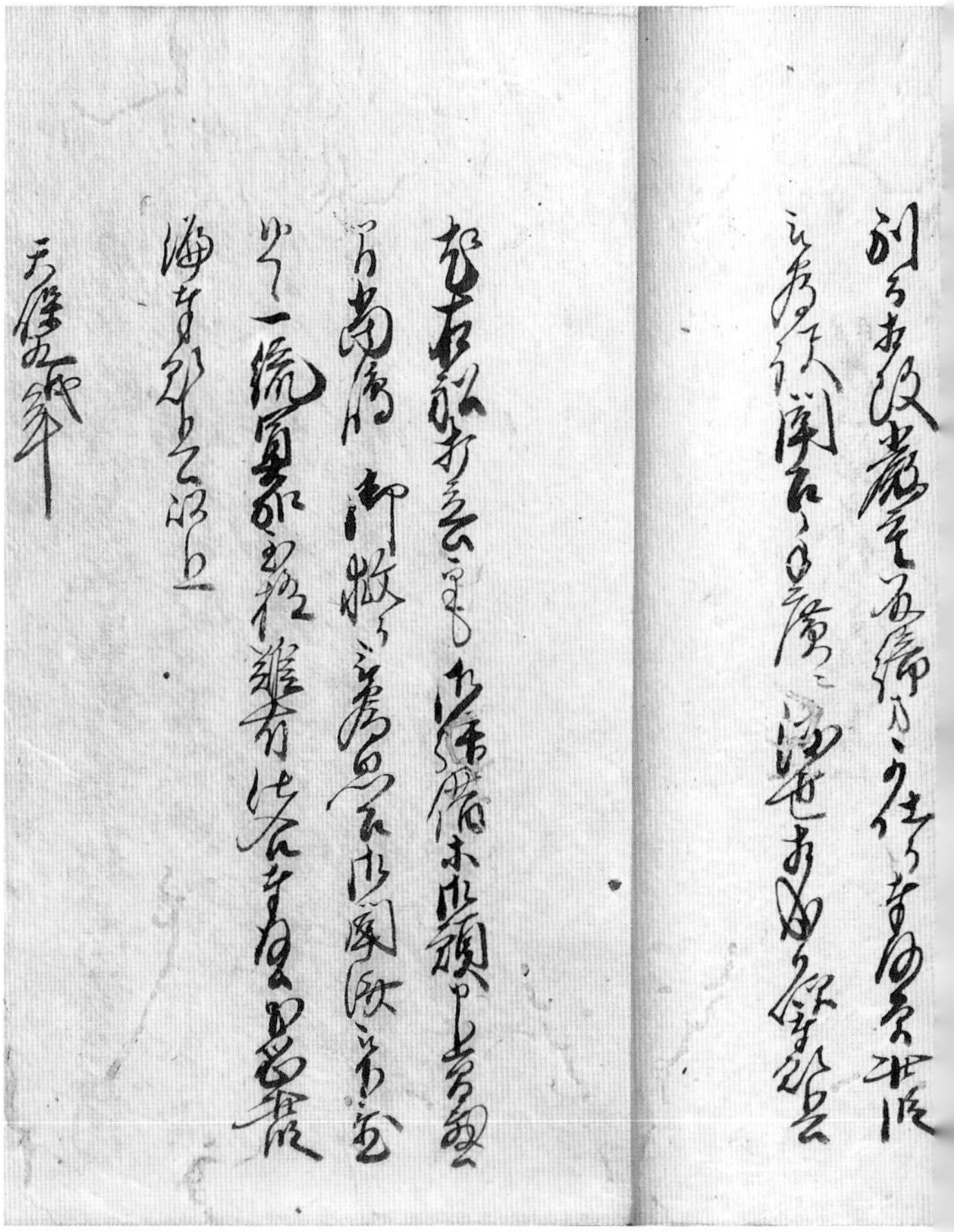

2-1「下渡米遣方等につき書付控」(天保九戌年〈1838〉年,「新島村役場

図2－1は一八三八（天保《てんぽう》九）年に作成された「諸書上《しょかきあげ》」という史料の一部です。幕府代官《ばくふだいかん》からの求めに応じ、新島の現状や海防など非常時の備えなどについて記した報告書のなかに、この願書が含まれています。伊豆国に属す新島では、漁業が盛んでしたが、江戸の魚問屋や幕府の島会所《しまかいしょ》による強い拘束を受けていたことが史料からうかがえます。江戸の魚市場へは、内湾《ないわん》（東京湾）や相模湾《さがみわん》、外房《そとぼう》方面の漁業村落から、日々無数の生鮮魚が送られてきましたが、その運送を担ったのが快速の押送舟でした。一七八二（天明《てんめい》二）年九月のものとみられる史料によると（『新島村史　資料編一』）、釣られた鰹《かつお》は「伊豆地生物問屋」が仕入れ、この「生物問屋」が持つ押送舟で運ばれ、江戸で三～四倍もの価格で販売されているとし、島で押送舟を建造することの許可を同じように求めています。図2－1の出願で、押送舟の建造が許可されたかどうかは不明ですが、新島から江戸へと送られる鰹やサザエなどの生鮮漁獲物を自前の押送舟で江戸へ送ることが、島の経済にとってとても切実であったことがうかがえます。

現代語訳

恐れながら書付を記して御願いいたします。

この島は以前から漁業を生業《なりわい》とする者ばかりですが、これまでは押送船《おしおくりぶね》がございませんので、鮮魚を漁獲しても江戸の鉄炮洲《てつぽうず》御会所《ごかいしょ》に速やかに搬送することができず、大変困っております。そこで、なんとも恐れ多い御願いではありますが、押送船五艘を建造することのご許可をいただければ、ときどき鮮魚を漁獲してもすぐに鉄炮洲御会所へ搬送できます。そうすれば販売直段《ねだん》も格段に高くなり、島の利益になることと思います。そしてこの船は、新島から二里あまり離れた新島持ちの式根島《しきねじま》に置き、島を出帆する時に、特別に検査し厳しく管理するつもりでおります。そこでこの件をご理解いただき、生業の機会が広がりますように御願いいたします。もちろん、この船を建造するための資金をお借りすることを願い出たりはしませんので、この島の御救いになるとご理解いただき、ご許可下されば、私たち一統、大変ありがたい次第です。恐れながらこの件、よろしく御願いいたします。

＊押送船　六人漕ぎの小型快速の海船。江戸湾や周辺部から江戸の魚問屋《うおどいや》向けに生鮮魚を運搬する目的でつくられた。

＊鉄炮洲御会所　一七九六（寛政《かんせい》八）年、江戸鉄炮洲十《じっ》軒町《けんちょう》に設置された幕府の伊豆国《いずのくに》付島々物産会所。島会所とも。

よむ

近世新島の支配と村々

十八世紀新島の社会や支配の様子を、残された古文書からみてみましょう。

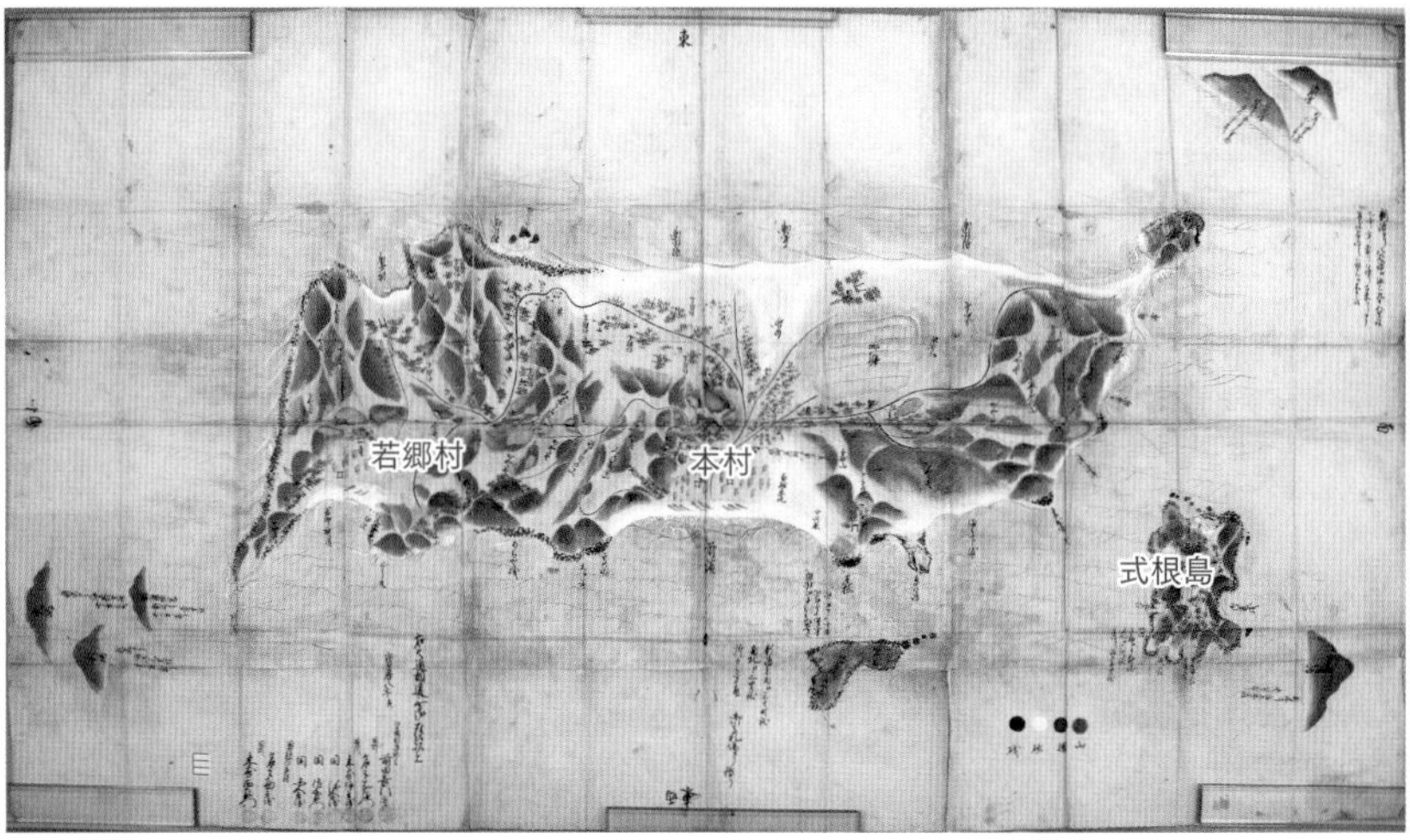

2-2 1758（宝暦8）年の新島の絵地図（新島村博物館蔵）

村の概要と支配

東西三〇丁、南北三里の細長い新島には、一七七四（安永《あんえい》三）年当時、三八三軒、一八八五人が暮らしていました。新島は、本村《ほんそん》（三五〇軒、一七〇九人）が大半を占めましたが、枝郷《えだごう》として若郷村《わかごうむら》（三三軒、一七六人）が存在しました。このほか、神主前田《まえだ》氏《し》など一八名の社人がいました。

幕府の直轄《ちょっかつ》で、当時は韮山《にらやま》代官の江《え》川《がわ》太《た》郎左《ろうざ》衛《え》門《もん》が支配を担当していました。島にも代官役所はありましたが、代官本人はほとんど来ず、代官の手《て》代《だい》が常駐し、島の役人たち（神主前田氏や名主《なぬし》・年寄《としより》）とともに島の行政を担いました。本村・若郷村ともに村高はなく（無高）、田は皆無、畑地や屋敷地に対する年貢《ねんぐ》も当初はありませんでした。近世初頭から毎年一五一三俵分（約五三〇石）という多量の塩年貢負担があり、これは一六八九（元禄《げんろく》二）年から代金納（二五両余）とされ、塩役と呼ばれます。このほか、鰹節・キクラゲ・ムロアジ・サザエ・ツバキ・廻《かい》船《せん》などに課されるいくつかの小《こ》物成《ものなり》や運上《うんじょう》を負担しました。

ところが、一七九三（寛政五）年から屋敷地と畑地に対して年貢が賦《ふ》課《か》され始め、全体で金一二両余を新たに負担することになります。また、新島の南に位置する式根島は、当時は無人島で「新島持」の入会地《いりあいち》とされてきましたが、ここにも豊かな漁場があることから、七両二分の冥加《みょうが》金《きん》が、同年より賦課されます。この式根島は、一八七七（明治十）年以降開拓が検討され、一八八九年から移住が始まりました。

このほか、代官や役人が新島に渡り巡見《じゅんけん》に回る時や、流人《るにん》の搬送をめぐる御用に漁船を提供する役負担などがありました。

新島の暮らしと生業

新島の暮らしと生業の様子をみておきましょう。本村には、浜町・舟町・原町・新町・寺町・釜町・本町・北町・森町・河原町・向井町などの「町」名が確認できます（「あるく」で後述する「旅稼并奉公出作者控帳」による）。これらは、同じ小集落を別名で呼ぶ場合も含まれているかもしれません。その中心は漁業集落としての浜方（猟師町）であり、一五〇〇～一八〇〇人という人口規模からみて、漁業以外のさまざまな職分や小商いに従事する人びとが存在し、村の中心部は猟師町を中心に都市のような様相を呈していたと思われます。

2-3　1960年代の漁業（前田萬藏氏蔵）

生業は「漁業第一」で、それに次いで薪《まき》の生産や、特産品としての椿油《つばきゆ》作りなどが主であったようです。漁船は一七二六（享保《きょうほう》十一）年に五五艘、一七九五（寛政七）年には四三艘、また一八一四（文化《ぶんか》十一）年や一八二〇（文政《ぶんせい》三）年では三九艘存在しました。漁船などの小舟は島内で船大工によって建造されたようです。

風の強い新島では、凪《な》ぎの日が多い三月下旬から八月が主な漁業の時期でした。三月上旬までは式根島でサザエを取り、三～六月は式根島での立網漁《たてあみりょう》でムロアジを、沖合では釣漁で鰹を獲るとあります。鰹は生のままで、あるいは鰹節に加工して江戸まで運ばれました。海辺では年中地引き網が行われ、また海藻の採取も盛んでした。

主な漁獲物は江戸に送られ、四日市《よっかいち》・小船《こぶね》町《ちょう》新島荷請問屋《にうけどいや》が独占して集荷しました。こうした魚荷《うおに》が生み出す利益は、幕府も注目するところとなり、一七八二（天明《てんめい》二）年、幕府は新島に巡検使を派遣します。そして、一七九六年に「伊豆国付島々産物会所」（島会所）を鉄炮洲十軒町に設置し、四日市・小船町新島荷請問屋の独占を停止します。

産物で注目されるのは薪です。不漁の時など、漁船を使って薪を江戸まで運び、「当分の口稼ぎ」（緊急時に収入を得る稼ぎ）にしたとあります。「男は漁業や海藻取をし、合間に薪を取り、女は薪を伐り、葛《くず》・野老《ところ》・山芋や草木の葉を取る」ことを稼ぎとし、特に薪は「多くは女伐り出し」とあって、女性の労働を主としたことがうかがえ、普段から一定量の薪を江戸などに向けて送っていたと推定されます。

神主兼地役人・前田氏

新島の社会をみるうえでもう一つ注目されるのが、十三社明神（現十三社神社）神主の前田氏です。十三社の筆頭である三島《みしま》大明神の由緒は、一四八一（文明《ぶんめい》十三）年に作成されたとされる伊豆「島々御縁起」と深く関わるようです。これには、三島大明神が伊豆の海に島々を「焼出」したという、島産みの神話が記されています。天竺《てんじく》の王の嫡子（王子）である一大薬師子が、三人の子（普賢菩薩《ふげんぼさつ》〈若宮〉・不動明王《ふどうみょうおう》・弁財《べんざい》天《てん》）とともに高麗《こうらい》をへて日本へ渡り、伊豆の海に一〇の島々を「焼出」したとあり、その四番目に「塩の泡を寄せて焼かせ給ひければ、島の色白かりけるによつて、あたら（新）島と名付けたり」とあり、この「あたら島」を新島の起源としています。

前田氏は、その家譜《かふ》によると、一六四九（慶《けい》安《あん》二）年の大火の翌年、本村中央部から現在地に移動し、それ以来、神主を務め「御公役」を兼帯したとされています。この御公役は「地役」とも記され、前田氏は「神主兼地役人」として、幕府代官の下で、十七世紀後半以来、新島現地の支配を担いました。また一七八三年以降、幕府から毎年一〇俵の役料を与えられています。そして、一八〇〇年の『伊豆七島風土細覧』では、前田氏は「神職に寺役を兼帯して一島にての君主なり」と、まるで新島一島の「君主」であるかのようだとされています。

一七二六年の「新島指出帳」によると、十三社明神には神主前田氏のほかに一六名の社人が存在することが確認できます。これらの社人は祝部《ほうりべ》五名、禰宜《ねぎ》一名からなり、いずれも百姓身分で、年に一二度の祭礼神事の時に「神役」を勤めました。こうした、神主家と社人を中心とする島の社会のありようは、三宅島《みやけじま》や大《おお》島《しま》にも共通してみられ、伊豆諸島における地域社会の特徴を考えるうえで注目されます。

あるく

新島と外部社会

冒頭の史料からもうかがえるように、豊かな漁場に囲まれた新島は、江戸に漁獲物を送り出す漁業地帯であり、江戸と深い関係を持っていました。しかしこうした島外部の世界との関わりは、漁業だけではありません。ここで新島の歴史が、漁業のほかに島の外部世界とどのような関係を持ったのか、少し探ってみましょう。

流人

新島は流刑（島流し）の島として知られます。流刑は、江戸幕府の刑罰のなかで「遠島《おんとう》」と呼ばれ死罪につぐ重罪でした。江戸をはじめ、東日本の幕府領からは伊豆諸島へ、また西日本の幕府領では、隠岐《おき》・壱岐《いき》・五島《ごとう》・薩南《さつなん》諸島へと送られました。伊豆諸島のなかで、これら流人を近世を通して受け入れたのは、三宅島・八《はち》丈島《じょうじま》・新島の三島で、延べ五〇〇〇名におよんだとされます。

このうち新島には、神主兼地役人前田家のもとに「新島流人帳」という二冊の史料が残されています。これには、一六六八（寛文八）年から一八七一（明治四）年の遠島廃止まで、あわせて一三三三名分が記載されています。たとえば、一八二八（文政十一）年三月には、無宿《むしゅく》八百勝（勝五郎）三〇歳、南当郷村《みなみとうごうむら》（常陸国真壁郡《ひたちのくにまかべぐん》）無宿久弥二四歳、信州《しんしゅう》無宿又太郎三〇歳の三名が流罪となり、船手《ふなて》役所古屋平左衛門《ふるやへいざえもん》の差配のもとで、新島の権左衛門が所有する船が調達され、三月二九日申下刻（夕方五時頃）に島に到着しています。これには同心《どうしん》三名が警護につき添ったことが記されています。そして、又太郎は二年後に病死、久弥は一八四七（弘化《こうか》四）年に赦免、また八百勝は一八六八年（慶応《けいおう》四）九月、幕府倒壊のなか七〇歳でようやく赦免となっています。こうして「新島流人帳」に記載されるのは、その多くが江戸を中心とする民衆や底辺の人びとであり、かれらが生きたかけがえのない痕跡でもあるのです。

共同墓地の一角に、流人墓地①（新島村本村三丁目）があります。そこから北へ一km行くと新島村博物館②（新島村本村二丁目）です。

旅稼ぎ・出稼ぎ

前田家文書には、一七二三（享保八）年の「旅稼幷奉公出作者控帳」という史料があります。この史料は、新島から行き来する船や、島から出稼ぎに出る人びとを細かく記載した帳簿です。ここには、江戸や浦賀《うらが》との海運に従事したり、旅稼ぎに出る若者たちが合計一二七名分記録されています。この帳面は、地役人である前田家が、島の出入を管理するために作成したものと思われますが、これによって当時新島から外部の世界へと多くの人びとが稼ぎに出たことがうかがえます。その内容をみると、まず廻船に乗る若者たち、また出稼ぎで他所へ奉公に出る者が多く記載されています。奉公先は、江戸・浦賀が大半です。江戸では、四日市・鉄炮洲湊町《みなとちょう》・材木町《ざいもくちょう》・芝雑喉場《しばざこば》・本小田原町《ほんおだわらちょう》・瀬戸物町《とものちょう》・村松町《むらまつちょう》・築地《つきじ》・茅場町《かやばちょう》・霊岸島《れいがんじま》・深《ふか》川《がわ》・品川《しながわ》などの地名や町名が目につきます。町名からみると、これらの多くは魚市場や魚問屋などで奉公人として働くために島を出たものと推定され、新島の漁業がこうした出稼ぎにとって大きな役割を果たしていることが注目されます。

新島と軍隊

新島は、近代以降も、外部の世界によってたびたび翻弄《ほんろう》されてきました。とくに、第二次世界大戦から戦後の時期、軍の駐屯・ミサイル試射場設置・米軍水戸《みと》射爆場移転問題など、軍隊や軍事施設に関わる一連の問題が生じています。

戦時体制下の一九四三（昭和十八）年、帝都防衛を名目に、陸軍特設警備中隊が新島に進駐し、敗戦時までには七〇〇〇〜八〇〇〇人もの規模に達しています。そのなかで一九四四年には、陸軍新島飛行場が建設され、この時、島に古くからあった貴重な大木が数多く伐採されてしまいました。また敗戦間近の一九四五年六月には、島民三九六六人中、一七四七人が山形県へと強制疎開《そかい》させられています。

戦後の一九五七年になると、防衛庁は、三億四八〇〇万円を投じて購入したスイス・エリコン社製ミサイルMX７７１８６型・54型（射程二〇〜二五km）を試射するために、新島の南端羽《は》端《ばた》地区に試射場③を建設することを計画します。そして一九五八年度予算に、村有地二〇〇万坪の購入・道路整備・宿舎経費などの予算を計上し、職員二〇〜三〇人を常駐させ、年二〇〜三〇発の試射を実施しようとしました。そして、島にはその見返りとして港湾を整備し、飛行場を新たに設置しようというものです。これらを極秘裏に進めていましたが、新聞のスクープ記事で情報が漏れ、これを知った島内小中学校の先生たちが、「村民の皆様へ」と題するビラを島の全世帯（六〇〇戸）に配り、島の開発を促進しようとする人びととの間で、島を二分する争いに発展しました。しかし一九六二年に試射場は完成し、翌年七月に、はじめてのミサイル試射が行われるにいたります。

その後、米軍水戸射爆場（茨城県）の移転先としてふたたび新島がクローズアップされ、一九六六年に、今度は村議会一致で反対決議が行われます。結局政府は一九七〇年に、代替地なしで水戸射爆場を停止すると発表し、この問題は収束することになりました。

2-4 新島と式根島

①流人墓地（新島村博物館提供）

③本村向山羽端の防衛庁ミサイル試射場から発射された国産最初のミサイル（1963年7月8日11時4分，新島村博物館蔵）

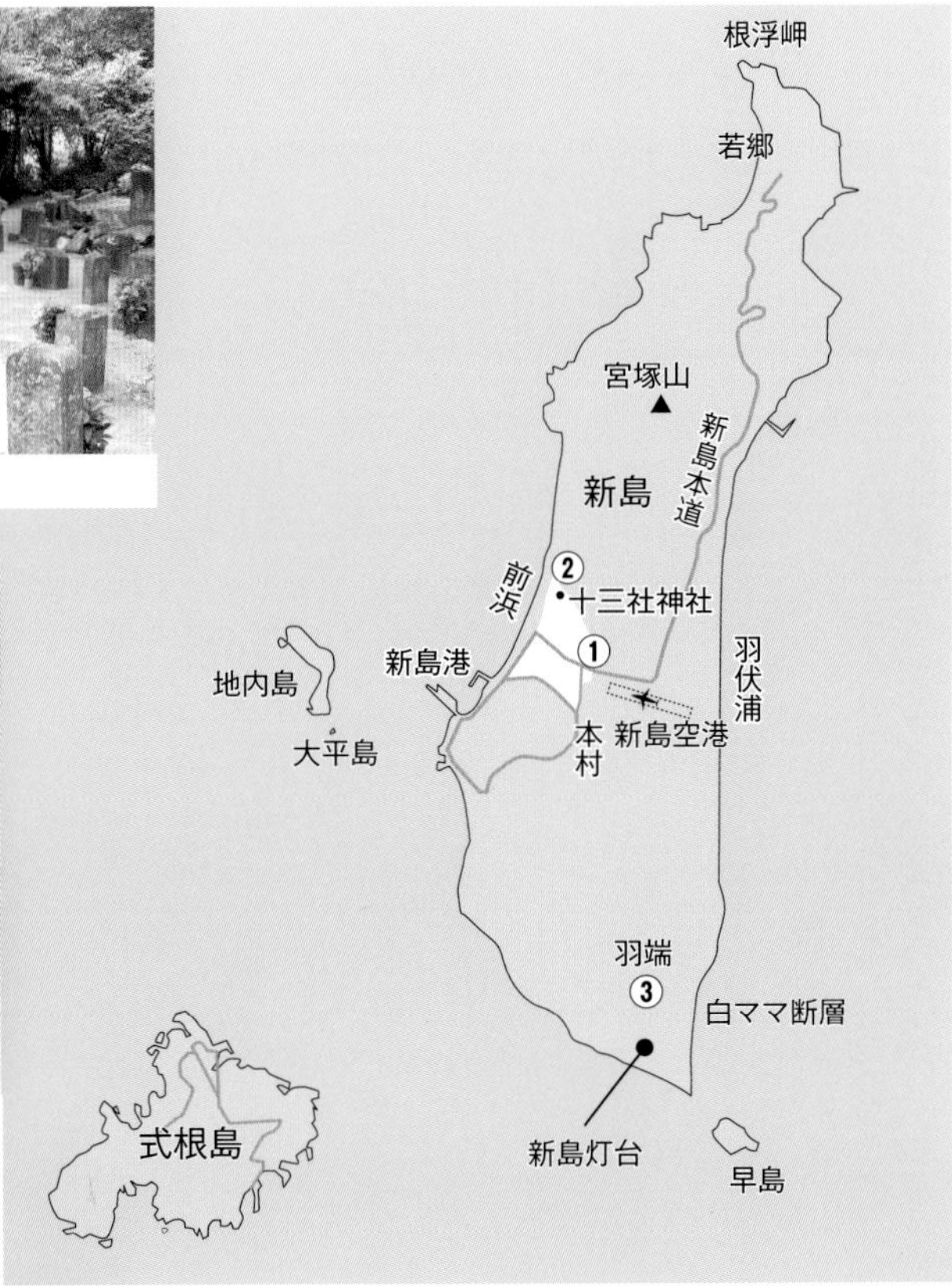

②新島村博物館（同館提供）

筆記」（『明治一五年～明治二一年回議録』東京都公文書館蔵）

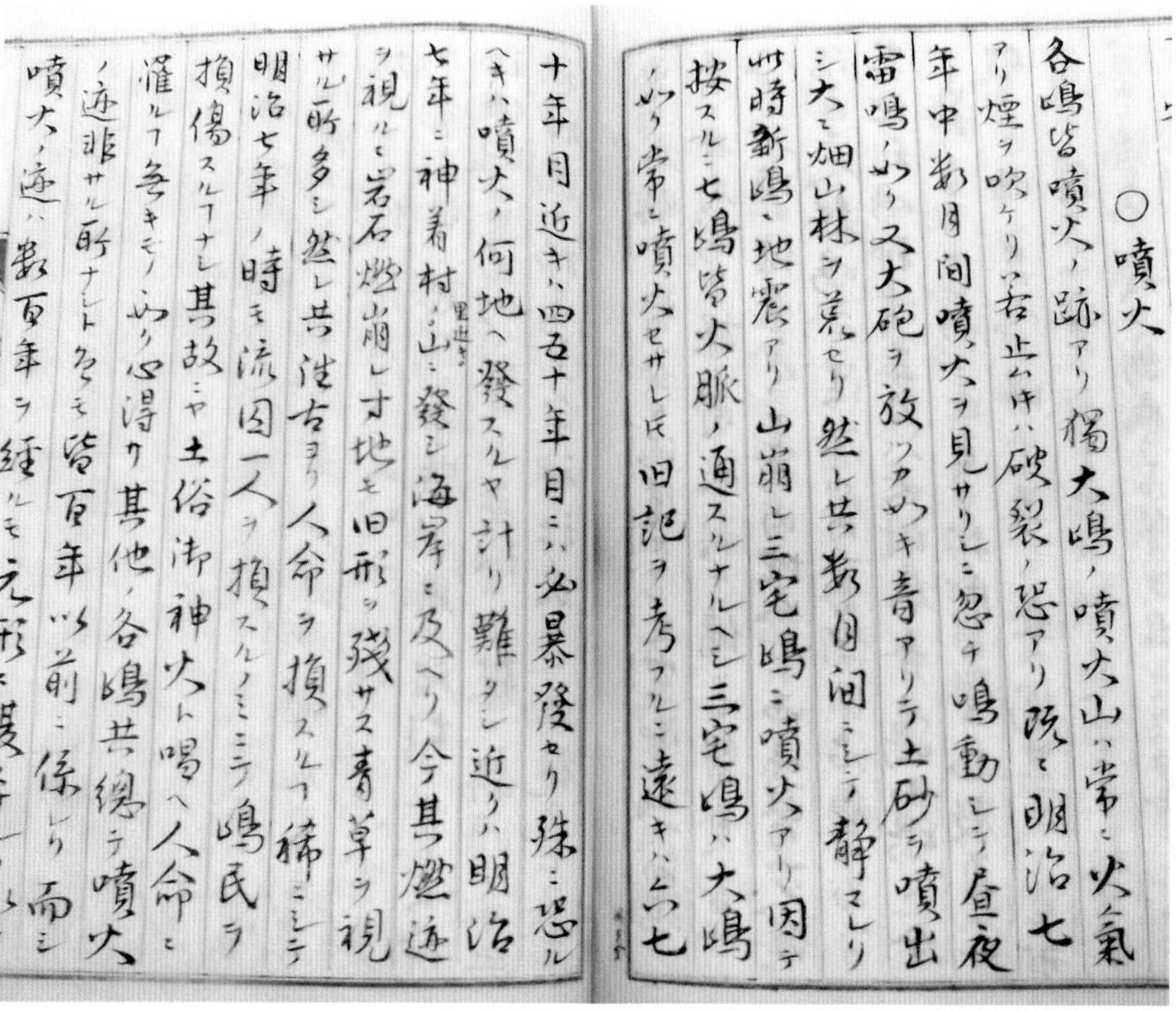

第三節

三《み》宅《やけ》島《じま》——火山と生きる人びとの生活と民俗——

高江洲昌哉

東京から南海上約一八〇kmのところに位置し、直径約八kmの円形をした三宅島。島の中央にそびえる雄山《おやま》の噴火で知られ、二〇〇〇（平成十二）年には全島避難となりました。ここでは、明治期よりに記されてきた伊豆《いず》諸島の火山活動や島民の火山観が描かれている史料から、三宅島を紹介します。

みる

釈文

（／で改行）

各島皆噴火ノ跡アリ、独大島ノ噴火山ハ、常ニ火気／アリ煙ヲ吹ケリ、若止ムトキハ破裂ノ恐アリ、既ニ明治七／年中数日間噴火ヲ見サリシニ、忽チ鳴動シテ昼夜／雷鳴ノ如ク、又大砲ヲ放ツカ如キ音アリテ、土砂ヲ噴出／シ大ニ畑山林ヲ荒セリ、然レ共数日間ニシテ静マレリ、／此時新島ニ地震アリ、山崩レ三宅島ニ噴火アリ因テ／按スルニ七島皆火脈ノ通スルナルヘシ、三宅島ハ大島／ノ如ク常ニ噴火セサレ共、旧記ヲ考フルニ遠キハ、六七／十年目、近キハ四五十年目ニハ必暴発セリ、殊ニ恐ル／ヘキハ、噴火ノ何地ヘ発スルヤ計リ難タシ、近クハ明治／七年ニ神着村ノ里近キノ山ニ発シ、海岸ニ及ヘリ、今其燃迹／ヲ視ルニ、岩石燃崩レ、寸地モ旧形ヲ残サス、青草ヲ視／サル所多シ、然レ共往古ヨリ人命ヲ損スルコト稀ニシテ、／明治七年ノ時モ流囚一人ヲ損スルノミニシテ、島民ヲ／損傷スルコトナシ、其故ニヤ土俗御神火ト唱ヘ、人命ニ／罹ルコト無キモノ、如ク心得リ、其他ノ各島共総テ噴火／ノ迹非サル所ナシト雖モ、皆百年以前ニ係レリ、而シ／噴火ノ迹ハ数百年ヲ経ルモ元形ニ復セサルヲ以テ、／何レノ島モ廃地ニ属スル所多シ、大島ノ如キハ廃地ノ多／キコト全島ノ半ハニ上レリ、是レ実ニ内地人ノ

3-1「巡島

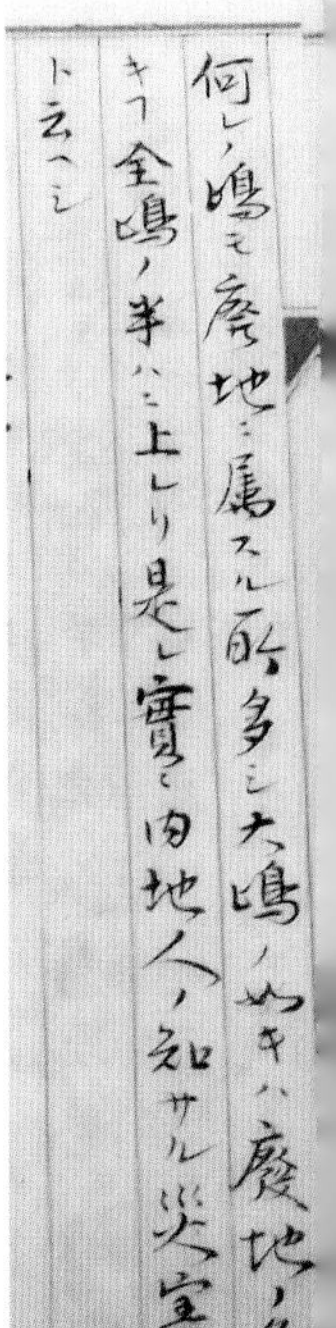

何レノ嶋モ廃地ニ属スル所多シ大嶋ノ如キハ廃地ノ多
キヲ全嶋ノ半ハニ上レリ是レ實ニ内地人ノ知サル災害
ト云ヘシ

図3－1は、東京府に提出された「巡島筆記」という報告書で、東京都公文書館に所蔵されています。一八八三（明治十六）年に七島山林原野取調委員金田敬親ほか三名が伊豆諸島を調査した際、耳目にふれ注記すべきものをまとめたもので、風俗・産業・耕地山林・運輸・経済・水源・教育・陋習《ろうしゅう》・衛生・噴火・社寺・島吏・民治という項目からなり、土地利用や生活風景などが記述されています。

伊豆諸島では火山活動が活発なので、「噴火」という項目がありました。そこに、一八七四年に起こった三宅島の噴火のことが、くわしく説明されています。「ことに三宅島の噴火で恐ろしいのは、どこから噴火するのかわからないところ」であり、この時の噴火は、神着村の近くの山が火口でした。溶岩の跡は激しく、「少しの土地も元の形を残さないほど」でありながらも、「どういうわけか、昔より噴火によって人命を損することは稀」だったようです。

伊豆諸島の人びとは、噴火や噴煙を「御神火」と呼んできました。そこからは、常に山とともにある暮らしのなかで、激しい噴火を繰り返す山への畏怖《いふ》やさまざまな思い、そしてその存在の大きさを感じとることができます。

3-2 三宅島（三宅島観光協会提供）

知サル災害／ト云ヘシ

現代語訳

これらの島はみな、噴火の跡がある。大島《おおしま》だけは常に火気があり煙を吐いている。もし煙が止まると、それは噴火の恐れがある。すでに明治七年に数日間噴煙がみえなかったら、たちまち大きな音が鳴って、昼夜雷鳴のような、大砲のような音がして、土砂は噴出するなど大いに、畑や山林を荒らした。しかし数日して噴火が収まると、今度は新島に地震が起きたり山崩れが発生し、三宅島では噴火もあった。これらのことから考えると、伊豆七島の火山はみなつながっているのかもしれない。三宅島は大島のように常に噴火をしていないが、古い記録などから考えてみると、遠き過去だと六、七十年前、近い時だと四、五十年経つと、必ず噴火をしている。ことに三宅島の噴火で恐ろしいのは、どこから噴火するのかわからないところである。たとえば、最近起きた明治七年の噴火でも、神着村《かみつきむら》の近くの山から噴火し海岸にたどり着いたが、その溶岩の流れた跡をみると、岩石は燃え崩れ、少しの土地も元の形を残さないほど、激しいものであるが、どういうわけか、昔より噴火によって人命を損することは稀で、明治七年の噴火でも被害にあった人は一人で、島民を損傷することはほとんどなかった。そのためか、現地の風習ではこの噴火のことを「御神火《ごじんか》」と唱え、人命に関わることがないように心得ていた。各島々もすべて噴火の跡がない場所はないが、みな一〇〇年以前のものである。数百年が経っても復元することはなく、噴火跡の荒地になっているところは多く、大島などは全島の半分くらいは荒地かもしれない。伊豆諸島の噴火は、実に「内地人」には理解できないような災害かもしれない。

よむ

公文書から垣間みる島民の生活・思想

ここでは、公文書（調査復命書）のなかに断片的に記された三宅島の人びとの生活文化や、自治の取り組みをみていきます。

三宅島の生活文化

まず、明治の地方制度と島嶼《とうしょ》の関係について、簡単に説明しましょう。

伊豆諸島は東京府に移管されて日が浅いため事務混乱が生じる理由があるとして、郡区町村編制法の施行が延期となり、一八八一（明治十四）年には役職などを旧制に戻す措置がとられました。政府は一八八八年に町村制を制定しますが、その際、一部の島嶼には町村制を施行しなくてもよいという条文がありました。この条文によって東京府下では、小笠原《おがさわら》諸島と伊豆諸島の町村制施行が延期されました。この変則的な状況が解決されるのは、一九四〇（昭和十五）年のことです。

伊豆諸島では、一九〇八年に大島と八丈島《はちじょうじま》に沖縄県及島嶼町村制が施行され、一五年をへて一九二三（大正十二）年に、三宅島・利島《としま》・新島《にいじま》・神津島《こうづしま》・御蔵島《みくらじま》の島々に島嶼町村制が施行されました。小笠原諸島と異なり、段階的に整備されていったのです。

「町村制ヲ施行セサル島嶼」は明示されていなかったので、伊豆諸島で町村制を施行するかどうかを調べるため、一八八八年に三宅島・御蔵島を巡視した復命書が東京都公文書館所蔵の簿冊《ぼさつ》に綴じられています（『開申録《かいしんろく》』一八八八年）。

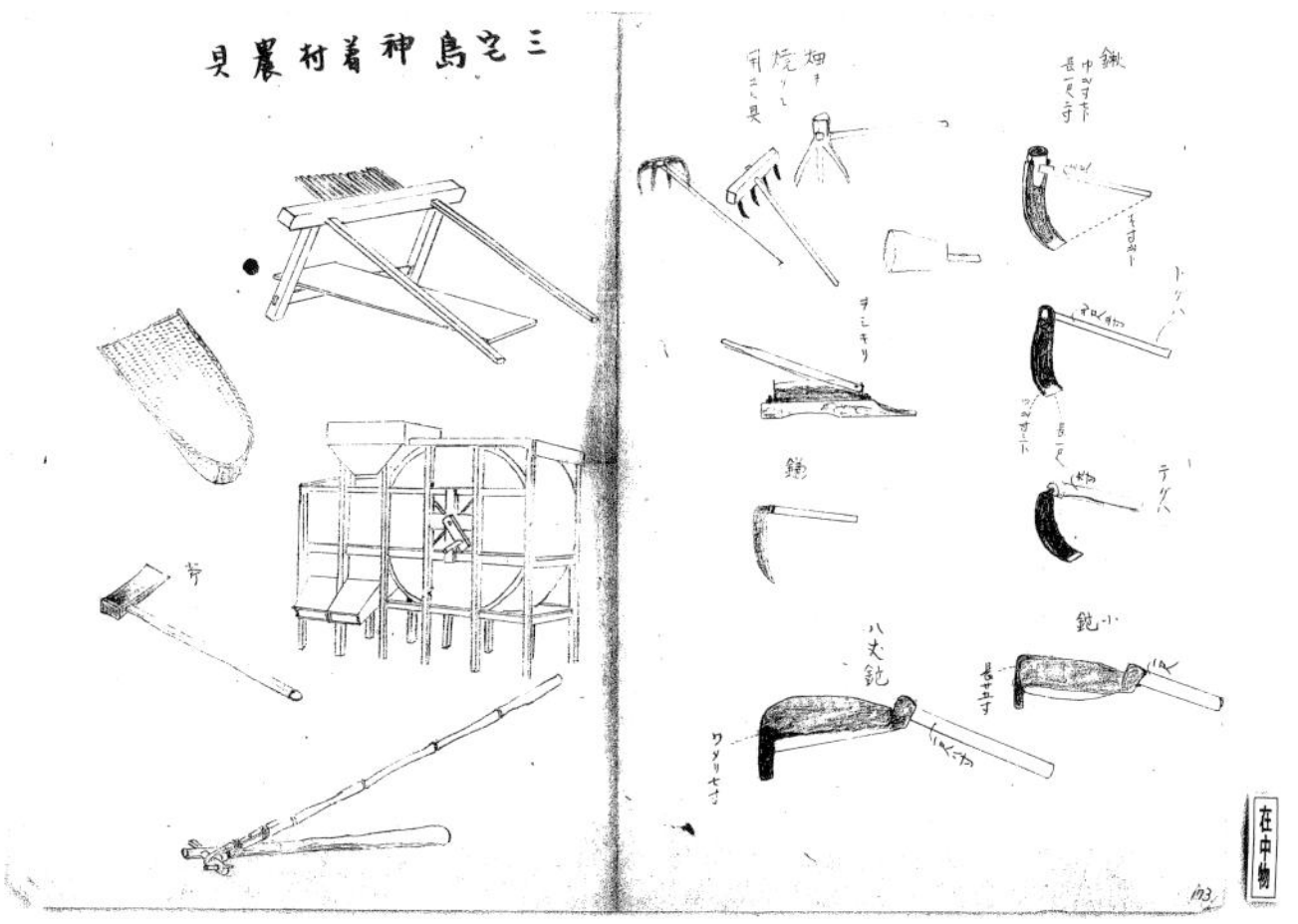

3-3 農具（『開申録』東京都公文書館蔵）

この復命書には「三宅島火災予防ノ事」、「三宅島牧牛ノ事」「三宅島切替畑ノ事」、「三宅島漁業ノ事」という項目があり、家の作りや生業《なりわい》が記され、生活像の一端を確認することができます。また、付属資料として、三宅島の地図や農具を描いた画像資料もあります（図３－３）。

三宅島から「近代地方自治」を考える

次に、島の吏員が作成した資料から、島民の「政治思想」をみていきましょう。

先述のように、一八七八年の郡区町村編制法は施行延期となり、伊豆諸島は、一八八一年に旧制に復帰しました。この旧制復帰にもとづいて、地役人《じやくにん》（島担当）や名主《なぬし》（村担当）といった江戸時代の名称の吏員《りいん》が存在することになりました。彼らが、島や村の行政を担当し、寄合《よりあい》という協議機関が存在することになったのです。ただし、東京府と島々の間には島庁という行政機関が置かれました。

一八八一年から一九〇八年まで、のどかな島嶼として過ぎていったわけではありません。改革に向けて、島の方からさまざまな意見書が提出されました。これら意見書は、私たちとは無関係の昔の人の発言と思うかもしれませんが、自分たちの代表をどのように選ぶのか、「公益」とは何かといった、現在にも通じる問いかけが記されているので、「自治」に対する根源的問いかけともいえます。ここで紹介する三点ほどの資料は、三宅島地役人の壬生《みぶ》咸次郎《かんじろう》が書いたもので、啓蒙思想家のような筆致も散見されます。

一点目の「名主選挙ノ義ニ付伺」（一八八四年、図3－4）では、「名主は人民の選挙で選んでおり、これは同時期の本土で見られる区町村会議員選挙と似たような方法だが、こちらは「開ケサル」人民が選んでいるので、名主の進退を選ぶ権利は人民にあると思い、名主を一時《いちじ》雇《やとい》の奴隷のように扱ってみたり、不適当の人物を選んだりする。また私党を結んで、あらさがしをして廃免させようとしている」（意訳）と書いています（『回議録《かいぎろく》』一八八四年七月二十八日）。この時代を感じさせる論理もありますが、人物を選挙で選ぶ難しさ、選挙をめぐる悲喜劇が後を絶たないことを考えれば、現在を生きる我々有権者に対する歴史からの問いかけともとれるかもしれません。

二点目の「名主選挙ノ件ニ付上陳」（一八九七年）では、先の資料と同じく選挙の弊害を述べています。「家（私的なまとまり）は知っているが、村（利害関係者の集合体）があるのを知らず、私に務めるも公に務めず、治められるのには適しているも、治めるに適していない。こうした風俗のため自治の度に達していない」（図3－5赤枠部分）と忠告を与えています（『文書類纂《ぶんしょるいさん》』一八九七年九月二十四日）。

三点目の「施政意見」（一八九八年）は全部で六点ほどありますが、そのなかに島長《しまおさ》を島の人から選ぶという意見があります。その根拠は現地の人との感情が通じるという点（民情に通じないと少しのことでも角が立つといっています）、また永住の志がなければ「永年の大計」を立てることができないと、島長になる人の条件をあげています（『文書類纂』一八九八年九月十日）。

このように公文書から、政治文化としても興味深い事例をみつけることができます。

3-4 意見書「名主選挙ノ義ニ付伺」（『回議録』東京都公文書館蔵）

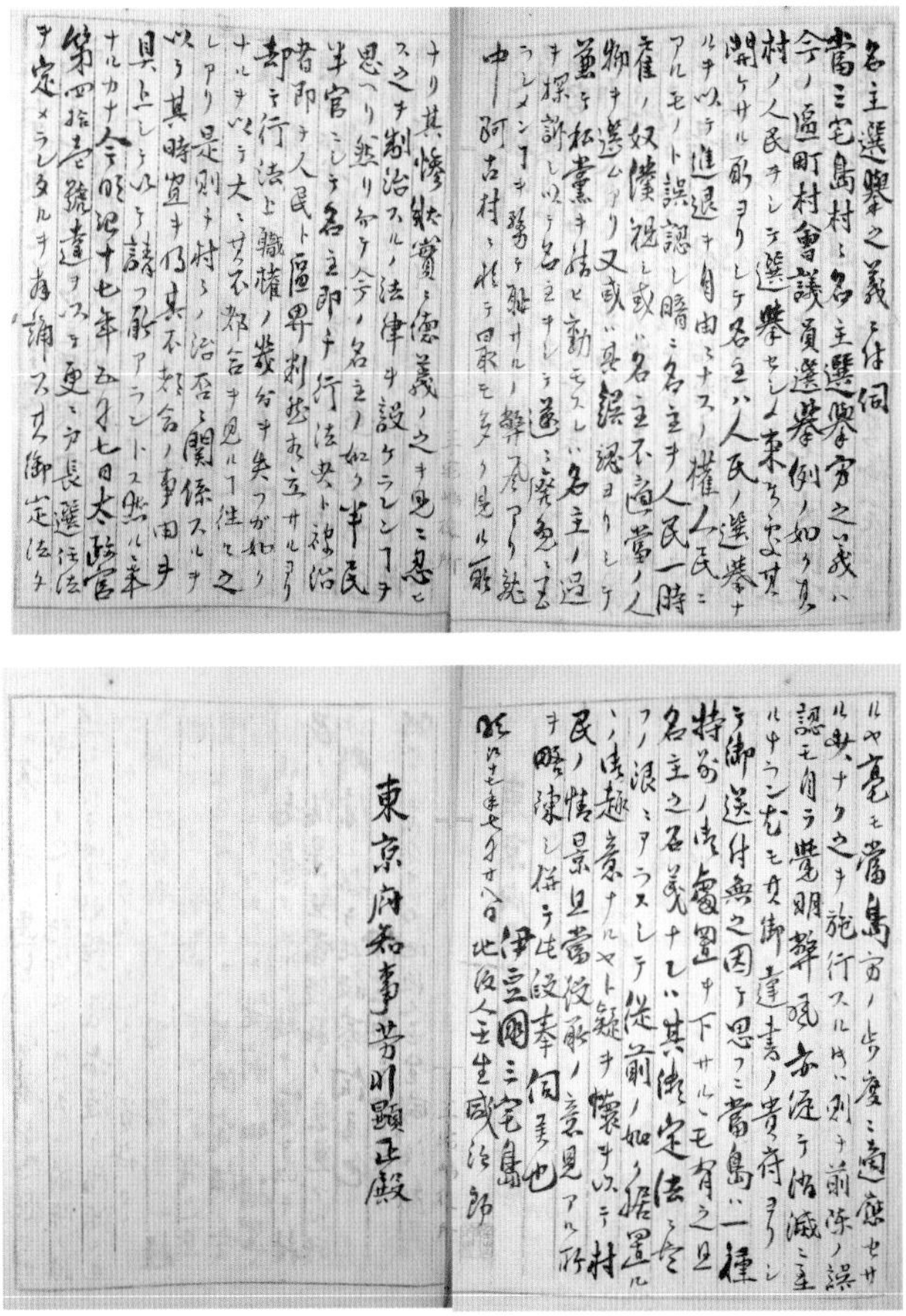

3-5 意見書「名主選挙ノ件ニ付上陳」部分（東京都公文書館蔵）

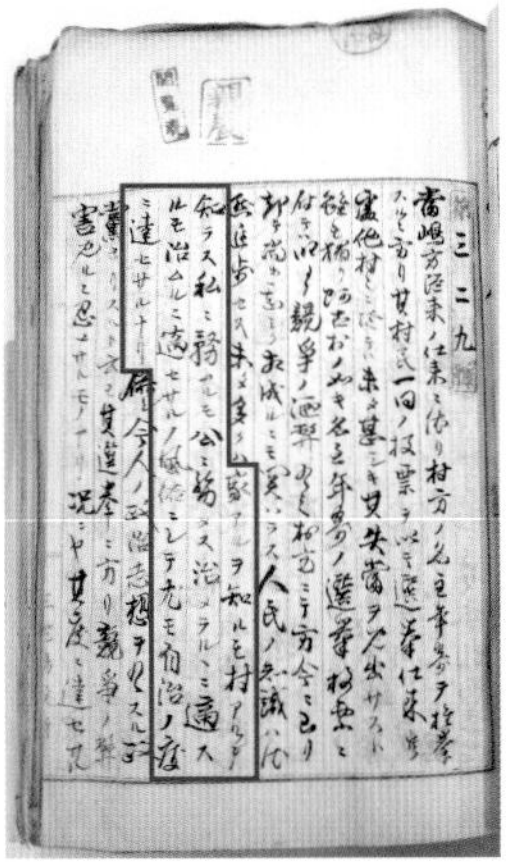

あるく

民俗地図を片手に島あるき

伊豆諸島は民俗の宝庫で、多くの民俗学者が来訪し、民俗学徒も輩出してきました。そうした人のなかに、大間《おおま》知《ち》篤三《とくぞう》（富山県生、一九〇〇～七〇）がいます。彼の研究の足跡をたどりながら島をあるいてみましょう。

大間知と浅沼、二人の民俗研究者

伊豆諸島に足しげく訪問した大間知は、『神津の花正月』『八丈島』『伊豆諸島の社会と民俗』などの書物を著し、没後には『大間知篤三著作集』（全六巻）が出版されました。

彼は、産小屋・忌《い》み小屋という「穢《けが》れ」に関する習俗の調査や、人別帳《にんべつちょう》を利用して家構成の特徴を明らかにしますが、最終的に流人研究へと向かいます。

三宅島での協力者が、この島出身の浅沼悦太郎《あさぬまえつたろう》でした。流人研究は晩年の二人の真摯《しんし》な取り組みの成果といえます。自分の生まれた場所を深く愛し、歴史や民俗を探求した浅沼は、昭和初期に高等教育を受けた「インテリ」の一人といえるでしょう。彼には『三宅島歴史年表』という歴史学的な作品もあります。

悦太郎は年表作成だけでなく、地図に島民の生活や習俗にゆかりのあるものを書きこんだメモもつくっていました。それをみた弟の渉は、協力を申し出て、思いのほかの難作業に後悔しつつも積極的に関わり、作業途中で兄悦太郎が亡くなると、この作業を引き継ぎ完成させました。それが『七島文庫版三宅島絵図』（図3－6）です（浅沼渉「大間知さんと伊豆諸島」）。

ここでは、浅沼兄弟が苦労の末まとめあげた民俗地図から神着村（現神着地区）の場所を紹介します。

魚釣や自然散策も楽しいですが、地図と一緒に歴史書・民俗書を携えて、島を旅すると、島の違う面がみえてくるかもしれません。また、三宅島郷土資料館（阿古地区）では、島の歴史や文化が紹介されています。

公共施設等	天然記念物	漁港	集落	放牧地
郵便局	墓地	黒潮	大字名	砂礫の浜
灯台	神社・祠・祠址	根	森	火口
空港	寺・祠堂	標高	湖	明治七年噴火熔岩流
学校	古代遺跡	道路	湿原	明治七年噴火砂礫地
キャンプ場	地方港湾	計画道路	昭和15年 昭和37年 噴火跡地	

凡例

神着墓地
浅沼稲次郎－〈日本社会民主主義運動の巨頭。
昭和35年（1960）東京日比谷公会堂に於て右翼テロリストの手にたおれた〉－の分骨が埋葬されている。
元録10年（1697）流罪の流人伊奈兵右衛門－〈元七島代官、罪科引負〉の墓がある。

黒潮合流点
島の西側に寄せる黒潮は、島をはさんで二つに分れ、一方は神着の沖合を流れ、一方は坪田の沖合にまわり、アノウ崎沖合8km余のところで合流、このあたりは潮がわき立ち、波がさわぐと云う。

湯の浜漁港
明治7年(1874)噴火で海へ押出した溶岩にせかれてできた池に、温泉が湧いた。年を経るに従って冷え、今はそのあたりを漁港の船溜りにしている。

イセエビ蓄養場
6月1日から8月31日迄のイセエビの禁漁期中の供給その他、年間の供給を調節するためにつくられた海水蓄養プール。神着漁業協同組合の管理。

壬生家屋敷
神職（富賀神社宮司其他）壬生家の居宅。
建物は天文3年（1534）建造と云われる。手斧（チヨウナ）仕上げ（鉋削り仕上げ以前の工法）の木造で、木組、屋体共に大きい。壬生家は代々多くの地役人を出しているので役宅（島役所）として使用された。
明治28年（1895）最初の郵便局がここにおかれた。

元東郷
御笏神社の故地及旧神着村の住民が住んでいたところ。永正12年（1515）神託により御笏神社を現在地首山に遷座。天文3年（1534）壬生家及大部分の住民が現在地へうつった。一部住民は残留、神着村支郷東郷（ヒガシゴウ）とし、この地の百姓は郷百姓又は宮百姓とよばれ御笏神社へ奉仕した。
文化5年（1808）湯船神社を建立、これを氏神として住んでいたが、明治7年（1874）の噴火で住民は耕地、屋敷共に失い、神着本村へのがれ、そこで新に耕地や屋敷を手に入れ定着した。

オホリヤマ（大堀）
昔支那の王様が前の浜へ漂着、王様は切腹して腸をつかみ出し、海岸の池でざぶざぶ洗い、また腹の中へおさめて剛気なところを見せたが死亡、島の人達は向畑（ムカイバタ又はムカイ）へ葬った。向畑はどちらかと云えば辺地だったので王様は怒って、夜な夜な光を発し、地をふるわせた。人々はおそれて村の東側の小高い当地へ改葬した。王様はこれで満足し、静かになった。以上の漂流伝説があるところ。王葬山－〈オウホウムリヤマ即ちオホリヤマ、また大堀とも云う〉－

御笏（オシャク）神社
神着の産土神。永正13年（1516）神託により東郷－〈ヒガシゴウ－現地より約700m東にあった〉－より現地へ遷座。
祭神、三島明神、妃サキタマヒメノミコト。その他御子達。また東郷湯舟神社－〈文化5年（1808）建立、御子達の養育神と云う〉－を合祠。
文政3年（1820）この神社の祭事として午頭天王祭を初めた。毎年7月15日、神輿がでてにぎあう。
これとは別にまた祭事があり、この祭事は都技芸郷土芸能、祭具は都重宝に指定されている。境内には甘藷記念碑がある。明治28年（1895）建立、選文及書は栗本義喬。また妙楽寺遺構祖霊社がある。 ①

首山
コウロベヤマ、御笏神社境内。情に狂い壬生氏女を殺した三島明神の神馬をまつった駒明神がある。正月24日夜半、ここより赤い馬の首がでて、里を遊行すると云う伝説がある。この時の壬生氏女も小橋大明神としてまつられた。

小橋（コバシ）
三島大明神の神馬に懸想され、殺された壬生家女をまつる小橋大明神－〈昌泰元年（898）勧請〉－がある。

ミノワ浜
大正の終り頃迄、この浜は「ミノワの砂」と云う小豆大の黒い表面につやのある砂－〈那智黒と云う建材〉－の砂浜であった。一時移出する程の量があったが、現在は流出して玉石の磯になっている。

萩丸の碑
太平洋戦争末期、昭和20年（1945）2月16日、東海汽船K.K所属貨客船萩丸は千葉県船方と三宅島間で行方不明。当時の三宅支庁長龍野道円外島民87人（内御蔵島9人）その他軍人及てい信工事関係者。石井船長以下乗組員一同、ことごとく遭難した。
この日の前後、米軍の小形艦載機の襲撃が多く、沖合に燃える船が多く見えたと云う。
昭和32年（1957）遺族達はこの追悼の碑をたてた。

椎取（シイトリ）神社
祭神　三島大明神御子シタイノミコト。
境内にネズミサマと云う封鼠祠があった。八丈流人梅辻飛騨－〈加茂規清と称した神道家〉－日和待の間、神着の住民に封鼠の術を教えた。鼠を封じたところを祠とし、ネズミサマと云った。

明治7年（1874）噴火跡
熔岩流と火山礫堆積地。噴火で荒廃したこの地も今は大部分草木でおおわれている。
自生の松、植林した松、オオバヤシヤブシ、一つ葉蘭、タマシダ等自生、熔岩流の地域は大規模なロックガーデンの趣がある。

東

赤発暁（アカバツキョウ）
元東京府名所。高札に「大平洋ノ波濤　荏旧噴火物ノ堆積セル山容ヲカミテ　古代朱色ヲ現セル断崖ニ老ノ翠色ヲ配シ　石蕗ノ黄色ノ花紺碧ノ海ニ相映ジ　頗ル見事也」とあった景勝地。昭和15年（1940）噴火の熔岩流のため埋没、現在都道の山の方、当時の岬が熔岩の中の丘になっている。その丘の崖の赤い岩石がわずかに見える。 ②

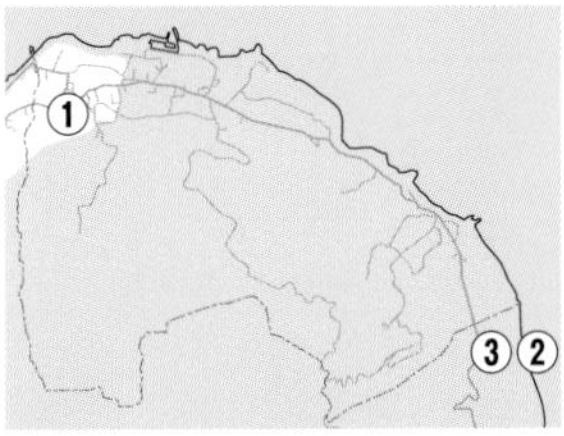

現在の三宅島・神着地区。図3-6に書かれた御笏神社①・赤場暁②・ひょうたん山③には，今も多くの人が訪れている。

③ひょうたん山（三宅島観光協会提供）
1940年の噴火で溶岩や火山灰が積もり，わずか22時間でできた山。『三宅島絵図』に欄外説明はない。

②赤場暁（三宅島観光協会提供）
噴火によってできた溶岩台地。

①御笏神社（三宅島観光協会提供）
『大間知篤三著作集』5巻によると，1820（文政3）年より天下泰平《てんかたいへい》・疫《えき》癘消除《れいしょうじょ》などを祈願する牛頭天王《ごずてんのう》祭礼が，6月15日（現在は7月の第3日曜日）に行われている。

3-6『七島文庫版三宅島絵図』（三宅島北東部，神着地区を中心に部分，東京都立中央図書館蔵）

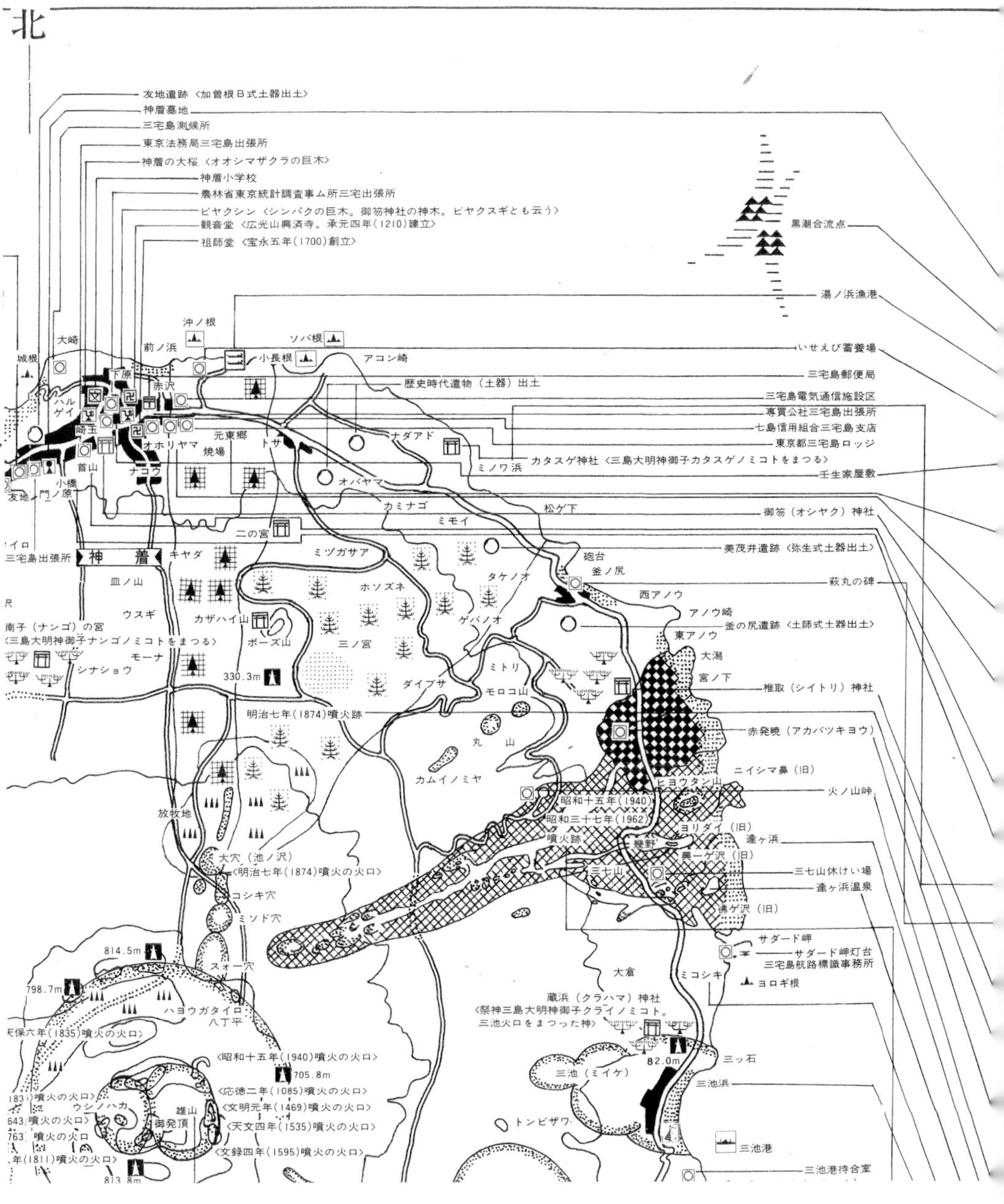

第四節 八《はち》丈《じょう》島《じま》

谷口 榮

みる

東京の南方約二八七kmの海上にある八丈島。黒潮《くろしお》によって隔てられた海洋性気候の島が育んだ独自の文化への関心も高まり、江戸時代には比較文化論的な視点を持った地誌によって紹介されることとなりました。

釈文

（／で改行）

a 日かさをさし又すげ笠へ／つくり花をつけてかふる／まつりのいてたちに／似たりこしに木袋とて印籠の如き物をさげる／桑をちりたるなりひもを／なかくして緒しめを多く／つけるをはでとす帯はあかき／しごき帯也、遠くゆくにも／下駄にてそうりを用ひず

b せおふものをひたひにかける／かたにかくる事をせず

c むすめは／上下なべて／つねにふりそで／を用ゆ

現代語訳

a 日傘をさし、又は菅笠《すげがさ》へ造花を付けてかぶる。祭の時のいでたちに似ている。腰に木袋《きふくろ》といわれる印籠《いんろう》のようなものを提げている。桑《くわ》で造ったものである。紐《ひも》を長くし、緒締《おじ》めをたくさん付けるのが派手なものとされている。帯は赤いしごき帯である。遠くへ出かけるときも下駄《げた》を履いていき、草履《ぞうり》を履くことはない。

b 背負う物を額《ひたい》に載せかける。肩にかけるということはしない。

c 娘たちは暮らし向きの上下にかかわらず一般に振袖《ふりそで》を着ている。

4-1 『伊豆日記』巻3（東京都公文書館蔵）

①日傘を差した身分階層の高い女性
②菅笠に造花を飾ってかぶる身分階層の高い女性
③頭に物を載せる庶民の女性
④背負う物にひもをかけ額で支える庶民の女性

4-2 「国（本土）の人」と「島の人」の相撲（『伊豆日記』巻3，東京都公文書館蔵）

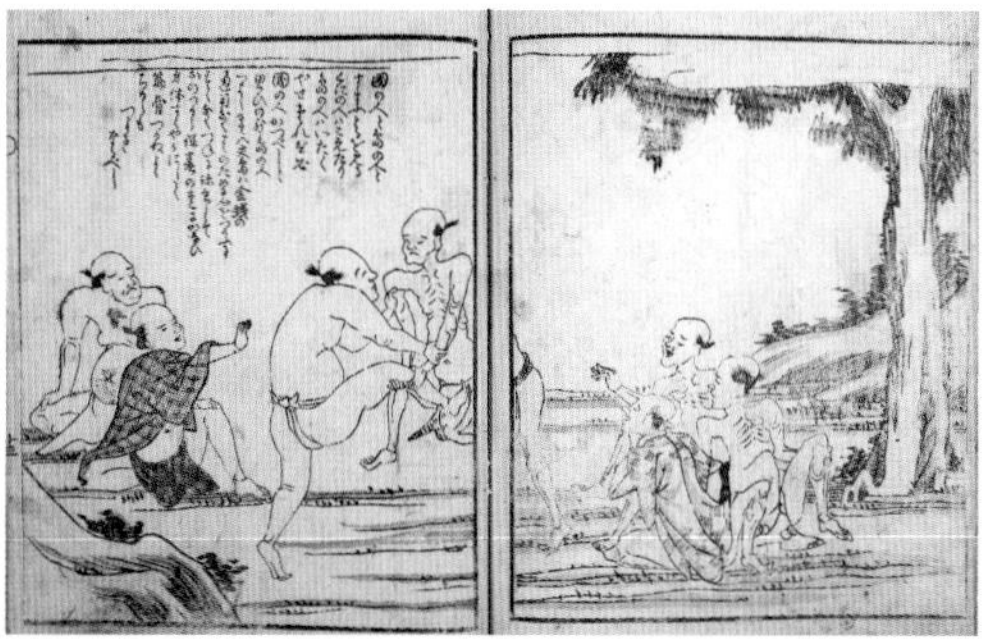

　八丈島は、江戸時代を通じて幕府領《ばくふりょう》でした。一六六九（寛文《かんぶん》九）年以降は伊豆代官《いずだいかん》の管轄《かんかつ》下にあり、一六七〇年からは手代《てだい》を代理として赴任させるようになりましたが、一七二三（享保《きょうほう》八）年、代官河原清兵衛《かわらせいべえ》の時に、手代の渡海も廃止されました。そして一七二六年には、代官就任中に一度だけ島内を巡見すればよいことになりました。

　こうして行われる巡見には、文筆に心得のある文人らが同行することもあり、本土と島嶼《とうしょ》地域の自然や習俗の違いを比較文化論的な視座で描いた地誌類が生まれることとなりました。一七九六（寛政《かんせい》八）年、代官三河口太忠《みかわぐちたちゅう》の巡見に随行した小寺応斎《こでらおうさい》による『伊豆日記』（『七島日記《しちとうにっき》』）はその代表作です。

　図4－1は『伊豆日記』の一図で、島の女性たちの習俗に注目しています。身分階層の高い女性が日傘を差し①、菅笠に造花を飾ってかぶる様子②が描かれています。彼女たちは遠出する際にも草履は用いず、もっぱら下駄を履いていったといいます。一方、働く庶民の女性については頭に物を載せる様子③、背負う物にひもをかけて額で支える習俗④が紹介されています。応斎は、島の特産絹織物である黄八丈《きはちじょう》（第一巻二章五節参照）の生産工程を紹介するなかでも、島の女性によるその丁寧な仕事を称賛しており、働く女性の姿に興味をひかれているようです。

　また、図4－2は、体格のいい本土からの人物とやせた島の人との相撲を見物した時のものです。予想に反して島の人が強いのをみて、金銭が通用していない島では利欲に心を煩《わずら》わすことなく、ぜいたくな食事もしないので、おのずから保養の道にかない、健康で力も強いのだろう、と述べています。

　このあたり、小寺応斎という人物は、みずからが持つ本土の文化の尺度で島嶼地域の文化を評価せず、逆に自らの文化を相対化する面があり、これが作品の魅力を高めているようです。

よむ

『八《はち》丈《じょう》実《じつ》記《き》』の作者、近《こん》藤《どう》富《とみ》蔵《ぞう》の人生

八丈島に流罪《るざい》となった武士の一人に、近藤富蔵という人物がいます。彼は文筆絵筆の才をいかして、八丈島を中心とした島嶼地域の地誌『八丈実記』を長年にわたって書き続け、校訂を重ねました。短期的な巡行に随行した者の視点とは異なる、この大部な書物と執筆者について、くわしくみていくことにしましょう。

流刑地として

江戸時代、伊豆諸島は流刑地として位置づけられていました。一七四二年（寛保《かんぽう》二）に編纂《へんさん》を終えた「公事方御定書《くじがたおさだめがき》」で流罪についても確定したといわれ、「江戸より流罪之もの八、大嶋《おおしま》・八丈嶋・三宅嶋《みやけじま》・新嶋《にいじま》・神津嶋《こうづしま》・御蔵《みくら》嶋《じま》・利嶋《としま》右七嶋之内へ遣」わすことが定められました。その後、一七九六（寛政八）年には、大島・利島・神津島・御蔵島の四島が流刑地を免除され、これ以降は三宅島・八丈島・新島のみが流刑地となっていました（第一巻二章五節参照）。

近藤富蔵、八丈島へ配流

『八丈実記』を著した近藤富蔵の父は近藤重《じゅう》蔵《ぞう》で、間宮林蔵《まみやりんぞう》・平山行蔵《ひらやまこうぞう》とともに「文政《ぶんせい》の三《さん》蔵《ぞう》」と呼ばれました。学問的には優秀で栄進をしましたが、人間性に問題があったようで一七九八年の千島《ちしま》や択捉島《えとろふとう》の探検後、幕政のなかでも次第に疎《うと》まれるようになり、一八二一（文政四）年には滝野川《たきのがわ》（北区）に閉居しています。

重蔵は、本宅とは別に三田村鎗ヶ崎《みたむらやりがさき》（目黒《めぐろ》区中目黒）に広大な土地を所有していましたが、ここで地所争いが起こります。土地の管理を任されていた富蔵（二三歳）は、父の憂いを除くため、一八二六年五月十八日に、家来を従え相手方である町人の塚原半之助《つかはらはんのすけ》一家七人を殺傷する事件を起こしてしまいます。この出来事は世間でも関心を呼び、「鎗ヶ崎事件」として知れわたります。この殺傷事件によって近藤家はお家断絶、富蔵は八丈島に流罪、父重蔵も近江国《おうみのくに》大津《おおつ》に流されました。一八二七年のことでした。

八丈島の生活は厳しく、一八三二（天保《てんぽう》三）年頃から一八三六年にかけては飢饉《ききん》となり、富蔵も餓死寸前の状況に陥っています。

それでも富蔵は、最初に八丈島に流された宇《う》喜多秀家《きたひでいえ》（「あるく」参照）の末裔《まつえい》である百姓栄右衛門の長女イツと結婚し、一男二女をもうけています。

そうした暮らしのなかで彼は著述に励み、一八三六年に『官問破邪《かんもんはじゃ》』、一八三八年には『よしあし草《ぐさ》のむつことの序』『近藤家氏由緒雑記』『聞斎見聞家系私話《ぶんさいけんぶんかけいしわ》』のほか多くを著わしています。

大部の著作『八丈実記』

『八丈実記』自序には、富蔵はこの著作を一八四八（嘉永《かえい》元）年から一八六〇（万延《まんえん》元）年にかけて執筆したと述べられています。この間、

4-3 「富士山絶頂平面之図」（『八丈実記』巻36, 東京都公文書館蔵）

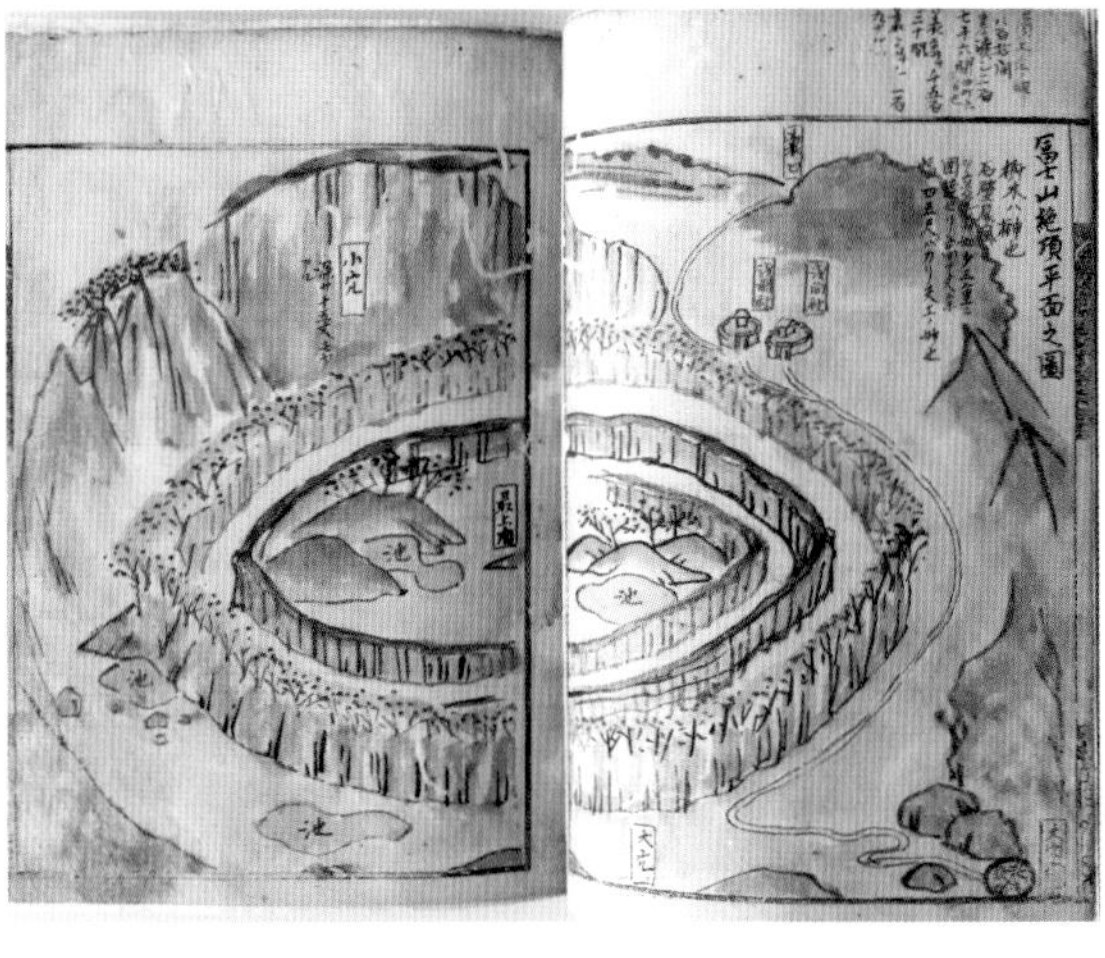

一八五四（安政《あんせい》元）年から翌年にかけて病に臥す日々がありましたが、そのなかでも執筆・校訂を続けました。

『八丈実記』と銘されてはいても、八丈島のことだけではなく、島に関していえば伊豆諸島から小笠原《おがさわら》諸島まで幅広く書かれていて、島嶼地域の歴史・風俗・習慣を知るうえで貴重な書物となっています。

巻三六で近藤富蔵は、八丈島の名所を絵入りで紹介しています。そこには美しい姿を持つ八丈富士や一〇ヵ所の滝が連なる十瀑布《ばくふ》など、厳しくも美しい島の自然が余すところなく描かれています。

4-4 「御赦免船」（『八丈実記』巻36，東京都公文書館蔵）

図4－3「富士山絶頂平面之図」もその一つです。八丈富士は標高八五四mと伊豆諸島ではもっとも高い山で、一六〇五（慶長《けいちょう》十）年に噴火した記録が残っています。その火口付近を描いていますが、今でもここは「お鉢めぐり」といって、荒々しい火山のつくり出した造形と三六〇度を見渡せる眺望で、トレッキングの名所となっています。図の右側に描きこまれた浅間社も今も残されています（「あるく」参照）。

また、図4－4は恩赦によって流罪を免じられ、江戸へと向かう「御赦免船《ごしゃめんせん》」を描いた貴重なスケッチです。「みゆるしの　船いさみあり夕すずみ」という句があり、平和という富蔵の俳号が記されています。実際に富蔵が見送った船の情景なのでしょう。

4-5 『八丈実記』買上げ証文『普通第一種・庶政要録』（東京都公文書館蔵）
1887年10月24日に50円で買い上げられた。

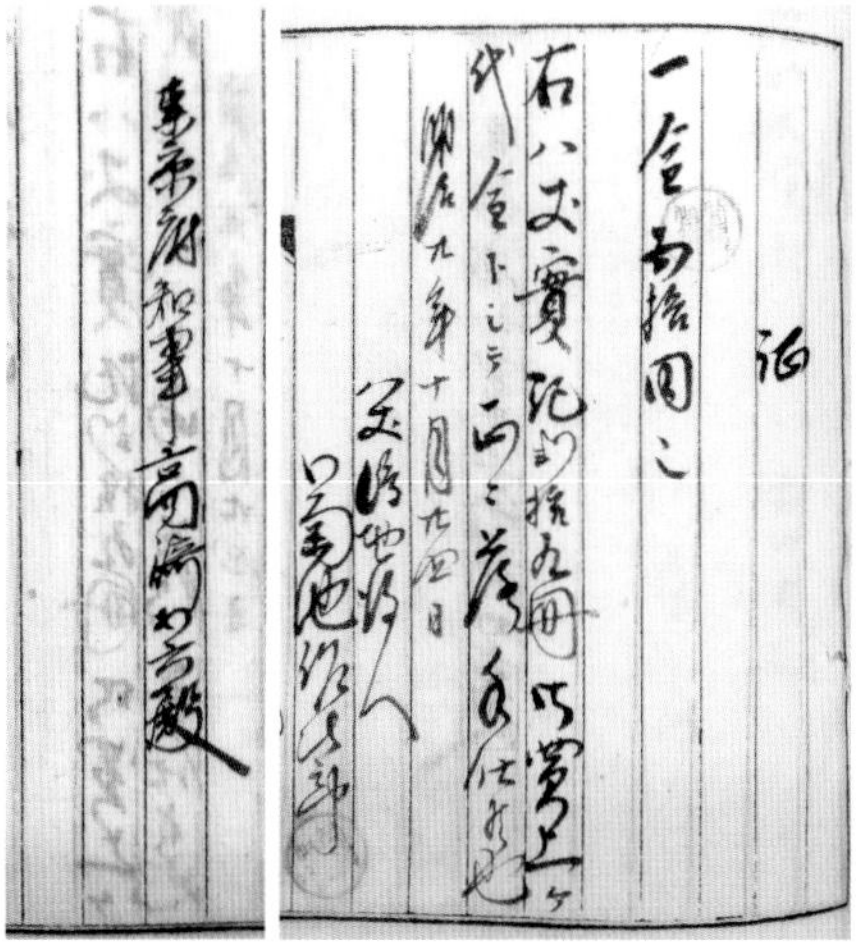

しかし、当の富蔵に赦免状が届いたのは、一八八〇（明治十三）年のことでした。彼は東京と名が改まったかつての江戸に戻ると、現在の滋賀県大津にあった父重蔵の墓参りに赴き、一八八二年にはふたたび八丈島に戻り、その五年後の一八八七年六月一日にその生涯を閉じました。

この間、彼は『八丈実記』の加筆修正を継続していましたが、富蔵が亡くなる直前に、ちょうど東京府の役人が富蔵宅を訪ね、この膨大な著作を府に献納するよう伝えています。結局東京府は、一八八七年に持ち帰った『八丈実記』のうち、とくに島に関連する二九冊を買い上げ（図4－5）、残りの四〇冊は返却しました。購入した二九冊は、その後に編綴《へんてつ》しなおされて、現在東京都公文書館には三六冊が所蔵されています。

流罪人の立場で、配流された八丈島と周辺の島々の自然と民俗を観察し、記録し続けた近藤富蔵。最期の地をみずから八丈島と決め、島人として亡くなった彼の墓地は、三根《みつね》地区にある開善院《かいぜんいん》近くの共同墓地にあり、東京都旧跡にも指定されています（「あるく」参照）。

甘藷《かんしょ》・島酒《しまざけ》と生活文化

八丈島はかつて、大賀郷村《おおかごうむら》・三根村・末吉《すえよし》村《むら》・樫立村《かしたてむら》・中之郷村《なかのごうむら》の五ヵ村から成り、いまも集落として地名にも残っています。宇津木《うつき》村《むら》・鳥打村《とりうちむら》のあった八丈小島《はちじょうこじま》は、現在無人島です。ここでは島の生活文化にふれることができる史跡を紹介します。

甘藷

江戸時代、八丈島はたび重なる凶作に見舞われ、そのつど食糧不足に悩まされました。そのため米の代わりに八丈絹《はちじょうぎぬ》（黄八丈）で年貢《ねんぐ》を代納しました。また、食糧不足に陥ると、幕府から食料を受け取り黄八丈で返済するようになり、かえって黄八丈が八丈島の特産品として知られるようになったといわれます。

慢性的な食糧不足を解消するため、甘藷（薩摩芋《さつまいも》）の栽培が行われました。一七二三（享保八）年の失敗をへて、一八一一（文化《ぶんか》八）年に成功します。大賀郷名主《なぬし》菊池《きくち》秀《しゅう》右衛門《えもん》が新島から種芋を持ち込んだもので、天保の頃（一八三〇～四三年）には栽培方法も改良され、八丈小島や青ヶ島《あおがしま》にも広まりました。

八丈島では甘藷のことを「唐芋《かんも》」と呼びますが、これは「かんしょいも」が語源と考えられています。甘藷の普及によって次第に食糧不足も解消され、徐々に人口も増加していきました。しかし、この人口の増加が、危急の際の食料状況をいっそう厳しくしてしまい、結局、島を離れて本土や小笠原島へ「出百姓《でびゃくしょう》」として出向く人びとも現れました。

一八六八（慶応《けいおう》四）年に菊池秀右衛門の孫の右馬之助が造立した「八丈島甘藷由来碑」①（大賀郷）に、その由来が刻まれています。

島酒

八丈島では酒といえば焼酎《しょうちゅう》をさし、「島酒」と呼んでいます。八丈島に焼酎を伝えたのは、丹宗庄右衛門《たんそうしょうえもん》という流人です。薩摩国出水郡《さつまのくにいずみぐん》阿久根《あくね》の出身で、家は代々の回漕問屋《かいそうどいや》（船問屋）で、薩摩藩島津家《しまづけ》の御用を勤めていました。幕末期《ばくまつき》、薩摩藩は幕府に隠れて密貿易を行い、厳しい財政に充当していました。この一役を買っていたのが庄右衛門で、一八五三（嘉永六）年に幕府に捕縛され、八丈島に流されました。

庄右衛門は故郷から取り寄せたランビキ（蒸留器）と芋で、黒麹《くろこうじ》を用いる琉球《りゅうきゅう》伝来の技法により焼酎をつくり始めます。その後に原料としたのが甘藷です。大賀郷の町役場の裏手には、「島酒の碑」②があります。

宇喜多秀家の墓

大賀郷東里《ひがしざと》の稲葉《いなば》墓地③に、八丈島最初の流人となった宇喜多秀家の五輪塔《ごりんとう》の墓があります。この五輪塔は、一八四一（天保十二）年に宇喜多氏の末裔宇喜多秀邑《ひでさと》が幕府の許しを得て造立したもので、元の墓石は左側の「南無阿弥陀仏」と刻まれた塔婆《とうば》形です。

秀家は、豊臣政権の五大老《ごたいろう》の筆頭となった備《び》前国《ぜんのくに》・美作《みまさかのくに》国を領する岡山城《おかやまじょう》主でしたが、関ヶ原敗戦後の一六〇六（慶長十一）年、主従一三人とともに八丈島に流されました。一六五五（明暦《めいれき》元）年に八四歳で亡くなるまでこの島で過ごしました。

孤島のイメージを覆した倉輪《くらわ》遺跡

八丈島と御蔵島の間には流れの速い黒潮が存在します。江戸時代に流人島になりましたが、それは江戸からの目線であり、東北や東海・関西地方からは、黒潮の潮流の延長に八丈島が位置づけられます（第一巻二章五節参照）。

倉輪遺跡④（樫立《かしたて》、見学不可）は、縄文《じょうもん》時代の遺跡として知られます。出土した土器は、南関

4-6 八丈島と八丈小島

③宇喜多秀家の墓所（（一社）八丈島観光協会提供）

①東京都指定文化財「八丈島甘藷由来碑」（八丈町教育委員会提供）

⑦八丈富士火口の浅間神社（（一社）八丈島観光協会提供）
鳥居の下に2つの祠がある。

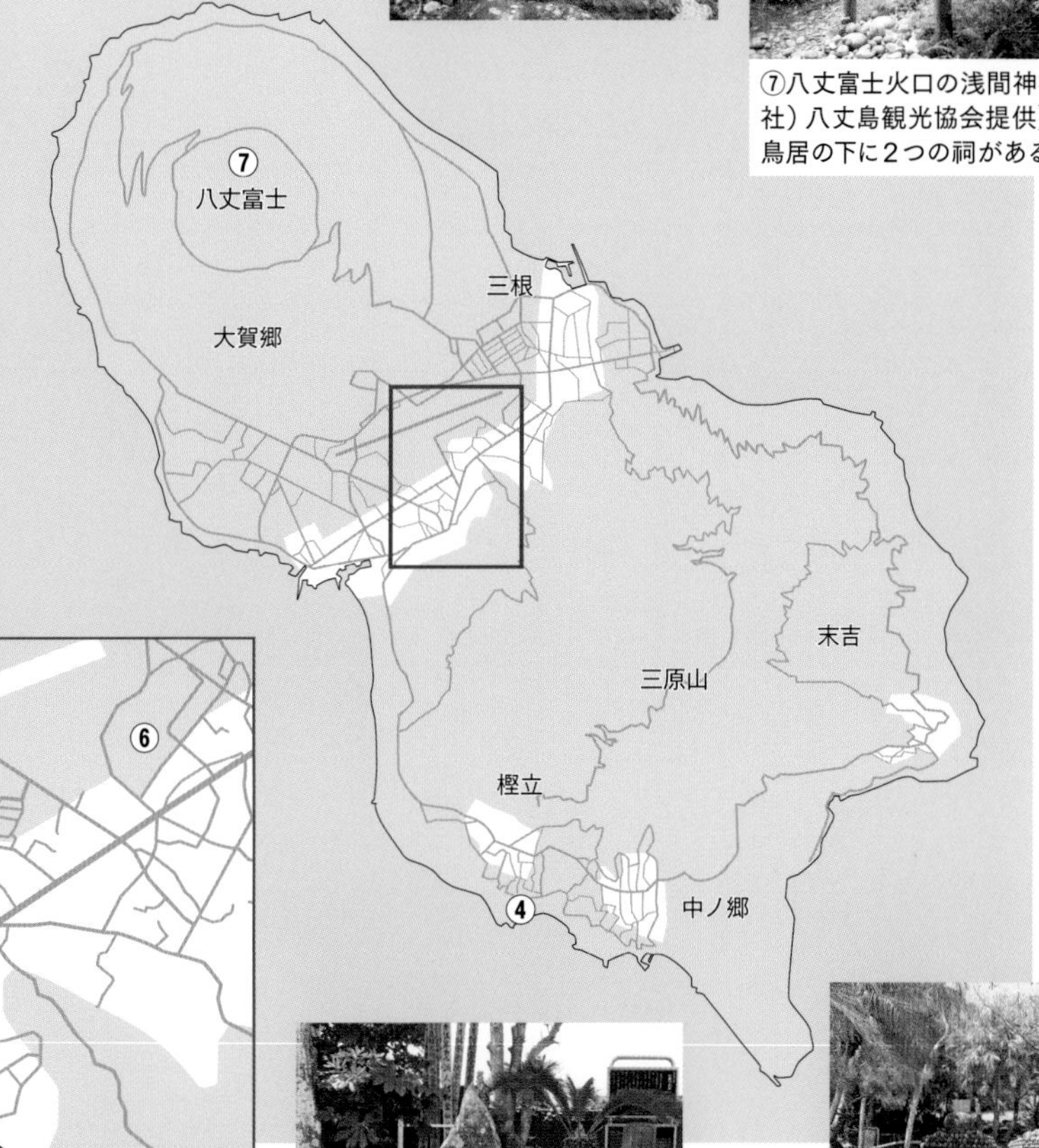

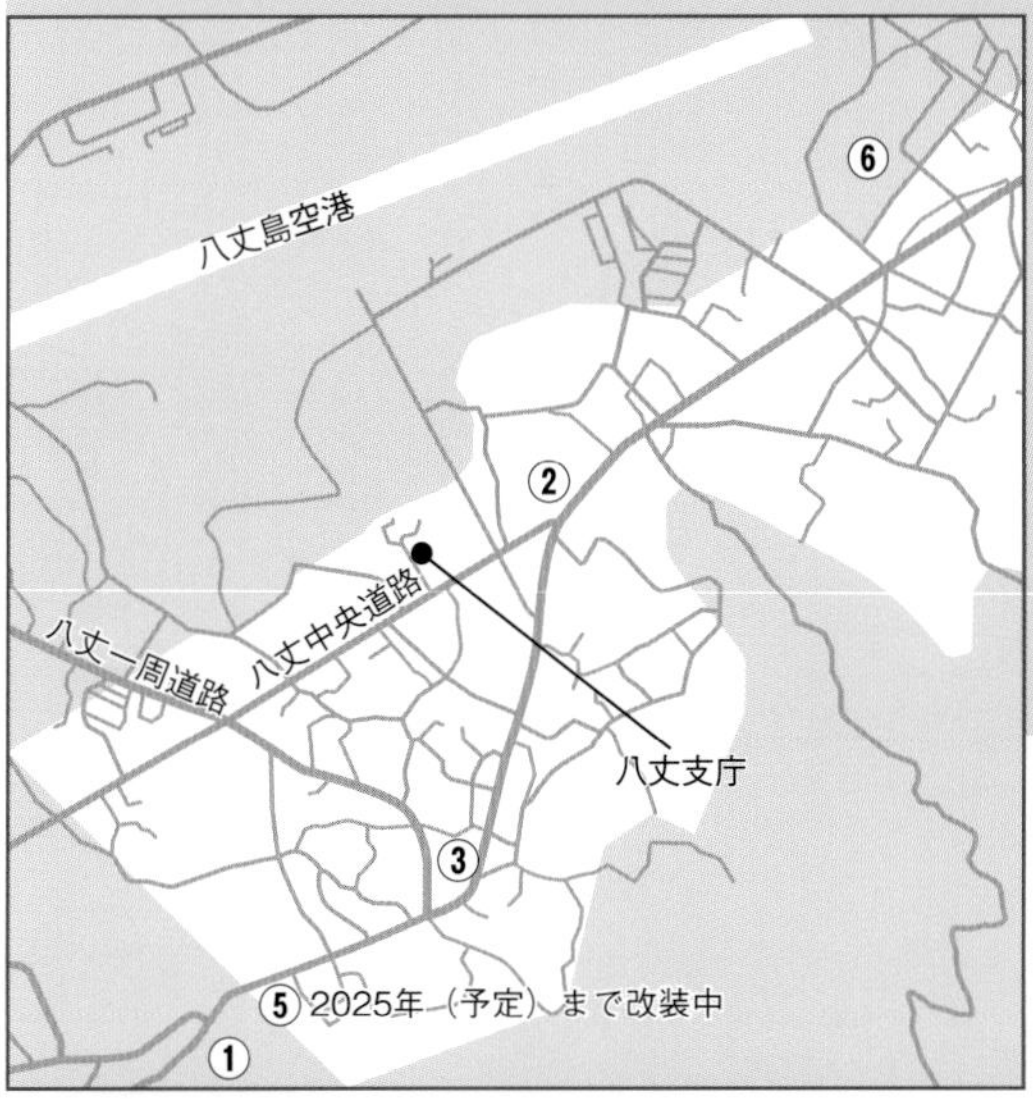

⑥東京都指定文化財　近藤富蔵墓（八丈町教育委員会提供）

②「島酒の碑」（（一社）八丈島観光協会提供）
甘藷による芋焼酎の栽培を記念して建てられた。

⑤八丈島歴史民俗資料館内（（一社）八丈島観光協会提供）
建物改修のため2025年（予定）まで八丈支庁のホール内で開館。

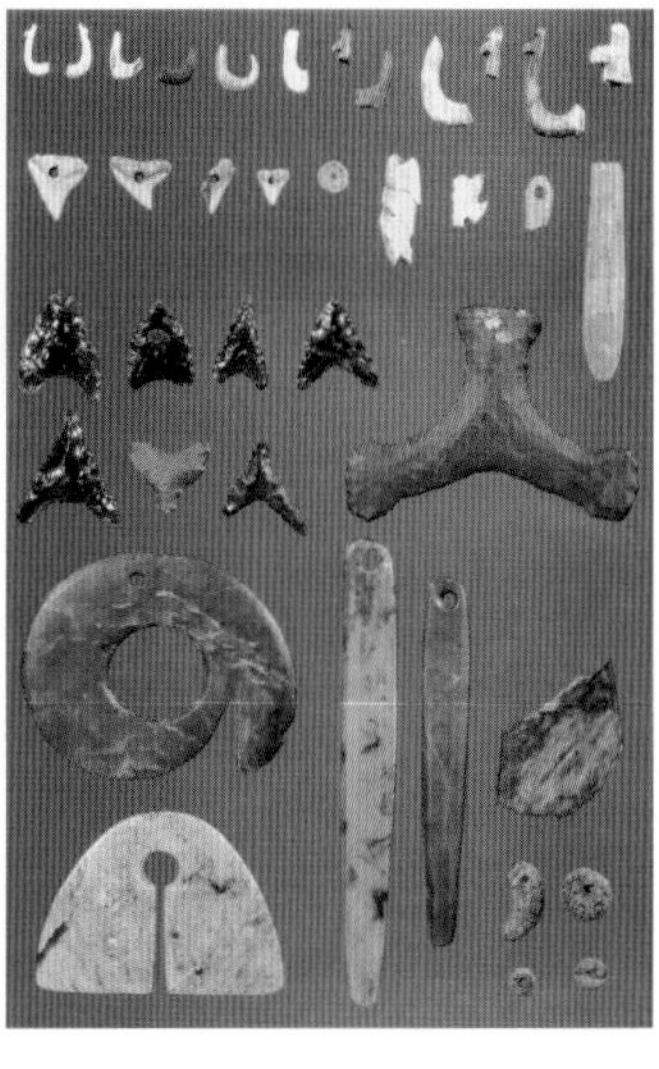
④倉輪遺跡出土遺物（八丈町教育委員会提供）
本土でも出土事例の少ない装身具の優品が出土しており，⑤で出土遺物の一部が展示されている。

東の縄文時代前期から中期の土器に混じって、東北系（前期）・北陸系（前期）・関西系（前期）・東海系（中期）・中部高地系（中期）など、近接した地域だけではなく、関西から東北にいたる太平洋沿岸地域、そして内陸部の中部高地や北陸地域におよびます。縄文人は優れた渡航術で遠距離の地域を往来して交易を行い、陸と海の交通を駆使した広域な物流ネットワークを築いていたことを物語っています。これらは、八丈島歴史民俗資料館⑤に展示されています。

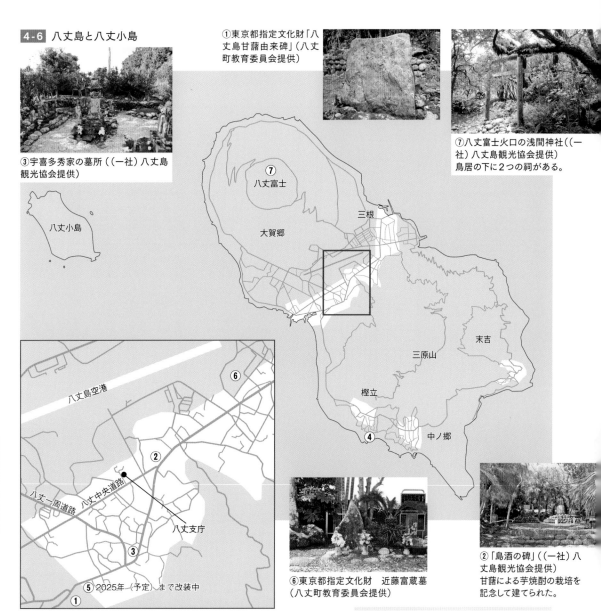

第五節

「無人島」から日本領「小《お》笠《がさ》原《わら》島」へ

高江洲昌哉

みる

東京都心から船で二四時間、距離にして南南東約一〇〇〇kmのところにある小笠原諸島は、父島《ちちじま》と母島《ははじま》をはじめ三〇余りの島から成ります。一五四三（天文《てんぶん》十二）年にスペインの船が発見、日本では一五九三（文禄《ぶんろく》二）年に小笠原貞頼《さだより》が発見したと伝わります。捕鯨《ほげい》の盛んな十九世紀、移住し始めたのは欧米人でした。

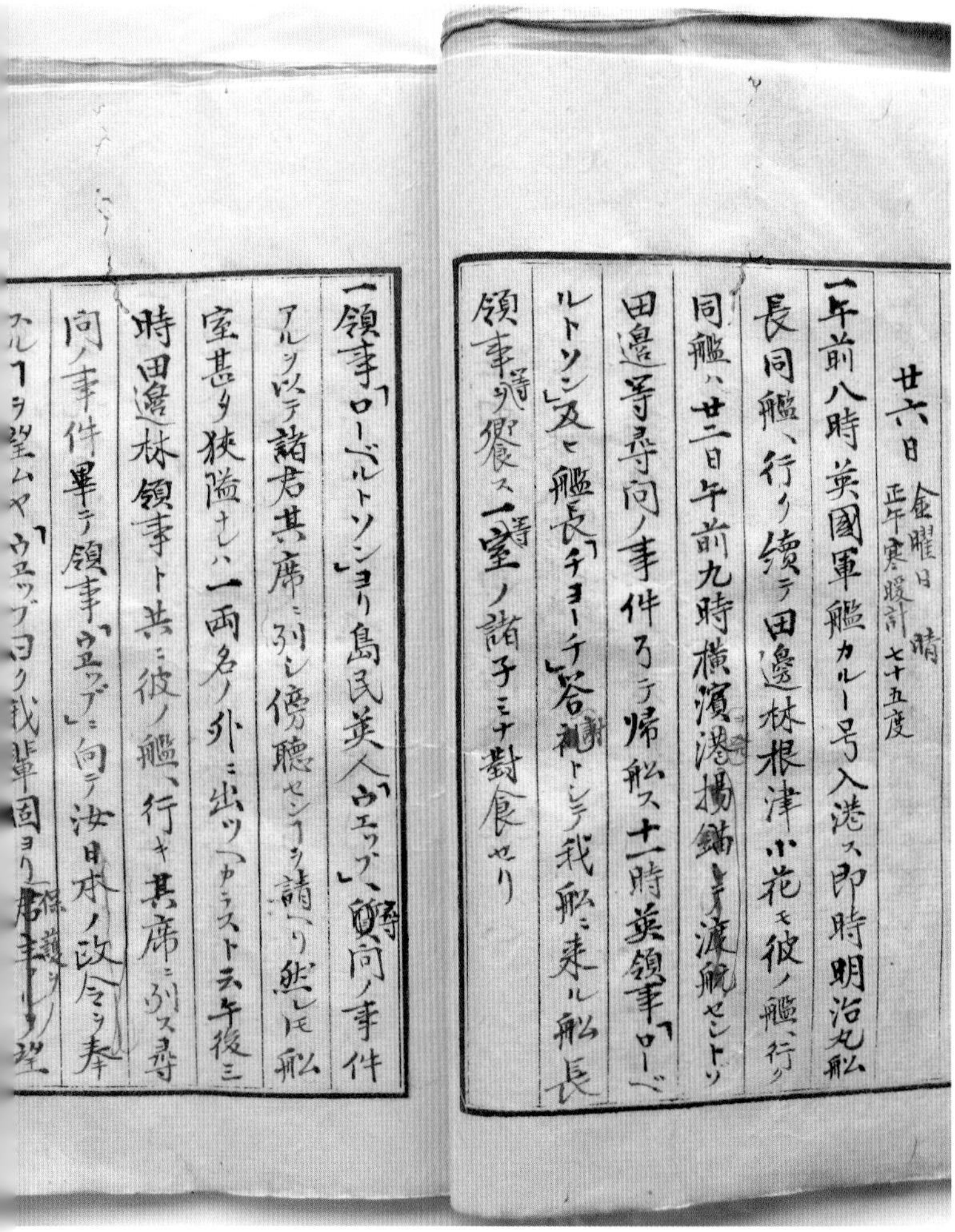

の日記より「小笠原島紀行料」の部分（原田明弘氏蔵，茨城県立歴史館寄託）

釈文

（／で改行）

廿六日　金曜日　晴　正午寒暖計七十五度

午前八時英国軍艦カルー号入港ス、即時明治丸船／長同艦へ行ク、続テ田辺・林・根津・小花モ彼ノ艦へ行ク、／同艦ハ廿二日午前九時横浜ヲ発港セシトゾ、／田辺等尋問ノ事件了テ帰船ス、十一時英領事「ローベ／ルトソン」及ヒ艦長「チョーチ」答謝トシテ我船ニ来ル、船長／領事等ヲ饗ス、一等室ノ諸子ミナ対食セリ

領事「ローベルトソン」ヨリ島民英人「ウエッブ」へ尋問ノ事件／アルヲ以テ、諸君其席ニ列シ、傍聴センコトヲ請ヘリ、然レトモ船／室甚タ狭隘ナレハ、一両名ノ外ニ出ツヘカラスト云、午後三／時田辺林領事ト共ニ彼ノ艦へ行キ、其席ニ列ス、尋／問ノ事件畢テ、領事「ウエッブ」ニ向テ汝日本ノ政令ヲ奉／スルコトヲ望ムヤ、「ウエッブ」曰ク吾輩固ヨリ保護ヲ望／ムコト久シ、日本果シテ我輩ヲ保護スルアラハ、豈其政令ヲ奉スルヲ／欲セサランヤ、領事曰ク既ニ其政令ヲ奉スルニ及ンテハ、豈之ヲ保護セ／サルノ理アランヤト答ヘタリキ

5-1 原田明善

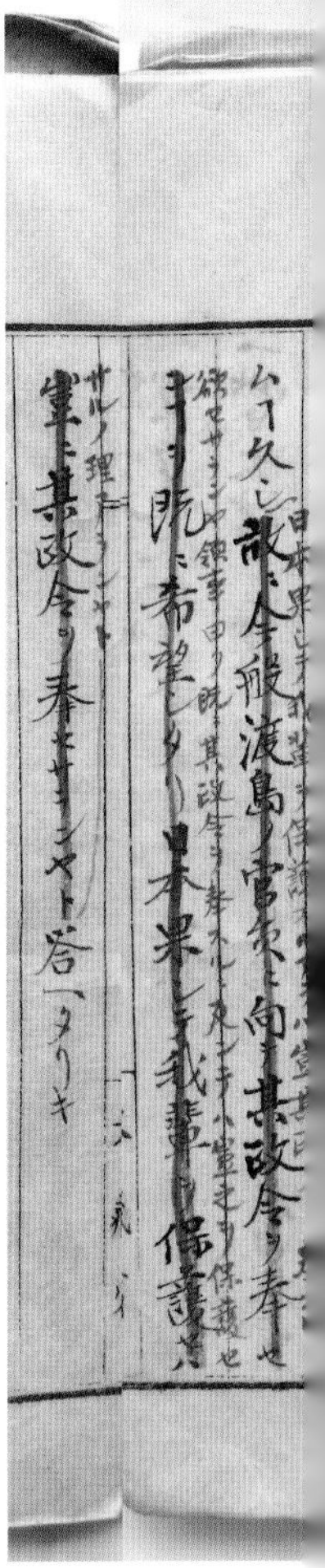

図5－1の「小笠原島紀行料」は、水戸《みと》藩《はん》出身で維新《いしん》後に大蔵省《おおくらしょう》に出仕した原田《はらだ》明善《あきよし》（一八三一～八六年）が、一八七五（明治八）年に「小笠原島」（以下、小笠原諸島をさす）の調査の際につけていた日記の一部分です。

明治政府は一八七五年、帰属が明確でなかった「小笠原島」が日本領有であることを確認するため、外務省の田辺太一を中心とする調査団を派遣しました。この調査団は外務省・大蔵省・海軍省・内務省の合同によるものでした。

当時、「小笠原島」には欧米人らが入植（クジラを追ってきて定住）していましたが、日本領有は順調に進みます。その一因に、同年十一月二十六日、英国領事が英国系住民へ保護する主権の所在を尋ねたことがあげられます。そのことが記録されているのが、図5－1に掲げた部分になります。

イギリス領事ローベルトソンは、英国系島民ウエッブに「日本の政令を守ることを望むか」尋ねました。ウェッブは、「もとより日本の保護を望んでいた」と回答したのです。その場には、日本政府の調査団も列席していました。英国系住民でさえ日本の法令を遵守するつもりがあるのなら、それを妨げることはできない、ローベルトソンはそのように答えたと、原田は綴《つづ》っています。

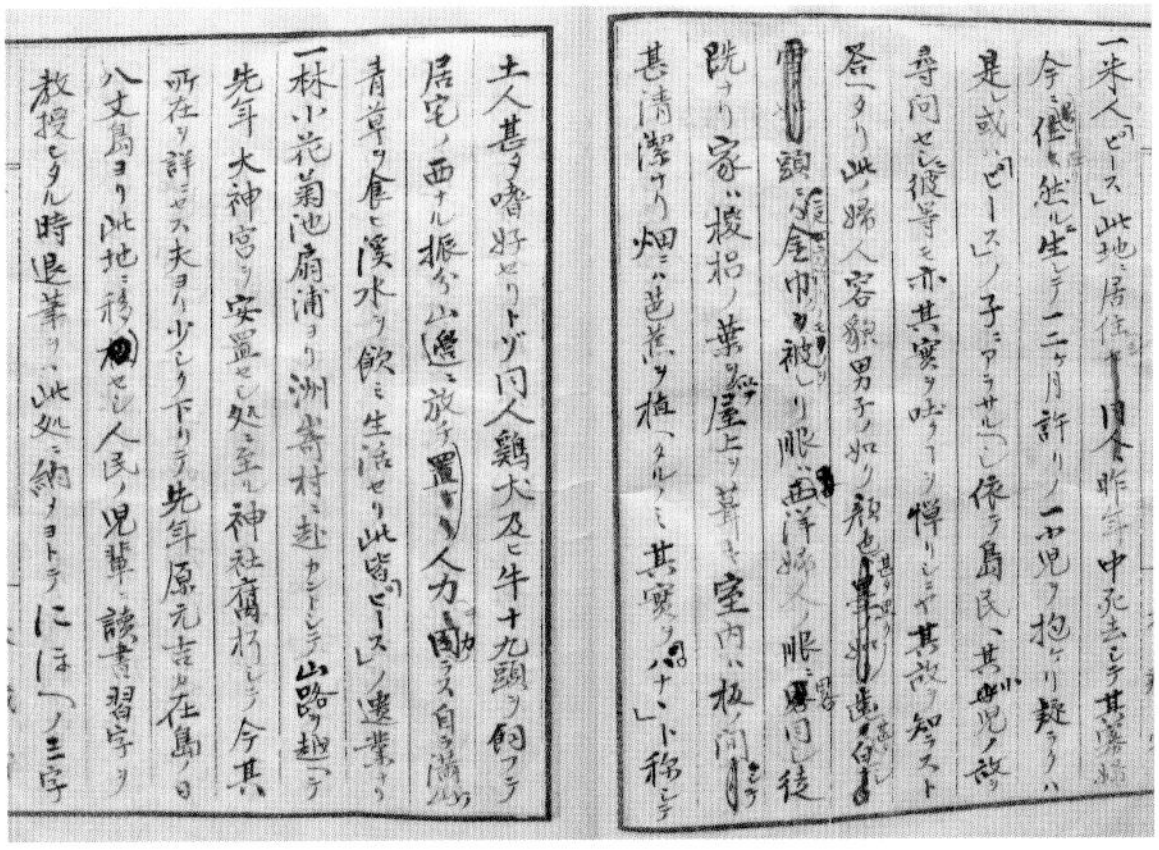

5-2 「小笠原島紀行料」に記された島の生活の様子

原田明善は，現地の人びとの生活の様子も記録した。幼児を抱いた女性の容貌や服装，家の内外の描写，畑に植えたバナナという実を好んで食べるなど詳細に書かれている（「よむ」参照）。

現代語訳

二十六日　金曜日　晴れ　正午の寒暖計（華氏）七十五度　午前八時に英国軍艦カルー号が入港した。即刻明治丸《めいじまる》の艦長が同艦に赴き、田辺太一《たなべたいち》・林正明《はやしまさあき》・根津勢吉《ねずせいきち》・小花作助《おばなさくすけ》も続いた。カルー号は二十二日午前九時に横浜《よこはま》を出港したとのことであり、田辺らは尋問を終了して帰船した。十一時に英国領事のローベルトソンと艦長のチョーチが答礼として我々の船に来艦したので、船長と領事を饗応した。これには一等船室の乗組員たちも出席した。

イギリス領事ローベルトソンが英国系島民であるウエッブへ、住民保護（主権の所在）に対する質問の場を設けることがわかった。そこで、調査団一同その場に列席したいと申し出たところ、船室は非常に狭いので、一、二名以外は出席できないとの説明があった。午後三時に、田辺・林とともに英国艦に乗りこみ、その場に列席することにした。尋問が終わって、ローベルトソン領事がウエッブに向かって、「あなたは日本の政令を守ることを望みますか」と質問したところ、ウエッブは「私はもとより、日本の保護を望んでいました。そういうわけで、日本が果して我々を保護するのであれば、どうして日本の政令を守らないといえるでしょうか」。この答を受けて領事は、「英国系住民が、すでに日本の法令を守るという意思表示をしているのであれば、どうして日本が彼らを保護しないという道理があろうか」と答えた。

よむ

小笠原領有をめぐる一八七五年の交渉

「小笠原島」の領有について、当時の日本国内の政治状況をかんがみながらみていきます。

明治初期の重要な外交問題

明治初年の外交問題の一つに、欧米系住民が居住し、支配権が未確定であった「小笠原島」を日本領として確定する小笠原問題がありました。この小笠原問題以外の外交については、樺太《からふと》・琉球《りゅうきゅう》・朝鮮をめぐる問題がありました。

「みる」で紹介した政府の調査団が、小笠原問題を解決するために「小笠原島」に向かったのは一八七五（明治八）年十一月のことです。くしくも、この年は五月七日に樺太・千島《ちしま》交換条約が締結し、五月九日には内務卿の大久保利通《おおくぼとしみち》が「琉球藩処分方之儀伺」を太政大臣《だじょうだいじん》に提出し、この伺をへて七月には松田道之《まつだみちゆき》（内務大丞《だいじょう》）が琉球に向け、品川《しながわ》から出発しました（第一回の来琉）。九月には、朝鮮の開国を求める日本が江華島《こうかとう》を砲撃した江華島事件が起きています。このように四つの外交問題に関連する重要な出来事が同じ年に起きています。

「万国対峙《ばんこくたいじ》」を旗印に、近代国家の建設をめざした明治政府は、幕末以来の外交問題の解決をめざしました。これらは、対ロシア・対清・対欧米という当時の強国との交渉を要するものでした。そのため、政府は「国威発揚《こくいはつよう》」をめざしながらも、戦争回避も選択肢に入れ、国力に見合った形でこれらの問題解決に向き合いました。こうした外交問題の政治力学を頭に入れて、小笠原問題の進展をみてみましょう。

小笠原問題、政府の統一見解

明治初年の小笠原問題は、日本政府の立場は、日本の属島であるにもかかわらず放置をしていたため（もしくは定住の失敗もあり）、支配を貫徹することができないでいました。

一八七三年頃には、大蔵省からは、小笠原は「絶海の孤島」なので開発して発展できる見込みは薄いと、放置論も出ました。このような意見に対して外務省は、大蔵省が述べる、国費多端の折に回収可能かどうかわからない「小笠原島」への投資は無益であり、「度外」にしておくという政策も一理はあるが、そうすると外国船の横行を許すのでよろしくない、韮山県《にらやまけん》の管轄《かんかつ》にしてはどうか、という意見を出しました。このやり取りをへて、「小笠原島」については放置せず、所属と支配の不一致を解消し、名実ともに日本の所属であることを確定する方針で進めることになりました。

「小笠原島」の確定に向けて動き出した政府は、まず領有宣言をめざしましたが、その前に「小笠原島」の実情を調査することにしました。ところが、「小笠原島」へ調査団を派遣すること自体が外交問題に発展する危険性があり、取り扱いに注意を要することがわかりました。

なぜなら、この島々には欧米系の人びとが生活しており、どの国が彼らを保護してくれるのかという住民保護の問題と結びついていたからです。もし彼らが外国政府（とくに英米）の保護を受けているのなら、日本政府が調査する必要がなくなるどころか、確定調査を強行すると、かえって英米と無用の摩擦を起こすかもしれないという危険性に気づいたからです。

問題解決に向けて

どのようにして欧米との摩擦を回避し、調査団派遣にいたったのか、確認していきましょう。

一八七五年三月、内務卿の大久保利通は、外務卿の寺島宗則《てらしまむねのり》・大蔵卿の大隈重信《おおくましげのぶ》・海軍卿の勝海舟《かつかいしゅう》に「小笠原島着手」について連名で議案を出したいという照会を送ります。各省間で協議を行い、九月二十四日に寺島・大久保・大隈、そして海軍大輔《たいふ》の河村純義《かわむらすみよし》（勝は四月に元老院《げんろういん》へ転属、以降一八七八年まで海軍卿を欠く）の連名で、太政大臣の三条実美《さんじょうさねとみ》へ「小笠原島着手方略ノ儀再上申」（図５－３）を提出しました。

この再上申には、官員を派遣して実地調査をする手順について、あらかじめ各国公使に談判をする筋はないのだが、外国人も多数生活しており、まったく知らせないわけにもいかないので、調査団派遣を各国公使に「報知」してから、調査に向かう方がよい、と書かれています。十月八日に太政大臣の決裁を得て、小笠原調査団派遣が、実施に向け動き出すことになりました。

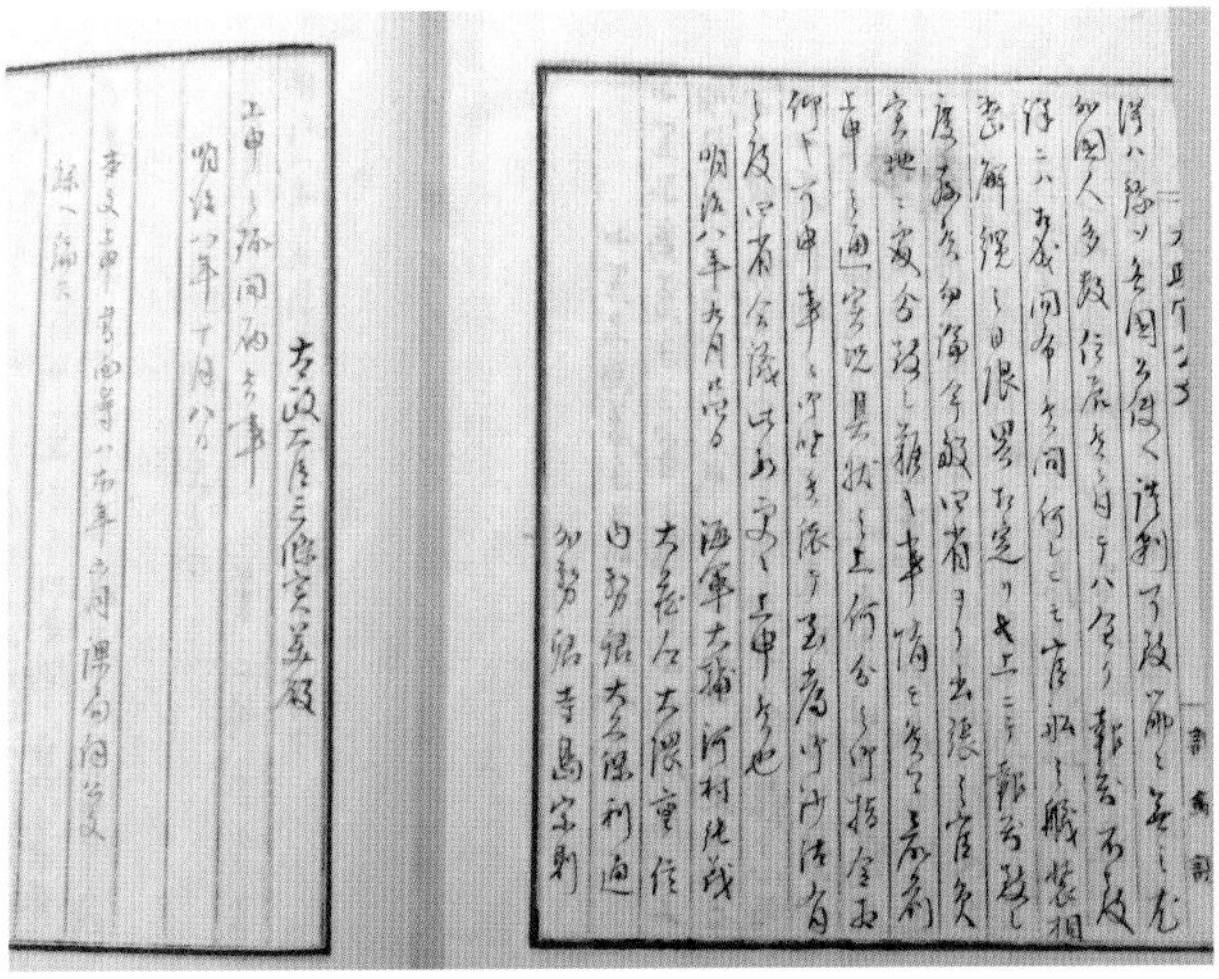

5-3 「小笠原島着手方略ノ儀再上申」（『公文録』国立公文書館蔵）

十一月二十日、外務省から田辺太一、内務省から小花作助、大蔵省から林正明といった主要メンバー、図５－１の「小笠原島紀行料」を書き残した原田明善を含め、総勢一四人の政府調査団（一人自費で参加した華族《かぞく》の京極高典《きょうごくたかまさ》を含む）が、横浜から明治丸で小笠原に向かいました。この明治丸に随走するように、イギリス領事ローベルトソンを載せたイギリスの軍艦カルー号も、小笠原に向け出航しました（図５－４）。

5-4 明治丸とカルー号（国立公文書館蔵）
写真には付箋があり「父島ノ内二見港ニ明治丸並英国軍艦カルー号停泊ノ景」と書かれている。

「小笠原島」に到着した一行は、日本人の生活跡などを調べに行きました。彼らには日本人が建てた神社をみに行ったが、朽ち果てていてくわしい所在がわからないとか、現地の子どもに字を教えた時に「にほへ」と彫った碑をみに行ったことが書かれています。そのほか、島で一番高い山であり、文久《ぶんきゅう》年間（一八六一～六四）に外国奉行《ぶぎょう》の水野忠徳《みずのただのり》らが来島し「国旗ヲ此嶺ニ建テ」たといわれている旭山《あさひやま》や、日本人の墓をみに行ったことも書かれています。こうした日本人の活動を調べるだけでなく、欧米系住民の生活を調べるため、彼らの家に泊まったり、一緒に食事をとったりしています。

十一月二十六日には、「みる」で紹介したように、イギリス領事と島民の面談が行われました。この会談によって、島民も日本が支配することを明確に拒否しなかったので、「小笠原島」の日本確定がほぼ決まりました（西洋各国への正式な通告は翌一八七六年十月十七日）。

調査団は十二月三日に一足先に帰還するイギリス領事に、四省卿宛の具状書《ぐじょうしょ》を預けています。イギリス艦が出航したのち、残った調査団は十一日に協議をへて復命書を仕上げ、翌十二日に東京へ向け、帰還の途につきました。

5-5 『委任統治地域南洋諸島事情』添付図（1926年，国立公文書館蔵）

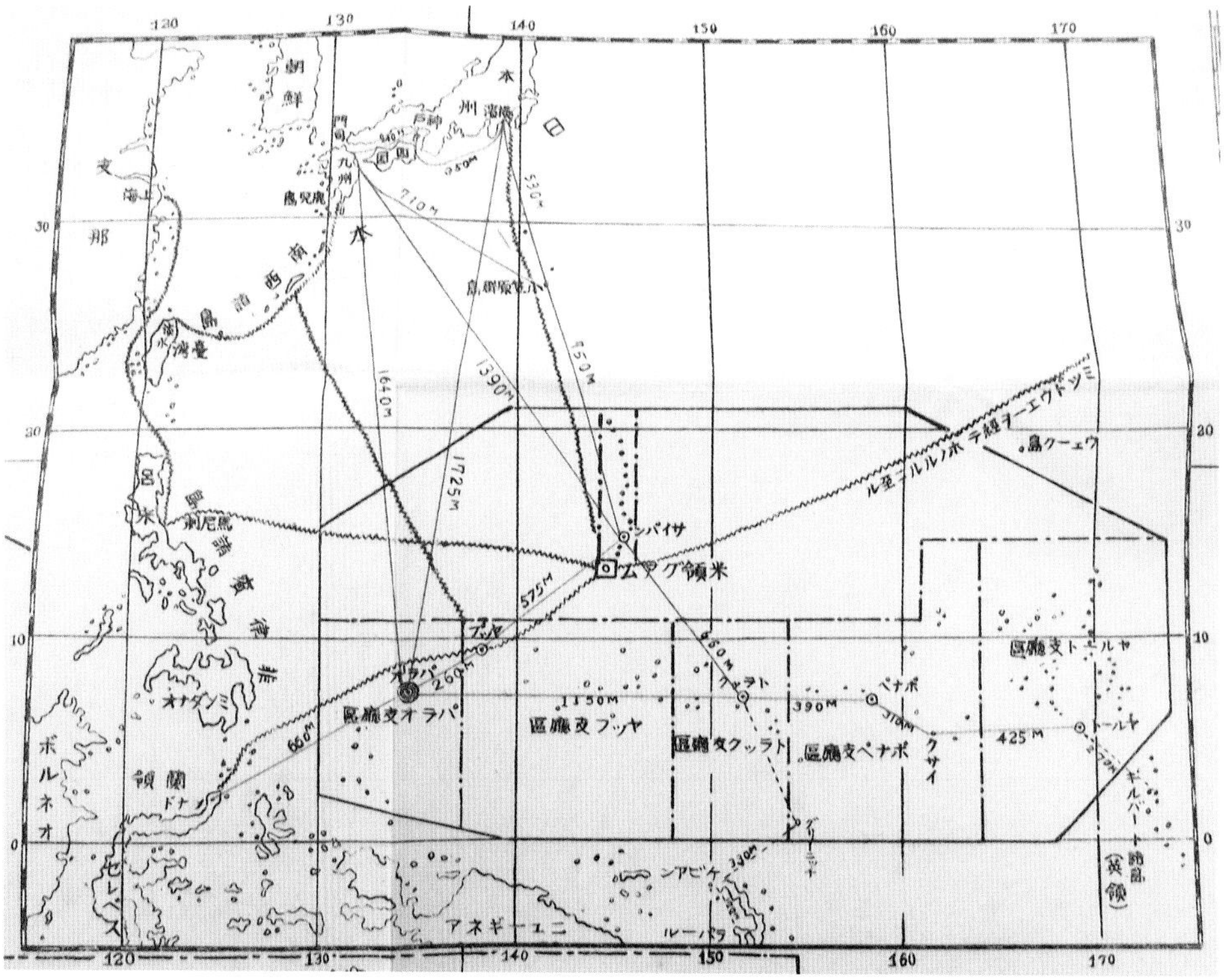

あるく

南の窓口 小笠原

一八七五（明治八）年に日本の領有が確定した「小笠原島」は、遠洋漁業や南洋航路の中継地点として位置づけられるようになりました。しかし、アジア・太平洋戦争時には、前線基地の役割を担うことになりました。

遠洋漁業・南洋航路の中継地

小笠原領有が確定すると、「小笠原島」の開発論が活発化します（『小笠原物産略誌』『小笠原島誌』など）。島内の開発だけでなく、遠洋漁業の拠点としても注目されるようになりました（遠洋漁業奨励法の公布は一八九七年）。

開拓移住という観点から展開した「小笠原島」の開発は、一九一四（大正三）年に第一次世界大戦が勃発し、ドイツ領の南洋《なんよう》諸島を日本が占領することで、新たな位置づけがなされるようになりました。第一次世界大戦後も、日本が南洋諸島を委任統治として統治することになり（南洋庁の設置）、日本郵船を中心に南洋諸島への航路が整備されるようになります（図5－5。地図上の赤線は、「内地群島間交通線」を表す）。こうした南洋諸島へのルートが確立すると、「小笠原島」（父島）にある二見《ふたみ》港《こう》は、重要な中継拠点となりました。

太平洋という広域での東から西への交流は、一八〇〇年代にクジラを追ってきた欧米人が、日本の近くの「無人島」に居住することで始まりましたが、今度は、日本人が新しく手に入れた南洋諸島への入り口として、「小笠原島」を通過するようになり、西から東への交流が始まりました。こうした太平洋をめぐる交流の入口役を「小笠原島」が担うことになったのですが、交流の拠点は「平和の海」の時代だけではありませんでした。

軍事拠点としての小笠原

太平洋への関心の高まりは、一九二一年に父島に要塞《ようさい》司令部が設置されたように、「小笠原島」の戦略的な役割も強まってきました。とくに日米関係の悪化のなかで、太平洋に向かう前線基地としての意味づけが強くなりました。太平洋戦争（「戦争の海」の時代）が始まる前年には、父島全域が要塞地帯法の適用地域に指定されます（図5－6）。

戦争勃発後、太平洋側にある「小笠原島」は前線地域の一つになります（図5－7）。戦局の悪化にともない、一九四四年には、島の人たちは強制疎開《そかい》となり、硫黄島《いおうとう》では日米両軍の激戦が起きました。

戦争終結後も、米軍の統治が続きました。欧米系の人びとは優先的に帰島を許可されたものの、大部分の島民は、なかなか「小笠原島」に帰還することがかないませんでした。日本へ復帰し、島民の自由な往来と居住が再開されることになったのは一九六八年のことです。

世界自然遺産として知られる美しい島ですが、時代の荒波のなかで生きてきた島であることがわかります。東京ルートとは違うルートから「小笠原島」をみることで、この島の違う景色がみえてくるかもしれません。

5-6 要塞地帯法の告示（1940年12月，陸軍省・海軍省告示第20号）

要塞地帯法（1899年制定）によると，要塞地帯とは，国防のため建設された防御営造物の周囲の区域と定義される。同法の第7条では，要塞地帯の撮影などは禁止されている。小笠原島の軍事化は1921年から着手，ワシントン軍縮会議での太平洋諸島の防備制限の取り決めを受けて工事は中断されたが，1930年代後半に日本が条約から撤退すると工事再開，部隊の配置が行われた。1940年の告示で，父島全域が要塞地帯として国防機密地域に指定された。

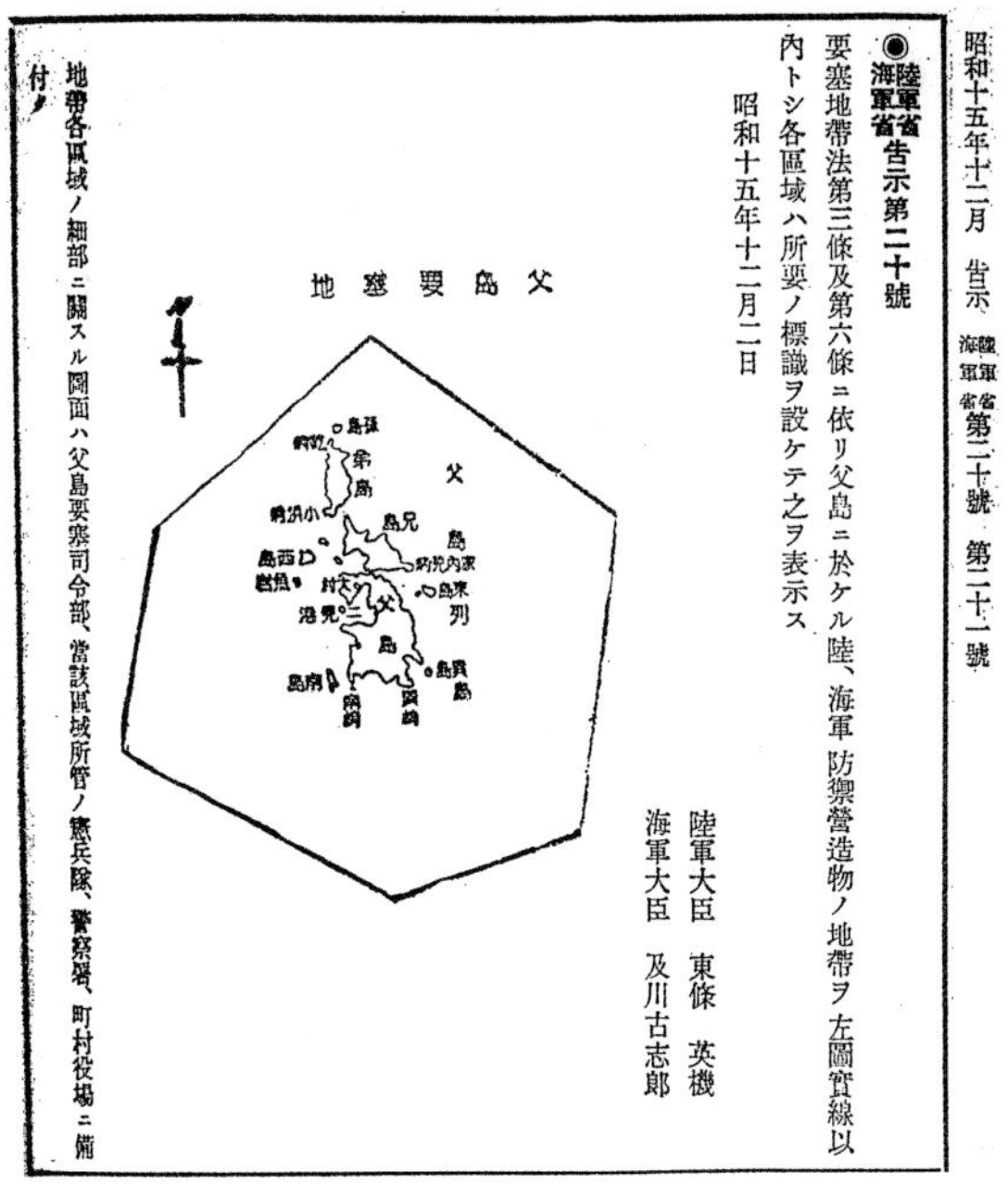
昭和十五年十二月　告示　陸軍省海軍省第二十號・第二十一號

◉陸軍省海軍省告示第二十號

要塞地帯法第三條及第六條ニ依リ父島ニ於ケル陸、海軍防禦營造物ノ地帶ヲ左圖實線以內トシ各區域ハ所要ノ標識ヲ設ケテ之ヲ表示ス

昭和十五年十二月二日

陸軍大臣　東條　英機
海軍大臣　及川古志郎

付ノ地帶各區域ノ細部ニ關スル圖面ハ父島要塞司令部、當該區域所管ノ憲兵隊、警察署、町村役場ニ備

5-7 「大東亜戦争要図」（国立公文書館蔵）

この地図は1942年度に大本営海軍報道部が作成したものである。地図記載の占領地，爆撃箇所などを示す注記に「昭和17年4月10日現在」とある。ちなみに，本書掲載箇所にミッドウェー島をみつけることができるが，ミッドウェー海戦は同年6月なので，本地図はミッドウェー海戦前の日本軍が太平洋地域に積極的に戦線を拡大していた頃の地図になる。

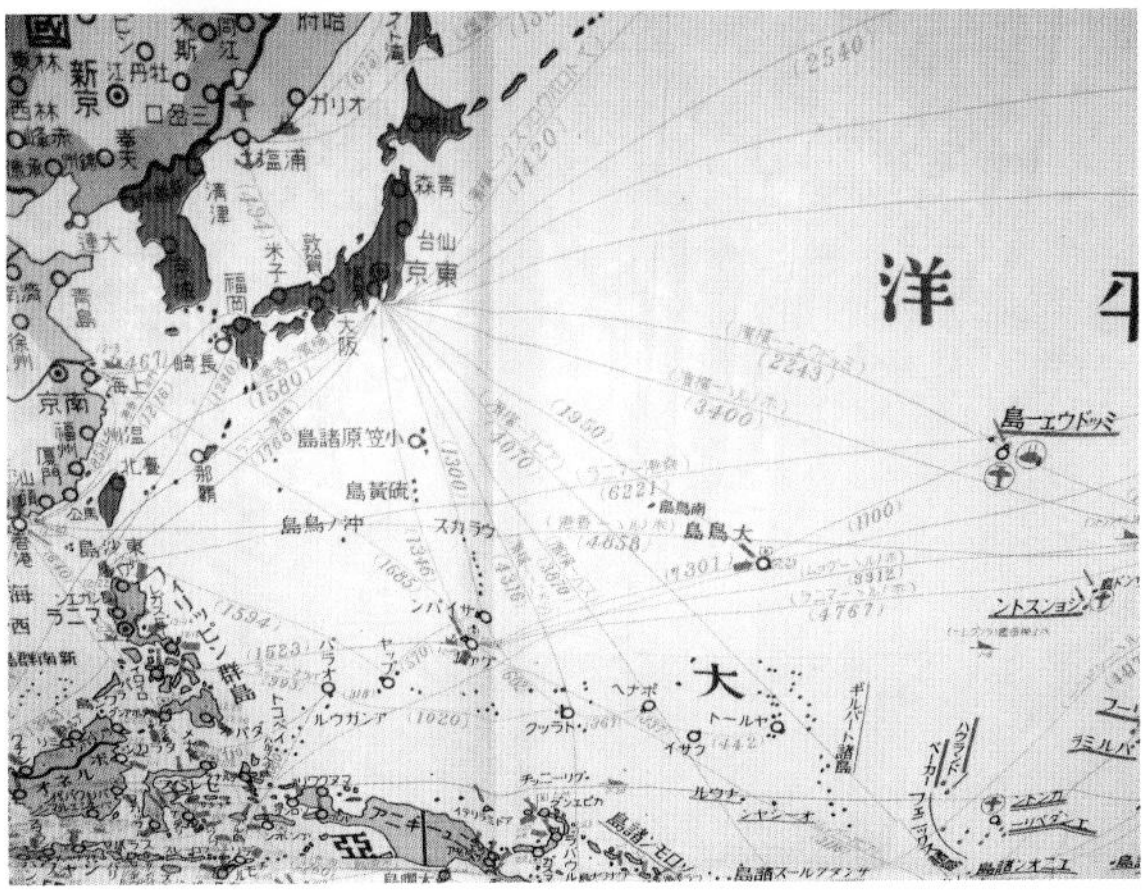

参考文献

浅沼悦太郎・浅沼渉・浅沼和男『七島文庫版三宅島絵図』一九六九年

浅沼　渉「大間知さんと伊豆諸島」『大間知篤三著作集月報5』未来社、一九七九年

石原　俊『近代日本と小笠原諸島』平凡社、二〇〇七年

石原　俊『〈群島〉の歴史社会学』弘文堂、二〇一三年

石原　俊『硫黄島』中央公論新社、二〇一九年

伊藤好一『江戸地廻り経済の展開』柏書房、一九六六年

大熊良一『歴史の語る小笠原島』南方同胞援護会、一九六六年

大島町史編さん委員会編『東京都大島町史』通史編、大島町、二〇〇〇年

大島町史編さん委員会編『東京都大島町史』資料編、大島町、二〇〇一年

大間知篤三『大間知篤三著作集』第四巻・第五巻、未来社、一九七八年・一九七九年

亀井玲子「伊豆七島嶋方会所と頭取方三井家」『史叢』第二四号、一九七九年

工藤航平「八丈島流人アーカイブズの概要調査報告―都有形文化財『八丈民政資料』の伝来と構造―」『（WEB版）東京都公文書館調査研究年報』第五号、二〇一九年

高江洲昌哉『近代日本の地方統治と「島嶼」』ゆまに書房、二〇〇九年

谷口榮・鈴木直人・深澤靖幸編著『遺跡が語る東京の歴史』東京堂出版、二〇〇九年

段木一行『離島小笠原と伊豆七島の歴史―風土・伝説・流人― 増補版』武蔵野郷土史刊行会、一九七八年

段木一行「伊豆国新島役所日記」『研究紀要』新島村博物館、二〇一三年

東京都教育委員会『東京都埋蔵文化財調査報告第一三集 倉輪遺跡』同、一九八六年

東京都島嶼町村会『伊豆諸島東京移管百年史（上）（下）』同、一九八一年

東京都島嶼町村会『黒潮に生きる東京・伊豆諸島』同、一九八四年

新島村編『新島村史』通史編、同、一九九六年

新島村編『新島村史』資料編一・二、同、一九九六年

八丈島倉輪遺跡調査団『倉輪遺跡』八丈町教育委員会、一九八七年

八丈町教育委員会『八丈島誌 改訂増補版』八丈町役場、一九九三年

八丈町教育委員会『近藤富蔵―ある流人の生涯― 改訂版』同、二〇一二年

馬部隆弘「明治八年の小笠原島調査日記」『年報近現代史研究』第七号、二〇一五年

樋口秀司編『伊豆諸島を知る事典』東京堂出版、二〇一〇年

安岡昭男『明治維新と領土問題』教育社、一九八〇年

＊四章で引用した図表番号を、文献名に続けて［　］内に示した。
原図に加筆・着色などの改変を行ったものもある。

年　表

年　代		事　項
先史時代	B.C.30000	武蔵野段丘（武蔵台遺跡・野川遺跡）周辺に人が住み始める。 3-1
	B.C.10000 ～ 4000	府中市内で最古の竪穴住居がつくられる。伊豆大島の下高洞遺跡で土器，神津島産黒曜石の石鏃，イノシシの頭骨など出土。八丈島の湯浜遺跡から，無文土器や黒曜石が出土。
	B.C.3000 ～ 2000	多摩地域で多くのムラが形成。井の頭恩賜公園で竪穴住居跡を発見（1962年）。
	B.C.1000 ～ 400	下布田遺跡（現調布市）が形成。狛江市で「和泉式土器」が発見（1939年）。狛江市猪方小川塚古墳の横穴式石室が発見（2011年）。大島のオンダシ遺跡から19軒の竪穴住居・掘立建物が検出。 3-1
飛鳥時代	675（天武4）	『日本書紀』に「伊豆の嶋」に流された最初の流人の記録がみえる。
	699（文武3）	役小角，「伊豆の嶋」へ流刑。
	703（大宝3）	引田朝臣祖父が武蔵守に任じられる。
奈良時代	701（大宝元）	大宝律令制定。
	733（天平5）	満功上人が深大寺を創建したとの説あり。 3-2
	741（天平13）	国分寺造営の詔。武蔵国分寺が造営される。 2-1
	746（天平18）	平城京長屋王邸宅跡出土の木簡のなかに，三嶋郷（伊豆諸島を指す）の戸主が調として堅魚を納めていたとある。
平安時代	835（承和2）	武蔵国分寺七重塔が落雷により焼失。 2-1
	843（承和10）	武蔵国など18ヵ国で飢饉。
	845（承和12）	前男衾郡大領壬生吉志福正，国分寺の塔再建を許される。
	938（天慶元）	武蔵国司の興世王と足立郡司武蔵武芝の間で紛争が起こり，平将門が介入。
	1156（保元元）	保元の乱に敗れた源為朝が伊豆大島に流刑。大島を除く伊豆諸島の名が『保元物語』半井本に初めて出る。
	1159（平治元）	平治の乱。平知盛・知重など平氏一門が武蔵守となる。
	1180（治承4）	源頼朝挙兵。武蔵野に入り，葛西清重・豊島清光・江戸重長を配下とする。
鎌倉時代	1221（承久3）	承久の乱。武蔵武士の多くが幕府方に属す。
	1241（仁治2）	武蔵野水田開発が行われる。
	1256（康元元）	多摩地区最古の武蔵型板碑・三千人塚の板碑が建てられる。
	1278（建治4）	「金沢文庫文書」武蔵国衙年貢算用状に六所宮・坪宮などが見える。
	1333（元弘3）	新田義貞が久米川合戦のため，八国山に布陣。分倍河原の合戦で鎌倉幕府軍を破る。武蔵国分寺が焼失。 1-3，3-4
南北朝時代	1339（暦応2）	武蔵守高師冬，北畠親房に対抗し府中に出陣。
	1349（貞和5）	帰源が逆修のため釈迦如来種子の板碑を造立（正福寺貞和の板碑）。
	1352（文和元）	武蔵野合戦。新田義興・義宗ら南朝軍と足利尊氏が戦う。
	1361（延文6）	市場祭文に六所大明神五月会の市場のことが記載（武州文書）。
	1383（永徳3）	深大寺の長弁が作った祈願文が「長弁私案抄」に引用。
室町時代	1438（永享10）	永享の乱。足利持氏は幕府軍に破れ，翌年自害。
	1455（康正元）	鎌倉公方足利成氏，高安寺に出陣，分倍河原で上杉軍と合戦。
	1559（永禄2）	北条氏所領役帳が完成。江戸衆の知行地に南沢・駒井という狛江・田無の地名が記載。
	1583（天正11）	多摩地域で最後に造られた板碑が出土（現東久留米市）。
安土桃山時代	1590（天正18）	小田原北条氏が滅亡。
	1591（天正19）	徳川家康，六所宮に501石の社領寄進状を発給。
	1592（文禄元）	高林吉利，府中領知行地にて初の代官となる。
	1593（文禄2）	信州深志（松本）の城主・小笠原長時のひ孫，小笠原貞頼が小笠原諸島を発見。
	1594（文禄4）	多東郡石原郷・布田郷で検地実施。多摩川を境に多摩郡を東西に二分した。
江戸時代	1606（慶長11）	関ヶ原の戦いに敗れた宇喜多秀家が八丈島に流される。 4-4
	1633（寛永10）	御三家鷹場を設置，現東久留米市域は尾張藩の鷹場となる。
	1646（正保3）	府中宿大火。府中御殿・六所宮焼失。
	1653（承応2）	玉川上水が完成し，武蔵野台地での新田開発が進む。 1-2，2-2，2-3
	1655（明暦元）	野火止用水開通。
	1656（明暦2）	小川村が開かれ小川分水を開削。 1-2
	1657（明暦3）	玉川上水から国分寺村・恋ヶ窪村・貫井村の三ヵ所で分水を引く。江戸で大火が発生。振替地として三鷹地域が開発される。 2-2
	1662（寛文2）	江戸大火で焼け出された農民が武蔵野へ移住。
	1668（寛文8）	伊豆七島の新島が流刑地となる。 4-2

	1670（寛文10）	伊豆七島が伊豆代官所の所管となる。	4-1, 4-4
	1696（元禄9）	千川上水・田無用水が完成。	
	1722（享保7）	幕府，武蔵野新田開発に着手。	
	1725（享保10）	武蔵野新田が開発される。甲州道中の定助郷制度が完成。	
	1736（元文元）	境新田・関前新田を含む武蔵野新田83の村が検地。	
	1737（元文2）	玉川上水の両岸に桜が植えられる。	
	1742（寛保2）	「御定書百箇条」で江戸の流刑者は伊豆七島に流すことが決定。	
	1784（天明4）	天明の飢饉のなか，武州村山騒動（打ちこわし）勃発。	
	1796（寛政8）	伊豆諸島の代官三河口太忠，島唯一の法「御条目」を改正，八丈島・三宅島・新島以外の島々を流刑地から外す。	
	1806（文化3）	小金井の桜の名が広まり，林大学頭が『観桜記』を書く。	
	1823（文政6）	植田孟縉『武蔵名勝図絵』成稿。	
	1827（文政10）	『八丈実記』の著者，近藤富蔵が八丈島に流罪。	4-4
	1828（文政11）	林述斎『新編武蔵風土記稿』完成。	
	1830（文政13）	白人5名とハワイの先住移民20数人が父島に上陸，最初の居住者となる。	
	1834（天保5）	「武蔵国郷帳」（天保郷帳）成立。『御嶽菅笠』刊行。	
	1853（嘉永6）	ペリー提督が浦賀に先がけ父島に来航。	
	1857（安政4）	水車稼人らの同業組合がつくられる。	1-1
	1866（慶応2）	武州一揆が起こる。	
	1867（慶応3）	大政奉還。王政復古の大号令。	
明治時代	1868（明治元）	江戸を東京と改称。東京府庁開庁。	
	1876（明治9）	日本が小笠原諸島の領有を宣言，国際的にも日本領土と認められる。伊豆諸島が静岡県に編入される。	4-5
	1878（明治11）	郡区町村編制法が制定。伊豆諸島が東京府へ編入される。	
	1880（明治13）	明治天皇が多摩地方を行幸。小笠原諸島が東京府の管轄となり，東京府小笠原出張所が設置。	
	1889（明治22）	大日本帝国憲法発布。甲武鉄道（のち中央線），新宿—立川間開通。東京湾汽船会社が設立。	2-5
	1894（明治27）	日清戦争勃発。鳥居龍蔵らによる最初の発掘調査が本町遺跡（現国分寺市）で行われる。	
	1895（明治28）	日清講和条約調印。	
	1897（明治30）	木綿絣の機織業者たちが武蔵機業改良組合を設立。	1-5
	1899（明治32）	甲武鉄道吉祥寺停車場開設。	2-5
	1904（明治37）	日露戦争勃発。	
	1909（明治42）	多摩全生園（ハンセン病国立療養所）開設。	1-4
大正時代	1913（大正2）	京王線笹塚—調布間が開通。井の頭恩賜公園が開園。	
	1915（大正4）	武蔵野鉄道（現西武鉄道）が開通。村山貯水池敷地内の住民が移動開始。	
	1916（大正5）	京王線新宿—府中間・多摩川支線が開通。	3-3
	1917（大正6）	多摩鉄道，武蔵境—北多摩間開通。	
	1921（大正10）	小笠原諸島父島に要塞司令部設置。	4-5
	1923（大正12）	関東大震災。多磨霊園が開園。	
	1924（大正13）	小金井桜が「名勝」として内務大臣から指定。	
昭和時代	1927（昭和2）	大正天皇の大喪の礼が多摩御陵で行われる。村山貯水池（多摩湖）の工事完成。小田急線開通，狛江・和泉多摩川両駅開設。	1-4
	1928（昭和3）	多摩湖鉄道（現西武鉄道）が国分寺—萩山間で開通。	
	1931（昭和6）	日本最南端の島が「沖ノ鳥島」と命名され，小笠原支庁の所管となる。	
	1934（昭和9）	狭山湖（山口貯水池）完成。日本活動写真株式会社（日活），多摩川撮影所を開設。京王電鉄井の頭線開通。	3-3
	1935（昭和10）	府中に巣鴨刑務所（後の府中刑務所）が完成。	3-5
	1938（昭和13）	中島飛行機株式会社，武蔵野製作所（のち武蔵製作所）を開設。	2-4, 2-5
	1939（昭和14）	調布飛行場建設工事開始。	3-4
	1940（昭和15）	伊豆諸島に普通町村制が施行，青ヶ島が八丈島から独立し青ヶ島村となる。	
	1941（昭和16）	太平洋戦争勃発。中島飛行機三鷹研究所設立。調布飛行場竣工。	
	1943（昭和18）	東京都制施行。東京都を設置。伊豆諸島が東京都に所属。	
	1944（昭和19）	小平地域に初めて空襲。学童疎開を受け入れる。小笠原諸島の島民が本土へ強制疎開。硫黄島で日本軍が玉砕。	
	1946（昭和21）	第一次・第二次農地改革実施。小笠原諸島が米軍の直接統治下となる。三宅村成立。	
	1947（昭和22）	武蔵野市誕生。	

	1949（昭和24）	三鷹事件発生。 2-4
	1950（昭和25）	三鷹市誕生。大島三原山大噴火。
	1954（昭和29）	武蔵野郷土館（元光華殿）が都立小金井公園に開設。府中町・多摩村・西府村の合併により府中市誕生。 2-3
	1955（昭和30）	伊豆大島の6村が合併し，大島町となる。
	1958（昭和33）	武蔵野市に緑町公団住宅完成。伊豆大島町立図書館が開館。狩野川台風。小金井市誕生。
	1962（昭和37）	小平町で市制を施行。新島に防衛庁ミサイル試射場ができる。 4-2
	1963（昭和38）	武蔵野市立図書館が開館。
	1964（昭和39）	都立武蔵野公園開園。小金井市立図書館・三鷹市立図書館開館。東村山市・国分寺市誕生。東京オリンピック開催。
	1965（昭和40）	東村山市立郷土館が開館。
	1966（昭和41）	調布市立中央図書館開館。吉祥寺駅周辺再開発事業が行われる。
	1967（昭和42）	佐藤・ジョンソン会談で小笠原返還を合意。田無市・保谷市が誕生。府中市立中央図書館が開館（現ふるさと府中歴史館）。
	1968（昭和43）	小笠原返還協定調印。府中市立中央図書館内に郷土館開館。小笠原諸島が日本に返還され，小笠原村誕生。沖ノ鳥島が日本に返還。 4-5
	1969（昭和44）	中央自動車道（調布—河口湖間）開通。
	1970（昭和45）	狛江市・東久留米市・武蔵村山市・清瀬市が誕生。
	1972（昭和47）	小笠原諸島を国立公園に指定。
	1974（昭和49）	東村山市立中央図書館が開館。調布市郷土博物館開館。清瀬市立中央図書館開館。大國魂神社宝物殿開館。
	1975（昭和50）	小平市立図書館・小金井市立図書館新館開館。田無市立中央図書館（現西東京市立中央図書館）開館。米軍府中基地返還式が行われる。
	1976（昭和51）	武蔵野市境南コミュニティセンター開館。
	1978（昭和53）	神津村立郷土資料館，東久留米市新山遺跡資料館開館。
	1979（昭和54）	東久留米市立中央図書館開館。小金井市滄浪泉園開園。
	1980（昭和55）	国分寺市文化財資料展示室開設。旧田無市立郷土資料室開館。
	1981（昭和56）	鈴木遺跡資料館開館。武蔵村山市立歴史民俗資料館開館。
	1982（昭和57）	大島町立郷土資料館開館。
	1984（昭和59）	小平市平櫛田中館（現平櫛田中彫刻美術館）開館。
	1985（昭和60）	小平市立中央図書館開館。調布市武者小路実篤記念館完成。清瀬市郷土博物館開館。
	1986（昭和61）	三原山噴火。全島民が避難。
	1987（昭和62）	府中市郷土の森博物館開館。
平成時代	1989（平成元）	国分寺市立民俗資料室開設。清瀬市の「下宿のふせぎ行事」が東京都の無形民俗文化財に指定。
	1990（平成2）	伊豆大島火山博物館落成。
	1992（平成4）	新島本村が村名変更で新島村となる。
	1993（平成5）	江戸東京たてもの園が開園。小金井市文化財センターを開館。小平ふるさと村が開園。
	1995（平成7）	地下鉄サリン事件発生。武蔵野市立新中央図書館開館。
	1996（平成8）	三鷹市山本有三記念館開館。沖ノ鳥島の周辺海域を含む排他的経済水域が確定。
	1997（平成9）	東久留米市立郷土資料室開設。
	1998（平成10）	新島村博物館開館。
	1999（平成11）	沖ノ鳥島が国の直轄保全区域に指定，直轄管理が開始。
	2000（平成12）	府中市美術館が開館。三宅島の噴火，新島・神津島近海地震が発生。
	2001（平成13）	田無市と保谷市が合併して西東京市となる。
	2002（平成14）	武蔵野市立吉祥寺美術館開館。狛江市立古民家園開園。
	2003（平成15）	武蔵府中熊野神社古墳発掘。玉川上水が国の史跡に指定。
	2006（平成18）	小金井市立はけの森美術館開館。
	2007（平成19）	ルミエール府中がオープン。
	2009（平成21）	大國魂神社全域や武蔵国衙跡などが国史跡に指定。武蔵国分寺跡資料館開館。
	2011（平成23）	東日本大震災発生。ふるさと府中歴史館が開館。「小笠原諸島」が世界自然遺産登録決定。国史跡武蔵府中熊野神社古墳展示館が開館。
	2014（平成26）	武蔵野ふるさと歴史館開館。
	2016（平成28）	武蔵村山市立歴史民俗資料館の分館が開館。

＊10巻の関連記事を，事項欄末尾に「章—節」のかたちで示した。

編者　＊本巻担当

池《いけ》　享《すすむ》＊　一橋大学名誉教授
櫻井《さくらい》良樹《りょうじゅ》　麗澤大学教授
陣内《じんない》秀信《ひでのぶ》　法政大学特任教授
西木《にしき》浩一《こういち》　東京都公文書館課長代理（史料編さん担当）
吉田《よしだ》伸之《のぶゆき》　東京大学名誉教授

執筆者

石居《いしい》人也《ひとなり》　一橋大学大学院教授
小野《おの》一之《かずゆき》　大東文化大学・中央大学非常勤講師
工藤《くどう》航平《こうへい》　東京都公文書館専門員
小酒井《こざかい》大悟《だいご》　東京都江戸東京博物館学芸員
小松《こまつ》愛子《あいこ》　東京外国語大学非常勤講師
齊藤《さいとう》　勉《つとむ》　元東京都立東大和南高校教諭
鈴木《すずき》芳行《よしゆき》　元国税庁税務大学校税務情報センター研究調査員
高江洲《たかえす》昌哉《まさや》　神奈川大学非常勤講師
舘野《たての》　孝《たかし》　日本考古学協会員
谷口《たにぐち》　榮《さかえ》　葛飾区産業観光部観光課学芸員
初田《はつだ》香成《こうせい》　工学院大学准教授

編集協力者

小松愛子／髙橋元貴／初田香成

序章の扉の地形図

東辻賢治郎

扉の写真

東京都水道局（第一章）／鈴木知之（第二章）／
蔵野幸雄（第三章）／伊豆大島椿化ガーデン（第四章）

みる・よむ・あるく 東京の歴史 10
地帯編7　多摩Ⅱ・島嶼

二〇二一年（令和三）八月一日　第一刷発行

編者　池　享
　　　櫻井良樹
　　　陣内秀信
　　　西木浩一
　　　吉田伸之

発行者　吉川道郎

発行所　株式会社吉川弘文館
郵便番号一一三—〇〇三三
東京都文京区本郷七丁目二番八号
電話〇三—三八一三—九一五一〈代表〉
振替口座〇〇一〇〇—五—二四四
http://www.yoshikawa-k.co.jp/

組版・装幀＝朝日メディアインターナショナル株式会社
印刷・製本＝藤原印刷株式会社

ISBN978-4-642-06835-2